D1683525

Professor Dr. Konstantin Simitis

Verbraucherschutz Schlagwort oder Rechtsprinzip?

Dieses Buch wurde dem Fachbereich 5 der Gesamthochschule Siegen durch dessen Fördererverein zur Verfügung gestellt.

Nomos Verlagsgesellschaft
Baden-Baden

CIP-Kurztitelaufnahme der Deutschen Bibliothek

Simitis, Konstantin
Verbraucherschutz, Schlagwort oder Rechtsprinzip?
 ISBN 3-7890-0178-3

Alle Rechte, auch die des Nachdrucks von Auszügen, der photomechanischen Wiedergabe und der Übersetzung vorbehalten.

Druck, Verlag und Copyright
© 1976 by Nomos Verlagsgesellschaft mbH & Co. Kommanditgesellschaft, Baden-Baden

Printed in Germany

Für Daphne

Inhaltsverzeichnis

Abkürzungsverzeichnis	9
Vorwort	11

I. Kapitel
Einleitung 13

II. Kapitel
Bestandsaufnahme. Regelungen des Verbraucherschutzes 21

1.	Das Kartellrecht	21
2.	Das Recht des unlauteren Wettbewerbs	24
3.	Der Warentest	33
4.	Die Allgemeinen Geschäftsbedingungen	39
5.	Die Produzentenhaftung	50
6.	Das Abzahlungsrecht	55
7.	Die Preisauszeichnung	59
8.	Das Meß- und Eichwesen	60
9.	Die Textilkennzeichnung	62
10.	Die Handelsklassen	63
11.	Das Lebensmittelrecht	64
12.	Das Arzneimittelrecht	69
13.	Die Versicherungsaufsicht	74
14.	Das Marktordnungsrecht	77
15.	Folgerungen	78

III. Kapitel
Theorien des Verbraucherschutzes. Verbraucherpolitik 83

1.	Die Rechtslehre	83
2.	Die Interpretation der liberalen Wirtschaftstheorie	87
3.	Verbraucherpolitik in der Bundesrepublik	93

IV. Kapitel
Kritik des Informationsmodells — 97

1. Die dysfunktionalen Folgen des Marktmechanismus — 97
2. Die Irrealität der Prämissen des Informationsmodells — 107
3. Gesetzliche Informationspflicht der Anbieter — 116
4. Unterrichtung der Verbraucher mit Hilfe von Drittinstitutionen — 118
5. Die Tätigkeit bestehender Drittinstitutionen — 125
6. Die Grenzen der Transparenzpolitik — 133

V. Kapitel
Die Kontrolle der Herstellermacht als Aufgabe eines Verbraucherrechts — 137

1. Die Forderung nach Schutz der Verbraucher, Folge gesellschaftlicher Konfliktsituationen — 137
2. Die ideologische Funktion des Informationsmodells — 144
3. Verbraucherrecht als Abwehrrecht — 150
4. Die Aufgabe des Verbraucherschutzes — 155
5. Die Aufklärung der Verbraucher — 163

VI. Kapitel
Verbraucherschutz durch Selbstkontrolle der Anbieter — 165

VII. Kapitel
Verbraucherschutz durch staatliche Kontrolle — 171

1. Selbstkontrolle unter staatlicher Aufsicht — 171
2. Kontrolle mit Hilfe von Fachausschüssen. Staatliche Überwachung — 175
3. Rechtsangleichung — 180
4. Verbraucherschutz durch eine zentrale staatliche Behörde. Das Beispiel der Federal Trade Commission — 182
5. Die systemintegrative Aufgabe staatlicher Verbraucherpolitik — 209

VIII. Kapitel
Verbraucherschutz durch Verbraucherverbände   211

IX. Kapitel
Maßnahmen des Verbraucherschutzes   231

I. Ziele   231

II. Die Reform des gerichtlichen Schutzes der Verbraucher in
den Vereinigten Staaten   233

  1. Die Dispositionsmaxime und ihre Folgen   234
  2. Kostenlose Rechtsberatung   236
  3. Die small claims courts   237
  4. Die Anwaltskosten   238
  5. Exemplary damages   239
  6. Die class action   241
  7. Klageerhebung durch eine Behörde   257
  8. Administrative und strafrechtliche Maßnahmen   258
  9. Kontrollorgane der Wirtschaft und der Verbraucher 262
 10. Schiedsgerichte. Verbrauchergerichte   265

III. Die Verbraucherschutzbehörde   269

IV. Das Consumer Council   291

V. Der schwedische Verbraucherombudsman. Rezeption des
schwedischen Rechts?   294

Sachregister   303

Abkürzungsverzeichnis

AcP	Archiv für die civilistische Praxis
AGV	Arbeitsgemeinschaft der Verbraucher e. V.
BB	Der Betriebsberater
BGB	Bürgerliches Gesetzbuch
BGH	Bundesgerichtshof
BGHZ	Entscheidungen des Bundesgerichtshofs in Zivilsachen
BT	Bundestag
Col. L. R.	Columbia Law Review
DB	Der Betrieb
DJT	Deutscher Juristentag
DVBl.	Deutsches Verwaltungsblatt
F. Supp.	Federal Supplement
Food Drug Cosm. L. J.	Food Drug Cosmetic Law Journal
Gerechtigkeit	Gerechtigkeit in der Industriegesellschaft, Rechtspolitischer Kongreß der SPD vom 5., 6. und 7. Mai 1972 in Braunschweig, Karlsruhe 1972
Geo. W. L. R.	George Washington Law Review
GRUR	Gewerblicher Rechtsschutz und Urheberrecht
GRUR Int.	Gewerblicher Rechtsschutz und Urheberrecht, Internationaler Teil
GWB	Gesetz gegen Wettbewerbsbeschränkungen
v. Hippel, Verbraucherschutz	Eike v. Hippel, Verbraucherschutz, Tübingen 1974
H. L. R.	Harvard Law Review
Int. Comp. L. Q.	International and Comparative Law Quarterly
JR	Juristische Rundschau
JuS	Juristische Schulung
JZ	Juristenzeitung
LM	Nachschlagewerk des Bundesgerichtshofes, herausgegeben von Lindenmaier, Möhring u. a.
MA	Der Markenartikel
Mich. L. R.	Michigan Law Review
Mitteilungsdienst VZ NRW	Mitteilungsdienst der Verbraucher-Zentrale Nordrhein-Westfalen – Landesarbeitsgemeinschaft der Verbraucherverbände e. V., Düsseldorf
NJW	Neue Juristische Wochenschrift
OLG	Oberlandesgericht
OWiG	Gesetz über Ordnungswidrigkeiten
RabelsZ	Zeitschrift für ausländisches und internationales Privatrecht
RGZ	Entscheidungen des Reichsgerichts in Zivilsachen
RdA	Recht der Arbeit
SPD	Sozialdemokratische Partei Deutschlands
Trade Reg. Rep.	Trade Regulations Reports
UCLA L. R.	University of California, School of Law, Law Review
U. S.	United States Supreme Court Reports
UWG	Gesetz gegen den unlauteren Wettbewerb
VAG	Versicherungsaufsichtsgesetz
VersR	Versicherungsrecht, Juristische Rundschau für die Individualversicherung

VPK	Verbraucherpolitische Korrespondenz, Herausgeber AGV
WiR	Wirtschaftsrecht
WuW	Wirtschaft und Wettbewerb
WRP	Wettbewerb in Recht und Praxis
WZG	Warenzeichengesetz
Y. L. J.	The Yale Law Journal
ZHR	Zeitschrift für das gesamte Handels- und Wirtschaftsrecht
ZRP	Zeitschrift für Rechtspolitik
ZVersWiss.	Zeitschrift für die gesamte Versicherungswissenschaft

Vorwort

»Verbraucherschutz« ist in jüngster Zeit auch und vor allem im Rahmen der rechtswissenschaftlichen Diskussion zu einem zentralen Thema geworden. Die vorliegende Arbeit versteht sich als Beitrag zu der Auseinandersetzung über Voraussetzungen und Funktion des Konsumentenschutzes. Sie zielt allerdings nicht darauf ab, sämtliche bisherigen in- und ausländischen Erfahrungen vollständig wiederzugeben, sondern orientiert sich bewußt an einigen als exemplarisch ausgewählten Problembereichen. Gesetzgebung, Rechtsprechung und Literatur wurden bis Ende 1974 berücksichtigt.

Dieses Buch ist während meiner Tätigkeit an den Universitäten Konstanz und Gießen entstanden. Meinen Kollegen möchte ich für mannigfaltige Anregungen danken.

Gießen, Mai 1975

I. Kapitel

Einleitung

Wer die juristische Landschaft nach neuen Figuren aufmerksam durchmustert, wird alsbald eine bemerkenswerte Veränderung feststellen. Mehr und mehr drängt sich ein bis vor kurzem unbekannter Bezugspunkt rechtlicher Regelung in den Vordergrund: Wo bislang Käufer und Verkäufer, Mieter und Vermieter, Arbeitnehmer und Arbeitgeber, um nur die gängigsten Beispiele zu nennen, die Szene beherrschten, taucht jetzt der »Verbraucher« als dominierendes Element auf. Gesetzgeber, Rechtsprechung und Lehre scheinen nur den einen Wunsch zu haben, dem Verbraucher und seinen Interessen Rechnung zu tragen, sie zum Ausgangspunkt einer Reform des geltenden Rechts zu machen, kurzum ein neues Rechtsgebiet zu entwickeln: das Verbraucherrecht.

Die Beispiele überstürzen sich förmlich. Um mit der Legislative anzufangen: Der Verbraucher scheint zwar nur eine Randfigur zu sein. Er tritt nur schüchtern im Rahmen eines größeren Kontextes auf. So hat nach § 3 III S. 2 Z. 2 GWB die Kartellbehörde Verträgen, die Rabattkartelle zum Gegenstand haben, dann zu widersprechen, wenn sie offensichtlich schädliche Wirkungen für eine angemessene Versorgung der Verbraucher haben. Doch schon hier wird klar, daß der Verbraucher mehr als nur eine akzidentelle Erscheinung ist. Seine Belange erscheinen als zwingender Anlaß rechtlicher Regelung, ihre Gefährdung löst die Intervention staatlicher Behörden aus.

Noch viel deutlicher wird dies dort, wo Parlament und Regierung den Schutz des Konsumenten zum unmittelbaren und ausschließlichen Gegenstand ihrer Initiative erklären. Im August 1974 verabschiedete der Bundestag das Gesetz zur Gesamtreform des Lebensmittelrechts. Die Begründung ist unmißverständlich[1]: Das Gesetzesvorhaben wird als der umfassendste Versuch effizienten Verbraucherschutzes qualifiziert und von dort aus legitimiert. Dies ist freilich nur das jüngste Glied einer ganzen Serie normativer Absicherungen. Allein die Jahre 1972–1974, wenn man sich darauf beschränkt, brachten eine wahre Lawine konsumentenorientierter Gesetze. Sie reichen vom Weingesetz und dem Lebensmittelgesetz über die Tex-

---
[1] Vgl. Bundesrat-Drucksache 73/71 S. 23.

tilkennzeichnung und das Verbot von Gerichtsstandsklauseln bis zu den weitgehenden Modifikationen des Abzahlungsrechts und des Maklerrechts. Die gesetzgeberische Aktivität war Folge des 1971 von der Bundesregierung förmlich abgegebenen Versprechens, die Stellung des Verbrauchers durch eine Reihe von Maßnahmen zu verbessern. Dem Verbraucherschutz, erklärte sie, komme eine zentrale Rolle zu bei der Verwirklichung einer »Gesellschaft, die mehr Freiheit bietet und mehr Mitverantwortung fordert«.[2] Kein Wunder, wenn unter diesen Umständen ein gewichtiger Ausschnitt aus der Gesetzgebung der letzten Jahre als Konkretisierung einer immer gezielteren und systematischeren Verbraucherpolitik angesehen wird. Verbraucherschutz sei keine leere Formel mehr; die ersten Schritte zu einer umfassenden Regelung seien schon gemacht worden.

Freilich, gleichviel welches der bisher erwähnten Beispiele man auch immer nimmt, der Verbraucher bleibt stets passive Figur. Die Legislative beansprucht, um seinetwillen intervenieren zu müssen, schafft Regeln, die sich auf ihn am Rande oder auch zentral beziehen, doch der Konsument selbst tritt nicht aus dem Dunkeln hervor. Um wen genau es sich dabei handelt, weiß man beim besten Willen nicht. Die Konturen werden vielleicht hin und wieder vorsichtig skizziert, das Bild bleibt trotzdem unklar und verschwommen. Allerdings nicht immer. An mindestens einer Stelle verändert sich die Situation. Aus dem passiven Adressaten rechtlicher Regelung wird plötzlich der aktive Mitspieler. Der Gesetzgeber begnügt sich nicht mehr damit, bestimmte Ergebnisse um des Konsumenten willen anzuvisieren, er fordert ihn auf, die eigenen Interessen selbst wahrzunehmen. Seit der 1965 erfolgten Änderung des Gesetzes gegen den unlauteren Wettbewerb sind nicht mehr allein die Konkurrenten berechtigt einzuschreiten, wenn sich einer ihrer Mitbewerber in einer vom Gesetz als unlauter qualifizierten Weise verhält. Auch Verbände, die den Schutz des Konsumenten professionell wahrnehmen, haben nunmehr das Recht zu klagen.[3] Der bislang anonyme Verbraucher verwandelt sich hier über seinen Verband in eine Prozeßpartei, zu deren Aufgaben es gehört, den Ablauf des Wettbewerbs zu kontrollieren und immer wieder dafür zu sorgen, daß keiner der Konkurrenten die gesetzlich vorgeschriebenen Bahnen verläßt. Das UWG habe damit, bestätigte die Rechtslehre, eine neue Dimension erhalten.[4] Es sei nicht mehr nur, wie es lange Zeit den Anschein hatte, die Kodifikation der für die am Wettbewerb unmittelbar und aktiv Be-

---

[2] Bericht zur Verbraucherpolitik, BT-Drucksache VI/2724 S. 2, 3.
[3] § 13 I a UWG.
[4] Vgl. unten Kapitel II Abschnitt II.

teiligten geltenden Regeln. Es liefere zugleich die normativen Bezugspunkte für eine Regelung der Konkurrenz, welche die Belange der Konkurrenten unter Umständen anderen für wichtiger gehaltenen Interessen unterordnet.

Was sich bei der Gesetzgebung andeutet, wiederholt sich bei der Rechtsprechung. Ebenso wie die Legislative meinen die Gerichte, dem Verbraucher mehr Beachtung schenken zu müssen. Sie verwandeln seine Perspektive in einen neuen, zusätzlichen Maßstab rechtlicher Wertung. Auch hierfür zwei Beispiele. Sie entstammen dem Bereich, der scheinbar am ehesten zu Reflexionen über den Verbraucher provoziert, nämlich den sich verändernden Formen und Implikationen des Warenabsatzes. In seinem 1965 ergangenen Urteil, das mittlerweile unter dem Stichwort »Markenbenzin« bekannt geworden ist, setzte sich der BGH mit der Frage auseinander, ob die Bezeichnung »Markenware« in der Werbung auch dann gebraucht werden kann, wenn die Ware keineswegs mit einer Marke versehen ist, kurzum ob ein solches Verhalten nicht dem in § 1 UWG normierten Verbot des unlauteren Wettbewerbs zuwiderläuft.[5] Die Besonderheit des Falles lag darin, daß die Reklame nicht als unwahr qualifiziert werden konnte. Das strittige Benzin wies die Eigenschaft auf, gleich zweimal auf dem Markt aufzutauchen, freilich verschieden drapiert. Einmal wohlversehen mit einer respektablen Marke und entsprechend teurer, das andere Mal anonym. Inhaltlich also ein und dieselbe Ware, nur in der Form der Darbietung verschieden. Der BGH bejahte den Verstoß gegen § 1 UWG unter Verwendung einer denkwürdigen Formel. Die ausschließliche Verwendung des Begriffs »Markenware« liege, so meinte das Gericht, nicht nur im Interesse der Markeninhaber, sondern ebenso in dem der »Verbraucher«. Das Gericht unterschied damit nicht mehr nur zwischen den unmittelbar Betroffenen und der auch sonst immer wieder erwähnten »Allgemeinheit«, sondern führte darüber hinaus die Konsumenten ins Feld. Seither dienen ihre Interessen immer wieder als Argument. So hatte sich das OLG Frankfurt[6] mit der Frage auseinanderzusetzen, inwieweit die zu Werbungszwecken überaus populären Kaffeefahrten mit § 1 UWG vereinbar seien. Die Richter des Senats wählten einen einfachen Weg. Sie sahen im Verbraucher den entscheidenden Ansatzpunkt, meinten von seiner Situation aus urteilen zu müssen, erklärten sich dann verständlicherweise zu Angehörigen der angesprochenen Verbraucherkreise und die so festgestellte Sachkenntnis genügte, um die Kaffeefahrten mit dem

---

5 Vgl. BGH v. 7. 4. 1965 »Markenbenzin«, GRUR 1966, 45 ff.
6 Urteil v. 14. 1. 1971, WRP 71, 135 ff.

Odium unlauteren Wettbewerbs zu versehen. Was im bereits erwähnten Fall des § 13 I a UWG also deutlich wird, bestätigt sich hier noch einmal; die Interpretation des Wettbewerbsrechts orientiert sich mehr und mehr an einem Gesichtspunkt, der zumindest beim Zustandekommen des Gesetzes unbeachtet blieb, den Konsumenteninteressen.

Ebenso konsumentengünstig sind die Vorzeichen in der Literatur. Das Problem der Kontrolle Allgemeiner Geschäftsbedingungen wird vor allem als eine Frage des Verbraucherschutzes behandelt.[7] Dabei wird versucht, die rechtliche Regelung aufzuspalten und verschiedene Regeln anzuwenden, je nachdem, ob es sich um Verträge mit Verbrauchern oder um Vereinbarungen unter Kaufleuten handelt.[8] Gleichviel wie man zu solchen Überlegungen auch immer steht, eines läßt sich nicht leugnen: Sie spiegeln die Überzeugung wider, daß die klassische Abstraktion des BGB, das von jeglicher Differenzierung zwischen den verschiedenen Käufer- und Verkäufergruppen absieht, angesichts der im Laufe der letzten Jahrzehnte immer deutlicher gewordenen unterschiedlichen Strukturierung der Interessenlage fragwürdig erscheint. Die allgemeinen Geschäftsbedingungen sind der Prüfstein für die Fragwürdigkeit der geltenden Regelung. Die Kritik an ihnen, von der Auseinandersetzung mit einzelnen Klauseln bis zu der Forderung nach einer generellen legislativen Intervention, entzündet sich in aller Regel erst dort, wo der Adressat des vorgefaßten Vertragswerkes Endverbraucher ist. Um den Käufer des einzelnen Pkw, den Erwerber des Fernsehgeräts, den Kunden der Wäscherei geht es und nicht um die Beziehung zwischen Großunternehmen oder den Herstellern und ihren verschiedenen Lieferanten. Dem Konsumenten wird plötzlich ein eigener Stellenwert zugestanden, um seiner Interessen willen wird nach einer besonderen Regelung gesucht.

Die Entdeckung des Verbrauchers ist freilich keine auf den Bereich der Rechtsordnung der Bundesrepublik beschränkte Erscheinung. Ähnliche Tendenzen lassen sich in einer ganzen Reihe von Rechten beobachten, am deutlichsten vielleicht in England. 1962 legte das »Committee on consumer protection« seinen Bericht vor, der von der Normierung und Standardisierung einzelner Waren bis zu der Regelung der Werbe- und Verkaufsmethoden ein ganzes Bündel legislativer Maßnahmen anbot, die auf eine eindeutige Verbesserung der Position des Konsumenten abzielten.[9]

---

[7] Vgl. etwa Vhdl. 50. DJT Bd. I, II, München 1974.
[8] Vgl. etwa Vorschläge zur Verbesserung des Schutzes der Verbraucher gegenüber Allgemeinen Geschäftsbedingungen. Erster Teilbericht der Arbeitsgruppe beim Bundesminister der Justiz, März 1974, § 2 des Gesetzentwurfs, S. 30.
[9] Vgl. Final Report of the Committee on Consumer Protection, London 1962.

Seither sind viele dieser Vorschläge vor allem im Zusammenhang mit der Reform des Abzahlungsrechts realisiert worden. Consumer protection ist zu einer unbestrittenen juristischen Aufgabe geworden, die bis zu der Entwicklung eines eigenen Rechts, des consumer law, reicht.[10] Die Situation in Schweden ist nicht minder eindrucksvoll.[11] Ein 1970 ergangenes Gesetz räumt den Verbrauchern eine zentrale Stellung ein, nicht zuletzt durch das neugeschaffene Marktgericht und den Verbraucherombudsman. Diese wenigen Andeutungen mögen genügen. Sie reichen aus, um die Internationalität des Phänomens zu unterstreichen. Die am 17. 5. 1973 verabschiedete Empfehlung der Beratenden Versammlung des Europarats an den Ministerrat, die am gleichen Tage verkündete Verbraucherschutz-Charta zu realisieren, war deshalb kein Zufall. Sie signalisiert eine Entwicklung, deren Anzeichen in den nationalen Bereichen nicht zu übersehen sind.

Bei aller Inflation des Konsumentenschutzgedankens kann freilich die Rechtsordnung beim besten Willen nicht Originalitätsansprüche geltend machen. Fast ist man versucht zu meinen, die angedeutete Entwicklung stelle nur eine schon leicht verspätete Reaktion auf einen außerhalb des juristischen Bereichs längst eingeleiteten Prozeß dar. Für Soziologen und Ökonomen ist die Diskussion um den Verbraucher alles andere als ein Novum, vielmehr ein allzu geläufiges, für manchen sogar schon reichlich veraltetes Thema. Im politischen Bereich agieren die in § 13 I a UWG mühsam zur Kenntnis genommenen Verbände ohnehin schon lange überdeutlich. Verschiedene Organisationen, die für sich in Anspruch nehmen, die Verbraucherinteressen zu fördern, erhielten 1973 um die 8,5 Mill. DM an Subventionen.[12] Die Arbeitsgemeinschaft der Verbraucher tritt als Repräsentant von acht Millionen Konsumenten auf. Sie läßt keine Gelegenheit aus, um ihren Anspruch anzumelden, die staatliche Wirtschaftspolitik mitzubestimmen und neben Arbeitgebern und Gewerkschaften in allen einschlägigen Gremien vertreten zu sein. Die Konsequenzen machen sich bei der Anwendung von Bestimmungen wie der des Art. 193 des EWG-Vertrages bemerkbar. Danach sollen im Wirtschafts- und Sozialausschuß der Europäischen Gemeinschaften die verschiedenen Gruppen des wirtschaftlichen und sozialen Lebens vertreten sein. Zu ihnen zählen nach heute unbestrittener Ansicht auch die Verbraucher. Ihre Vertreter

---

10 Vgl. Borrie-Diamond, The Consumer, Society and the law, 3. Aufl. London 1973.
11 Vgl. dazu unten Kapitel IX Abschnitt V.
12 Vgl. Antwort der Bundesregierung auf eine kleine Anfrage zur Verbraucherpolitik vom 7. 11. 1973, abgedruckt bei v. Hippel, Verbraucherschutz, S. 192 ff.

haben sich mittlerweile zu einer besonderen Fraktion zusammengeschlossen. Kurzum, gleichviel von welcher Warte aus man die Entwicklung betrachtet, die Indizien scheinen untrüglich zu sein: neben den bisherigen rechtlichen Disziplinen entwickelt sich ein neuer, am Verbraucher und seinen Interessen orientierter Bereich. Zwar ist die Provenienz der Mosaiksteine, die sich zum Verbraucherrecht zusammenfügen, äußerst unterschiedlich. Doch überall scheint sich der Eindruck zu bestätigen, der Verbraucher sei keine Ausnahmeerscheinung, sondern eine im Rahmen der gegenwärtigen rechtspolitischen Bestrebungen dominierende Figur. Genau wie einst Käufer und Verkäufer, Arbeitnehmer und Arbeitgeber entscheidende Etappen für die Struktur der Rechtsordnung markierten, spricht alles dafür, daß die Wendung zum Verbraucher einen neuen, nicht minder bedeutsamen Abschnitt einleitet.

Es gilt jedoch, sich vor voreiligen Schlüssen zu hüten. Die sich wiederholenden Absichtserklärungen des Gesetzgebers genügen ebensowenig wie die permanenten Hinweise auf den Verbraucher in Rechtsprechung und Literatur, um von der Notwendigkeit eines in sich geschlossenen Rechtsgebietes zu überzeugen. Der Verbraucher wird nicht schon dadurch zu einer rechtlich faßbaren Figur, daß er ständig erwähnt wird. Erst wenn genau feststeht, wer hier genau angesprochen wird, erst wenn der Zweck legislativer und richterlicher Intervention unmißverständlich bestimmt ist, läßt sich die Frage nach der Bedeutung des Verbrauchers und des Verbraucherrechts beantworten. Was deshalb wirklich not tut, ist keineswegs die schlichte Sammlung aller Vorschriften und Entscheidungen, die – in welcher Form auch immer – vom Verbraucher sprechen, sondern die Analyse der jeweils im Mittelpunkt stehenden Konflikte und der durch die rechtliche Regelung anvisierten Ziele. Nur dann kann sich herausstellen, ob für die Rechtsordnung Verbraucherschutz nicht eine simple Begriffsklammer für die diversesten Intentionen ist, sondern substantiierbare, an die Situation eines bestimmten Personenkreises gebundene Aufgabe, ob Verbraucherschutz Schlagwort oder Rechtsprinzip ist.

Im Rahmen dieser Untersuchung ist es schon aus räumlichen Gründen nicht möglich, sämtliche legislativen oder richterlichen Regeln, deren Mittelpunkt der Verbraucher zu sein scheint, erschöpfend zu analysieren. In Betracht kommt nur eine sehr beschränkte Auswahl, die allerdings insofern bedeutsam ist, als sie gerade jene Bereiche umfaßt, die, wie das UWG, das Lebensmittelrecht oder die Regelung der Allgemeinen Geschäftsbedingungen, immer wieder als unwiderlegbare Anzeichen für die rechtliche Anerkennung des Verbrauchers gewertet worden sind. Als Arbeitshypothese dient dabei die bisher allgemein akzeptierte Annahme, mit Hilfe des Prinzips »Verbraucherschutz« solle der Verbraucher vor einer Gefährdung seiner Sicherheit und Gesundheit bewahrt, vor Täuschung und Übervorteilung geschützt und ihm ermöglicht werden, am Markt optimale Entscheidungen zu treffen.[13]

---

[13] So z. B. v. Hippel, Verbraucherschutz S. 11.

II. Kapitel

Bestandsaufnahme. Regelungen des Verbraucherschutzes

1. *Das Kartellrecht*

Die Intensivierung des Wettbewerbs ist nach einer weit verbreiteten Auffassung[1] eines der wichtigsten Mittel, um die Probleme, die sich dem Verbraucher stellen, zu bewältigen. Im Gesetz gegen Wettbewerbsbeschränkungen wären demnach die Lösungen und Prinzipien zu finden, die es erlaubten, die in verschiedenen Rechtsgebieten verstreuten Regeln zu einem System des Verbraucherschutzes zu integrieren.[2]

§ 18 GWB ermächtigt die Kartellbehörde, vertikale Wettbewerbsbeschränkungen, die Waren oder Dienstleistungen betreffen, für unwirksam zu erklären, soweit der Wettbewerb durch das Ausmaß der durch den Vertrag auferlegten Verpflichtungen wesentlich beschränkt wird. Wann eine wesentliche Beeinträchtigung des Wettbewerbs vorliegt, könnte auf Grund des Interesses der Verbraucher an einem dauerhaften, billigen und qualitativ hochwertigen Angebot beurteilt werden. Das Marktgewicht der Beschränkung, die Formen des Wettbewerbs, die sowohl auf der Angebots- als auch auf der Nachfrageseite bestehen, würden von untergeordneter Bedeutung sein gegenüber der Frage nach Preis, Qualität und Bedeutung der gebundenen Waren für die Verbraucher. Nach der bisher vorherrschenden Ansicht[3] ist die Frage, ob eine vertikale Wettbewerbsbeschränkung eine wesentliche Beeinträchtigung des Wettbewerbs zur Folge hat, auf Grund der gesamten einschlägigen Marktverhältnisse zu beurteilen.

---

[1] Siehe unten Kapitel III Abschnitt II, E. Günther, Der Verbraucher und die Wettbewerbspolitik WuW 1972, 427 ff.

[2] v. Hippel, Grundfragen des Verbraucherschutzes JZ 1972, 417 ff., 418 und G. Schricker, Unlauterer Wettbewerb und Verbraucherschutz, GRUR Int. 1970, 32 ff., 44 erachten die Entwicklung einer »Konzeption eines umfassenden Verbraucherschutzrechts« für zweckmäßig.

[3] Vgl. E. Langen, Kommentar zum Kartellgesetz, Berlin, Loseblattsammlung, Stand 1. 2. 1967, § 18 GWB, Anm. 38; Frankfurter Kommentar zum GWB, Köln, Loseblattsammlung, Stand Dezember 1973, § 18 Anm. 69; Müller/Gries, Kommentar zum GWB, Frankfurt/M., Stand 1969 § 18 Anm. 48 ff.; Magen, Lizenzverträge und Kartellrecht, Heidelberg 1963, S. 38; vgl. auch Meyer-Cording, Die Grundbegriffe des Wettbewerbsrechts, WuW 1962, 461 ff. (472); G. Schwartz, Die Problematik des § 18 GWB, GRUR 1971, 397 ff.

Dabei dürfen jedoch Verbraucherinteressen im Regelfall nicht mit in Erwägung gezogen werden.[4] Die Verbraucher sind durch die Wettbewerbsbeschränkung nicht unmittelbar betroffen, da sie eine ausreichende Auswahl an gleichartigen Waren vorfinden. Entscheidend für die Frage, ob eine wesentliche Beeinträchtigung vorliegt, ist der Umstand, ob eine faktische Sperre der Absatzwege für die Konkurrenten der bindenden Unternehmen gegeben ist. Die »wesentliche Beeinträchtigung des Wettbewerbs« fällt im Normalfall mit einer unbilligen Beschränkung des Zugangs zu einem Markt zusammen.[5] Der Schutz kollektiver oder gesamtwirtschaftlicher Interessen kann sich bei Ausschließlichkeitsbindungen, Vertriebsbindungen, Koppelungsverträgen und Verwendungsbeschränkungen nur über den Schutz der Wettbewerbsposition des Konkurrenten realisieren.[6]

Nach § 38 a Abs. 3 Nr. 1 GWB, kann die Kartellbehörde Preisempfehlungen für Markenwaren u. a. dann für unzulässig erklären, wenn diese geeignet sind, die Waren in einer durch die gesamtwirtschaftlichen Verhältnisse nicht gerechtfertigten Weise zu verteuern oder ein Sinken der Preise zu verhindern. Nimmt man an, daß durch die vertikale Preisempfehlung von allen beteiligten Interessen diejenigen der Endabnehmer am intensivsten gefährdet sind, so müßte die Entscheidung, ob eine Preisempfehlung die Ware in einer durch die gesamtwirtschaftlichen Verhältnisse nicht gerechtfertigten Weise verteuert, vor allem auf Grund ihrer Wirkung auf die Verbraucherpreise getroffen werden. Die in der Praxis angewandten Beurteilungskriterien ziehen jedoch die Verbraucherinteressen nicht unmittelbar in Betracht. Da das Gesetz als Maßstab die »gesamtwirtschaftlichen Verhältnisse« gewählt habe, müßten »außenwirtschaftliche Einflüsse, Kaufkraftveränderungen oder andere Strukturveränderungen und anderes mehr« berücksichtigt werden.[7] Auch die betriebswirtschaftlichen Notwendigkeiten des empfehlenden Unternehmens dürften nicht außer acht gelassen werden.[8] Denn im gegenteiligen Fall würde man in einer unserer Wirtschaftsordnung fremden Weise die berechtigten Belange des einzel-

---

4 Tätigkeitsbericht des Bundeskartellamts 1963, BT-Drucksache IV/2370, S. 51: »Die Vertriebsbindung ... war nach § 18 nicht zu beanstanden, weil eine unbillige Benachteiligung von Verbrauchern nach dieser Bestimmung nicht berücksichtigt werden kann«.
5 Gleiss-Hirsch, Ausschließlichkeitsverträge nach der Novelle zu § 18 GWB, WRP 1966, 17 ff. (19); R. Liebs, Wettbewerbsbeschränkende Vertriebsverträge und unerlaubte Handlung, Stuttgart 1973, S. 80.
6 Vgl. Sandrock, Grundbegriffe des Gesetzes gegen Wettbewerbsbeschränkungen, München 1968, S. 454 ff.
7 Langen, a.a.O., § 17 GWB Anm. 29.
8 Frankfurter Kommentar, a.a.O., § 17 Anm. 52, 53.

nen Unternehmens unterdrücken. Es komme entscheidend darauf an, ob der Preis den durch die Marktdynamik geschaffenen Verhältnissen entspreche, die Empfehlung also die Imponderabilien des Marktgeschehens, die gleichzeitig die maßgeblichen gesamtwirtschaftlichen Verhältnisse bestimmten, weiter wirken lasse. Die Angemessenheit des Preises ergebe sich nicht aus den Verbraucherinteressen. Sie sei solange gewährleistet, als es nicht bei einer bedeutenden Zahl von Abnehmern anhaltend zu erheblichen Unterschreitungen des empfohlenen Preises komme.[9]

Diese Beispiele ließen sich beliebig vermehren. Ob es um die Frage geht, wer nach § 51 GWB an dem Verwaltungsverfahren vor den Kartellbehörden förmlich beteiligt sein soll, oder welche Kriterien bei der Beurteilung einer Rationalisierungsvereinbarung nach § 5 Abs. 2 GWB anzuwenden sind, die Interessen der Verbraucher können nur »indirekt, quasi als Reflex, berücksichtigt«[10] werden. Verbrauchersouveränität und Verbraucherschutz sind im Rahmen des Wettbewerbsrechts keine Imperative, an denen sich die Auslegung des Gesetzes ausrichten soll. Es sind Arbeitshypothesen, Modellprämissen, die in der Praxis in dem Maß an Verbindlichkeit verlieren, in dem ihre Durchsetzung den reibungslosen Ablauf des Wirtschaftssystems stören würde. Die Rechtslehre hat dies schon längst anerkannt, allerdings nicht offen ausgesprochen. Das gesamte Kartellrecht, so wird betont, sei darauf angelegt, den Verbraucher vor Übervorteilung zu schützen, der Verbraucherschutz werde aber nur mittelbar realisiert.[11] Das Gesetz knüpfe »an bestimmte Tatbestände der Wettbewerbsbeschränkungen, nicht unmittelbar an die Beeinträchtigung von Verbraucherinteressen an.«[12]

---

9 R. Kazmeyer, Rechtslage der Verbraucher und Handelsempfehlungen, in Auslegungsfragen zur zweiten GWB-Novelle, Köln, Berlin 1974, S. 99 ff., 112. Das Bundeskartellamt hat im Herbst 1972 Erhebungen über die tatsächlich geforderten Preise für eine Reihe von preisempfohlenen Erzeugnissen des Körperpflegemittelsektors durchgeführt. Der Verdacht überhöhter Empfehlungen bestätigte sich, die empfohlenen Preise wurden in der Regel um mindestens 30% unterschritten. Vgl. WRP 1973, 74. Nach W. Schultes, Erfahrungen mit unverbindlichen Preisempfehlungen, Verbraucherdienst Ausgabe B 1974, 281 ff. schieden mehr als 10 000 Preisempfehlungen auf Grund der Mißbrauchsaufsicht aus, »eine beachtliche Zahl, die sich allerdings relativiert, wenn man berücksichtigt, daß möglicherweise rund eine Million Preisempfehlungen vorhanden sind«.
10 S. Schmidt, Obsoleszenz und Mißbrauch wirtschaftlicher Macht, WuW 1971, 868 ff., 877.
11 Vgl. v. Hippel, a.a.O., S. 419.
12 G. Schricker, Wettbewerbsrecht und Verbraucherschutz, RabelsZ 36 (1972), 315 ff., 327.

2. Das Recht des unlauteren Wettbewerbs

Im Schrifttum zum UWG wird neuerdings in zunehmendem Maße die Bedeutung der Verbraucherinteressen hervorgehoben.[13] Der Unwert einer Wettbewerbshandlung beurteile sich nicht allein an Hand der Interessen der Mitbewerber. Einzubeziehen seien auch die Belange der sonstigen Marktbeteiligten, vor allem der Verbraucher.[14] Der BGH hat ebenfalls in mehreren Entscheidungen die Interessen der Verbraucher in den Mittelpunkt seiner Überlegungen gestellt. Die Zulässigkeit der vergleichenden Werbung wurde etwa nach dem Kriterium geprüft, ob ein hinreichender Anlaß zum Vergleich im Bedürfnis der Abnehmer nach sachgemäßer Aufklärung begründet sei.[15] Rechtsprechung und Rechtslehre haben einen Gedanken weiterentwickelt, der bereits seit längerem fast unangefochten gilt. Der Schutzweck des UWG habe sich gewandelt; es schütze nicht nur die Mitbewerber vor unlauteren Wettbewerbsmaßnahmen, sondern auch

---

[13] Zum Nachfolgenden vgl. N. Reich-H. Wegener, Verbraucherschutz und Wettbewerb, JuS 1974, 561 ff.; S. Simitis, Der heutige Mensch in seiner Rolle als Konsument, Bad Homburg 1968; K. Thiedig, Suggestivwerbung und Verbraucherschutz, Frankfurt 1973; W. Hefermehl, Verbraucherschutz im Wettbewerbsrecht, in Wirtschaftspraxis und Rechtswissenschaft, Festschrift für Walther Kastner zum 70. Geburtstag, Wien 1972, S. 183 ff.; G. Schricker, Unlauterer Wettbewerb und Verbraucherschutz, GRUR Int 1970, 32 ff.; G. Schricker, Wettbewerbsrecht und Verbraucherschutz, RabelsZ 36 (1972), 315 ff.; G. Schricker, Entwicklungstendenzen im Recht des unlauteren Wettbewerbs, GRUR 1974, 579 ff.; L. Raiser, Marktbezogene Unlauterkeit, GRUR Int 1973, 443 ff.; v. Hippel, Verbraucherschutz, S. 56 ff.; H. Burmann, Zur Problematik eines werberechtlichen Verbraucherschutzes, WRP 1973, 313 ff.; H. Burmann, Strukturwandel des Werbe- und Wettbewerbsrechts, WRP 1967, 71 ff.; Baumbach-Hefermehl, Wettbewerbs- und Warenzeichenrecht, 11. Aufl. 1974, UWG Einl. Anm. 56 ff.; E. Ulmer-D. Reimer, Das Recht des unlauteren Wettbewerbs in den Mitgliedsstaaten der Europäischen Wirtschaftsgemeinschaft, Bd. III Deutschland, 1968, Köln, München, S. 18 ff.; M. Kisseler, Wettbewerbsrecht und Verbraucherschutz, WRP 1972, 557 ff.; E. Ulmer, Die Bekämpfung des unlauteren Wettbewerbs im Gemeinsamen Markt, GRUR Int. 1973, 135 ff.: M. Lehmann, Wirtschaftspolitische Kriterien in § 1 UWG, in Gewerblicher Rechtsschutz, Urheberrecht, Wirtschaftsrecht, Mitarbeiterfestschrift zum 70. Geburtstag von E. Ulmer mit Beiträgen aus dem deutschen, ausländischen und internationalen Recht, Köln, Berlin 1973, S. 321 ff.; H. Lehmann, Sales-promotion und unlauterer Wettbewerb, Verbraucherschutz und sales-promotion, GRUR 1974, 689 ff.; E. Wolf-H. Stofer, Unlauterer Wettbewerb und Konsumentenschutz, Schweizerische Juristenzeitung 1973, 81 ff.
[14] Baumbach-Hefermehl, a.a.O., Einl. UWG Anm. 76.
[15] Vgl. BGH v. 23. 2. 68 – »40% können sie sparen«, GRUR 1968, 443; BGH v. 3. 4. 70 – »Tauchkühler«, GRUR 1970, 422.

das Publikum und die Allgemeinheit.16 Das massenhafte Verschenken von Waren, die belästigende Werbung, die Gefährdung der Volksgesundheit durch irreführende Werbung seien Beispiele dafür, daß über die Belange der Konkurrenten hinaus auch der Schutz des konsumierenden Publikums gewährleistet werden müsse. Die gesetzgeberische Anerkennung des erweiterten Schutzzwecks des UWG hat das Änderungsgesetz von 1965 gebracht. Es gab den Verbraucherverbänden die Klagebefugnis bei Verstößen gegen die §§ 3, 6, 6 a, 6 b, 7 I, 11 ohne jede Beschränkung, bei § 1 UWG insoweit, als irreführende Angaben über Waren, gewerbliche Leistungen oder Handlungen, die wesentliche Belange der Verbraucher berühren, vorliegen.

Unterzieht man die Ergebnisse der Rechtsprechung zum Verbraucherschutz sowie die Folgen der Klagebefugnis der Verbraucherverbände einer näheren Betrachtung, so stellt man nur geringe greifbare Vorteile für die Konsumentenbelange fest. Zweifel sind bereits hinsichtlich des Zwecks, dem die Einführung der Verbraucherklage diente, berechtigt. Die Neuerung beruhte auf der Erkenntnis, daß die gewerblichen Verbände, denen bereits seit Erlaß des Gesetzes ein Klagerecht zustand, »für die Öffentlichkeit nicht selten schwerwiegende Wettbewerbsverstöße« nicht verfolgten. Die in einem Verband zusammengeschlossenen Mitglieder eines Gewerbezweiges duldeten gewisse Formen der Werbung, obwohl sie unlauter seien.17. Die Feststellung, daß Mitbewerber und ihre Verbände an der Anwendung des Gesetzes nicht interessiert seien und damit »die Kongruenz von Individual- und Allgemeininteresse aufheben«, führte dazu, die Verbraucherverbände zu aktivieren.18 Sie sollten als neue Kontrollinstanz fungieren und das Allgemeininteresse an der Geltung des UWG durchsetzen. Die Verbraucher wurden als besondere Gruppe anerkannt, nicht weil ihre Interessen mitentscheidend wären, sondern weil eine Gegenmacht notwendig erschien, um der zunehmenden Kooperation und Verständigung der Mitbewerber entgegenzuwirken.

Rechtsprechung und Rechtslehre sahen sich daher berechtigt, eine Reihe von restriktiven Voraussetzungen an die Durchführung der Verbraucher-

---

16 Vgl. auch G. Schwartz, Verfolgung unlauteren Wettbewerbs im Allgemeininteresse, in Festschrift für Ficker, Berlin 1967, S. 410 ff.; S. J. Samwer, Verbraucherschutz und Wettbewerbsrecht, GRUR 1969, 326 ff.
17 Vgl. die Begründung des Gesetzes BT-Drucksache IV/2217 S. 3.
18 E. Rehbinder-H. G. Burgbacher-R. Knieper, Bürgerklage im Umweltrecht, Berlin 1972, S. 102; R. Knieper, Motivunabhängige Klagebefugnis der Verbraucherverbände gemäß § 13 Abs. 1 a UWG, NJW 1971, 2251 ff.

klage zu knüpfen.[19] Damit sollte sichergestellt werden, daß Verbraucherverbände die eingespielte Ordnung nicht durcheinanderbringen, sondern sich nur gegen die allgemein anerkannten, aber nicht verfolgten Mißstände wenden. § 13 I a beschränkt das Klagerecht auf sittenwidrige Wettbewerbshandlungen, die wesentliche Belange der Konsumenten betreffen. Der Verstoß müsse demnach eine größere Verbrauchergruppe berühren, so daß ein kollektiver Schutz geboten erscheine.[20] Es sei nicht Aufgabe der Verbände, Grundsatzfragen zu klären, Testprozesse zu führen oder sich dann einzumischen, wenn ganz oder überwiegend gewerbliche Interessen betroffen seien.[21] Mit dem ihnen gewährten Recht sollen mithin nur diejenigen Fälle erfaßt werden, die für den Verbraucher im täglichen Leben eine Rolle spielen.

Ein klagender Verband muß nach der Rechtsprechung nicht nur, wie es das Gesetz vorschreibt, satzungsgemäß, sondern auch tatsächlich die Interessen der Verbraucher durch Aufklärung und Beratung wahrnehmen. Die Klagebefugnis setze voraus, daß der Verband durch Verbreitung von Schriften, Vorträge, Mitwirkung an Beratungsstellen usw. sich um eine Unterrichtung der Verbraucher tatsächlich bemühe.[22] Der Unterlassungsanspruch sei nur ein Hilfsmittel für den eigentlichen Verbandszweck. Das Gesetz habe nicht »die Möglichkeit eröffnet, Prozessieren zum Verbandszweck zu erheben«.[23]

Die Einführung der Verbraucherklage hat die irreführende und täuschende Werbung kaum beschränkt. Die Klagebefugnis hat zwar dem außerprozes-

---

19 Vgl. zur Klagebefugnis der Verbraucherverbände nach § 13 I a UWG W. Hefermehl, Die Klagebefugnis der Verbände zur Wahrnehmung der Interessen der Verbraucher, GRUR 1969, 653 ff.; G. Lehmann, Die Klagebefugnis der Verbände im Wettbewerbsrecht, WRP 1972, 285 ff.; M. Wolf, Die Klagebefugnis der Verbände, Tübingen 1971; H. Faber, Die Verbandsklage im Verwaltungsprozeß, Baden-Baden 1972, 83 ff.; W. Hadding, Die Klagebefugnis der Mitbewerber und der Verbände nach § 13 Abs. 1 UWG im System des Zivilprozeßrechts, JZ 1970, 305 ff.; M. Wolf, Zur Zulässigkeit der Verbandsklage, BB 1971, 1293 ff.; H. G. Borck, Klagebefugnis für Verbraucherverbände, WRP 1965, 319 ff.; H. G. Borck, Erste Erfahrungen mit der Aktivlegitimation für Verbraucherverbände, WRP 1968, 1 ff.; H. G. Borck, Verbandsklage im Zwielicht, WRP 1969, 465 ff.; W. Pastor, Verbraucherverbände im Sinne des § 13 Abs. 1 a UWG, GRUR 1969, 571 ff.; D. Wilke, Zur Gründung von Verbänden zur Förderung gewerblicher Interessen durch Letztverbraucher, GRUR 1969, 468 ff.
20 Baumbach-Hefermehl, a.a.O., § 13 UWG Anm. 27.
21 W. Pastor, Der Wettbewerbsprozeß, 2. Aufl. 1973, Köln, Berlin, Bonn, München, S. 423.
22 BGH v. 30. 6. 72, GRUR 1973, 78 »Verbraucherverband«; Baumbach-Hefermehl, a.a.O., § 13 UWG Anm. 21.
23 Pastor, a.a.O., S. 420.

sualen Vorgehen der Verbände den notwendigen psychologischen Nachdruck verliehen,[24] jedoch weder den Umfang der erfaßten Wettbewerbsverstöße erweitert, noch zu einer intensiveren Verfolgung bekannter unlauterer Werbemaßnahmen geführt.[25] In den zahlreichen Fällen, in denen es um die Interessen der unerfahrenen oder sozial schwachen Abnehmer geht, ist eine entscheidende Verbesserung nicht eingetreten. Kaffeefahrten und Ausverkäufe im Teppichhandel finden noch immer statt, »großes« Geld bei Heimarbeit und »kostenlose« Enzyklopädien werden nach wie vor angeboten, Lieferverträge über Kinderpräparate und Aufstellverträge über Automaten weiterhin aufgeschwatzt.[26] Es fehlt manchmal an rechtlichen, vor allem aber an den finanziellen Möglichkeiten, um die Klage zu einem handlichen und effektiven Arbeitsmittel im Verbraucherschutz werden zu lassen.[27]

Die Zurückhaltung gegenüber den Verbraucherbelangen ist nicht nur an Hand des § 13 I a feststellbar. Der Nachweis dafür, daß der Schutzzweck des UWG sich gewandelt habe, wird unter Hinweis auf die Rechtsprechung erbracht.[28] Die Urteile beziehen sich jedoch in der Regel nicht auf die Verbraucherinteressen, sondern auf die Interessen der Allgemeinheit. Die »Interessen der Allgemeinheit« sind ein Blankettbegriff, der die Tatsache verdecken soll, daß das Gericht auf Grund rechts- und wirtschaftspolitischer Überlegungen zu seinem Ergebnis gelangt ist. Sie werden überall dort bemüht, wo sich die Richter vor die Aufgabe gestellt sehen, den Wettbewerb als ökonomischen Prozeß im Interesse der Gesamtwirtschaft zu regeln. Der Schutz der Allgemeinheit kann also nicht im Sinne eines Verbraucherschutzes, sondern muß »als eine Art Institutionenschutz« verstanden werden.[29] Es werden schwere Marktstörungen verhindert, um die marktwirtschaftliche Ordnung funktionsfähig zu erhalten.[30] Theoretisch werden damit auch die Interessen der Verbraucher gewahrt. Zum Leistungswettbewerb gehört eben, daß das kaufende Publikum seinen Entschluß frei auf Grund der dargebotenen Qualität und Preise faßt. Von Ver-

---

24 Vgl. R. v. Falkenstein, Wettbewerbsrechtlicher Verbraucherschutz in der Praxis, Gewerblicher Rechtsschutz, Urheberrecht, Wirtschaftsrecht, Mitarbeiterfestschrift zum 70. Geburtstag von Eugen Ulmer, Köln, Berlin 1973, S. 307 ff., 318.
25 Vgl. v. Hippel, Verbraucherschutz, S. 59.
26 Vgl. Heft 3/1973 der Verbraucherrundschau.
27 v. Falkenstein, a.a.O., S. 313, 318.
28 Vgl. die Urteile BGHZ 19, 392 ff. (Anzeigenblatt); 23, 371 ff. (SUWA); 43, 278 ff. (Kleenex); BGH, GRUR 1955, 541 ff. (Bestattungswerbung), GRUR 1966, 45 ff. (Markenbenzin), GRUR 1969, 295 ff. (Goldener Oktober).
29 Reich-Wegener, a.a.O., S. 563.
30 L. Raiser, a.a.O., S. 445.

braucherschutz kann jedoch dann nur in einem allgemeinen, wenig differenzierten Sinne gesprochen werden.[31] In der Rechtslehre wird daher bemerkt, Verbraucherinteresse könne mit Allgemeininteresse nicht gleichgesetzt werden.[32] Das Allgemeininteresse müsse auf das öffentliche Interesse bezogen werden und nicht auf die partiellen Interessen bestimmter Personenkreise. Die Interessen der privaten Verbraucher stellten nur eine wichtige Gruppe innerhalb des Gesamtinteresses dar. Sie entsprächen den typischen Belangen eines Bevölkerungskreises, in dem Bezieher kleiner und mittlerer Einkommen überwiegen und die wegen ihrer unterlegenen Position eines sozialen Schutzes bedürften.[33]

Selbst wenn man von der Fragwürdigkeit einer derart vagen und von der Sache her kaum ohne weiteres einzusehenden Beschränkung absieht, fragt sich, woher die Rechtsprechung denn wissen soll, was die Interessen dieser Gruppe sind. Die Bemerkung, man müsse auf Meinungsumfragen zurückgreifen,[34] bringt wenig ein. Auch den Richtern ist der zweifelhafte Wert von Meinungsumfragen als Mittel zur Entscheidung von Rechtsstreitigkeiten nur zu bewußt. So kommt es schließlich in der Rechtslehre zu der Feststellung, daß sich die rechtserheblichen Verbraucherinteressen grundsätzlich mit den Belangen der ehrlichen Unternehmer decken werden.[35] Die Interessen der Mitbewerber sollen in der Regel mit denen der Verbraucher konform gehen. Von einer rechtlich besonders beachtlichen Kategorie von Verbraucherinteressen kann aber unter diesen Umständen nicht mehr die Rede sein. Spezifische »verbraucherrechtliche« Gesichtspunkte, die einen konkreten Anspruch auf Gewährleistung von Rechtsschutz begründen könnten, bestehen nicht.

Die Lehre vom Wandel des Schutzzwecks des UWG folgt der Erkenntnis, daß Wettbewerbshandlungen eine doppelte Zielrichtung haben und aus zwei verschiedenen Perspektiven beurteilt werden müssen. Die Wettbewerbsmaßnahme müsse sowohl vom Standpunkt der Konkurrenten, in deren Kundenkreis sie eingreife, als auch von der Seite der Abnehmer, an die sich die Werbebotschaften richteten, überprüft werden. Eine Werbemaßnahme, die bei Beurteilung von einer Seite aus hingenommen werden könne, könne als unlauter angesehen werden, wenn man auch den anderen Standpunkt hinzuziehe. Eine solche Auffassung müßte zwangsläufig dazu führen, den Verbraucherinteressen einen eigenen Stellenwert bei der Be-

---

31 Burmann, WRP 1973, 315.
32 Schricker, GRUR Int. 1970, 39.
33 Schricker, ebd.
34 Schricker, ebd.
35 Schricker, ebd., Hefermehl in Festschrift für Kastner, S. 186.

urteilung eines Falles einzuräumen. Diese Ausgangsposition wird jedoch, sobald man zur Rechtsanwendung schreitet, fallen gelassen. Die Rechtslehre zieht sich auf die Position des Individualschutzes der Mitbewerber zurück. Der Schutz der Verbraucher sei ein wettbewerbsbezogener.[36] Die Interessen der Verbraucher würden nicht allgemein geschützt, sondern nur, soweit sie mit den Interessen der Unternehmen verflochten seien.[37] Das UWG dürfe nicht zum Schutzgesetz einzelner Wirtschaftsgruppen oder der Verbraucher umfunktioniert werden.[38] Mit solchen Formeln verflüchtigt sich der angeblich ex lege gewährte und daher zwingende Verbraucherschutz in allgemeine, folgenlose Wendungen.[39]

Die Bewertung des Verstoßes gegen »wertneutrale« Vorschriften bestätigt diesen Eindruck. In einem Urteil aus dem Jahre 1974 entschied der BGH die Frage, ob der Verstoß gegen die Vorschriften der Preisauszeichnungsverordnung die Sittenwidrigkeit einer Handlung begründen könne.[40] Der Beklagte hatte den für seine Boote zu zahlenden Preis in unzulässiger Weise aufgegliedert und nicht den vom Käufer zu zahlenden Endpreis angegeben. Die Preisauszeichnungsverordnung, meinte der BGH, diene dem Schutz der Verbraucher. Es sollten die Preisvergleichsmöglichkeiten verbessert und den Verbrauchern geholfen werden, das ihnen günstigste Angebot festzustellen. Dies ändere jedoch nichts daran, daß es sich um wertneutrale Vorschriften handele, die keinen sittlichen Vorstellungen entspringen würden. Der Verstoß gegen wertneutrale Vorschriften könne nur dann sittenwidrig sein, wenn sich der Wettbewerber »bewußt und planmäßig über solche Vorschriften hinwegsetze, um sich einen Vorsprung gegenüber gesetzestreuen Mitbewerbern zu verschaffen«.[41] Das Gericht setzte mit dieser Entscheidung eine Rechtsprechung fort, die die Zustimmung der Rechtslehre gefunden hatte. Eine Wettbewerbshandlung sei nicht schon deshalb sittenwidrig, weil sie gegen Verbraucherschutzgesetze verstoße.[42] Nur wenn es sich um einen Verstoß gegen eine wettbewerbsregelnde Bestimmung handele, deren Einhaltung einem sittlich-rechtlichen Gebot entspreche, sei ein Verstoß gegen die guten Sitten gegeben. Auf ein gesetzeswidriges Verhalten finde § 1 UWG per se keine Anwendung.

---

36 Baumbach-Hefermehl, a.a.O., UWG Einl. Anm. 76.
37 Hefermehl in Festschrift für Kastner S. 186.
38 Samwer, a.a.O., S. 329.
39 Vgl. auch Hackert, UWG: Kein wirksamer Verbraucherschutz, Handelsblatt Nr. 223 v. 17./18. 11. 72, S. 25.
40 BGH 9. 11. 73, NJW 1974, 140 f.
41 ebd. S. 141.
42 Baumbach-Hefermehl, a.a.O. UWG Einl. Anm. 108.

Sieht man als Schutzobjekt des UWG nicht nur die Institution des Wettbewerbs, sondern auch die Interessen der Verbraucher an, so ist die Differenzierung zwischen wertbezogenen und wertneutralen Vorschriften nicht gerechtfertigt.[43] Wird eine Norm nicht beachtet, die die Belange der Abnehmer wahrnehmen soll, so wird entgegen dem Zweck des UWG gehandelt. Die Handlung ist als sittenwidrig anzusehen, weil sie funktionswidrig ist, sich also nicht mit der vom Gesetzgeber angestrebten Ordnung vereinbaren läßt.[44]

Die deskriptive Anführung der Argumente, die den Käufer überzeugen sollen, hat sich mit Zunahme des Umfangs der Werbung als eine wenig effektive Werbungsform erwiesen.[45] Sie bewirkt zwar einen Lernerfolg beim Verbraucher, kann ihn aber nicht zum Kauf der Sache bewegen. Die Motivation zum Erwerb wird zunehmend mit suggestiven Techniken erreicht. Dem Produkt wird etwa ein Ruf beigelegt, der den Wünschen oder Vorurteilen des Adressaten entgegenkommt. Die Ware wird in einen Zusammenhang gestellt, der die Identifikation mit ihr erlaubt und daher auch zum Erwerb anregt. Der Whisky-Konsum wird mit den Annehmlichkeiten des Lebens der englischen Aristokratie verknüpft, Schönheitsmittel werden von Schauspielern, die mit der zu veräußernden Ware überhaupt nichts zu tun haben, vorgestellt.

Die Gerichte sind der Suggestivwerbung bisher nicht entgegengetreten.[46] Ihre Rechtmäßigkeit sei nicht in Zweifel zu ziehen. Die psychologische Beeinflussung des Kunden sei eine unentbehrliche und allgemein übliche Folge der Werbung. Das Prinzip der Sachlichkeit der Werbung schließe den Appell an das Unterbewußte nicht aus. Die Reklame bleibe auch dann gegenstandsbezogen, wenn ein Gewerbetreibender sich nicht auf den Preis, die Güte der Ware oder den Service beziehe.[47] In Wirklichkeit ist das Prinzip der Sachlichkeit der Werbung weitgehend aufgegeben worden.[48] Es gilt nur, wenn Marktpositionen anderer tangiert oder die von den Unternehmern akzeptierten generellen Regeln der Suggestivwerbung mißachtet werden.

---

43 Vgl. dazu ausführlich Reich-Wegener, a.a.O., S. 565 f.
44 Vgl. L. Raiser, a.a.O., S. 445 f.
45 Vgl. zum Nachfolgenden auch W. Schluep, Wirtschaftsrechtliche Aspekte der Werbung durch Appell an das Unterbewußte, Zeitschrift für Schweizerisches Recht, N.F. 91, I, 1972, S. 353 ff.; H. Burmann, Die soziologischen Aspekte in Werbung und Werberecht, Symbolwerbung und Irreführung, WRP 1967, 1 ff.
46 Vgl. U. Loewenheim, Suggestivwerbung, unlauterer Wettbewerb, Wettbewerbsfreiheit und Verbraucherschutz, GRUR 1975, 99 ff., 102.
47 Vgl. Baumbach-Hefermehl, a.a.O., Einl. UWG Anm. 87, §§ 3–10 UWG Anm. 3, 6.
48 Vgl. F. Bieler, Gedanken zur Tiefenpsychologie und zum Grundsatz der Sachlichkeit der Werbung, GRUR 1972, 530 f.

Wiederum wird die Erwartung enttäuscht, die Interessen des wie auch immer zu definierenden Konsumenten würden den Ausschlag geben, die Zulässigkeit der Form des Werbens also davon abhängen, inwieweit sie sich als Informationsvehikel eignet.[49] Für die Rechtsprechung entscheidet allein die Perspektive des Konkurrenten. Aus seiner Sicht werden die Anforderungen formuliert und letztlich so vage gehalten, daß die Möglichkeiten, die Werbung auf eine orientierende sachliche Information zu beschränken, weitgehend entfallen. Der Verbraucher kann jedoch nur auf Grund einer Reklame, die bereit ist, den objektiven Nutzen des in Betracht kommenden Erzeugnisses darzustellen, sachgerechte Entscheidungen am Markt treffen. Nur solche Werbung entspricht dem Gedanken des Verbraucherschutzes.[50]

Vom Verbraucher ist auch bei der Beurteilung der vergleichenden Werbung viel die Rede. Der kritisierende Vergleich der eigenen Waren oder Leistungen mit denen eines anderen Konkurrenten wird von der Rechtsprechung als unlauter angesehen, selbst wenn die Behauptungen inhaltlich wahr und der Form nach sachlich gehalten sind.[51] Das Argument, das grundsätzliche Verbot der vergleichenden Werbung sei mit der im Interesse der Verbraucher liegenden größeren Markttransparenz unvereinbar, wird verworfen. Es sei nicht Aufgabe des Kaufmanns, die auf dem Markt befindlichen Angebote gegeneinander abzuwägen. Eine größere Markttransparenz könne auch deshalb nicht erreicht werden, da jeder Unternehmer die Vorteile des eigenen Angebots herausstelle. Statt einer größeren Übersichtlichkeit des Marktes werde zu Lasten der Verbraucher Verwirrung eintreten. Der Mitbewerber schließlich brauche sich nicht gefallen zu lassen, daß seine Waren als Mittel zur Anpreisung der Leistungen

---

49 Thiedig, a.a.O., S. 101 ff. und Loewenheim, a.a.O., S. 103 ff. befürworten die rechtliche Unzulässigkeit suggestiver Werbung. Damit wäre ein weiterer Schritt auf dem Weg zum Verbraucherschutz getan.
50 Ein bezeichnendes Beispiel bietet auch die Rechtsprechung zu der Frage, ob der Hersteller nach § 823 Abs. 2 BGB i. V. mit § 3 UWG haftet, wenn sein Produkt die in der Werbung behaupteten Eigenschaften nicht hat. Der BGH verneint die Haftung. Vgl. dazu Schricker, GRUR 1975, 111 ff.; R. Sack, Produzentenhaftung nach § 823 Abs. 2 BGB in Verbindung mit § 3 UWG?, BB 1974, 1369 ff.
51 Vgl. zum Nachfolgenden G. Schricker, Öffentliche Kritik gewerblicher Erzeugnisse und beruflicher Leistungen, AcP 172 (1972), 203 ff., 211 ff.; Baumbach-Hefermehl, a.a.O., § 1 UWG Anm. 271 ff.; M. Jungbäck, Die vergleichende Werbung als Problem der Wettbewerbsordnung, Bad Homburg 1968; O. Werner, Die objektiv vergleichende Werbung, DB 1971, 2193 ff., 2245 ff.; P. Harmsen, Die neuere Rechtsprechung des BGH zur vergleichenden Werbung, GRUR 1971, 239 ff.; H. Droste, Zur Entwicklung und zum gegenwärtigen Stand der Rechtsprechung zur vergleichenden Werbung, Festschrift für Hefermehl, 1971, S. 27 ff.

eines Dritten verwendet würden. Eine Ausnahme vom grundsätzlichen Verbot ist nach der Rechtsprechung nur in denjenigen Fällen, in denen sich die Werbung auf rein sachliche Angaben beschränkt, die frei von jeder Gefahr der Irreführung sind und wenn zur kritischen Auseinandersetzung mit der Ware des Konkurrenten ein hinreichender Anlaß besteht, gerechtfertigt. Die Kritik müsse sich jedoch auch hier nach Art und Maß im Rahmen des Erforderlichen halten. Beispiele für einen hinreichenden Anlaß bieten der Vergleich auf Verlangen des Kunden oder zur Verdeutlichung eines wirtschaftlichen Vorteils für den Verbraucher.[52]
Auch in diesem Fall werden die Werbemaßnahmen vom Standpunkt eines am Schutz der Mitbewerber orientierten Wettbewerbsrechts beurteilt. Das Verbot vergleichender Werbung soll dafür sorgen, daß der gebotene Ton in der Auseinandersetzung eingehalten wird, die Regeln des fair-play, die es verbieten, die unternehmerische Leistung des Konkurrenten in Zweifel zu ziehen, beachtet werden. Entscheidend müßte jedoch die Frage sein, ob es nicht den Verbraucherschutz fördert, wenn ein Konkurrent sich bereit findet, seine Leistungen an denen der Mitbewerber zu messen. Es gilt, der Werbung ihre ursprüngliche und eigentliche Funktion, nachprüfbare Fakten zu vermitteln, zurückzugeben. Der Informationsgehalt der Werbung erhöht sich überall dort, wo die Konkurrenten ihre Leistungen miteinander öffentlich vergleichen und die irreale Welt der Produktbilder verlassen. Mag sein, daß die gebotenen Angaben einseitig sind, oder die Vorteile des Angebots des Konkurrenten unerwähnt bleiben, es wird jedoch mit greifbaren, rational überprüfbaren Gründen argumentiert und damit mit einer »ernüchternden und desillusionierenden Erörterung« angefangen.[53] Wäre also im Wettbewerbsrecht eine Wende eingetreten und statt des Individualschutzes auch der Verbraucherschutz ausschlaggebend, so hätte man die scharfe Kritik, »die das Nebelfeld der Suggestivreklame« durchstößt,[54] begrüßen müssen.

---

52 BGH v. 23. 2. 68 – »40% können Sie sparen« – GRUR 1968, 443 ff., 445; BGH v. 3. 4. 70 – »Tauchkühler« – GRUR 1970, 422 ff., 424.
53 Vgl. F. Kübler, Wirtschaftsordnung und Meinungsfreiheit, Tübingen 1966, S. 26. Die »Wettbewerbsrichtlinien der Versicherungswirtschaft« enthalten derzeit ein totales Verbot vergleichender Werbung. Dieses Verbot wird von der Aufsichtsbehörde für richtig gehalten, obwohl sie sonst sehr stark die Notwendigkeit einer Markttransparenz betont. Die Folge ist, daß preisgünstigere kleine Unternehmen ihren Bestand kaum erweitern können. Vgl. R. Gärtner, Wettbewerb im Versicherungswesen?, DB 1972, 2447 ff.
54 S. Simitis, a.a.O., S. 10 f., 14 f. Vgl. auch Thiedig, a.a.O., S. 107 ff.

3. Der Warentest

Der Warentest wird im wirtschaftswissenschaftlichen Schrifttum als eines der geeignetsten Mittel zur Förderung des Verbraucherschutzes gepriesen.[55] Rechtslehre und Rechtsprechung haben demzufolge die Rechtmäßigkeit des Tests bejaht. Die Vielfalt der subjektiven Werbung, die der Konsument über sich ergehen lassen müsse, mache eine objektive Information unumgänglich. Der Test helfe, »den Verbraucher über die Eigenschaften und die Preiswürdigkeit der ihm auf dem Markt angebotenen Waren sachkundig zu unterrichten«.[56] Die Warenhersteller müssten sich eine nach tatsächlichen Gesichtspunkten und unter gleichen Bedingungen durchgeführte vergleichende Beurteilung gefallen lassen. Die damit erzielte Verbesserung der Warenübersicht liege im Allgemeininteresse, da sie die Funktionsfähigkeit des Leistungswettbewerbs sichere. Der grundsätzlichen Zulässigkeit des Warentests seien jedoch Grenzen gesetzt. Durch einen öffentlichen Warentest werde die gewerbliche Tätigkeit des Unternehmers, dessen Waren einer Kritik unterzogen werden, auf das empfindlichste getroffen.[57] Warentests seien demnach nach den für Eingriffe in das Recht am eingerichteten und ausgeübten Gewerbebetrieb geltenden Grundsätzen (§ 823 I BGB) zu beurteilen. Sie seien als rechtswidrig anzusehen, falls auf Grund einer wertenden Beurteilung der störenden Eingriffshandlung die Interessen des Unternehmers auf Schutz seines Betriebes den Interessen der Verbraucher vorgezogen werden müßten. Diese Beurteilung sei nach folgenden Grundsätzen vorzunehmen:

a) Der Test müsse neutral sein. Der Veranstalter dürfe nicht aus Gründen, die außerhalb des Testobjekts selbst liegen, zugunsten bzw. zuungunsten eines Erzeugnisses entscheiden.

---

55 Vgl. zum Nachfolgenden B.-J. Andresen, Warentest und Pressefreiheit, Diss. Tübingen 1973; H. Hartig, Vergleichende Warentests im Recht Deutschlands, Frankreichs, der Niederlande und Großbritanniens, Frankfurt 1973; J. P. Lachmann, Über die Arbeit der Stiftung Warentest, Recht und Politik 1974, 181 ff.; Helle E., Der Schutz der persönlichen Ehre und des wirtschaftlichen Rufes im Privatrecht, 2. Aufl., Tübingen 1969, S. 217 ff.; W. Hefermehl, Der Warentest in rechtlicher Sicht, GRUR 1962, 611 ff.; Baumbach-Hefermehl, Wettbewerbs- und Warenzeichenrecht, 11. Aufl. 1974, § 1 UWG Anm. 342 ff.; E. Ulmer-D. Reimer, Das Recht des unlauteren Wettbewerbs in den Mitgliedstaaten der Europäischen Wirtschaftsgemeinschaft, Bd. III Deutschland 1968, S. 332 ff.
56 Baumbach-Hefermehl, a.a.O., § 1 UWG Anm. 313.
57 Hefermehl, a.a.O., S. 614.

b) Der Test müsse objektiv sein. Es müßten nachprüfbare Fakten veröffentlicht, nicht aber dürften subjektive Meinungsäußerungen, die nicht ohne weiteres als solche erkennbar seien, gebracht werden. Einheitliche Gesamtprädikate seien im Regelfall abzulehnen, da Produkte äußerst differenziert seien und verschiedenen Wünschen gerecht werden sollten. Die einheitliche Beurteilung führe zu einer den tatsächlichen Verhältnissen nicht gerecht werdenden Nivellierung.
c) Der Test müsse richtig sein. Das Urteil dürfe nicht auf falschen, einseitigen oder unvollständigen Angaben beruhen. Ihm müsse eine gewissenhafte, verantwortungsbewußte und sachverständige Prüfung zugrundeliegen. Die Bewertung solle den Tatsachen entsprechen. Zwischen den vergleichend einander gegenüber gestellten Waren müsse die richtige Relation hergestellt werden.
d) Schließlich müsse die Form der Darstellung des Tests sachlich sein. Den Journalisten obliege eine besondere Sorgfaltspflicht, da ihre Berichte in ganz besonderer Weise geeignet seien, das wirtschaftliche Geschehen zu beeinflussen.

Bei Nichtbeachtung dieser Grundsätze erfülle der Warentest seine Funktion nicht mehr. Der unter unsachlichen und unvernünftigen Gesichtspunkten vorgenommene Vergleich verwirre den Verbraucher, statt Aufklärung zu schaffen. Der Unternehmer brauche sich das abwertende Urteil nicht gefallen zu lassen und sei berechtigt, Schadensersatz und Unterlassung zu fordern.
Die von Rechtsprechung und Rechtslehre gebrauchten Formeln wirken auf den ersten Blick überzeugend. Es kann nicht bestritten werden, daß es dem Verbraucher auf eine vollständige und sachliche Unterrichtung ankommt. Wie fragwürdig jedoch die aufgestellten Grundsätze sind, zeigt sich an ihren Folgen. Nach diesen ist ja allein die inhaltlich richtige Kritik rechtmäßig. Die Richter stehen somit vor der Aufgabe festzustellen, inwieweit die verwendeten Testmethoden und Beurteilungsmaßstäbe diese Richtigkeit gewährleisten. Die Testebene wird verlagert. Das Gericht wird zum Tester und hat u. a. zu prüfen, welche fachliche Kompetenz die Prüfer aufweisen müssen, wann die Auswahl der getesteten Waren als umfassend und sachgemäß betrachtet werden kann oder welche Verfahren und Apparate verwendet werden dürfen. Das OLG München hat z. B., um die Richtigkeit eines von der Stiftung Warentest durchgeführten Strumpfhosentests zu überprüfen, u. a. untersucht, ob bei der Beurteilung der Paßform in zutreffender Weise Strumpfhosen der Größe II/40-42 mit denen, die die Angabe 42–44 trugen, verglichen werden durften oder ob

ein Tragetest mit nur etwa 15 Versuchspersonen je Größengruppe überhaupt geeignet ist, »ein repräsentatives Bild« von der Paßform der geprüften Strumpfhosen zu geben.[58]
Bedenklich an dieser Entwicklung ist nicht nur, daß die Gerichte mit den Nachforschungen, zu denen sie gezwungen sind, überfordert werden. Fragwürdig erscheint es vor allem, ob die entscheidende und für die Öffentlichkeit letztlich maßgebende Untersuchung vom Richter durchgeführt werden darf. Damit wird durch Urteil die Entscheidung der vom Tester angerufenen Öffentlichkeit vorweggenommen und verhindert.[59] Das Verbraucherurteil am Markt, auf dem die Marktwirtschaft beruhen soll, wird durch die Gerichtsentscheidung ersetzt.
Die von der Rechtsprechung eingeschlagene Richtung ist nicht auf falsche oder unüberlegt aufgestellte Rechtsgrundsätze zurückzuführen. Sie ist die Folge ihrer an mehreren Beispielen nachweisbaren ablehnenden Haltung gegenüber dem Warentest.
Die Anforderungen an den Test sind ständig hochgeschraubt worden. Obwohl dem Testveranstalter bei Anlage, Durchführung und Bewertung des Tests ein angemessener Spielraum, der nach dem Aufklärungsinteresse des Verbrauchers zu bemessen ist, zustehen soll, wird ihm in Wirklichkeit überhaupt keine Beurteilungsfreiheit konzediert. Dem OLG München zufolge[60] müssen etwa die Markenzeichen aus den Strumpfhosen zum Zwecke »der Neutralisierung« herausgetrennt werden. Sonst würden sich die Testpersonen nach ihren persönlichen Vorurteilen richten. Der Test sei nicht mehr objektiv. Ein solcher Grundsatz kann jedoch nicht verallgemeinert werden. Wie soll etwa bei Autotests in Zukunft verfahren werden, »damit kein Testfahrer persönlich Vorurteilen gegenüber bekannten Automarken erliegt«?[61] Nach dem OLG Celle[62] können bei einem Autotest die Testwagen von Normalfahrern gefahren werden. Ihr Fahrverhalten müsse aber während des gesamten Versuchs von Fahrleitern überwacht werden, die auch zu prüfen hätten, ob die Bedienungsanleitung – etwa das Schalten der Gänge zum richtigen Zeitpunkt – eingehalten würde. Es genüge nicht, wenn die Wagen alle zwei Tage gewechselt würden und der Fahrleiter in einem Wagen mitfahre. Im Schrifttum ist mit Recht bemerkt worden, daß die Rechtmäßigkeit eines Tests unter diesen Umständen schlechter-

---

58 OLG München vom 9. 5. 72, Az. SU 1969/71.
59 Vgl. S. Simitis, a.a.O., (Fußn. 13) S. 12 f.; Kübler, Wirtschaftsordnung und Meinungsfreiheit, Tübingen 1966, S. 21 f.
60 a.a.O.
61 Andresen, a.a.O., S. 141 Fußn. 12.
62 Urteil v. 23. 7. 1964, NJW 1964, 1804 ff., 1807.

dings nicht vorhersehbar ist. Die Veranstaltung von rechtmäßigen Warentests trage die Züge eines Glücksspiels.63
Die Gerichte haben sich an den von ihnen als entscheidend angegebenen Gesichtspunkt für die rechtliche Beurteilung des Warentests, das Bedürfnis des Konsumenten nämlich, über den Gebrauchsnutzen der Ware aufgeklärt zu werden, nicht gehalten. Sie untersuchen nicht, inwieweit durch den Test dem Verbraucher Schäden entstehen, oder ob seine Kaufentscheidung zu seinem eigenen Nachteil beeinflußt worden ist. Sie versetzen sich in die Lage des Herstellers und stellen die Erfordernisse auf, die von dessen Standpunkt aus gerechtfertigt sind, damit die Kritik als fair und der erbrachten Unternehmensleistung adäquat erscheint. Bestimmend für die Entscheidung ist nicht der Verbraucherschutz, sondern das Bestreben, gleiche Wettbewerbsbedingungen für alle Konkurrenten sicherzustellen. Das LG München hat einen Skibindungstest der Stiftung Warentest für rechtswidrig gehalten, weil der Test die Bindungen einer Firma zu günstig im Vergleich zu den Produkten einer anderen Firma beurteilte.64 Auf die Frage, warum den Verbrauchern dadurch ein Schaden entstanden sein sollte, ist es nicht eingegangen. Zur Einschränkung des Verbraucherschutzes führt auch der Grundsatz, nach dem das Ausmaß der Schädigung des Betroffenen in einem angemessenen Verhältnis zu dem mit der Veröffentlichung erstrebten Zweck stehen muß.65 Eine zutreffende Behauptung, so das OLG Stuttgart, dürfe zwar weiterverbreitet werden, aber die große Auflage eines Presseerzeugnisses verpflichte zu einem vorsichtigen Vorgehen, da sonst einem Betrieb unverhältnismäßig großer Schaden erwachsen könne.66 Vom Standpunkt des Verbraucherschutzes kommt es jedoch allein auf die Richtigkeit der Information an, ob der Betroffene einen Schaden erleidet, ist dagegen gleichgültig.
Die Bewertung des Warentests als Eingriff in den Gewerbebetrieb ist ebenfalls ein Beispiel für den Wunsch der Judikatur, die Kritik an gewerblichen Erzeugnissen genau zu kontrollieren. Nach der Rechtsprechung des Reichsgerichts lag eine unerlaubte Handlung nicht vor, wenn sich jemand bei der Vornahme fachwissenschaftlicher Untersuchungen geirrt hatte, sei es aus Mangel an Sorgfalt, an Kenntnissen oder an Objektivität.67 Seine Meinung stelle die Kundgabe einer subjektiv wissenschaftlichen Überzeu-

---

63 Andresen, a.a.O., S. 141 f.
64 Urteil v. 20. 4. 1971, 70140/70.
65 Reimer, a.a.O., S. 335.
66 OLG Stuttgart, NJW 1964, 48 ff.
67 RGZ 84, 294, 296 f.

gung dar und könne nicht als Behauptung einer Tatsache i. S. des § 824 BGB gewürdigt werden. Die Anwendung des § 823 I BGB kam damals überhaupt nicht in Frage.

Aber auch heute ist sie nicht gerechtfertigt. Die Konstruktion eines »Rechts am Gewerbebetrieb« ist, wie neuere Arbeiten gezeigt haben, obsolet und irreführend.[68] Unternehmensschutz kann weder unter Hinweis auf die Eigentumsgarantie gerechtfertigt noch aus dem Persönlichkeitsrecht hergeleitet werden.[69] Meinungsäußerungen und wahre Tatsachenbehauptungen müssen für die Rechtsordnung grundsätzlich frei sein. Gewerbliche Interessen dürfen dem für ein demokratisches Gemeinwesen konstitutiven Prozeß der öffentlichen Diskussion widerstreitender Meinungen nicht entzogen sein. Der Warentest ist nur nach § 826 BGB zu beurteilen. Die »Sittenwidrigkeit« hängt dabei weder vom Inhalt noch von der Form der Aussage ab. Es kommt entscheidend darauf an, ob der Test »als mißbräuchliche Machtausübung anzusehen ist, gegen die nicht nur der individuell Betroffene, sondern vor allem die Funktionsweise eines freiheitlichen Kommunikationsprozesses Schutz verdient«.[70]

Die Argumentation der Gerichte bildet eine Schranke für jeden Versuch, die kritische Haltung der Verbraucher gegenüber dem Konsumgüterangebot zu fördern.[71] Es gibt kaum eine Situation, in der ein Streit über irgendeinen Aspekt des angewandten Prüfverfahrens nicht möglich ist. Wenn aber der Testveranstalter von vornherein damit rechnen muß, daß ihm Schadenersatzansprüche drohen, wird er seine negativen Werturteile immer vorsichtiger formulieren und sich mit einem nuancierten Lob aller Testwaren begnügen. Damit wäre ein Punkt erreicht, den sich die h. M. wünscht. Der Test – »heute noch von Haß und Gunst verzerrt«[72] – solle nicht Unternehmensleistungen bewerten, sondern dem Verbraucher allein die Gesichtspunkte vor Augen führen, die bei der Auswahl eines Erzeugnisses beachtet werden müßten.[73] Das Ziel solcher Überlegungen ist klar. Ein keine Namen enthaltender Test kann den Erfolg der Werbeanstrengungen nicht gefährden. Das Produkt, das im Bewußtsein der Verbraucher mit einem herausgehobenen und begehrenswerten sozialen Status

---

68 F. Kübler, Öffentliche Kritik an gewerblichen Erzeugnissen und beruflichen Leistungen, AcP 172 (1972), 177 ff., 196.
69 Vgl. R. Wiethölter, Zur politischen Funktion des Rechts am eingerichteten und ausgeübten Gewerbebetrieb, Kritische Justiz 1970, 121 ff., 126.
70 Kübler, Öffentliche Kritik, a.a.O., S. 196/197; vgl. auch Andresen, a.a.O., S. 222.
71 S. Simitis, a.a.O., S. 12 f.
72 Hefermehl, a.a.O., (Fußn. 55) S. 619.
73 Tetzner, Der verbraucherorientierte öffentliche Warentest, NJW 65, 725 ff., 730.

verknüpft ist, wird der herabsetzenden und gewinngefährdenden Kritik entzogen.[74]

Dieses Ziel ist dem Verbraucherschutz und der Funktion des Warentests direkt entgegengesetzt. Der Warentest soll zwar dort, wo die Suggestion der Werbung eine fortschreitende Verwirrung des Konsumenten verursacht, dem Verbraucher »Ansatzpunkte für eine objektive Marktübersicht gewähren«,[75] aber auch die öffentliche Diskussion über die Verhaltensregeln, die die Werbung den Konsumenten aufzwingt, in Gang setzen. Die öffentliche Warenkritik darf nicht auf die nur noch ökonomisch verstandene Aufgabe, den Verbraucher über die Eigenschaften der Ware zu informieren, beschränkt werden. Für den Verbraucherschutz ist es im Endergebnis viel wichtiger, die Auseinandersetzung über die »mittels Kapitaleinsatz aufgerichteten Normen menschlichen Zusammenlebens«[76] zu führen, als im Einzelfall über objektive Testergebnisse zu berichten. Nur wenn die Übertreibungen und Superlative der Werbung schonungslos aufgedeckt werden, läßt sich eine Verbesserung des Informationsstands des Verbrauchers erreichen. Die bisherige Rechtsprechung, die den Behauptungen zugunsten von Waren keine Grenzen setzt, aber von der Kritik an Waren wissenschaftliche Exaktheit fordert, setzt den Versuchen einer gründlichen Aufklärung der Verbraucher unüberwindbare Hindernisse entgegen.[77]

Seit der Entscheidung des BGH v. 9. 12. 1975[77a] scheint sich freilich eine Wende anzubahnen. Das Gericht stellte fest, daß es bei einem vergleichenden Warentest gar nicht darum gehen könne, Tatsachen zu behaupten. Im Mittelpunkt stünden vielmehr kritische Meinungsäußerungen. Auch wenn aber dabei ein Konflikt mit dem Recht am eingerichteten und ausgeübten Gewerbebetrieb entstehen könne, dürfe man eines nicht außer Acht lassen: Testinstitute bedürften gerade um ihrer Aufgabe willen eines Freiraums bei der Auswahl der Prüfer und der Formulierung der Bewertung. Wollte man dies leugnen, so verliere die Institutstätigkeit letztlich jeglichen Sinn. Solange also keine indiskutablen Prüfungsverfahren verwendet würden, dürfe auch nicht von einem rechtlich unzulässigen Eingriff in den eingerichteten und ausgeübten Gewerbebetrieb die Rede sein. Der Argumentationsschwerpunkt ist damit für jeden sichtbar formuliert: Die spezifische, vom Gericht vorbehaltlos anerkannte Funktion der Test-

---

74 Vgl. F. Kübler, Öffentliche Kritik, a.a.O., S. 190.
75 S. Simitis, a.a.O., S. 13.
76 F. Kübler, Wirtschaftsordnung, a.a.O., S. 20.
77 S. Simitis, a.a.O., S. 12 f.
77a BGH, Urteil v. 9. 12. 1975 – VI ZR 157/73 (unveröffentlicht).

institute erhält den Vorrang, dadurch rücken aber zugleich die Konsumenteninteressen in den Vordergrund.

4. *Die allgemeinen Geschäftsbedingungen*

Von den vielen Maßnahmen, die auf eine Verbesserung des Verbraucherschutzes abzielen, ist der Schutz vor Allgemeinen Geschäftsbedingungen eine besonders wichtige.[78] Der Massenvertrieb von Gütern hat das Verhältnis des Konsumenten zu den Anbietern von Waren und Dienstleistungen grundlegend verändert. Der Verbraucher hat im Regelfall keine Möglichkeit, durch Verhandlungen die Vertragsbedingungen zu bestimmen. Er muß sich dem vorgegebenen Vertragswerk unterwerfen oder auf das Geschäft verzichten. Sein Alltag wird vom typisierten Massengeschäft beherrscht. Seine Vertragsfreiheit besteht nur noch formal.
Die rechtlichen Regelungen auf dem Gebiet der Allgemeinen Geschäftsbedingungen sollen den besser organisierten oder wirtschaftlich überlegeneren Marktpartner hindern, alle Vertragsrisiken mit Hilfe von typisierten Klauseln auf seine Vertragspartner abzuwälzen. Sie sollen gewährleisten, daß Vertragsregelungen trotz einseitiger Vertragsgestaltung die Interessen des schwächeren Partners berücksichtigen. Bestimmte Allgemeine Geschäftsbedingungen unterliegen zu diesem Zweck einer staatlichen Über-

---

[78] Vgl. zum Nachfolgenden H. Kötz, Welche gesetzgeberischen Maßnahmen empfehlen sich zum Schutze des Endverbrauchers gegenüber Allgemeinen Geschäftsbedingungen und Formularverträgen?, Vhdl. 50. DJT Bd. I, München 1974, S. A 1 ff.; W. Löwe, Der Schutz des Verbrauchers vor allgemeinen Geschäftsbedingungen – Eine Aufgabe für den Gesetzgeber, Festschrift für Karl Larenz, München 1973, S. 373 ff.; Gerechtigkeit in der Industriegesellschaft, Karlsruhe 1972, S. 39 ff., 47 ff.; P. Ulmer, Welche gesetzgeberischen Maßnahmen empfehlen sich zum Schutz des Endverbrauchers gegenüber Allgemeinen Geschäftsbedingungen und Formularverträgen?, Vhdl. 50. DJT Bd. II, München 1974, S. H 8 ff.; v. Hippel, Verbraucherschutz S. 70 ff.; N. Reich-K. Tonner, Rechtstheoretische und rechtspolitische Überlegungen zum Problem der Allgemeinen Geschäftsbedingungen, Hamburger Jahrbuch für Wirtschafts- und Gesellschaftspolitik 1973, 213 ff.; N. Reich-K. Tonner, Neue Tendenzen im Verbraucherschutz gegenüber Allgemeinen Geschäftsbedingungen, DB 1974, 1146 ff.; J. Schmidt-Salzer, Allgemeine Geschäftsbedingungen, Bilanz und rechtspolitische Forderungen, Berlin 1973; V. Emmerich, Die Problematik der Allgemeinen Geschäftsbedingungen, JuS 1972, 361 ff.; A. Saipa, Rechtspolitische Erwägungen zum Problem der Allgemeinen Geschäftsbedingungen, JR 1972, 364 ff.; H. Koch, Schutz vor unbilligen Geschäftsbedingungen, Behördenaufsicht oder Klagerecht für Verbraucherorganisationen, ZRP 1973, 88 ff.; W. Weber, Grundfragen zum Recht der Allgemeinen Geschäftsbedingungen, DB 1970, 2355 ff, 2417 ff.; 1971, 132 ff., 177 ff.

wachung oder werden sogar vom Staat festgelegt. So müssen Versicherungsunternehmen ihre Bedingungen dem Bundesaufsichtsamt für das Versicherungswesen zur Genehmigung vorlegen.[79] Die Genehmigung ist zu versagen, wenn »die Belange der Versicherten« nicht ausreichend gewahrt werden. Das Aufsichtsamt kann jedoch auch selbst Regelungen, die in rechtlich erheblicher Weise den Vertragsinhalt festlegen, für alle Arten von Versicherungsverhältnissen erlassen.[80]

Der Verwaltung ist eine Genehmigungs- und Erlaßkompetenz bisher nur für die Geschäftsbedingungen einiger weniger Gewerbezweige eingeräumt worden. Den Gerichten steht die Aufgabe zu, für alle Vertragstypen die Grenze zu ermitteln, bis zu der sich eine Vertragspartei dem Diktat des wirtschaftlich Stärkeren beugen muß.

Die richterlichen Kontrollmaßstäbe unbilliger Geschäftsbedingungen haben sich im Laufe der Zeit mehrmals gewandelt. Heute ist das weitaus wichtigste Verfahren das der »offenen Inhaltskontrolle«. Es wird geprüft, ob die Geschäftsbedingungen nach ihren praktischen Auswirkungen bestimmten Gerechtigkeitsanforderungen entsprechen.[81] Maßgebend sind dabei die Vorschriften des dispositiven Rechts, da sie ihre Entstehung »nicht nur Zweckmäßigkeitserwägungen, sondern einem aus der Natur der Sache sich ergebenden Gerechtigkeitsgebot« verdanken. Für Abweichungen von der gesetzlichen Regelung müssen Gründe vorliegen, die die abweichende Bestimmung als mit Recht und Billigkeit vereinbar erscheinen lassen.[82] Der Gerechtigkeitsgehalt der Dispositivnormen ist verschieden groß. Je stärker er ist, desto strenger ist der Maßstab, der an die Zulässigkeit von Abweichungen in Allgemeinen Geschäftsbedingungen zu legen ist. Sachlich

---

79 Vgl. §§ 5 Abs. 3 Nr. 2, 8 Abs. 1 Nr. 2, 10 VAG; S. Kimball-W. Pfennigstorf, Allgemeine Versicherungsbedingungen unter Staatsaufsicht, Karlsruhe 1968, S. 67 ff.; E. Vassel, Die Einflußnahme des Bundesaufsichtsamtes für das Versicherungs- und Bausparwesen auf die Ausgestaltung der Allgemeinen Versicherungsbedingungen der von ihm beaufsichtigten Versicherungsunternehmen, Diss. Würzburg 1971; E. Prölss-R. Schmidt-J. Sasse, Versicherungsaufsichtsgesetz, 7. Aufl. München 1974, Vorbem. IV, § 8 VAG Anm. 11; G. Fromm-A. Goldberg, Versicherungsaufsichtsgesetz, Berlin 1966, § 8 VAG Anm. 4; Schmidt-Salzer, Das Recht der allgemeinen Geschäfts- und Versicherungsbedingungen, Berlin 1967, S. 85 ff. Eine Genehmigungspflicht von Geschäftsbedingungen besteht auch in anderen Bereichen. Vgl. dazu Kötz, a.a.O., A 41 ff.; Isele, Grundprobleme der Allgemeinen Geschäftsbedingungen, JuS 1961, 308 ff. (309) m. w. N.
80 Auf Grund der VO über die Anwendung Allgemeiner Versicherungsbedingungen vom 29. 11. 40. Vgl. dazu Vassel, a.a.O., S. 41 ff.; Schmidt-Salzer, Das Recht, S. 90 ff.
81 Kötz, a.a.O., S. A 49.
82 Vgl. BGH v. 17. 2. 1964, BGHZ 41, 151 ff., 154; Esser, Schuldrecht, Bd. I, 3. Aufl. Karlsruhe 1968, S. 95; Gottfried Raiser, Die gerichtliche Kontrolle von Formularbedingungen im amerikanischen und deutschen Recht, Karlsruhe 1966, S. 32.

»unvertretbare, mit dem Vertragstyp unvereinbare« Klauseln werden demzufolge von den Gerichten als unvereinbar mit Treu und Glauben aus dem sonst intakt bleibenden Vertragswerk herausgebrochen. An ihre Stelle tritt das Gesetzesrecht. Die Kontrolle durch die Gerichte führt also zur »Ausschaltung von übermäßig harten und eigennützigen Klauseln«, aber nicht zu einem gestaltenden Eingriff inhaltlicher Art. Der schwächere Vertragspartner wird auf das dispositive Recht zurückverwiesen, das als »Allgemeine Geschäftsbedingungen für den Normalverbraucher«[83] gilt.

Eine weitere Möglichkeit der Kontrolle Allgemeiner Geschäftsbedingungen hat das GWB eröffnet. Verträge und Beschlüsse, die die einheitliche Anwendung allgemeiner Geschäfts-, Lieferungs- und Zahlungsbedingungen zum Gegenstand haben, sind von dem allgemeinen Kartellverbot des § 1 freigestellt, müssen aber der Kartellbehörde gemeldet werden. Sie werden wirksam, wenn nicht die Kartellbehörde innerhalb einer Frist von drei Monaten seit der Anmeldung widerspricht.[84] Die Kartellbehörde hat der Anmeldung zu widersprechen, wenn die AGB einen Mißbrauch der Marktstellung darstellen.

Wenn gerichtlicher und gesetzlicher Schutz des Verbrauchers vor unbilligen Geschäftsbedingungen heute eine Regelerscheinung sind, stellt sich die Frage, ob es der Rechtsordnung gelungen ist, die Modalitäten der Geschäftsabwicklung so zu beeinflussen, daß auch den Interessen des Konsumenten in angemessener Weise Rechnung getragen wird.

Für den besonders wichtigen Bereich des Versicherungswesens soll die präventive Verwaltungskontrolle sich im ganzen bewährt haben.[85] Die Belange der Versicherten hätten im Mittelpunkt der Bemühungen der Aufsichtsbehörde gestanden. Das Bundesaufsichtsamt habe etwa darauf bestanden, daß der Inhalt neuer, zur Genehmigung vorgelegter Bedingungen eine hinreichende Markttransparenz gewährleiste.[86] Der Inhalt der verschiedenen Vertragswerke solle vergleichbar sein, damit der Markt überschaubar bleibe. Dank der Praxis der Aufsichtsbehörde seien allgemeine

---

83 Esser, a.a.O., S. 96.
84 §§ 2, 9, 12 GWB. Von Bedeutung für die Kontrolle der AGB sind auch die §§ 22 Abs. 3 Z. 1 u. 4, 28 GWB; vgl. Isele, a.a.O., S. 310. Nach § 38 Abs. 2 Nr. 3, Abs. 3 GWB dürfen Verbände die einheitliche Anwendung Allgemeiner Geschäftsbedingungen empfehlen. Die Empfehlung muß bei der Kartellbehörde angemeldet werden und unterliegt einer Mißbrauchskontrolle. Vgl. dazu G. Rinck, Die Empfehlung Allgemeiner Geschäftsbedingungen, deren Kontrolle und Registrierung, WuW 1974, 291 ff.
85 Vgl. v. Hippel, Verbraucherschutz, S. 80; H. Koch, ZRP 1973, 90.
86 Vgl. Prölss-Schmidt-Sasse, a.a.O., § 10 VAG Anm. 4; Kimball-Pfennigstorf, a.a.O., S. 81 ff.; Fromm-Goldberg, a.a.O., § 10 VAG Anm. I, II; Veröffentlichungen des Bundesaufsichtsamtes 1956, S. 22, 33.

Versicherungsbedingungen meistens vollständig und übersichtlich und gäben Rechte und Verpflichtungen der Versicherungsnehmer ausführlich wieder. Abweichungen vom materiellen Gehalt der Musterbedingungen seien nur gestattet worden, wenn sie den Kunden nicht irreführten und einen echten Fortschritt darstellten.

Ob die Praxis der Behörde den Forderungen nach Verbraucherschutz gerecht geworden ist, wird man jedoch bezweifeln müssen.[87] Das Versicherungsamt hat nicht nur gelegentlich Klauseln genehmigt, die – wie sich nachträglich auf Grund von Gerichtsurteilen ergab – gegen zwingende gesetzliche Normen verstießen oder den Versicherungsnehmer unbillig benachteiligten,[88] sondern auch nicht in ausreichendem Maße dafür gesorgt, daß die Ergebnisse der Rechtsprechung in den Text der bestehenden Bedingungen übernommen wurden.[89] Obwohl Markttransparenz oberstes Gebot sein soll, sind die Bedingungen in einer für den Adressaten unverständlichen Sprache abgefaßt. Die den Kunden interessierenden Punkte werden in Formeln mitgeteilt, die den Tatbestand, um den es geht, verschleiern.[90] Bei Lebensversicherungsverträgen etwa ist der Versicherungsnehmer nicht in der Lage zu verstehen, daß die für die Lebensversicherung in den ersten Jahren entrichteten Beiträge ganz oder überwiegend zur Deckung des Todesfallrisikos und der Verwaltungskosten verbraucht werden und daher der Betrag, den er bei einem Rücktritt erhalten wird, lange Zeit nur einen Bruchteil der gezahlten Prämien ausmacht.

Die Versicherungsaufsicht bemüht sich, die Entscheidungsfreiheit des Versicherungsnehmers zu gewährleisten. Sie gestattete dennoch, daß das Vertragsrisiko dem Kunden bei Vertragsschluß nicht eindeutig erklärt, seine Entscheidung also auf Grund unvollständiger Angaben getroffen wird. Im Regelfall wird der Versicherungsvertrag mit dem Versicherungsvertreter ohne Kenntnis der Versicherungsbedingungen geschlossen.[91] Die Allgemeinen Versicherungsbedingungen werden dem Versicherungsnehmer erst

---

87 Kötz, a.a.O., S. A 44.
88 Die Prüfung und Genehmigung durch die Behörde schließt die Überprüfung durch die Gerichte nicht aus. Prölss-Martin, Versicherungsvertragsgesetz, 19. Aufl. München 1973, Vorbem. I 6, § 1 Anm. 2; M. Werber, Die AVB im Rahmen der Diskussion über die Allgemeinen Geschäftsbedingungen, in Grundprobleme des Versicherungsrechts, Festgabe für Hans Möller, Karlsruhe 1972, S. 511 ff., 528.
89 Kötz ebd. mit Nachweisen. Vgl. dazu J. Schmidt-Salzer, Bilanz, a.a.O., S. 44; BGH 17. 2. 1964, BGHZ 41, 151 ff., 153 f.; BGH 30. 4. 1969, BGHZ 52, 86 ff.; Kimball-Pfennigstorf, a.a.O., S. 132.
90 Vgl. P. Schwerdtner, Der Prämienrückkauf in der Lebensversicherung oder: Das Geschäft mit dem Tode, ZRP 1971, 219 ff.
91 Vgl. Schwerdtner, a.a.O., S. 220; Prölss-Martin, a.a.O., § 3 Anm. 1 m. w. N.

später mit dem Versicherungsschein als Nachweis für den bereits zustandegekommenen Vertrag zugestellt.
Die Überschaubarkeit des Marktes, das vielgerühmte angebliche Ergebnis der Praxis der Aufsichtsbehörde, besteht nur in beschränktem Umfang. Wesentlich für den Kunden ist der vom Versicherer geforderte Preis. Unterschiede in der Preisgestaltung sind häufig und ergeben sich etwa aus unterschiedlichen Regelungen über Gewinnbeteiligung oder Beitragsrückgewähr. Die Uniformität der Bedingungen nützt also wenig, solange das Tarifwesen nicht vereinheitlicht ist. »Speziell in der Lebens- und Krankenversicherung ist es heute so, daß von einer Vergleichbarkeit der Angebote kaum die Rede sein kann. Selbst für einen ausgesprochenen Fachmann ist es nur schwer möglich, Preisvergleiche anzustellen«.[92]
Der Grundsatz der Wahrung der Belange der Versicherten soll das wichtigste Gebot für die Aufsichtsbehörde sein.[93] Diese Belange seien aber u. a. dann nicht gewahrt, wenn Vorschriften des zwingenden Rechts nicht beachtet würden oder »die Rechtsstellung der Versicherten über die durch die zweckmäßige und rationelle Gestaltung des Geschäftsbetriebes vorgezeichneten Notwendigkeiten hinaus eingeschränkt werde«.[94] Wann dies der Fall ist, ist unklar. Die Position der Parteien im Marktgefüge gehört jedenfalls nicht zu den maßgebenden Kriterien, um die »Angemessenheit« der Bedingungen eines Versicherungsvertrages zu beurteilen. Gerade auf diese kommt es jedoch entscheidend an.
Der Kunde, der nicht geschäfts- oder gewerbsmäßig, sondern nur ausnahmsweise und als Einzelner mit Geschäftsbedingungen konfrontiert wird, hat in der Regel weder den Mut noch das Wissen, die nötigen Informationen zu sammeln, um die Formulare auswählend zu überprüfen.[95] Ihm fehlen die nötigen Kenntnisse und die Erfahrung zur Beurteilung von Inhalt und Tragweite des Vertragswerkes. Das Gefühl der Unterlegenheit, die Unwissenheit und Gleichgültigkeit führen dazu, daß das Formular desjenigen Unternehmens, das auf Grund sonstiger Gesichtspunkte gewählt wurde, ohne viel Federlesens unterschrieben wird. Der Konsument ist sich bei Vertragsschluß nicht bewußt, einen Vertrag zu schließen, dessen Inhalt

---

92 R. Gärtner, Wettbewerb im Versicherungswesen?, DB 1972, 2447 ff., 2448. Bei der Krankenversicherung gibt es bei 31 größeren von insgesamt 60 beaufsichtigten Unternehmen mehr als 1 400 Tarife mit insgesamt fast 5 800 Tarifstufen (vgl. BMF-Finanznachrichten Nr. 14/75 vom 14. 2. 1974, S. 3).
93 Fromm-Goldberg, a.a.O., § 8 Anm. 4 I.
94 Prölss-Schmidt-Sasse, a.a.O., § 8 Anm. 11 D.
95 G. Raiser, a.a.O., S. 158.

er noch zu prüfen hat und auch aushandeln kann, sondern kauft ein bestimmtes vorgeformtes »behördlich genehmigtes« Dienstleistungsmodell.[96] Überprüft die Aufsichtsbehörde die Formularinhalte abstrakt auf ihre Angemessenheit oder auf ihre Übereinstimmung mit Gerechtigkeitsgeboten, ohne gleichzeitig die Umstände in Betracht zu ziehen, welche die Stärke oder Schwäche der Position des Kunden ausmachen, wie etwa seine Stellung am Markt, seine Erfahrungen und seine Bildung, so wahrt sie die Belange der Versicherten nicht. Sie paßt vielmehr den Rechtszustand, wie er von den Erfordernissen der Unternehmen bereits bestimmt worden ist, einem vermuteten Gesamtinteresse der Versicherungswirtschaft an. Maßgebend ist nicht der Verbraucherschutz, sondern das Interesse des Wirtschaftszweiges. Es ist bezeichnend, daß nach Auffassung des Präsidenten des Versicherungsamtes die Änderung bereits bestehender, früher einmal von der Aufsichtsbehörde genehmigter Bedingungen nicht ohne weiteres möglich ist, und dies trotz der weitgehenden Befugnisse, die § 81 VAG einräumt. Es erscheine nicht als sicher, ob »eine Bedingung, die aus heutiger Sicht und nach heutigen Vorstellungen über Verbraucherschutz nicht mehr genehmigt würde«, ein den Eingriff der Behörde rechtfertigender Mißstand sei.[97] Das Aufsichtsamt hat sich in der Tat an zwingende oder dispositive Normen sowie Gerichtsentscheidungen nicht gehalten, wenn seiner Ansicht nach geschäftliche Störungen und Unzuträglichkeiten für die Gesellschaften und unter Umständen auch für die Versicherungsnehmer vermieden werden sollten.[98] [99]

---

96 Prölss-Schmidt-Sasse, a.a.O., Vorbem. IV 5 c.
97 Rieger, in v. Hippel, Verbraucherschutz, S. 80 Fußn. 40.
98 Vgl. Vassel, a.a.O., S. 79 ff., 92 ff., 95 f. Zu erwähnen ist, daß nach der Rechtsprechung die fehlende Genehmigung in aufsichtspflichtigen Versicherungszweigen nicht die Unwirksamkeit der Geschäftsbedingungen zur Folge hat (vgl. BGH, VersR 67, 247; Prölss-Schmidt-Sasse, a.a.O., § 10 VAG Anm. 7; E. Körner, Schutz des Publikums bei Verstößen gegen die Verbots- und Genehmigungsvorschriften des Kreditwesengesetzes und des Versicherungsaufsichtsgesetzes, ZHR 131, 127 ff.). Denn für die privatrechtlichen Beziehungen zwischen Versicherungsunternehmen und Versicherten soll die Frage, ob die Versicherungsbedingungen die Genehmigung des Aufsichtsamtes erhalten hätten, ohne Bedeutung sein, da dies ein öffentlich-rechtliches Problem sei. Bezweckt die Überwachung aber in der Tat den Schutz des Versicherungsnehmers, müßte die Umgehung der Überwachung, die sich zu Lasten der Versicherten auswirkt, die Unwirksamkeit der nicht genehmigten Bedingungen zur Folge haben.
99 Ein Blick auf andere Bereiche, in denen ebenfalls der Staat beim Erlaß von AGB mitwirkt, zeigt, daß die Einschaltung der Behörden keineswegs einen einwandfreien Letztverbraucherschutz gewährleistet. Vgl. Löwe, a.a.O., S. 402 ff., Kötz, a.a.O., S. A 43; W. Eith, Die Haftungsfreizeichnungsklauseln der Versorgungsunternehmen, BB 1974, 487 ff.

Die richterliche Kontrolle der Allgemeinen Geschäftsbedingungen hat ebensowenig wie die Aufsicht durch die Verwaltung verhindern können, daß mißbräuchliche Vertragswerke in Verkehr gebracht wurden. Wirksam wäre der gerichtliche Schutz, wenn der Verbraucher jederzeit willens wäre und die Möglichkeit hätte, sich an die Gerichte zu wenden. Der Konsument hält jedoch im Regelfall die Bedingungen, selbst wenn er sie als besonders nachteilig empfindet, für absolut verbindlich und unanfechtbar. Aber auch derjenige, der die Möglichkeit eines gerichtlichen Schutzes kennt, scheut den Weg zum Gericht. Für ihn stellt der Prozeß eine einmalige, seine ganze Person in Mitleidenschaft ziehende Angelegenheit dar. Für seinen Vertragspartner dagegen handelt es sich um einen üblichen Schritt, für den er genügend Erfahrung und die nötige Organisation besitzt. Dem Richter werden also nur ausnahmsweise Bedingungen zu Überprüfung vorgelegt. Seine Kontrolle ist zufällig und punktuell. Darüber hinaus hat seine für den Verbraucher günstige Entscheidung nicht die notwendige Breitenwirkung. Sie wirkt nur inter partes. Ob auch die anderen Unternehmer, die gleiche oder ähnliche Bedingungen verwenden, dem Urteilsspruch folgen werden, bleibt offen. Im Regelfall werden weder der unterlegene Unternehmer von der Weiterverwendung der Bedingung absehen noch andere Aufsteller von AGB aufhören, die beanstandete oder ähnliche Klauseln weiterzubenutzen.[100] Die Instanzgerichte wenden die Grundsätze, die der BGH entwickelt hat, meistens nur zögernd an und scheuen sich vor einer Kontrolle der AGB.[101] Hält der eindeutige Wortlaut einer Klausel den Kunden von einem Prozeß nicht ab, so bleiben für den Aufsteller der AGB die Chancen groß, den Rechtsstreit wegen der Haltung der Instanzgerichte zu gewinnen. Die auf der Ebene der unteren Gerichte kaum übersehbare und außerordentlich unterschiedliche Judikatur wirkt sich schließlich in verstärktem Maße zu Lasten des Konsumenten aus. Wenn der gerichtliche Streit um die Gültigkeit einer Klausel »zu einer Art Glücksspiel mit sehr hohem Einsatz (Prozeßkosten) geworden ist«, wird sich der Verbraucher nicht bereit finden, auf einem solchen Streit zu bestehen.[102]

Das dispositive Recht als Schranke mißbräuchlicher Allgemeiner Geschäftsbedingungen kann nicht immer einen Interessenausgleich im Sinne eines erhöhten Verbraucherschutzes gewährleisten. Ihm liegt die Prämisse zu-

---

100 Vgl. Kötz, a.a.O., S. A 55 f.
101 Vgl. Manfred Rehbinder, Allgemeine Geschäftsbedingungen, in Kritik, Recht im sozialen Rechtsstaat, Opladen 1973, S. 107 ff., 113; Löwe, a.a.O., S. 383.
102 Vgl. W. Löwe, Verstärkter Schutz des Kunden vor unbilligen AGB durch Wettbewerb?, BB 1972, 185 ff., 187.

grunde, beide Partner seien wirtschaftlich gleich stark. Die jedem zur Verfügung gestellten gleichen Verteidigungs- und Angriffsmittel genügten bei gleicher Macht der Parteien, das Gleichgewicht zu wahren. Bei Verträgen mit Endverbrauchern stehen sich jedoch Partner unterschiedlicher wirtschaftlicher Stärke gegenüber. Wie die Rechtsprechung zum Schadensersatz wegen entgangenen Urlaubsgenusses zeigt,[103] ist es unter Umständen nötig, eine dem dispositiven Recht nicht entsprechende Verbesserung der Lage des wirtschaftlich schwächeren Partners anzustreben. Der BGH hatte bereits in einem Urteil aus dem Jahre 1956 betont, für die Rechtsbeziehungen zwischen Handel und Letztabnehmer müßten eventuell andere Grundsätze gelten als für diejenigen zwischen Industrie und Handel oder zwischen Großhandel und Einzelhandel.[104] Eine solche differenzierte Betrachtung je nach der Schutzbedürftigkeit des Kunden ist aber im Rahmen des dispositiven Rechts nicht möglich. Sie bedarf einer zusätzlichen gesetzlichen Grundlage.[105]

Auch die Mißbrauchsaufsicht über Konditionenkartelle nach dem GWB hat nicht zu einem ausreichenden Verbraucherschutz geführt. Das ist schon allein aus der Tatsache ersichtlich, daß beim Bundeskartellamt Ende 1972 nur drei Kartelle angemeldet waren, die Endverbraucher betrafen. Gleichlautende Vertragswerke für Rechtsgeschäfte mit Konsumenten sind jedoch im ganzen Bundesgebiet eine alltägliche Erscheinung.[106] Angesichts dieses Umstandes ist es von geringer Bedeutung, daß die Maßstäbe des Bundeskartellamts strenger als die des BGH sind und die Kartellbehörde schärfer als die Rechtsprechung korrigierend eingreift.[107] Die gesetzliche Regelung eröffnet keine Möglichkeiten wirksamer Kontrolle. Aber selbst wenn dem Bundeskartellamt rechtliche Mittel zur Verfügung gestellt würden, um effektiver einzuschreiten, wäre der Erfolg fraglich. Zweck des GWB ist der Schutz des Wettbewerbs. Demzufolge prüft das Kartellamt in erster Linie, ob durch eine Verbindung des Konditionenkartells mit sonstigen Wettbewerbsbeschränkungen der Wettbewerb im betreffenden Bereich

---

103 Vgl. BGH v. 10. 10. 1974, NJW 1975, 40 ff.; W. Grunsky, Entgangene Urlaubszeit als Vermögensschaden, NJW 1975, 609 ff.
104 BGH v. 29. 10. 56, BGHZ 22, 90 ff., 97.
105 Zum Problem der Schutzbedürftigkeit vgl. H. E. Brandner, Wege und Zielvorstellungen auf dem Gebiet der Allgemeinen Geschäftsbedingungen, JZ 1973, 613 ff., 615 f.; M. Wolf, Gesetz und Richterrecht bei Allgemeinen Geschäftsbedingungen, JZ 1974, 465 ff.; W. Eith, Zum Schutzbedürfnis gegenüber Allgemeinen Geschäftsbedingungen, NJW 1974, 16 ff.
106 Löwe in Festschrift für Larenz, a.a.O., S. 404. Vgl. dazu auch Kötz, a.a.O., S. A. 41.
107 Vgl. Rinck, a.a.O., S. 300.

beseitigt wird[108] und erst dann, ob durch die AGB Vertragsrisiken einseitig dem Partner in Abweichung von den dispositiven Bestimmungen überbürdet werden. Bei Prüfung dieser letzteren Frage orientiert es sich eher an den Marktverhältnissen als am Verbraucherschutz.[109]
In der Rechtslehre ist man sich einig, daß die bisherige Behandlung des Problems der AGB unzulänglich ist. Diese Feststellung hat Anlaß zu einer umfassenden Diskussion über die Reform des Rechts der Geschäftsbedingungen gegeben.[110] Maßgebend ist dabei das Bestreben, den Verbraucher besser als bisher zu schützen. So war Thema des 50. Deutschen Juristentages die Frage, welche gesetzgeberischen Maßnahmen sich zum Schutze des Endverbrauchers gegenüber Allgemeinen Geschäftsbedingungen empfehlen. Der Juristentag folgte damit einem Weg, den die Bundesregierung gewiesen hatte. Bereits 1971 war der wirksame Schutz der Verbraucher vor unangemessenen Vertragsbedingungen zum Ziel der offiziellen Verbraucherpolitik erklärt worden. Eine von der Bundesregierung eingesetzte Arbeitsgruppe hat in der Zwischenzeit konkrete Vorschläge über die zu ergreifenden gesetzgeberischen Schritte unterbreitet.[111]
Der von dieser Arbeitsgruppe verfaßte Gesetzentwurf kodifiziert die bisherigen Ergebnisse der Rechtsprechung und folgt vielen der in der Rechts-

---

108 Vgl. E. Langen, a.a.O., (Fußn. 3) § 2 Anm. 22.
109 Vgl. zu der Frage, wann ein Mißbrauch im Falle des § 2 GWB vorliegt, Rinck, a.a.O., S. 297 ff.; Müller-Gries, Kommentar zum GWB, Frankfurt/Main, Loseblattausgabe, Stand Dezember 1969, § 2 Anm. 54; Frankfurter Kommentar, a.a.O., (Fußn. 3), § 2 Anm. 67.
110 Zum Nachfolgenden vgl. auch M. Wolf, Vorschläge für eine gesetzliche Regelung der Allgemeinen Geschäftsbedingungen, JZ 1974, 42 ff.; Ph. Held. Verbraucherschutz gegenüber Allgemeinen Geschäftsbedingungen, BB 1973, 573 ff.; W. Löwe, Inhaltsbeschränkung von Allgemeinen Geschäftsbedingungen nur durch eine Generalklausel?, BB 1974, 97 ff.; Dietlein. Neue Kontrollverfahren für Allgemeine Geschäftsbedingungen?, NJW 1974, 1065 ff.; Dietlein, Neue Rechtsmaßstäbe für Allgemeine Geschäftsbedingungen?, NJW 1974, 969 ff.; Pinger, Die rechtspolitische Diskussion über eine Kontrolle der Allgemeinen Geschäftsbedingungen, MDR 1974, 705 ff.; Ph. Möhring, Die gesetzliche Regelung des Rechts der Allgemeinen Geschäftsbedingungen und die AGB der Banken, NJW 1974, 1689 ff.; W. Weber, Zur gesetzlichen Regelung der Allgemeinen Geschäftsbedingungen, DB 1974, 1801 ff.; J. Schmidt-Salzer, Zur gesetzlichen Regelung des Rechts der Allgemeinen Geschäftsbedingungen, BB 1975, 680 ff.
111 Vgl. Vorschläge zur Verbesserung des Schutzes der Verbraucher gegenüber Allgemeinen Geschäftsbedingungen, Erster Teilbericht der Arbeitsgruppe beim Bundesminister der Justiz, März 1974, Zweiter Teilbericht, März 1975; Entwurf der BReg. eines Gesetzes zur Regelung der Allgemeinen Geschäftsbedingungen, BR-Drucks. 360/75; Entwurf (der CDU/CSU-Fraktion) eines AGB-Gesetzes, BT-Drucks. 7/3200; vgl. dazu Schultz, ZRP 1974, 96 ff., die Aufsätze von Dietlein, a.a.O., sowie die Diskussion auf dem 50. DJT, Bd. II Sitzungsberichte, S. H 46 ff.

lehre unterbreiteten Vorschläge. So soll eine Generalklausel den tragenden Prinzipien für die Angemessenheitskontrolle Ausdruck geben und somit als allgemeine Auffangvorschrift dienen. Die Klauseln, die für den den AGB unterworfenen Vertragspartner eine besondere Gefahr darstellen und daher stets unzulässig sein sollen, werden einzeln aufgezählt. Während aber hinsichtlich der anzustrebenden materiellrechtlichen Lösungen weitgehend Übereinstimmung im Schrifttum herrscht, werden zahlreiche recht unterschiedliche Auffassungen zur Frage der Zweckmäßigkeit und Ausgestaltung eines Kontrollverfahrens vertreten. Ein solches Kontrollverfahren soll sicherstellen, daß AGB losgelöst von der Beurteilung eines konkreten Einzelfalles direkt zum Gegenstand einer Überprüfung gemacht werden können. Die vorgeschlagenen Modelle sehen teils eine vorherige, teils eine nachträgliche Kontrolle durch Verwaltungsbehörden oder Gerichte vor. So wird die Einführung einer AGB-Kontrollklage, die von Verbraucherverbänden oder einem Verbraucherbeauftragten erhoben werden könnte, befürwortet oder vorgeschlagen, die Verwendung nur solcher AGB zuzulassen, denen vorher eine staatliche Behörde zugestimmt hat; andere suchen eine Lösung in der Aufstellung von Musterbedingungen durch paritätisch besetzte Kommissionen. Die Arbeitsgruppe hat die Einführung eines abstrakten gerichtlichen Prüfungsverfahrens, die Einrichtung einer Bundesbehörde für Verbraucherschutz, die unterstützend und ergänzend in die Durchführung des Prüfungsverfahrens einzuschalten wäre sowie die Einführung eines besonderen Verfahrens zur Aufstellung von Muster-AGB empfohlen.

Die Reformdiskussion hat sich mit der Frage, was eigentlich der Endzweck der einzuführenden Maßnahmen ist, nur am Rande beschäftigt. Der Sinn des Verbraucherschutzes wird als selbstverständlich vorausgesetzt. Er steht jedoch keineswegs von vornherein fest. So wird etwa die AGB-Problematik als Symptom für die mangelnde Repräsentation von Konsumenteninteressen innerhalb der Marktwirtschaft gesehen.[112] Die Kontrolle der Anbietermacht lasse sich über den Markt nicht realisieren, da sich in diesem Rahmen Konsumenteninteressen nicht durchsetzen könnten. Die Konsequenz müsse »die Herausnahme dieses Komplexes aus dem Wettbewerbssystem«[113] sein. Die heutige »Kanalisierung der Probleme von Konsumentenschutz auf die Justiz« diene dazu, mögliche Proteste zu absorbieren. Sie verschleiere die Notwendigkeit von Veränderungen

---

112 D. Hart, Allgemeine Geschäftsbedingungen und Justizsystem, Frankfurt 1974, S. 133.
113 Hart, ebd.

in der Struktur des Wirtschaftssystems.114 Hier geht es also nicht um Randkorrekturen, sondern um eine grundlegend neue Gestaltung privater Rechtsverhältnisse. Von einer solchen Perspektive aus können Allgemeine Geschäftsbedingungen nicht unter Hinweis auf Sachzwänge gerechtfertigt werden. Angeblich unausweichliche technische Notwendigkeiten, die einen Lösungsweg vorschrieben, legitimierten nur den gesellschaftlichen Status quo. Die Reform des Rechts der AGB müsse zum Mittel werden, damit die Gesellschaft die Chance wieder erhalte »zu entscheiden, was für sie ›rechtens‹ sein soll«.115

Diese Auffassung findet im überwiegenden Teil der Rechtslehre kaum Zustimmung. Es sei nicht statthaft, das wirtschaftliche Machtgefälle und die Unterlegenheit des Verbrauchers zum Anlaß für gesetzgeberische Maßnahmen zu nehmen, die »bei der Herausbildung eines umfassenden zivilen Verbraucherrechts enden, zu dessen unvermeidlichen Begleiterscheinungen dann aber Kontrahierungszwang und diktierter Vertrag gehören würden«.116 Die Kontrolle der AGB dürfe nicht über Randkorrekturen hinaus in die Substanz des Vertragsrechts eingreifen. Sie müsse auf dem Boden des Privatrechts und der freien und sozialen Marktwirtschaft bleiben.117 Die bisher anerkannten Verbraucherschutzregelungen beträfen sachbedingte, die Privatautonomie nicht grundsätzlich in Frage stellende Ausnahmen. Die Kontrolle der AGB müsse sich im gleichen Rahmen bewegen und dürfe nicht den Verbraucherschutz als generelles Kriterium einführen.118

Der geltende Rechtszustand ist damit treffend wiedergegeben. Dort, wo staatliche Kontrolle soziale Konflikte vermeiden oder wirtschaftliches Wachstum sichern soll, wird eine präventive Überwachung Allgemeiner Geschäftsbedingungen akzeptiert. Der Überwachung sind jedoch auf Grund des konkret vorgeschriebenen Ziels, z. B. der Sicherung der Funktionsfähigkeit der Versicherungswirtschaft, enge Grenzen bei der Berücksichtigung der Verbraucherinteressen gesetzt. In Gebieten, die frei von »staatlicher Intervention« sind, wird der Verbraucherschutz durch die gerichtliche Mißbrauchskontrolle realisiert. Er erscheint hier in noch stärkerem Maße als Ausnahme.

---

114 D. Hart, Allgemeine Geschäftsbedingungen und Justizsystem, Kritische Justiz 1971, 269 ff., 277.
115 R. Knieper, Technokratische Rationalität in Allgemeinen Geschäftsbedingungen?, ZRP 1971, 60 ff.
116 P. Ulmer, a.a.O., S. H 21.
117 Löwe, in Festschrift für Larenz, a.a.O., S. 407.
118 Vgl. P. Ulmer, a.a.O., S. H 22; Möhring, a.a.O., S. 1690; W. Weber, DB 1974, 1806.

5. Die Produzentenhaftung

Massenproduktion und Massenkonsum haben den Gefahren, die mit der Herstellung von Waren verbunden sind, eine andere Dimension gegeben. Konnten früher die Folgen des vereinzelten Fehlers eines Erzeugnisses noch im Rahmen des Verhältnisses zwischen Händler und Käufer geregelt werden, so führen heute Schadensursachen bei uniformen und typisierten Produkten zu Problemen, die eine Vielzahl von Verbrauchern betreffen und die für die Hersteller weitreichende wirtschaftliche Folgen haben. Der Wandel in Güterproduktion und Gütervertrieb hat die haftungsrechtliche Perspektive geändert.[119]

Direkter Vertragspartner des Konsumenten ist der Händler. Diesem gegenüber könnte er nach dem Gesetzesschema vertragliche Ansprüche geltend machen. Die Verantwortung des Händlers stammt aber aus einer Zeit, in der von ihm erwartet wurde, daß er die von ihm verkauften Waren eingehend prüft. Heute ist er meistens eine passive Figur in der Veräußerungskette. Das Herstellungsverfahren oder die Zusammensetzung der Waren sind ihm unbekannt. Für ihn kann angesichts des Umfangs des Angebots nur eine Verpflichtung bestehen, sich über die von ihm vertriebenen Produkte oberflächlich zu unterrichten. Die rechtlichen Konstruktionen, die früher den Schutz des Käufers garantierten, sind daher weitgehend gegenstandslos. Vertragliche Anprüche sind in der Regel nicht begründet.

Für den Verbraucher stellt sich die Frage, ob er den Produzenten für die Schäden belangen kann, die die von diesem hergestellten Produkte verursachen. Zwischen dem Verbraucher und dem Produzenten der schadensstiftenden Waren fehlt es jedoch an vertraglichen Beziehungen. Die Recht-

---

[119] Zur Produzentenhaftung siehe S. Simitis, Grundfragen der Produzentenhaftung, Tübingen 1965; W. Lorenz, Länderbericht und rechtsvergleichende Betrachtung zur Haftung des Warenherstellers, in: Die Haftung des Warenherstellers, Arbeiten zur Rechtsvergleichung, Bd. 28, Frankfurt, Berlin 1966; U. Diederichsen, Die Haftung des Warenherstellers, München, Berlin 1967; S. Simitis, Soll die Haftung des Produzenten gegenüber dem Verbraucher durch Gesetz, kann sie durch richterliche Fortbildung geordnet werden? In welchem Sinne?, in Vhdl. 47. DJT, Bd. I Teil C, München 1968; L. Neumann, Verbraucherpolitische Aspekte der Haftung des Produzenten, ZRP 1968, 38 f.; E. Rehbinder, Pyrrhussieg in der Produzentenhaftung?, NJW 1969, 208 ff.; W. Lorenz, Einige rechtsvergleichende Bemerkungen zum gegenwärtigen Stand der Produkthaftpflicht im deutschen Recht, RabelsZ 34 (1970), 14 ff.; J. Schmidt-Salzer, Produkthaftung, Heidelberg 1973; C. W. Canaris, Die Produzentenhaftpflicht in dogmatischer und rechtspolitischer Sicht, JZ 1968, 494 ff.; H. Weitnauer, Die Haftung des Warenherstellers, NJW 1968, 1593 ff.

sprechung wendet die Vorschriften des Deliktsrechts an.[120] Mit ihnen ist in Fällen von Konstruktions- und Instruktionsfehlern ein weitgehend befriedigendes Ergebnis zu erreichen. Den Hersteller trifft entweder ein Organisationsverschulden, wenn er Produkte vertreibt, die nach dem Stand der Technik zur Zeit der Herstellung eine Fehlkonstruktion darstellen oder er verletzt seine Verkehrssicherungspflicht, indem er die Abnehmer nicht in angemessener Weise auf die Produktgefahren hinweist. Problematisch sind die Fälle, in denen ein menschliches Versagen nicht vorliegt, der Schaden vielmehr auf einer unglücklichen Verkettung von Umständen beruht, die nicht vorausgesehen oder nicht kontrolliert werden konnten (Fabrikationsfehler und Entwicklungsgefahren). Den Produzenten trifft hier kein Verschulden. Er ist zu Schadensersatz nicht verpflichtet. Der Verbraucher muß den Schaden aus dem defekten Produkt selbst tragen.

Das geltende Recht verteilt die Risiken der modernen Produktion zwischen den beiden beteiligten Gruppen auf Grund des Verschuldensprinzips. Gewisse Schäden trägt der Produzent, andere der Verbraucher. Es fragt sich, ob diese Verteilung vom Standpunkt des Verbraucherschutzes gerechtfertigt erscheint. Es geht darum, ob das Verhalten der Produzenten isoliert betrachtet werden soll, oder ob nicht auch die soziale Rolle, in der sich die Beteiligten befinden »und das, was an Verantwortung, Ausgleich und Hilfspflicht aus diesen Rollen unter dem Leitgedanken sozialstaatlicher Ordnung folgen muß, berücksichtigt werden sollte.«[121]

Der Verbraucher, dem eine Flut komplizierter Güter angeboten wird, ist sich im Regelfall der Gefahren, denen er ausgesetzt ist, gar nicht bewußt. Selbst wenn er jedoch auf die wachsenden Risiken aufmerksam geworden sein sollte, muß er sich darauf verlassen, daß der Produzent alles Nötige getan hat, um ihm einwandfreie Waren zu liefern. Fragen nach der Gesundheitsschädlichkeit von Arzneimitteln oder der Sicherheit von Autos kann er nur stellen, aber mangels eigener Prüfungsmöglichkeiten nicht beantworten. Er muß sich bis zum Eintritt des verhängnisvollen Schadensfalles dem Urteil des Lieferanten beugen.

Auf der anderen Seite steht der Warenhersteller, der durch gezielte, im Regelfall gewinnbringende Aktivität die Gefahrenursache geschaffen hat. Er ist eher als der Verbraucher in der Lage, die Fehlerquellen zu erkennen und Dritte vor den Folgen zu bewahren. Er kann sich wirtschaftlich gegen

---

120 Zu der Rechtsprechung des BGH vgl. BGH v. 26. 11. 1969, BGHZ 51, 91 ff.; BGH v. 28. 9. 1970, JZ 1971, 29; BGH 19. 6. 1973, NJW 1973, 1603; U. Diederichsen, Anmerkung NJW 1969, 269 ff.; D. Giesen, Die Haftung des Warenherstellers, NJW 1969, 582.
121 K. Duden, Massenproduktion und Verbraucherschutz, Gerechtigkeit, S. 89 ff., 95.

die mit seiner Tätigkeit verbundenen Risiken absichern. Er hat sich schließlich durch intensive Werbung direkt an die potentiellen Käufer gewandt und ein besonderes Vertrauensverhältnis gesucht und gefunden. Der Warenhersteller steht also viel näher zur Fehlerquelle, das Schadensrisiko gehört seiner Einflußsphäre an. Selbst bei Entwicklungsfehlern ist er nicht ganz unbeteiligt, und zwar nicht nur deshalb, weil er das Risiko des Vertriebs eines neuen Erzeugnisses in Kauf nimmt, um Gewinn zu erzielen, sondern auch, weil der Entwicklungsfehler vielfach die Folge einer langen Fehlentwicklung innerhalb eines Industriezweigs ist.[122] Die Schlußfolgerung, daß er die mit seiner Tätigkeit verbundenen Nachteile in Kauf nehmen muß, scheint nur zu gerechtfertigt. Das Verschuldensprinzip limitiert aber die Haftungsfälle. Dieser Begrenzung stimmt ein Teil der Rechtslehre zu. Der Hersteller dürfe nicht zum »Versicherer für die aus der Benutzung seiner Produkte entstehenden Schäden werden«, sondern nur im Rahmen der von ihm zu fordernden Sorgfalt haften. Dies sei die Folge des Menschenbilds vom selbstverantwortlich in der Gemeinschaft lebenden Individuum, das dem Grundgesetz zugrunde liege.[123]

Das Verschuldensprinzip ist zu einer Zeit entwickelt worden, in der es, um die Akkumulation des Kapitals zu erleichtern, zweckmäßig erschien, die Haftung zu beschränken. Es war Ausdruck einer Gesellschaft »in der das isoliert-abstrakt gesehene Individuum Angelpunkt des Systems war«.[124] Heute tritt das Ziel, die Industrialisierung zu fördern, hinter die Aufgabe zurück, die Folgen des Industrialisierungsprozesses in einer dem sozialen Rechtsstaat angemessenen Weise zu regeln. Das Individuum kann nicht isoliert gesehen werden, vor allem kann ihm nicht ein Freiraum, in dem es sich auf Kosten anderer entfaltet, zugestanden werden. In einem Staat, in dem die maßgebenden Ordnungsvorstellungen zur Verteilung der Lebensrisiken der Einzelnen verpflichten sowie den Bürgern Ausgleichs- und Hilfspflichten auferlegen, erscheint das Verschuldensprinzip als generelles Haftungsprinzip antiquiert. Es bewirkt, daß das allgemeine Risiko der technologischen Entwicklung nicht verteilt, sondern auf den zufällig davon betroffenen Verbraucher abgewälzt wird. Es funktioniert als »eine in Rechtsformen gegossene Protektion der Wirtschaft und des Unternehmertums.«[125] Der Einwand, hier liege eine die Verschuldenshaftung rechtfertigende freiwillige Interessenexponierung seitens des Verbrauchers vor,

---

122 Rehbinder, a.a.O., S. 212.
123 Vgl. Schmidt-Salzer, a.a.O., S. 36, 136; Möhring in Vhdl. 47. DJT, Sitzungsberichte, Teil M, München 1968, S. 70; z. T. auch Canaris, a.a.O., S. 505 f.
124 Rehbinder, a.a.O., S. 212.
125 Neumann, a.a.O., S. 39.

da er ja von sich aus »seine Rechtsgüter der Einwirkungsmöglichkeit des Herstellers aussetze«,[126] übersieht die Lebenswirklichkeit. Der Schaden ist nicht Folge einer besonders riskanten Handlung, sondern der Teilnahme am Gemeinschaftsleben nach Verhaltensregeln, die auch durch die Werbung geprägt werden.

Dem Verbraucherschutz adäquat ist eine Lösung, die den Hersteller verpflichtet, für die Verkehrssicherheit seiner Produkte voll und ganz einzustehen.[127] Sie soll unabhängig vom Verschulden des Herstellers dem Verbraucher generell Ausgleich für den erlittenen Schaden verschaffen. Nur eine solche Lösung gewährleistet in unserer hochtechnisierten Gesellschaft die Sicherheit und Gesundheit des Einzelnen und den Schutz seines Vermögens. Die Frage, ob die Schäden aus Entwicklungsgefahren beschränkt oder unbeschränkt oder über einen Entschädigungsfonds ausgeglichen werden sollen, ist erst in zweiter Linie zu lösen. Entscheidend ist es, anzuerkennen, daß die Produktschäden der Risikosphäre des Herstellers zuzurechnen sind.

Eine generelle Gefährdungshaftung würde die Produzenten veranlassen, durch den Abschluß einer Versicherung ihr Haftungsrisiko einzuschränken oder ganz abzudecken. Die Kosten dafür würden dem Konsumenten über den Preis zugeschoben werden. Diese unvermeidliche Überwälzung der Haftpflichtrisiken kann kein Argument gegen eine verschuldensunabhängige Haftung abgeben. Die Verteilung der Risiken auf die Gesamtheit der Konsumenten ist einer Belastung des einzelnen Verbrauchers mit den Konsequenzen eines Schadensfalles vorzuziehen.[128]

Der Bundesgerichtshof hat am Verschuldensprinzip bisher festgehalten. Der spezifischen Konflikt-Konstellation wird man seiner Ansicht nach gerecht, indem man die Beweislast umkehrt. Der Geschädigte hat die Kausalität zwischen seinem Schaden und dem Verhalten des Schädigers darzulegen, d. h. vor allem nachzuweisen, daß sein Schaden im Organisations- und Gefahrenbereich des Herstellers seine Ursache hat. Der Produzent hat dann zu beweisen, daß ihn keine Schuld trifft. Er muß die Schadensursache auf-

---

126 Canaris, a.a.O., S. 504.
127 Vgl. Rehbinder, a.a.O., S. 212, 213; Neumann, a.a.O., S. 39; v. Hippel, Verbraucherschutz S. 34, 36; Diederichsen, NJW 1969, 70; B. Rebe, Verbraucherschutz in Recht im sozialen Rechtsstaat, Opladen 1973, S. 69 ff., 86. Nach Diederichsen ebd. ist eine verschuldensabhängige Haftung des Warenherstellers auch im Interesse der Hersteller und Versicherer angebracht.
128 Vgl. dazu auch H. Pfretschner. Gefährdungshaftung, in Gerechtigkeit S. 107 ff., 109. Zur versicherungswirtschaftlichen Problematik siehe S. Simitis, Grundfragen S. 92 ff.; Diederichsen, Haftung des Warenherstellers S. 281 ff.; Schmidt-Salzer, a.a.O., S. 295 ff.

klären und trägt das Risiko der Nichterweislichkeit seiner Schuldlosigkeit.[129]

In der Beweislastumkehr ist ein erster Schritt in Richtung auf eine Gefährdungshaftung gesehen worden.[130] Doch kommt es nicht zur Aufgabe des Verschuldensprinzips. Genau das vermeidet der Hinweis auf die persönliche Verantwortlichkeit der Beteiligten. Er ermöglicht es, ohne Überdehnung der dogmatischen Grenzen, ein dem Problem angemessenes Haftungsresultat zu erreichen.[131] Damit ist jedoch dem Verbraucher letztlich wenig gedient. Ein großer Teil der Probleme wird in einem für ihn ungünstigen Sinne entschieden. Der Hersteller kann sich etwa exculpieren, wenn er die nötige Sorgfalt bei der Auswahl seiner Zulieferer gezeigt hat; ein »Ausreißer« verpflichtet ihn nicht zum Schadensersatz, weil zusätzliche Kontrollverfahren ihm technisch oder finanziell nicht zumutbar waren. Die Führung eines Prozesses gegen einen Produzenten ist zwar erleichtert worden, aber das Prozeßrisiko bleibt dennoch groß.[132] Es wird weiterhin den Verbraucher negativ beeinflussen, ihn vom Gang zum Gericht abhalten und bei Vergleichsverhandlungen zu Nachgiebigkeit zwingen.[133]

In der Diskussion um die Produzentenhaftung ist vom Verbraucher viel die Rede. Verbraucher sind zunächst die Abnehmer, das sind sowohl diejenigen, die die Ware erwerben, als auch diejenigen, für die die Ware bestimmt ist. Verbraucher sind weiter alle Benutzer, die durch den Gebrauch der Ware verletzt werden. Verbraucher sind aber schließlich auch alle Außenstehenden, die durch das defekte Produkt kausal geschädigt werden. Der Kreis der Verbraucher deckt sich mit dem Kreis aller, die

---

129 BGHZ 51, 91 ff. Zu der vom BGH vorgenommenen Beweislastumkehr vgl. auch H. Weitnauer, Beweisfragen in der Produktenhaftung, in Festschrift für Karl Larenz, München 1973, S. 905 ff.; F. Graf von Westphalen, Neue Gesichtspunkte für die Produzentenhaftung, BB 1971, 152 ff.
130 Diederichsen, NJW 1969, 270.
131 E. Rehbinder, a.a.O., S. 211.
132 Diederichsen, ebd.
133 Der Anfang Dezember 1973 vom Bundesgesundheitsministerium veröffentlichte Referentenentwurf für ein neues Arzneimittelgesetz sah eine Gefährdungshaftung für Arzneimittelschäden vor. Der dem Bundestag vorgelegte Kabinettsentwurf hat die entsprechende Regelung nicht übernommen. Er sieht dagegen die Errichtung eines von den pharmazeutischen Unternehmen finanzierten Entschädigungsfonds, der in tatbestandsmäßig festgelegten Fällen Entschädigung zu leisten hat, vor. Vgl. BT-Drucksache 7/3060 §§ 78 ff.; U. Wolter, Die Reform der Haftung des pharmazeutischen Unternehmers und der Verbraucherschutz, ZRP 1974, 260 ff.; H. Roesch, Zur Frage der Haftung des Herstellers pharmazeutischer Präparate für Arzneimittelschäden, VersR 1971, 298 ff.

über das Vertrags- oder Deliktsrecht Ansprüche stellen können.[134] Er schließt praktisch nur den Hersteller selbst aus. Der Verbraucher ist also der Gegenspieler des Herstellers auf dem Markt. Diese Rolle wird allerdings von Rechtsprechung und Rechtslehre nicht offen anerkannt. Es fragt sich aber dann, warum gerade auf den Verbraucherbegriff zurückgegriffen und nicht von Dritten oder Verkehrsteilnehmern gesprochen wird.

6. Das Abzahlungsrecht

Zweck des Abzahlungsgesetzes aus dem Jahre 1894 ist es, den Abzahlungskäufer im Augenblick einer wirtschaftlichen Bedrängnis zu schützen.[135] Der Verkäufer soll nicht mit Rücktritts- und Verwirkungsklauseln sowohl die Ware zurücknehmen als auch die geleisteten Zahlungen zurückbehalten können. Bei Rücktritt des Verkäufers vom Vertrag sind die gegenseitig erbrachten Leistungen Zug um Zug zurückzugewähren. Verfallklauseln, Vertragsstrafen und unangemessene Bedingungen, die den erstrebten wirtschaftlichen Erfolg auf Umwegen trotz des mißglückten Geschäfts dennoch sichern, sind nur in bestimmten Grenzen zulässig, um allzu großen finanziellen Einbußen des Käufers vorzubeugen.
Die Novellen aus den Jahren 1969[136] und 1974[137] haben geschäftsungewandten und rechtlich unerfahrenen Käufern einen zusätzlichen Schutz gegen Überrumpelungen und Übervorteilungen bei Abschluß des Kaufvertrages bieten wollen. So ist etwa die Schriftform für fast alle Abzahlungsgeschäfte obligatorisch geworden. In der Vertragsurkunde ist u. a. der effektive Jahreszins anzuführen. Die bis 1974 übliche Angabe des monatlichen Zinssatzes verbunden mit der Angabe einer einmaligen Bearbeitungsgebühr verschleierte unkundigen Abzahlungskunden die tatsächliche Belastung. Die Angabe des effektiven Jahreszinssatzes erleichtert es dem Käufer, sowohl das preisgünstigste Kreditangebot herauszufinden als auch die Vorteilhaftigkeit eines Ratenkaufs im Vergleich zu einem Barkauf zu beurteilen.

---

134 Vgl. S. Simitis, Vhdl. 47. DJT, Bd. I, S. C 57; Diederichsen, NJW 1969, 270.
135 Zum Schutz des Abzahlungskäufers vgl. von Hippel, Verbraucherschutz, S. 114 ff.; D. König, Konsumentenkredit, die Neuordnung in den USA und deutsche Reformprobleme, Stuttgart 1971.
136 Vgl. A. Gerlach, Änderung des Abzahlungsgesetzes, NJW 1969, 1939 ff.
137 Vgl. W. Giese, Wichtige Änderung des Abzahlungsgesetzes, BB 1974, 722 f.

Dennoch wäre es falsch zu glauben, Gestaltung und Anwendung dieses Gesetzes seien nur vom Wunsch bestimmt, den Verbraucher zu schützen. Die Begründung des Entwurfs zum Gesetz von 1894 hob hervor, daß es auch darum gehe, die solideren Geschäftsleute vor allem gegen die Abzahlungshändler, die den Markt mit minderwertiger Ware überschwemmten, zu schützen.[138] Die Novelle des Jahres 1974 ist ebenfalls von den Interessen der Wirtschaftszweige, die ihren Aufbau und ihre Expansion dem Teilzahlungskredit verdanken, geprägt worden. Nach ihr kann der Abzahlungskäufer innerhalb einer Woche die von ihm abgegebene Kauferklärung widerrufen und damit vom Vertrag zurücktreten.[139] Das Widerrufsrecht ist also nicht nur für Haustürgeschäfte, wie es in der ersten Fassung des Gesetzentwurfs vorgesehen war, sondern für den gesamten Bereich des Abzahlungskaufs, also auch für Käufe im Ladengeschäft, sogenannte Kaffeefahrten oder für schriftlich aufgegebene Bestellungen, eingeführt worden.[140] Zeitungsberichten zufolge war die verbraucherfreundliche Lösung des Gesetzes eine Folge massiven Drucks der »Direktverkäufer«-Lobby. Es sollte eine Diskriminierung derjenigen Hersteller, die ihre Erzeugnisse nicht über den Einzelhandel, sondern im Direktvertrieb, also durch Vertreter an den Wohnungen der Verbraucher, absetzen, vermieden werden. Wenn schon ein Widerrufsrecht akzeptiert werde, dann sollte es alle Abzahlungsverkäufer gleichmäßig treffen und nicht nur bestimmte Gruppen oder Vertriebswege.[141]

Trotz seiner Perfektionierung bietet das Gesetz für manche Probleme keine befriedigende Lösung. So etwa zu der Frage der Einwendungen des Käufers gegenüber dem Teilzahlungsfinanzierungsinstitut bei Mängeln der gekauften Sache. Beim finanzierten Abzahlungskauf erfolgt die Finanzierung über einen Dritten, üblicherweise eine Teilzahlungsbank, die dem Käufer unter Berechnung von Zinsen und einer Bearbeitungsgebühr ein Darlehen in Höhe des Kaufpreises bewilligt, das der Käufer in Raten an das Finanzierungsinstitut zurückzuzahlen hat. Die Finanzie-

---

138 Begründung abgedruckt bei R. Aubele, Abzahlungsgesetz, München u. Berlin 1951, S. 8 ff., 10, 12.
139 Zu den Haustürgeschäften vgl. H.-J. Bartsch, Privatrechtlicher Schutz des Verbrauchers bei Haustürgeschäften, ZRP 1973, 219 ff.
140 Vgl. den Bericht des Rechtsausschusses des Bundestages, BT-Drucksache 7/1398, S. 3; zur Erweiterung des Widerrufsrechts auch auf »Bargeschäfte« vgl. Entwurf des Bundesrates eines Gesetzes über den Widerruf von Haustürgeschäften und ähnlichen Geschäften, BR-Drucks. 384/75.
141 Vgl. Spiegel Nr. 16 v. 15. 4. 74, S. 60; Süddeutsche Zeitung vom 1. 2. 72 »Abzahlungsverträge ohne Risiko für den Käufer«, Frankfurter Rundschau v. 21. 3. 73 S. 5 »Für Rücktritt bei Ratenkäufen«.

rungsinstitute, die mit dem Abzahlungskäufer einen rechtlich selbständigen Darlehensvertrag vereinbaren, schließen in diesem von vornherein Einwendungen des Käufers aus dem Kaufvertrag aus.[142] Der Käufer ist somit verpflichtet, die Tilgungsraten an die Bank weiter zu zahlen, selbst wenn ihm ein Zurückbehaltungs- oder ein Minderungsrecht gegenüber dem Verkäufer zusteht. Er hat den gesamten Preis zu entrichten, obwohl er die Ware nicht oder nur in mangelhaftem Zustand erhalten hat. Da Darlehen und Kauf für den Verbraucher wirtschaftlich eine Einheit bilden, ist es vom Standpunkt des Verbrauchers aus gerechtfertigt, beide Rechtsgeschäfte auch rechtlich als eine Einheit anzusehen. Für ihn ist es gleichgültig, auf welche Weise die Finanzierung des Geschäfts zustandekommt, ob der Verkäufer eigene Mittel zur Verfügung stellt oder ob der Händler die Forderung gegen den Kunden von einem Finanzierungsinstitut bevorschussen läßt. Er möchte auf keinen Fall die Möglichkeit, die Zahlung zu verweigern, verlieren, um nämlich damit auf die Erfüllung seiner Lieferungs- und Gewährleistungsansprüche drängen zu können. Sonst bleibt ihm ja nur die Alternative, einen mühevollen und kostspieligen Prozeß mit ungewissem Ausgang gegen den Verkäufer anzustrengen. Völlig entgegengesetzt zu den Interessen des Käufers sind diejenigen des Finanzierungsinstituts, von dessen Standpunkt aus der abgeschlossene Kaufvertrag keineswegs eine wirtschaftliche Einheit mit dem Darlehen bildet. Läßt man Einreden aus dem Kaufvertrag gegenüber dem Darlehensgeber zu, so wälzt man das Risiko der Schlechtlieferung auf den Kreditgeber ab und verpflichtet ihn damit, die Tätigkeit des Verkäufers zu überwachen und das Risiko der Insolvenz des Verkäufers zu tragen.

Die Rechtsprechung hat sich bisher nur in Ausnahmefällen entschlossen, den Interessen der Verbraucher den Vorzug zu geben. Nach ständiger Rechtsprechung des BGH sind »Kauf und Darlehensvertrag trotz ihrer engen wirtschaftlichen Verbindung rechtlich als zwei voneinander getrennte Verträge zu werten.«[143] Aus dieser rechtlichen Selbständigkeit der beiden Verträge ergibt sich, daß der Käufer Einwendungen aus dem Kaufvertrag dem Darlehensgeber nicht entgegenhalten kann. Der Abzahlungskäufer

---

142 Vgl. etwa das bei H. M. Müller-Laube, Teilzahlungskredit und Umsatzgeschäft, S. 319, abgedruckte Formular der Darlehensbedingungen der WKV-Kredit-Bank GmbH Nürnberg 2.5.
143 BGH v. 18. 1. 1973 in NJW 1973, 452 ff.; BGHZ 33, 293, 295; BGHZ 47, 217, 219. Vgl. dazu H. Weitnauer, Neue Entscheidungen zum Abzahlungsrecht, JZ 1968, 201 ff.; Th. Raiser, Einwendungen des Käufers aus dem Kaufvertrag gegenüber dem Finanzierungsinstitut beim finanzierten Abzahlungskauf, RabelsZ 33 (1969), 457 ff.

muß das Darlehen ohne Rücksicht auf die Entwicklung des Kaufvertrages zurückbezahlen, jedenfalls dann, wenn er vom Finanzierungsinstitut in eindeutiger Weise darauf hingewiesen wurde, daß er auch bei Nichterhalt oder Mangelhaftigkeit der Ware das Darlehen tilgen muß. Nur in Fällen, in denen der Käufer seine Gewährleistungsansprüche gegen den Verkäufer nicht mehr realisieren kann, etwa weil dieser in Konkurs gegangen oder aus anderen Gründen tatsächlich leistungsunfähig geworden ist, können Einwendungen aus dem Kaufvertrag gegenüber der Darlehensforderung erhoben werden. Dem Käufer kann nach dem BGH zugemutet werden, sowohl einen Rechtsstreit gegen den Verkäufer anzustrengen als auch die Darlehensraten weiterzuzahlen. Seine Interessen würden dadurch nicht »in einer den Anschauungen des redlichen Geschäftsverkehrs widersprechenden Weise beeinträchtigt.«[144]

Diese Rechtsprechung stieß in der Literatur auf Ablehnung. Ihre notwendige Folge sei die völlige Schutzlosigkeit des Käufers.[145] Es wird jedoch auch hervorgehoben, daß der Käuferschutzgedanke in einem neuen Licht gesehen werden müsse.[146] Heute gehe es kaum noch um den ärmlichen, unbedarften Ratenkäufer früherer Zeiten; einer der vom BGH entschiedenen Fälle betraf eine Kücheneinrichtung im Werte von 65 000 DM. Der Käufer, um dessen Schutz man sich bemühe, sei der wirtschaftlich denkende, »das Bargeschäft möglichst vermeidende Käufer von hochwertigen Gütern, der sehr gut in der Lage ist, die auch für ihn vorhandenen Vorteile des Kreditgeschäfts auszunutzen.«[147]

Die Zurückhaltung der Rechtsprechung steht in Kontrast zu den Bemühungen des Gesetzgebers, dem Abzahlungskäufer einen vollständigeren Schutz zu bieten. Sie ist daraus zu erklären, daß die den Gerichten zur Regelung überlassenen Problemkomplexe die konfliktreicheren sind. Die vom Parlament beschlossene Verbesserung des Verbraucherschutzes betrifft ein Gebiet, für das den statistischen Angaben nach das Interesse der Wirtschaft schwindet. Die vom Abzahlungsgesetz erfaßten Geschäftsformen sind seit 1962 im Ganzen rückläufig.[148] Dagegen haben sich Kleinkredite und An-

---

144 BGH, NJW 1973, 454.
145 Vgl. V. Emmerich, Anm. in JuS 1973, 447; G. Weick, Bewertung typischer Geschäftsformen oder Schutz in Härtefällen?, JZ 1974, 13 ff.; Reich-Tonner, a.a.O., (Fußn. 78), S. 1148 ff.; Strätz, Aushöhlung des Käuferschutzes beim finanzierten Abzahlungskauf, JR 1972, 95 ff.
146 E. Möllers, Der Bundesgerichtshof zur Teilzahlungsfinanzierung. Ein Wandel?, NJW 1973, 1919 ff., 1921.
147 Möllers, ebd.
148 Vgl. G. Weick, Vertragsinhalt und Vertragsform in der Reform des Abzahlungsrechts, BB 1971, 317 ff., 321.

schaffungsdarlehen als neue Formen der Teilzahlungsfinanzierung schnell verbreitet.[149] Für diese wird die Anwendbarkeit des Abzahlungsgesetzes weitgehend verneint, da nur eine gelockerte Zuordnung zum Kaufgeschäft, das sie erleichtern sollen, besteht.[150] Selbst die wichtigsten Prinzipien des Abzahlungsrechts gelten nicht. Die Bank kann als Kreditgläubigerin die Kaufgegenstände pfänden und gleichzeitig die Fortzahlung der Darlehensraten fordern. Eine Rückabwicklung, wie sie in den §§ 1–3 AbzG vorgesehen ist, findet nicht statt. So gesehen, erscheint die Perfektionierung des Käuferschutzes in dem Umfang, wie ihn die Novellen des Abzahlungsgesetzes mit sich gebracht haben, als ein zwar wichtiger, aber nicht genügender Schritt. Notwendig ist noch immer eine Ausdehnung des Anwendungsbereichs des Gesetzes.[151]

7. *Die Preisauszeichnung*

Eine Reihe von Spezialgesetzen soll dazu dienen, die Übersicht des Verbrauchers über das Angebot zu erhöhen. Ein Beispiel dafür bietet die Verordnung über Preisangaben.[152] Sie schreibt vor, daß jeder Gewerbetreibende, der Waren oder Leistungen anbietet, die Preise, die zu zahlen sind, anzugeben hat. Damit soll, so die amtliche Begründung, »die Position des Verbrauchers durch Gewährleistung eines optimalen Preisvergleichs« gestärkt werden. »Denn nur der informierte Verbraucher ist in der Lage ... dem günstigsten Angebot den Vorzug zu geben«.[153]
Der Hinweis auf den Verbraucher könnte den Eindruck erwecken, der Grundsatz der Preisauszeichnung sei neu. Eine Verordnung über Preisauszeichnung gab es jedoch bereits im Jahre 1940.[154] Neue und alte Rege-

---

149 Vgl. König, a.a.O., S. 4 ff.; K. Hörter, Der finanzierte Abzahlungskauf, Bad Homburg 1969, S. 48 ff.
150 Vgl. Müller-Laube, a.a.O., S. 258 ff.; Hörter, a.a.O., S. 60 ff.; BGHZ 47, 253 ff.; H. Schönle, Neue Entscheidungen zum Abzahlungsrecht, NJW 1968, 473 ff., 474.
151 Vgl. J. Lieser-W. Bott-E. Grathwohl, Das Abzahlungsrecht in der Reform, DB 1971, 901 ff.
152 V. 10. 5. 1973, BGBl. I S. 461. Vgl. dazu W. Holzapfl, Das neue Recht der Preisauszeichnung, BB 1973, 729 ff.; K. Bender, Die Verordnung über Preisangaben, WRP 1973, 310 ff.; K. Leitenberger, Neues Preisauszeichnungsrecht, Die Verwaltungspraxis 1970, 49 ff.
153 Amtliche Begründung, Bundesanzeiger Nr. 97 v. 24. 5. 1973, S. 3 f.
154 VO über Preisauszeichnung vom 16. 11. 1940 (RGBl. I 1535).

lung[155] verfolgten nach den amtlichen Begründungen und dem einschlägigen Schrifttum den gleichen Endzweck. Sie sollten dazu beitragen, den Preisauftrieb zu dämpfen, die Währung zu stabilisieren, die Preisklarheit und die Möglichkeit des Preisvergleichs zu sichern.[156] Die Novellierungen des Preisauszeichnungsrechts beruhen also weder auf einer neuen Erkenntnis der Bedeutung des Verbrauchers, noch sind sie ausschließlich »verbraucherpolitisch« zu verstehen. Sie haben die rechtliche Regelung den veränderten wirtschaftlichen Gegebenheiten angepaßt. Die Verordnung aus dem Jahre 1940 richtet sich an die Einzelhändler. Nachdem sich aber der Versandhandel in der Folgezeit erheblich entwickelt hatte und Großhändler sowie Fabrikauslieferungslager Verteilerfunktionen übernahmen, erschien es richtig, nicht nur die Einzelhändler, sondern jeden zur Auszeichnung zu verpflichten, der Letztverbrauchern Waren anbietet. Die Verordnung aus dem Jahre 1969 betraf dabei im wesentlichen den Handel. Bei Dienstleistungen bestand nur ausnahmsweise eine Preisauszeichnungspflicht, z. B. für Friseure, Gaststättenbetriebe oder Tankstellen. Diese Teilregelung, die aus dem früheren Recht übernommen war, trug der Bedeutung des Dienstleistungsbereichs keine Rechnung. Die neue Verordnung erstreckt die Preisauszeichnungspflicht auf grundsätzlich jeden, der Letztverbrauchern Dienstleistungen anbietet, etwa Banken, Makler oder Kfz-Reparaturwerkstätten.

8. *Das Meß- und Eichwesen*

Das Gesetz über das Meß- und Eichwesen soll das bedeutendste verbraucherpolitische Gesetzeswerk der V. Wahlperiode des Deutschen Bundestages gewesen sein.[157] Eine Fülle von neuen Vorschriften soll »das Marktgeschehen transparenter machen und dem Verbraucher die Möglich-

---

155 Die VO aus dem Jahre 1940 und die Preisauszeichnungsverordnung v. 18. 9. 1969 (BGBl. I S. 1733). Vgl. zur letzteren die Amtliche Begründung, BAnz. Nr. 178 v. 25. 9.1969 S. 3 f., Holzapfl, Die neue Preisauszeichnungsverordnung, BB 1969, 1250 ff.
156 Vgl. Zipfel, Preisrecht, München und Berlin, Loseblattsammlung. Stand 1963 S. XXXVIII.
157 Strecker, Das Gesetz über das Meß- und Eichwesen, BB 1969, 896 f., 897; Abgeordneter Lenders, Vhdl. d. Dt. Bundestages V. Wahlperiode S. 12852. Zum Gesetz vgl. auch A. Strecker, Eichgesetz, Einheitengesetz, Braunschweig 1971; K. D. Rathke-P. Krauss, Die Vorschriften über Fertigpackungen nach dem neuen Eichgesetz, BB 1969, 937 ff.; R. Reyer, Neue gesetzliche Bestimmungen zum Verbraucherschutz, JR 1970, 441 f.

keit geben, das was er kauft, der Menge und dem Inhalt nach preislich genau zu vergleichen«.158 So muß nunmehr auf Fertigpackungen die Füllmenge zur Zeit der Herstellung nach Gewicht oder Volumen in leicht erkennbarer und deutlich lesbarer Form angegeben werden. Das Gesetz verbietet die Kennzeichnung nach der Stückzahl, weil das Ausweichen auf Stückzahlen häufig geschah, um Preiserhöhungen zu verschleiern.159 <u>Um den Preisvergleich durch den Verbraucher am Einkaufsort zu ermöglichen, muß auf den Warenpackungen der Grundpreis für 1 kg oder 1 l angegeben werden. Der Verbraucher wird somit in die Lage versetzt, trotz der Vielfalt an unterschiedlichen Packungsgrößen zu prüfen, was gleichartige Waren wirklich kosten.</u>
Die wirtschaftliche Bedeutung des Meß- und Eichwesens ergibt sich aus der Tatsache, daß Güter im Werte von schätzungsweise 300 Milliarden DM mit etwa 15 Millionen Meßgeräten gemessen werden.160 Die gesetzliche Regelung ermöglicht der Wirtschaft exakte Berechnungen, die die »Voraussetzung eines fairen, von Verlusten möglichst freigehaltenen Wettbewerbs sind.« Sein Nutzen liegt also nicht allein im Schutz des Verbrauchers. Von gleicher, wenn nicht von größerer Bedeutung ist seine Funktion, dem Waren- und Leistungsaustausch exakte Maße zur Verfügung zu stellen und damit die Wirtschaftstätigkeit zu fördern. Ersichtlich ist diese Funktion aus § 16 Abs. 2 Nr. 1 a EichG, nach dem die Verpflichtung zur Angabe des Grundpreises für Fertigpackungen, die nur in bestimmten Füllmengen oder nur unter Verwendung bestimmter Behältnisse bestimmten Volumens dargeboten werden dürfen, entfällt. Durch die Wahlmöglichkeit zwischen Verpflichtung zur Angabe des Grundpreises und Einhaltung von Größenstufen soll ein indirekter Druck zur Rationalisierung der Produktion und zur Einführung und Einhaltung bestimmter Größenstufen ausgeübt werden. Der Erlaß ähnlicher Vorschriften für Flaschen im Jahre 1935 bewirkte, daß der durch die Vielzahl von Flaschengrößen bis dahin völlig unübersichtliche Markt innerhalb weniger Jahre geordnet wurde. Das neue Gesetz setzt somit nur die Zielsetzungen des Maß- und Gewichtsgesetzes vom 13. 12. 1935 fort. Es paßt die im älteren Gesetz enthaltenen Vorschriften der Weiterentwicklung der Meß- und Waageapparaturen an und versucht, die Probleme zu lösen, die sich durch die inzwischen eingetretene Entwicklung der Verpackungstechnik und der Versor-

---

158 Abgeordneter Dr. Frerichs, Vhdl. d. Dt. Bundestages V. Wahlperiode S. 12851.
159 Die Gewichte der Einzelstücke wurden geringer, der Preis blieb jedoch gleich.
160 Vgl. Begründung des Gesetzes, Verhandlungen des Deutschen Bundestages – Anlagen Drucksache V/1073 Z. I.

gung der Bevölkerung mit vorverpackten Gütern des täglichen Bedarfs stellen.

9. *Die Textilkennzeichnung*

Das Textilkennzeichnungsgesetz[161] verpflichtet Hersteller und Händler, Textilerzeugnisse mit einer eindeutigen Kennzeichnung zu versehen. Diese soll über die Art und das Mischungsverhältnis der Rohstoffe, die zur Herstellung der Ware verwendet wurden, Auskunft geben. <u>Dem Verbraucher werde damit, wie die Begründung des Gesetzes betont, ermöglicht, seine Kaufentscheidung in voller Kenntnis der Rohstoffzusammensetzung zu treffen.</u> Die gesetzliche Regelung sei deshalb erforderlich geworden, weil neue Chemiefasern, Mischgewebe sowie Verfahren zur Verarbeitung und Ausrüstung von Textilerzeugnissen es unmöglich machten, die Rohstoffzusammensetzung eines Textilerzeugnisses schon vom Aussehen her oder durch bloßes Anfassen festzustellen. Die Textilkennzeichnung diene den Belangen der Verbraucher.

Textilkennzeichnung liegt jedoch auch im Interesse der Wirtschaft. Die Hersteller können gesetzlich geschütze Materialkennzeichnungen als Werbeargument benutzen. Der Handel kann bei der Gestaltung des Angebots die Wünsche der Käufer nach bestimmten Rohstoffen viel leichter berücksichtigen. Es ist nicht zufällig, daß sich Teile der Industrie und des Handels bereits vor Erlaß des Gesetzes für eine freiwillige Kennzeichnung von Textilien entschieden hatten. Das internationale Wollsiegel und das Schwurhandzeichen der Leinenindustrie zeugen von den Bemühungen der Hersteller, ihre Erzeugnisse gegenüber den Chemiefasern abzuheben. Das Textilkennzeichnungsgesetz ist somit auch ein Gesetz zur Ordnung des Wettbewerbs zwischen den Rohstoffherstellern in der Textil- und Bekleidungsindustrie.

---

161 I. d. F. vom 25. 8. 1972 (BGBl. I S. 1545). Vgl. zum Textilkennzeichnungsgesetz: Begründung des Gesetzentwurfs, Verhandlungen d. Dt. Bundestages 5. Wahlperiode, Drucksache V/2865; G. Damasch, Textilkennzeichnungsgesetz, 2. Aufl., Köln, Bonn, Berlin, München 1972; Ch. Brebeck, Kommentar zum Textilkennzeichnungsgesetz, Frankfurt 1972; H. Wienholt, Die Funktion der Materialkennzeichnung nach dem Textilkennzeichnungsgesetz vom 25. August 1972 am Kennzeichnungsproblem bei Meterware, WRP 1973, 374 f.; H. Seidler, Textilkennzeichnung, WRP 1973. 517. Zum Textilkennzeichnungsgesetz i. d. F. von 1969 vgl. D. Fichtner, Das Textilkennzeichnungsgesetz, BB 1969, 468 ff.; D. Reinhardt, Die wettbewerbsrechtlichen Auswirkungen der zukünftigen Textilkennzeichnungspflicht, NJW 1969, 829 ff.; Reyer, a.a.O., S. 443 ff.

Die Verbraucherverbände bemerkten anläßlich der Verabschiedung des Textilkennzeichnungsgesetzes, daß damit auch auf dem Textilsektor die Markttransparenz ein gutes Stück vorangekommen sei.[162] In der Tat leistet die neue Regelung einen Beitrag zur größeren Durchsichtigkeit des Marktes. Es erscheint jedoch sehr fraglich, ob damit der Zustand erreicht ist, in dem der Verbraucher eine optimale Kaufentscheidung treffen kann. Der Informationswert einer genauen Kenntnis der Rohstoffzusammensetzung darf nicht überschätzt werden. Aus dem Rohstoffgehalt eines Textilerzeugnisses ergeben sich nämlich nicht ohne weiteres Anhaltspunkte für seine Qualität, Haltbarkeit, gesundheitliche Verträglichkeit oder Verwendbarkeit. Der Verbraucher weiß weder, daß Polyamidfasern sich durch hohe Widerstandskraft gegen Luft, Temperatur und Bleichmittel auszeichnen noch für welche Verwendung, ob für Blusen, Kleider, Hemden oder Futterstoffe, sie am besten geeignet sind.[163] Der Bundestag hatte anläßlich der Verabschiedung des Textilkennzeichnungsgesetzes in einer besonderen Entschließung betont, im Interesse der Aufklärung der Verbraucher sei es erforderlich, Qualitätskennzeichnungen einzuführen, die von neutralen Stellen vergeben werden sollten. Damit würde »die Wertung der Erzeugnisse nach ihrem Gebrauchswert für den Verbraucher« erleichtert werden.[164]

10. *Die Handelsklassen*

Viele der gesetzlichen Regelungen, die im wirtschaftswissenschaftlichen Schrifttum als notwendig zum Schutze der Konsumenten angeführt werden, sind in der juristischen Literatur unter dem Gesichtspunkt des Verbraucherschutzes bisher nicht erörtert worden. Ein Beispiel bietet das Handelsklassengesetz.[165] Handelsklassen sollen erforderlich sein, um der Verbraucherschaft die Versorgung mit einwandfreien Waren in gleichbleibender

---

162 R. Tangemann, Das Textilkennzeichnungsgesetz, Verbraucherdienst Ausgabe B 1972, S. 193 f.
163 Vgl. auch Damasch, a.a.O., S. 3. Meckel, Textilkennzeichnungsgesetz und Verbraucherschutz, Verbraucherdienst, Ausgabe B, 1974, 232 ff., 235: »Über den zweckmäßigen Aufbau eines Gewebes, über die Licht-, Wasser-, Wasch-, Schweiß- und sonstigen Farbechtheiten, das Einlaufen beim Waschen, das Knitterverhalten, richtige Verarbeitung und viele andere wichtige Eigenschaften kann jedoch das Gesetz dem Verbraucher keine Hilfe geben«.
164 Die Entschließung ist bei Damasch, a.a.O., S. 96 abgedruckt.
165 Vom 5. 12. 1968, BGBl. I S. 1303. Zum Handelsklassengesetz vgl. O. Schmitz-S. Kroll, Nationale Handelsklassen und EWG-Qualitätsnormen für Erzeugnisse der Landwirtschaft, in Agrarrecht 1972, S. 163 ff.

Qualität zu sichern. Sie orientieren den Verbraucher und gestalten den Markt transparenter.[166] Hauptanliegen des Handelsklassengesetzes ist es jedoch, die Konkurrenzfähigkeit innerdeutscher Produkte gegenüber ausländischen zu fördern. Großabnehmer im EWG-Raum sind nur bereit, möglichst große Mengen von Erzeugnissen in einheitlicher Sortierung und Aufmachung und in gleichbleibender Qualität zu kaufen. Wird ihre Nachfrage durch den einheimischen Markt nicht befriedigt, so werden sie die notwendigen Mengen aus dem Ausland beziehen. Die Klassifizierungsvorschriften des Handelsklassengesetzes sollen die Hersteller anregen, ihre Produktion den Erfordernissen des Marktes anzupassen und nur solche Qualitäten und Größen zu erzeugen, die sich im Wettbewerb mit ausländischen Erzeugnissen behaupten können. Sie sollen weiter dem Handel ermöglichen, die Waren allein auf Grund der Handelsklassenangaben ohne weitere Nachprüfungen zu kaufen und zu verkaufen. Die Handelsklassenregelung soll nach dem Willen des Gesetzgebers der landwirtschaftlichen Bevölkerung einen angemessenen Lebensstandard durch Verbesserung der Marktstruktur sichern. Ihr kommt »in erster Linie wirtschaftspolitische Bedeutung zu.« Sie richtet sich »an den Warenabgeber und nicht an den Letztempfänger der Erzeugnisse«.[167]

11. *Das Lebensmittelrecht*

Der Bundestag hat im Sommer 1974 nach langjährigen intensiven Vorbereitungen ein neues Lebensmittelgesetz verabschiedet. Sein wesentliches Ziel soll der Schutz der Verbraucher sein. Gesundheitsschädigungen sowie Täuschungen über Beschaffenheit, Qualität und Quantität der angebotenen Lebensmittel sollen wirksam unterbunden werden.[168] Das neue Gesetz verfolgt somit den gleichen Zweck wie die älteren Lebensmittelgesetze.[169]

---

166 Vgl. etwa Ch. Behrens, H. Kalliefe, Vorschläge zur Stärkung der Marktposition des Verbrauchers, Wirtschaftsdienst 1952, 686 ff., 689; W. Marzen, Preiswettbewerb und Verbraucherpolitik, Saarbrücken 1964, S. 209 ff., 206 f., 227 f.
167 Schmitz-Kroll, a.a.O., S. 163 ff. Vgl. die Amtliche Begründung A. Allgemeiner Teil, abgedruckt bei Holthöfer-Nüse-Franck, Deutsches Lebensmittelrecht, Bd. I, 5. Aufl. Berlin, Köln, München, Bonn 1970, S. 915 ff.
168 Vgl. die Begründung des Entwurfs, Bundesrat-Drucksache 73/71 S. 23; R. Tangemann, Verbraucherschutz im Lebensmittelrecht, Verbraucherrundschau H. 4/1974, S. 3 ff.; W. Zipfel, Das neue Lebensmittel- und Bedarfsgegenständegesetz, NJW 1975, 553 ff.
169 Zu dem Zweck der früheren Gesetze vgl. Schnier in U. Hamann-L. Schnier, Der Schutz des Verbrauchers durch die Lebensmittelüberwachung, ihre Durchführung

Nach Auffassung der Bundesregierung ist die Reform notwendig geworden, weil die stürmisch voranschreitende Entwicklung insbesondere im Bereich der Lebensmitteltechnologie kein Verharren auf dem bisherigen Rechtszustand gestattete. Der Gesetzgeber sei verpflichtet, die bestehenden Regelungen ständig der Entwicklung anzupassen und vorausschauende Bestimmungen zu schaffen.170

§ 17 des neuen Gesetzes enthält eine Generalklausel zum Schutz vor Täuschung beim Verkehr mit Lebensmitteln. Sie verbietet, Lebensmittel zu vertreiben, die von der allgemeinen Verkehrsauffassung abweichen und dadurch in ihrem Wert gemindert oder geeignet sind, den Anschein einer besseren als der tatsächlichen Beschaffenheit zu erwecken. Dem Verbraucher solle der Genuß von einwandfreien und voll brauchbaren Lebensmitteln gesichert werden. Er solle Lebensmittel erhalten, die so beschaffen seien, wie er es nach ihrem Aussehen und ihrer Bezeichnung erwarten dürfe.171 Geschütztes Rechtsgut sei das Vermögen und die Gesundheit der Verbraucher. Mittelbar diene die Vorschrift aber auch dem Schutz des lauteren Wettbewerbs. Sie schließe es aus, daß ein Hersteller oder Händler sich günstigere Absatzmöglichkeiten verschaffe, indem er lebensmittelrechtliche Vorschriften mißachte.

Das Gesetz erläutert nicht näher, wann ein Lebensmittel von der allgemeinen Verkehrsauffassung abweicht oder in seinem »Nähr- oder Genußwert nicht unerheblich gemindert« ist. Es baut auf die Regelungen und Grundsätze des vorher geltenden Lebensmittelrechts auf.172 Nach Rechtsprechung und Rechtslehre gibt das voll brauchbare, einwandfreie Lebensmittel den Vergleichsgegenstand ab, an dem Abweichungen gemessen werden, d. h. vor allem die Minderung des Nähr- und Genußwertes festgestellt wird. Dieses »normale« Lebensmittel bestimme sich seinerseits nach der berechtigten Erwartung der in Betracht kommenden Verbrau-

---

und Fortentwicklung, Wiesbaden und Berlin 1958, S. 3 ff. Nach der amtlichen Begründung des Änderungsgesetzes vom 21. 12. 1958 zum Lebensmittelgesetz enthält das LMG allgemeine Vorschriften zum Schutze des Verbrauchers. Vgl. Holthöfer-Nüse-Franck, a.a.O., S. 27 ff., 58.
170 Gesundheitsbericht der Bundesregierung vom 18. 12. 1970, BT-Drucksache IV/1667, S. 97–98.
171 Vgl. zum Nachfolgenden die Kommentierungen zu § 4 des alten Lebensmittelgesetzes, an dessen Stelle der § 17 getreten ist; Zipfel, Lebensmittelrecht, Bd. I (Stand 1. 4. 1973), § 4 C 1 Anm. 4 ff.; Holthöfer-Nüse-Franck a.a.O., § 4 Anm. 2 ff.; H. Demme, Lebensmittelrecht, Göttingen 1967, S. 72 ff.; P. Hoch, Die Bedeutung der Verbrauchererwartung, Diss. Würzburg 1970; H. Schulze, Grundsätze des Lebensmittelrechts, München 1969, S. 50 ff.; W. Thieme, Lebensmittelrecht im Rechtsstaat, NJW 1966, 1436 ff., 1439.
172 Vgl. Zipfel, NJW 1975, 556.

cherkreise. Da das Gesetz die Konsumenten vor Täuschungen bewahren wolle, müsse sich nach ihren subjektiven Vorstellungen beurteilen lassen, welche Voraussetzungen an die Beschaffenheit, Zusammensetzung und Bezeichnung eines Lebensmittels zu stellen seien.
Diese Formeln sind nicht leicht zu handhaben. Das ist nur zu verständlich, wenn man die Kumulation der Unbekannten bedenkt. Weder steht fest, wer denn nun die maßgeblichen Konsumenten sind, noch kann von erkennbaren und damit für die Judikatur verwendbaren Vorstellungen die Rede sein. Die Konsequenz ist, daß man mit normativen Regelungen die ungewissen Verbraucherauffassungen zu konkretisieren versucht. Zehn Gesetze und über 30 Verordnungen bestimmen mittlerweile, unter welchen Voraussetzungen bestimmte Lebensmittel irreführend bezeichnet, verfälscht oder in unzulässiger Weise nachgemacht sind. Hinzu kommen die Leitsätze des Lebensmittelbuches, Erlasse des zuständigen Bundesministers und der Landesminister sowie Richtlinien, Empfehlungen oder Qualitätsnormen, die von staatlichen Stellen erarbeitet oder bestätigt worden sind.[173] Die auf diese Weise erfolgende Konkretisierung des Lebensmittelgesetzes bedeutet jedoch, daß der Verbraucher, auf dessen Reaktion es ja angeblich ankommen soll, in den Hintergrund gerät. Objektive Überlegungen, die sich vor allem auf ernährungsphysiologische und chemische Gesetzlichkeiten gründen, bestimmen die Entscheidungen der Gerichte. Die normativ festgelegte Verkehrsauffassung gilt selbst dann, wenn die vorherrschenden Bräuche oder Ansichten ihr entgegenstehen. So widerspricht die Fettgehaltseinstellung, die nach § 11 Milch- und FettG den Molkereien bei der Verarbeitung von Trinkmilch erlaubt ist, dem § 17 LMG nicht, obwohl die Verbraucher die Entrahmung der Milch und die Vermischung mit Magermilch ablehnen.[174]
Eine solche Entwicklung birgt die Gefahr in sich, daß die bereits durch die Werbung manipulierte allgemeine Verkehrsauffassung von der jeweiligen Interessengruppe je nach ihren Wünschen festgelegt wird. Die 1926 vom Bund Deutscher Nahrungsmittelfabrikanten aufgestellten »Verkehrsbestimmungen für Backwaren« sahen vor, daß zur Herstellung von Milchgebäck, also auch Milchbrötchen, als Flüssigkeit nur Vollmilch verwendet werden dürfe.[175] Die »Verkehrsbestimmungen« entsprachen zum Zeitpunkt ihres Erlasses der vorherrschenden Verkehrsauffassung. Neuer-

---

173 Eine Übersicht findet sich in Verbraucherschutz im Lebensmittelrecht, Kleines Handbuch für jedermann, Schriften der Verbraucherverbände H. 12, 2. Aufl. 1972.
174 Vgl. Zipfel, a.a.O. (Fußn. 171) Anm. 77.
175 Vgl. zum Nachfolgenden H. Demme, Die Verbrauchererwartung beim Kauf von Milchbrötchen, Gewerbearchiv 1967, 265 ff.

dings wird geltend gemacht, sie seien überholt. Damit habe sich zugleich die Verkehrsauffassung geändert. Die Leitsätze des Deutschen Lebensmittelbuches gestatten nämlich die Verwendung von Wasser oder anderen Flüssigkeiten beim Anteigen der Milch-Dauerbackwaren.[176]
Dieses Beispiel weist auch auf einen weiteren schwachen Punkt des Rückgriffs auf die Verkehrsauffassung hin. Nicht die Verbraucheransicht, sondern der von Hersteller, Handwerk und Handel entwickelte und in Richtlinien bzw. Verbandsbestimmungen –mögen sie von den zuständigen Behörden anerkannt sein oder nicht – niedergelegte Brauch ist für die von den Gerichten anzuwendende Verkehrsauffassung maßgebend.[177] Das OLG Stuttgart stellte etwa fest: Wenn sich die von einem privaten Wirtschaftsverband beschlossenen Herstellungsrichtlinien bei Produzenten und Händlern durchgesetzt hätten und der Verbraucher ein Lebensmittel nur noch in der festgelegten Aufmachung kaufen könne, werde er sich nach und nach daran gewöhnen; seine Erwartung und die Verkehrsauffassung würden in der Regel dem entsprechen, was ihm allein angeboten werde.[178] Die Verkehrsauffassung wird also z. T. von den interessierten Wirtschaftskreisen erst geschaffen. Dies ist nach Ansicht der Hersteller unumgänglich. Der Verbraucher verlasse sich vielfach darauf, ein Lebensmittel der üblichen und allgemein anerkannten Beschaffenheit zu erhalten. Er sehe von einer eigenen Beurteilung ab und erwarte nur, daß die Ware so hergestellt sei, wie dies die damit befaßten Fachkreise und Stellen für richtig befänden.[179] Die aus dieser Argumentation gezogene Schlußfolgerung überrascht nicht. Nur die Verkehrsauffassung der Wirtschaft könne eine entscheidende Rolle für die Bildung der allgemeinen Verkehrsauffassung spielen. Die Mitbestimmung der Verbraucher müsse sich auf eine Mitwirkung der Verbrauchervertretungen bei der Schaffung von Rechts-

---

176 Vgl. auch das Beispiel (Kapitel VI) der Richtlinien für die Herstellung von pommes frites.
177 Beispiele bieten die »Verkehrsbestimmungen der Vereinigung der Deutschen Zuckerwaren- und Schokoladenfabrikanten« (1958) oder die »Verlautbarungen der Fachgruppe Fleischwarenindustrie über die Einhaltung des sog. Reinheitsgebotes d. h. des verbotenen Zusatzes von Innereien, Schwarten und Sehnen bei Roh- und Dosenwürsten« (1934). Vgl. Zipfel, a.a.O., § 4 C 1 Anm. 88.
178 OLG Stuttgart v. 17. 8. 1956 abgedruckt bei Holthöfer-Nüse-Franck, a.a.O., § 4 Lebensmittelgesetz Anm. 219.
179 Vgl. W. Kraak, Die Bedeutung der allgemeinen Verkehrsauffassung im Lebensmittelrecht, in Schriftenreihe des Bundes für Lebensmittelrecht und Lebensmittelkunde Heft 72, Hamburg 1972, S. 7 ff., 15. Zipfel, NJW 1975, 556: »Soweit die Verbraucher keine konkreten Vorstellungen haben und sie sich einfach darauf verlassen, daß das Lebensmittel den allgemein üblichen und anerkannten Anschauungen entspricht, ist der Handelsbrauch als Ausdrucksform und Spiegelbild der Verbrauchererwartung anzuerkennen«.

verordnungen oder bei der Erstellung der Leitsätze des Deutschen Lebensmittelbuches beschränken.

Trotz dieser auf Umwegen erreichten Einschränkung des Schutzzwecks des Gesetzes sind die Hersteller unzufrieden. Seine Systematik und Terminologie gewährleiste nicht »die für die unternehmerische Disposition erforderliche Klarheit und Vorhersehbarkeit.«[180] Die Pönalisierung des Lebensmittelrechts bedeute eine Gefahr für die Rechtssicherheit, da die strafbaren Täuschungstatbestände nicht klar umschrieben seien.[181] Der in § 2 des neuen Gesetzes enthaltene Begriff des Zusatzstoffes sei unbefriedigend. Die Entscheidung der Frage, ob ein Stoff als Zusatzstoff zu betrachten sei, werde der allgemeinen Verkehrsauffassung überantwortet, also auch und vor allem den breiten Verbraucherschichten, die sich aber kein begründetes Urteil hierüber bilden könnten. Es erscheine bedenklich, die Entscheidung »einem Personenkreis mitzuübertragen, dem für die Beurteilung dieser Frage die sachlichen Voraussetzungen fehlten.«[182]

Die Wirtschaft ist offensichtlich nur unter der Einschränkung, daß ihre Interessen nicht benachteiligt werden, bereit, den Verbraucherschutz als Zweck des Gesetzes anzuerkennen. In der Begründung zum Entwurf des Lebensmittelgesetzes klingt ein ähnlicher Vorbehalt an. Dort wird betont, daß das Hauptanliegen der Gesamtreform des Lebensmittelrechts, die weitere Verstärkung des Schutzes der Verbraucher, ohne unnötige Behinderung der wirtschaftlichen Entwicklung realisiert werden müsse.[183] In der Literatur ist schließlich hervorgehoben worden, daß ein grenzenloser Verbraucherschutz Gefahren mit sich bringe. Die vielfältig differenzierten Maßnahmen, die dem Gesetzgeber zur Verfügung stünden, sollten die Betätigungsmöglichkeiten des Lebensmittelherstellers nur dann beschränken, wenn dies zum Schutz des Verbrauchers wirklich geboten sei.[184] Ein Schutz sei nur erforderlich, wenn es um die Gesundheit gehe. Viele der lebensmittelrechtlichen Probleme seien jedoch Fragen des Preises, so z. B. wieviel Fett eine Fleischwurst enthalten dürfe. Es sei nicht Sache der staatlichen Aufsicht zu bestimmen, ob der Konsument für sein Geld eine angemessene

---

180 Deutsche Vereinigung für gewerblichen Rechtsschutz und Urheberrecht, Eingabe betr. Lebensmittelrecht v. 1. 4. 1971, abgedruckt in GRUR 1971, 205 ff.
181 Vgl. auch H. Prüllage, Zur Auslegung des Tatbestandsmerkmals »verfälschte Lebensmittel« in § 4 Lebensmittelgesetz, MDR 1969, 633 f.
182 Kraak, a.a.O., S. 15.
183 Vgl. die Begründung des Entwurfs, a.a.O., S. 23.
184 Vgl. H. Schulze, Lebensmittelrechtliche Regulativprinzipien, DVBl. 1973, 944 ff., 949; V. Brandts, Das Verbotsprinzip im Lebensmittelrecht – Prinzip der Zukunft, Die Ernährungswirtschaft 1968, 11 ff.

Ware bekomme. Dieser Komplex müsse allein über den Wettbewerb geregelt werden.[185]

12. *Das Arzneimittelrecht*

Neben dem Lebensmittelrecht kommt dem Arzneimittelrecht große Bedeutung für den Schutz der Verbraucher zu.[186] Zahlreiche Bestimmungen sollen Gesundheitsschäden des Konsumenten vorbeugen. So verbietet § 6 Arzneimittelgesetz, Arzneimittel in den Verkehr zu bringen, wenn sie geeignet sind, bei bestimmungsgemäßem Gebrauch schädliche Wirkungen hervorzurufen. Durch § 8 soll der fast immer sachunkundige Verbraucher von Arzneimitteln vor Täuschung und Übervorteilung geschützt werden. Der Vertrieb verfälschter, verdorbener oder irreführend bezeichneter Arzneimittel ist verboten. Auf den Packungen der Arzneimittel sind nach § 9 die notwendigen Angaben zur Unterrichtung des verschreibenden Arztes und des Verbrauchers anzuführen. Gleichzeitig mit dem Gedanken des Verbraucherschutzes berücksichtigt jedoch das Gesetz noch weitere Gesichtspunkte, so daß auch hier der Grundsatz des Verbraucherschutzes nicht vorbehaltlos gilt.

Bezeichnend für die Einstellung des Gesetzgebers ist der Wandel seiner Auffassung zum materiellen Zulassungsverfahren für Arzneimittel. Das Gesetz vom 16. Mai 1961 sieht in § 20 vor, daß ein Arzneimittel nur in den Verkehr gebracht werden darf, nachdem es in ein beim Bundesgesundheitsamt zu führendes Register eingetragen worden ist.[187] Das Bundesgesundheitsamt hat jedes Arzneimittel einzutragen, wenn der Anmeldung die im Gesetz angeführten Unterlagen beigefügt sind. Diese Regelung soll einen Überblick über alle auf den Markt gelangenden Erzeugnisse erleichtern und damit die Durchführung der Überwachung erleichtern. Ihr Zweck ist es nicht, die Wirksamkeit der Arzneimittel durch den Staat

---

185 Thieme, a.a.O., S. 1439. Siehe Verbraucherdienst, A XXII/13 v. 26. 6. 74 S. 2 über die Lebensmittelkontrolle in Hessen. »Jede dritte untersuchte Wurst war nicht in Ordnung«. Den Wurstwaren wurden Fett, Bindegewebe oder Farbstoffzusätze beigemischt oder es fehlte die Kennzeichnung von Diphosphat, Milcheiweiß oder Hühnereiklar.
186 Vgl. v. Hippel, Verbraucherschutz S. 45.
187 Zur Eintragung der Arzneispezialitäten in das Spezialitätenregister vgl. H. Hasskarl, Grundlagen des Arzneimittelrechts, NJW 1972, 1497 ff., 1499.

überprüfen zu lassen.[188] Dem Bundesgesundheitsamt steht kein Recht zu, deren therapeutische Wirksamkeit festzustellen und solche Präparate abzulehnen, die einem Bedürfnis überhaupt nicht entsprechen oder sogar schädliche Nebenwirkungen erzeugen. Eine derartige materielle Prüfung, wie sie etwa in den Vereinigten Staaten besteht, wurde vom Gesetzgeber abgelehnt. Sie erschien den Herstellern gegenüber als nicht vertretbar. Die Registeranmeldung würde sich sonst zu einem Hemmnis für die Entwicklung neuer Präparate entwickeln und die Konkurrenzfähigkeit der deutschen Industrie gefährden. Neben »den übergeordneten Gesichtspunkten der Gesundheit« müßten, so die Abgeordneten, auch die »übergeordneten wirtschaftlichen Gesichtspunkte« respektiert werden.[189]

Drei Jahre nach Verabschiedung des Arzneimittelgesetzes stellte man jedoch fest, daß die geschilderte Regelung »den Interessen der Volksgesundheit nicht genügend Rechnung trug.«[190] Das Gesetz wurde ergänzt. Das Bundesgesundheitsamt erhielt die Möglichkeit, die Eintragung einer Arzneispezialität, die Stoffe enthält, deren Wirkung nicht bekannt ist, abzulehnen, wenn nicht nachgewiesen wird, daß sie ausreichend pharmakologisch geprüft und klinisch erprobt wurde und bei bestimmungsgemäßem Gebrauch keine schädlichen Wirkungen hervorruft.[191] Bei seiner Entscheidung hat jedoch das Bundesgesundheitsamt nach wie vor nur von den vorgelegten Nachweisen über die pharmakologische Prüfung und ärztliche Erprobung auszugehen. Es muß von eigenen Untersuchungen absehen. Das Parlament war noch immer der Ansicht, daß es nicht Aufgabe des Bundesgesundheitsamtes sein kann, selbst über Unschädlichkeit und Wirkung zu entscheiden.

Das Bundesgesundheitsministerium hat neuerdings einen Entwurf zur Neuordnung des Arzneimittelrechts vorgelegt, der ein materielles Zulassungs-

---

188 Vgl. Amtliche Begründung, abgedruckt bei Kloesel-Cyran, Arzneimittelgesetz, Kommentar, 2. Aufl. Stuttgart 1962, S. 204. Die Überwachung, geregelt in den §§ 40 ff., erfolgt, indem sich die zuständige Behörde durch eine Besichtigung des Herstellerbetriebes davon überzeugt, daß die gesetzlichen Vorschriften über den Verkehr mit Arzneimittel eingehalten werden.
189 Vgl. Amtliche Begründung, a.a.O., S. 35, Abgeordnete Habert und Gewandt im Bundestag, Kloesel-Cyran, a.a.O., S. 40; von Blanc, Die erste umfassende Regelung des Arzneimittelwesens, Markenartikel 1961, 239 ff., 241.
190 Amtliche Begründung zum 2. Änderungsgesetz, abgedruckt bei Etmer-Bolck, Arzneimittelgesetz, Kommentar, Stand 1. 12. 1973, München.
191 § 21 Abs. 1 a. Das Bundesministerium für Jugend, Familie und Gesundheit hat eine »Richtlinie über die Prüfung von Arzneimitteln« (v. 11. Juni 1971, abgedruckt bei H. Hasskarl-H. Kleinsorge, Arzneimittelprüfung, Arzneimittelrecht, Stuttgart 1974) erlassen. Es hat das Bundesgesundheitsamt angewiesen, Arzneispezialitäten nur dann in das Spezialitätenregister einzutragen, wenn sie nach dieser Richtlinie geprüft worden sind. Vgl. dazu Hasskarl, a.a.O., S. 1499.

verfahren für Arzneimittel vorsieht.192 Die Genehmigung zum Vertrieb soll nur erteilt werden, wenn das Arzneimittel nach dem jeweiligen Stand der wissenschaftlichen Erkenntnisse ausreichend geprüft ist und die angegebene Wirkung hat. Zur Beurteilung der eingereichten Unterlagen kann die zuständige Bundesbehörde eigene wissenschaftliche Ergebnisse verwerten, Sachverständige beiziehen oder Gutachten anfordern. Die Zulassungsbehörde soll die Befugnis erhalten, Auflagen zu erteilen, etwa Packungsgrößen vorzuschreiben, die der vorgesehenen Anwendungsdauer angemessen sind. Nach Ansicht der Bundesregierung hat sich gezeigt, daß man über die ursprüngliche Konzeption, die der Gesetzgeber bei Erlaß der Regelungen in den Jahren 1961 und 1964 befolgt hat, hinausgehen muß. Um den mit der Herstellung, dem Vertrieb und der Anwendung moderner hochwirksamer Arzneimittel verbundenen Gefahren vorzubeugen, müsse der Staat in größerem Umfang als bisher darüber wachen, daß der Patient sichere und wirksame Arzneimittel erhalte.193

Diese Entwicklung ist auf die Contergan-Katastrophe zurückzuführen.194 Das Publikum kann nicht wirksam geschützt werden, wenn Herstellung und Vertrieb eines Arzneimittels ausschließlich der Verantwortung des Herstellers überlassen bleiben und die Beteiligung der staatlichen Stellen auf eine Registriertätigkeit reduziert wird. Wie sich aus Zeitungsberichten ergibt, herrschen jetzt auf dem Arzneimittelmarkt groteske Zustände. Es wurden Mittel registriert, denen jede therapeutische Wirksamkeit ohne weiteres abgesprochen werden konnte. So ist z. B. das Mittel Prontosil zum Vertrieb freigegeben worden, das Sulfonamide in einer Dosierung aufwies, die das Wachstum der zu bekämpfenden Bakterien keinesfalls zu hemmen in der Lage war. Vertrieben werden auch Antidiabetika, die nichts enthalten, das geeignet wäre, den Blutzuckergehalt zu reduzieren.195 Die Möglichkeit, daß Arzneimittel zugelassen werden, die zu Gesundheitsschäden führen können, ist nicht auszuschließen. In Frankreich, das noch 1972 ein Zulassungsverfahren für Artikel der Körperpflege nicht kannte, hat ein Hexachlorophen enthaltender Pudertalk den Tod von 21 Kleinkindern verursacht.196 Die materielle Überprüfung neuer Arzneimittel soll den Ver-

---

192 Entwurf eines Gesetzes zur Neuordnung des Arzneimittelrechts BT-Drucksache 7/3060. Vgl. §§ 20 ff. Vgl. dazu H. Hasskarl, Tendenzen des künftigen Arzneimittelrechts, ZRP 1972, 243 ff.
193 Gesundheitsbericht der Bundesregierung vom 18. 12. 1970, BT-Drucksache IV/1667, S. 112.
194 Vgl. H. H. Günther, Sorgfaltspflichten bei Neuentwicklung und Vertrieb pharmazeutischer Präparate, NJW 1972, 308 ff.
195 Vgl. E. Greiser, Beschämend für die deutsche Medizin, Die Zeit, Nr. 57, 1968, S. 27.
196 Vgl. Le Monde vom 30. 8. 1972, S. 5.

trieb unzureichend erprobter Pharmaka verhindern.[197] Als neu haben alle Präparate zu gelten, deren Verträglichkeit und therapeutischer Wert nicht genügend nachgewiesen sind. Neue Arzneimittel sollten nur dann in den Handel kommen, wenn ihre Wirksamkeit durch kontrollierte präklinische und klinische Untersuchungen überprüft worden ist.[198]

In der ersten Richtlinie des Rates der Europäischen Gemeinschaften zur Angleichung der Rechts- und Verwaltungsvorschriften über Arzneispezialitäten aus dem Jahre 1965 ist den Mitgliedsstaaten die Pflicht auferlegt worden, ein materielles Zulassungsverfahren einzuführen.[199] Zur Rechtfertigung wurde betont, daß es notwendig sei, die Rechts- und Verwaltungsvorschriften auf dem Gebiet der Herstellung und des Vertriebs von Arzneispezialitäten zu vereinheitlichen, um den Schutz der Gesundheit der Abnehmer sicherzustellen. Die Diskrepanz zwischen dieser Richtlinie und dem Arzneimittelgesetz von 1961, das ebenfalls den Zweck des Gesundheitsschutzes der Abnehmer verfolgt, zeigt, daß das allgemeine Ziel Verbraucherschutz noch wenig über den Inhalt einer gesetzlichen Regelung und die von ihr geschützten Interessen besagt. Das Arzneimittelgesetz von 1961 brachte, wie im Bundestag hervorgehoben wurde,[200] keine gesundheitspolitischen und wirtschaftspolitischen Experimente. Es führte eine Reihe von Verbesserungen, von Modernisierungen ein, aber »es warf nichts über den Haufen«, um so »das ausgewogene Verhältnis der einzelnen am Arzneimittelverkehr beteiligten Kreise« zu erhalten.

Die Flut überflüssiger Spezialpharmaka ist ein weiteres gutes Beispiel für die vom Gesetzgeber vorgenommene Interessenabwägung.[201] Das Arznei-

---

197 Vgl. dazu Burow/Lüllmann, Vorschläge zur gesetzlichen Regelung der Prüfung und Einführung von Arzneimitteln, Schriftenreihe aus dem Gebiete des öffentlichen Gesundheitswesens, Heft 31, Stuttgart 1971. Zu der Arzneimittelprüfung vgl. auch Hasskarl-Kleinsorge, a.a.O., S. 1 ff.

198 Gegen eine materielle Prüfung vor der Zulassung wendet sich E. Jahn, Die Verantwortung der Wirtschaft und des Staates für Arzneimittel, Pharmazeutische Zeitung 1971, 592 ff. Vgl. auch die Anmerkung, Arzneimittelgesetz: keine Novelle, sondern »tiefgreifende und umfassende« Neuordnung. Berliner Ärzteblatt 1974, 144 ff., M. Kohlhaas, Ist die Arznimittelprüfung ausreichend?, in Münchner Medizinische Wochenschrift 1970, 2224 ff.

199 Richtlinie v. 26. 1. 1965 (Abl. 22/65) geändert durch Abl. 144/66, Die Richtlinie ist bei Hasskarl-Kleinsorge, a.a.O., S. 71 ff. abgedruckt. Vgl. dazu H. Hasskarl, ZRP 1972, S. 244 f.; J. Laar, Versuche einer Harmonisierung der Arzneimittelgesetzgebung in der EWG, Pharmadialog H. 24, November 1973, S. 3 ff.; K. Meine, Der Verkehr mit Arzneimitteln als Rechtsproblem, Diss. Göttingen 1967, S. 37 ff.

200 Abgeordneter Gewandt zitiert nach Kloesel-Cyran, a.a.O., S. 46.

201 Vgl. zum Nachfolgenden K.-E. Schmidt, Möglichkeiten und Ziele einer staatlichen Arzneimittelinformationsstelle im Rahmen einer wettbewerblichen Wirtschaftsordnung in WRP 1973, 68 ff., Gesundheitsbericht, a.a.O., S. 115; F. Hoff, Der Arzt und sein Medikament, Ärztliche Mitteilungen 1963, 1669 ff.

mittelgesetz sieht eine Prüfung des Neuheitswertes der zu registrierenden Präparate nicht vor. Der Frage, ob und inwieweit durch das Arzneimittel therapeutische oder andere medizinisch begrüßenswerte Verbesserungen erzielt werden, wird von keiner Stelle nachgegangen; seine Zweckmäßigkeit und Heilwirkung werden allein vom Hersteller auf Grund der für sein Unternehmen geltenden spezifischen Gesichtspunkte beurteilt. Die Folge ist eine unüberblickbare Zahl von Präparaten. Als im Jahre 1961 die Registrierpflicht eingeführt wurde, waren ungefähr 55 000 Arzneimittel auf dem Markt.[202] Bis zum 31. März 1968 waren 9 553 neu erschienene Medikamente registriert. 1963 gab es 80 Wirkstoffe für Psychopharmaka, jedoch 600 Präparate, die auf Grund dieser Ingredienzen hergestellt wurden. Bei einer solchen Vielzahl ist eine Markttransparenz nicht mehr möglich. Der Nachfrageseite fehlt es an Informationen über den therapeutischen Effekt, die Wirksamkeit und den Preis der einzelnen Mittel. Der verschreibende Arzt kann nur schwer erkennen, welches Präparat in einem bestimmten Fall das zweckdienlichste ist. Das Vorhandensein wesentlich preiswerterer, therapeutisch identischer oder vergleichbarer Präparate bleibt wegen der fehlenden Markttransparenz ohne Wirkung auf die Preise der Hersteller, die über ein bereits im Markt gut eingeführtes Produkt verfügen. Produktdifferenzierung gestattet es, Marktstrategien zu verwenden, die den Bedarf auf teurere oder patentierte Stoffe lenken. Der Absatz des nicht mehr patentgeschützten und damit frei herstellbaren Prednisolon sank von über 40% auf ungefähr 20% des Gesamtumsatzes der Glucocorticoid-Präparate nach Ablauf der Schutzfrist. Dagegen stieg der Umsatzanteil der patentierten und wesentlich teureren Substanzen Methylprednisolon, und Triamcinolon von ca. 40% auf über 65%, obwohl diese keine besseren Wirkungen erzielen und auf einer therapeutisch nur unwesentlichen Wirkstoffmodifizierung beruhen. Demnach sind offensichtlich Regelungen erforderlich, die es verhindern, daß die Industrie ohne wesentlichen Grund die Arzneimittel differenziert und ständig vermehrt. Ein erster Schritt wäre es, nur solche Medikamente zuzulassen, die eine Verbesserung in technischer oder therapeutischer Hinsicht darstellen, dagegen älteren, nachweislich überholten Präparaten die Genehmigung nicht zu erneuern.[203] Darüber hinaus könnte der Staat wertende Arzneimittelvergleiche vornehmen und Listen von Arzneimitteln aufstellen, die eine Auswahl aus dem Angebot unter therapeutisch-pharmakologischen und bei medi-

---

202 Vgl. Greiser, a.a.O.
203 Die skandinavischen Staaten und Österreich fordern für die Zulassung eines Arzneimittels den Nachweis der Neuheit. Vgl. v. Hippel, Verbraucherschutz S. 48 f.

zinisch gleichwertigen Spezialitäten auch unter preislichen Gesichtspunkten enthielten.204 Eine solche allen Ärzten und Krankenhäusern zur Verfügung stehende Auswahlliste könnte sowohl die Markttransparenz erhöhen als auch eine rationale Arzneimitteltherapie fördern.205

Der Entwurf zur Neuordnung des Arzneimittelrechts sieht keine besonderen Regelungen vor, um die Transparenz des Arzneimittelmarkts zu steigern. Die Bundesregierung hofft, durch generelle Bestimmungen – etwa die neuen Zulassungsbedingungen, die den Nachweis einer therapeutischen Wirksamkeit fordern – die Lage zu verbessern. Dem Beispiel Österreichs, der Schweiz und Dänemarks, wo Arzneimittelvergleiche vorgenommen werden, mißt man keinerlei Bedeutung zu, da die rechtlichen und wirtschaftlichen Verhältnisse in der Bundesrepublik wegen der Größe der pharmazeutischen Industrie anders seien.

13. *Die Versicherungsaufsicht*

Zum Verbraucherrecht werden auch Bestimmungen, die eine staatliche Aufsicht über die Unternehmenstätigkeit vorsehen, gezählt. Als Beispiel dafür206 gilt das Versicherungsaufsichtsgesetz (VAG) von 1901.207 Tragender Pfeiler der Versicherungsaufsicht sei, so heißt es, der Grundsatz der Wahrung der Belange der Versicherten.208 Die Aufsichtsbehörde kann,

---

204 Vgl. Schmidt, a.a.O., S. 71.
205 Zu den Bemühungen in der Bundesrepublik und den Standpunkt des Entwurfs zur Neuordnung des Arzneimittelrechts vgl. Gesundheitsbericht, a.a.O., S. 115; Walter, Die Neuordnung des Arzneimittelrechts, Verbraucherdienst 1974, 74 ff., 99 ff.
206 E. Günther-H. Petry, Verbraucherpolitik, Ziele, Mittel, Träger, Marktwirtschaft 1973, H. 2. S. 4 ff., 35.
207 Gesetz über die Beaufsichtigung der privaten Versicherungsunternehmen vom 12. 5. 1901 i. d. F. vom 6. 6. 1931 (RGBl. I, S. 315).
208 Vgl. G. E. Fromm-A. Goldberg, Versicherungsaufsichtsgesetz, Berlin 1966, § 8 VAG Anm. 4 I; Starke, Die Entwicklungslinien der materiellen Staatsaufsicht in der ersten Hälfte des 20. Jahrhunderts in Fünfzig Jahre materielle Versicherungsaufsicht Bd. III, Berlin 1955, S. 11 ff., 59. Zu der Diskussion über den Zweck der Versicherungsaufsicht vgl. auch E. Prölss-R. Schmidt-J. Sasse, Versicherungsaufsichtsgesetz, 7. Aufl., München 1974, Vorbem. IV; W. Weber, Die Versicherungsaufsicht in der gegenwärtigen Rechtsentwicklung, ZVersWiss. 1961, 333 ff.; H. Kraus, Versicherungsaufsichtsrecht, Wien-New York 1971, S. 29 ff.; K. Sieg, Grundfragen des Versicherungsaufsichtsrechts, VersR 1972, 135 ff.; E. Nowack, Die Aufsicht über die Individualversicherung in Westdeutschland, Versicherungswirtschaft 1973, 137 f.; R. Gärtner, Substanzhaltung und Wirtschaftsaufsicht, BB 1971, 499 ff.; B. Michels, Staatsaufsicht über Versicherungsunternehmen u. Kreditinstitute, Diss.

wenn die Belange der Versicherten nicht ausreichend gewahrt oder gefährdet sind, einem Versicherungsunternehmen sowohl die Erlaubnis zur Eröffnung des Geschäftsbetriebs verweigern als auch Anordnungen erteilen, um den die Interessen der Versicherungsnehmer gefährdenden rechtswidrigen Zustand zu beseitigen.[209] Diese Befugnisse stünden aber der Aufsichtsbehörde nur zu, weil die Versicherten nicht sachkundig genug seien, um den Wert der angebotenen Leistungen und die Vermögensverhältnisse der anbietenden Versicherungsunternehmen zutreffend zu beurteilen.

In der Begründung des Versicherungsaufsichtsgesetzes[210] spielte der Gedanke des Schutzes der Belange der Versicherten nur eine untergeordnete Rolle. Das Gesetz ist auf dem »Prinzip der Staatsaufsicht« aufgebaut, weil »das öffentliche Interesse an einer gedeihlichen und soliden Entwicklung des Versicherungswesens in besonders hohem Grade beteiligt ist und dem Staat die Pflicht besonderer Fürsorge auf diesem Gebiete auferlegt.«[211] »Maßgebend hierfür ist insbesondere einerseits die Rücksicht auf die große volkswirtschaftliche, soziale und ethische Bedeutung des Versicherungswesens, anderseits auf die Gefahr schwerster Schädigung des Volkswohls, die von einem Mißbrauch des Versicherungswesens droht.«[212] Wird das Vertrauen der Bevölkerung in den »›Versicherungsbetrieb getäuscht, so sind nicht nur die Getäuschten die Leidtragenden..., sondern das gesamte Versicherungswesen leidet empfindliche Einbuße an Vertrauen. Darunter haben dann auch die soliden und gut verwalteten Anstalten, die an sich einer eingehenden staatlichen Kontrolle weniger bedürfen würden, zu leiden.«[213]

Bei der Versicherungsaufsicht geht es also nicht nur darum, dem »sorgsamen und verständigen Bürger« Hilfe zu leisten oder unseriöse Unternehmen von vornherein auszuschalten, sondern um die Ordnung des Versicherungsmarktes, um »eine aktive und gestaltende Anteilnahme an den Wirtschaftsvorgängen«, die zugleich eine krisenfreie Wirtschaftsentwicklung gewährleisten soll. Die Versicherungsaufsicht ist ein Aspekt des staatlichen Bestrebens, das störungsfreie Funktionieren wichtiger Wirtschaftszweige im Interesse der gesamten Wirtschaftstätigkeit zu sichern. Dementsprechend

---

Hamburg 1967, S. 44 ff. In Schweden wird der Konsumentenschutz als Hauptaufgabe des Aufsichtsrechts gesehen; vgl. dazu J. Hellner, Rechtlicher Konsumentenschutz in der Privatversicherung, in Grundprobleme des Versicherungsrechts, Festgabe für H. Möller, Karlsruhe 1972, S. 283 ff.
209 Vgl. §§ 8 Abs. 1 Z. 2, 81 Abs. 2 VAG.
210 Reichstagsdrucksachen, 10. Legislaturperiode, II. Session, Bd. I, Nr. 5.
211 S. 35.
212 S. 35.
213 S. 36.

ist man sich im Schrifttum trotz verschiedener Auffassungen über die Bedeutung, die dem sozialpolitischen Gesichtspunkt des Konsumentenschutzes zukommt, darüber einig, daß »fachliche Erwägungen« das entscheidende Gewicht haben. Differenzierungen im Rahmen des Versicherungsaufsichtsrechts seien zwar erforderlich je nachdem, ob es sich um Bereiche handelt, in denen der »Jedermann« sich »gegen die Wechselfälle seines beruflichen und privaten Alltags abschirme«, oder ob es um Geschäfte von Unternehmen gehe, die sich gegen wirtschaftliche Risiken versicherten. Der Gedanke der sozialen Verantwortung des Staates dürfe jedoch auf keinen Fall »die Versicherungsaufsicht und mit ihr die Versicherungswirtschaft denaturieren«.[214] »Die Einzelinteressen des Versicherten müssen notfalls in besonderen Fällen gegenüber dem Interesse an der Entwicklung der Gesamtwirtschaft zurücktreten.«[215] Die »Wahrung der Belange der Versicherten« habe im Konfliktfall der »Erhaltung der ständigen Erfüllbarkeit der Verträge« zu weichen.

Dieser Auffassung entsprechend hat der Bundesgerichtshof Amtshaftungsansprüche[216] gegen das Bundesaufsichtsamt für das Versicherungswesen im Falle der Insolvenz eines Kfz-Haftpflichtversicherungsunternehmens verneint.[217] Sähe man in dem Schutz der Versicherungsnehmer den typischen Schutzzweck der Versicherungsaufsicht, so könnte bei von der Aufsichtsbehörde nicht verhinderter mangelnder Solvenz eines Unternehmens den Versicherten ein Anspruch gegen das Aufsichtsamt zustehen, denn »nur in ihrer Person kann sich der (tatbestandlich abstrahierte) Schutzzweck der Versicherungsaufsicht als konkrete Rechtsfolge erfüllen.«[218] Nach Auffassung des Bundesgerichtshofs läßt sich jedoch dem Grundsatz, die Belange der Versicherten seien tragendes Prinzip der Versicherungsaufsicht, nicht entnehmen, daß die Aufsicht »auch dem Schutz des einzelnen Versicherten zu dienen bestimmt ist.« Die staatliche Tätigkeit sei auf das Gemeininteresse an der Erhaltung eines leistungsfähigen Versicherungswesens ausgerichtet. Das Individualinteresse an der Erfüllbarkeit der Forderungen gegen den Versicherer gehe im allgemeinen öffentlichen Interesse auf. Es fehle daher an der besonderen Beziehung zwischen der Aufsichts-

---

214 W. Weber, a.a.O., S. 350.
215 Starke, a.a.O., S. 68.
216 Art. 34 GG, § 839 BGB.
217 BGH in NJW 1972, 577 ff.; vgl. zu dieser Frage R. Scholz, Versicherungsaufsicht und Amtshaftung, NJW 1972, 1217 ff.; E. Körner, Schutz des Publikums bei Verstößen gegen die Verbots- und Genehmigungsvorschriften des Kreditwesengesetzes und des Versicherungsaufsichtsgesetzes, ZHR 131 (1968), 127 ff.
218 R. Scholz, a.a.O., S. 1219.

behörde und dem einzelnen Versicherten, die zur Begründung einer Amtspflicht ihm gegenüber erforderlich wäre.219

14. *Das Marktordnungsrecht*

Zum Verbraucherrecht könnten auch solche Vorschriften gezählt werden, welche die Versorgung der Verbraucher mit Waren oder Leistungen in gleichmäßigem Umfang, in möglichst guter Qualität und zu angemessenen Preisen sichern sollen. Es handelt sich dabei vornehmlich um Marktordnungsgesetze, wie sie im Bereich der Ernährungs-, Verkehrs- oder Energiewirtschaft bestehen. Auch hier ist aber der Schutz der Abnehmer nicht unmittelbares Ziel der einschlägigen Gesetze. Die gesetzliche Regelung soll in erster Linie den störungsfreien Wirtschaftsablauf gewährleisten und erst mittelbar die Versorgung der Verbraucher sichern. Der Verbraucherschutz ist anderen Zielen wie etwa der Stabilität der Wirtschaft oder der Sicherung eines angemessenen Lebensstandards für die landwirtschaftliche Bevölkerung untergeordnet und erscheint nur als »natürliches Ergebnis« des staatlichen Eingriffs in das Wirtschaftsgeschehen. Ein Beispiel hierfür bietet die gesetzliche Regelung der Milchproduktion.220 Sie soll nach der amtlichen Begründung die Bevölkerung vor gesundheitlich bedenklichen Erzeugnissen und vor wirtschaftlicher Übervorteilung schützen sowie Ordnung in der Trinkmilchversorgung schaffen.221 Das Milchgesetz enthält in der Tat vornehmlich lebensmittelrechtliche Vorschriften, die dem gesundheitlichen Schutz der Bevölkerung dienen. Die Gewinnung, Behandlung und der Vertrieb von Milch sollen so hygienisch gestaltet werden, daß die Verbraucher nur Milch von einwandfreier Qualität erhalten.222 Das Milch- und Fettgesetz dagegen verfolgt vor

---

219 BGH, NJW 1972, 577, 579.
220 Milchgesetz v. 31. 7. 1930, Milch- und Fettgesetz v. 28. 2. 1951. Vgl. dazu Holthöfer-Juckenack-Nüse, Deutsches Lebensmittelrecht, Bd. II, 4. Aufl. 1963, S. 791 ff.; Nathusius-Nelson, Milchgesetz, Neudruck 1954; Kunze, Ernährungswirtschaft, Köln 1964, S. 869 ff., 915 ff.; K. H. Wegener, Die Fortentwicklung des Milchrechtes unter besonderer Berücksichtigung der Hygiene, Milchwissenschaft 1969, 473 ff.
221 Vgl. Holthöfer-Juckenack-Nüse, a.a.O., S. 792, 933.
222 Nach der vom Ausschuß des Reichswirtschaftsrats, der über das Milchgesetz beriet, vertretenen Meinung war es Ziel des Gesetzes, die landwirtschaftliche Produktion zu steigern und sie auf einen Stand zu bringen, den »kleinere agrarische Nachbarländer« schon erreicht hatten, sowie die Milchversorgung der Bevölkerung besonders in den Städten quantitativ und qualitativ zu verbessern. Vgl. Nathusius-Nelson, a.a.O., S. 5.

allem wirtschaftspolitische Zwecke. Es versucht, den Weg der Milch vom Erzeuger über die Verarbeitungsstufen und den Handel bis zum Konsumenten so zu gestalten, daß den Erzeugern und dem Zwischenhandel ein fester Absatz und ein bestimtes Einkommen gesichert werden. Vorgesehen sind feste Lieferbeziehungen zwischen Erzeuger, Molkereien und Milchhändlern, Verfahren zur Festlegung von Verbraucherhöchst-, Molkereiabgabe- und Milchauszahlungspreisen an die Erzeuger, Einzugs- und Absatzgebiete. Außerdem wird die Möglichkeit eröffnet, Ausgleichs- und Förderungsmaßnahmen zu ergreifen sowie die Einfuhr von Butter und Schmalz zu beschränken.[223] Damit wird nicht nur die gleichmäßige Versorgung der Bevölkerung zu angemessenen Preisen sichergestellt, sondern auch den Interessen der Milchproduzenten gedient. Diese haben sich, nach dem Urteil der Verbraucherverbände, mit Hilfe dieses den Markt ordnenden Gesetzes eine marktbeherrschende Stellung gesichert, die ausgenutzt worden sei, um die Verbraucher, vor allem in den letzten beiden Jahren, durch ungerechtfertigte Preiserhöhungen zu belasten.[224]

15. *Folgerungen*

Versucht man, aus diesem kurzen Überblick Folgerungen zu ziehen, d. h. festzustellen, ob sich Zielvorstellungen, Grundsätze, ja Vorschriften abzeichnen, die es erlauben würden, von einem Verbraucherschutzrecht als einem geschlossenen System zu sprechen, so ist das Ergebnis negativ.
Der Bereich der Regelungen, die als Bestandteil des Verbraucherrechts angesehen werden, ist uferlos. Es bestehen keine Anhaltspunkte, die eine Abgrenzung von anderen Rechtsgebieten erlauben. Es ist etwa nicht möglich, darauf abzustellen, ob im Gesetz der Begriff des »Verbrauchers« eine Rolle spielt oder ob mit Hilfe einer Generalklausel die Interessen der Allgemeinheit berücksichtigt werden. Auf die Abnehmer oder die Interessen der Allgemeinheit wird bei jeder staatlichen Aufsichtsmaßnahme oder Kontrollregelung Bezug genommen. Der Verbraucherschutz wäre nur ein anderer Begriff für die Wirtschaftsaufsicht. Sieht man das materielle Kriterium aller verbraucherrechtlichen Regelungen in der Abhängigkeit des Nachfragers vom Produzenten, so müßten zum Verbraucherrecht alle Bestimmungen

---

223 Vgl. §§ 1 ff., 12, 15 ff., 20, 20a, 22 Milch- und Fettgesetz.
224 Verbraucherpolitische Korrespondenz v. 9. 4. 1974, S. 4 f.; v. 10. 9. 1974, S. 4 f.; vgl. auch Frankfurter Allgemeine Zeitung v. 28. 5. 1974 »Ein Gutachten gefällt nicht«.

gehören, die – in welcher Form auch immer – eine Einschränkung der Initiative der Hersteller einführen, um eine gerechtere Verteilung der Risiken, der Entscheidungskompetenzen sowie der Einnahmen im Interesse der Gesamtgesellschaft zu erreichen. So gesehen, würden zum Verbraucherrecht auch Regelungen des Umweltschutzes, der Geldwertstabilität oder der Einkommens- und Außenwirtschaftspolitik zählen. Verbraucherrecht würde sich mit Recht schlechthin decken.[225] Verbraucherschutz ist ein Sammelbegriff, dem es an festen Konturen mangelt und der sich deshalb einer rechtlichen Fixierung entzieht.[226]

Viele Gesichtspunkte, die von einer um die Erschließung eines unerforschten Verbraucherrechts bemühten Rechtslehre als Merkmale einer neuerdings auftretenden verbraucherfreundlichen Gesetzgebung und Rechtsprechung angeführt werden, sind keineswegs neu.[227] Die »Interessen der Allgemeinheit« spielten in der Bekämpfung des unlauteren Wettbewerbs schon in der Vorkriegszeit eine Rolle. Auf sie ist bereits vor fünfzig Jahren bei der Prüfung der Sittenwidrigkeit von Rechtsgeschäften zurückgegriffen worden. Die Lebensmittelgesetzgebung und die Bemühungen um einen Schutz der Gesundheit der Käufer sind fast so alt wie der Verkehr mit Lebensmitteln.[228] Eine erste Vereinheitlichung der in vielen Landesgesetzen und Stadtrechten enthaltenen Regelung der Maße und Gewichte wurde erstmalig durch die Maß- und Gewichtsordnung für den Norddeutschen Bund vom 17. 8. 1886 erreicht. Die Bestrebungen zur Schaffung eines Versicherungsaufsichtsgesetzes reichen bis in das Jahr 1869 zurück, das Gesetz selbst stammt aus dem Jahre 1901. Die Frage: »Wie ist Mißbräuchen, welche sich bei den Abzahlungsgeschäften herausgestellt haben, entgegenzuwirken?«, stand schon 1891 beim 21. Deutschen Juristentag zur Diskussion. Das Abzahlungsgesetz wurde 1894 vom Reichstag noch vor dem BGB verabschiedet.[229]

---

225 Aus der Perspektive der Wirtschaftswissenschaften zählen zu dem Komplex Verbraucherschutz u. a. die Geld- u. Währungsordnung, das Steuersystem sowie die Lohnpolitik. Vgl. im folgenden Kapitel Abschnitt II.
226 Die gleiche Schlußfolgerung zieht der Final Report of the Committee on Consumer Protection, HMSO, London 1962, S. 8.
227 Vgl. OECD, Consumer policy in OECD member countries, Paris 1972, S. 6: »Consumer protection is a necessity which, in some sectors, was recognised by the Governments of Member countries long before they contemplated any general consumer policy«.
228 Zur Geschichte des Lebensmittelrechts vgl. Holthöfer-Nüse-Franck, Deutsches Lebensmittelrecht, 5. Aufl., Berlin 1970, S. 2 ff.
229 Vgl. H.-P. Benöhr, Konsumentenschutz vor 80 Jahren, Zur Entstehung des Abzahlungsgesetzes vom 16. 5. 1894, ZHR 138 (1974), 492 ff.

Den besonderen rechtlichen Gesichtspunkten, die als kennzeichnend für die Bestrebungen nach mehr Schutz für den Verbraucher gelten, kommt eine nur geringe Bedeutung zu. So wird beispielsweise die Fähigkeit des Konsumenten zur Beurteilung und Bewertung des Angebots als ein rechtlich erstrebenswertes Ziel angesehen. Der neue Grundsatz »mehr Markttransparenz« spielt jedoch selbst in Bereichen, wo er ausschlaggebend sein sollte, z. B. bei der Beurteilung der Warentests oder des unlauteren Wettbewerbs, nur eine zweitrangige Rolle. Die Festigung der Marktposition der Verbraucher wird vielmehr als ein allgemeinwirtschaftliches Ziel verstanden und mit anderen Zielen, etwa Geldwertstabilität oder Vollbeschäftigung, gleichgesetzt. Es verliert damit weitgehend seine Wirksamkeit im Rahmen wirtschaftspolitischer Grundsatzerörterungen. Die »Verbraucherschutzgesetzgebung« erscheint als das Ergebnis des Wunsches, die wirtschaftliche Betätigung an feste Richtlinien zu binden, sie in eine bestimmte Ordnung zu fügen, um Konflikte, die sich auf das gewünschte Funktionieren der Gesellschaft, der Wirtschaft und des Staates nachteilig auswirken könnten, zu vermeiden.

Ein konkreter Rechtsbegriff des Verbrauchers ist nicht entwickelt worden.[230] Der Begriff des »Versicherten« im Versicherungsaufsichtsgesetz umfaßt nicht nur denjenigen, der den Vertrag mit dem Versicherungsunternehmen abschließt, sondern auch den bloßen Interessenten, d. h. jeden, der mit einem Versicherungsunternehmen Geschäftsbeziehungen anknüpfen möchte.[231] Mit dem Begriff Verbraucher dürfte das GWB in § 3 »die Gesamtheit der privaten Verbraucher, d. h. die Bevölkerung bezeichnet haben.«[232] Verbraucher im Sinne des Arzneimittelgesetzes ist jeder, der Arzneimittel erwirbt, um sie an sich, an anderen oder an Tieren anzuwenden.[233] Konsument ist also in der Regel »das letzte Glied der Abnehmer«,[234] demnach jede Person, an die Bedarfsgegenstände abgegeben werden oder die Dienstleistungen in Anspruch nimmt. Konsumenten sind

---

230 Zum Begriff des Verbrauchers vgl. T. Schneider, Der Begriff des Verbrauchers im Recht, BB 1974, 764 ff.
231 Vgl. Fromm-Goldberg, a.a.O., (Fußn. 79) § 8 VAG Anm. 4 II, E. Prölss-R. Schmidt-J. Sasse a.a.O. (Fußn. 79) § 8 VAG Anm. 11 B.
232 Frankfurter Kommentar a.a.O. (Fußn. 3) § 3 Anm. 58.
233 Vgl. Kloesel-Cyran a.a.O. (Fußn. 188) § 5 Anm. 1. Nach § 6 Abs. 1 des Gesetzes zur Gesamtreform des Lebensmittelrechts ist Verbraucher »derjenige, an den Lebensmittel, Tabakerzeugnisse, kosmetische Mittel oder Bedarfsgegenstände zur persönlichen Verwendung oder zur Verwendung im eigenen Haushalt abgegeben werden«. Gleichgestellt mit dem Verbraucher sind Gaststätten und Gewerbetreibende, die Lebensmittel zum Verbrauch innerhalb ihrer Betriebsstätte beziehen.
234 H. Burmann, Zur Problematik eines werberechtlichen Verbraucherschutzes, WRP 1973, 313 ff., 314.

weiter, wie das Beispiel der Produzentenhaftung zeigt,[235] über die Erwerber der Ware hinaus je nach dem Zweck der rechtlichen Regelung auch ihre Angehörigen, Gäste, aber auch Außenstehende. Die »Verbraucherschaft« ist mit der Gesamtbevölkerung identisch.[236]
Die Notwendigkeit eines Verbraucherschutzes ist unter Hinweis auf das Grundgesetz begründet worden. So kann sich nach Meinung von Schricker das »traditionelle Postulat des Konsumentenschutzes« auf das Sozialstaatsprinzip der Verfassung stützen.[237] Und Ballerstedt[238] spricht von drei »Funktionsträgern der Wirtschaftsverfassung«, Unternehmern, Arbeitern und Verbrauchern. Die Wirtschaftsverfassung habe als Gesamtordnung der Wirtschaftsgemeinschaft den Sinn, dem Unternehmer, Arbeitnehmer und Verbraucher die gerechte Teilnahme am Wirtschaftsprozeß zu gewährleisten. Der Frage, ob sich aus dem Verfassungsrecht Verpflichtungen ergeben, konkrete Maßnahmen zum Schutze der Verbraucher zu ergreifen, wird allerdings nicht nachgegangen.[239] Verbraucherschutz erweist sich auch hier als ein Postulat, das sich weitgehend mit bereits bekannten Prinzipien, etwa Schutz des Lebens und der Gesundheit, Gewährleistung der Würde und Freiheit des Menschen oder Wettbewerbsfreiheit deckt. Es scheint daher bei verfassungsrechtlichen Erörterungen kaum eine Rolle zu spielen.[240] So werden Marktregelungen, wie sie etwa auf dem Gebiete der Verkehrswirtschaft bestehen, lediglich im Hinblick auf bestehende Monopolstellungen oder auf die Benutzung von Anlagen, die aus öffentlichen Mitteln errichtet wurden, gerechtfertigt.[241] Ein Hinweis auf das Interesse der Öffentlichkeit an zuverlässigen und billigen Beförderungs-

---

235 Vgl. oben Abschnitt 5.
236 Vgl. etwa G. Begemann, Rechtsfragen der Verbraucherberatung im Wege der Veröffentlichung der Ergebnisse vergleichender Konsumgüterprüfungen unter Berücksichtigung amerikanischer Vorbilder, Diss. Hamburg 1962, S. 46.
237 GRUR Int 1970, 40.
238 Wirtschaftsverfassungsrecht, in Bettermann-Nipperdey-Scheuner, Die Grundrechte, Berlin Bd. III, 1, 1958, S. 1 ff., 21.
239 Die Arbeiten von N. Reich - H. Wegener, Verbraucherschutz und Wettbewerb, JuS 1974, 561 ff., N. Reich - K. Tonner, Neue Tendenzen im Verbraucherschutz gegenüber Allgemeinen Geschäftsbedingungen (AGB), DB 1974, 1146 ff. stellen eine Ausnahme dar. N. Reich versteht die Grundrechte als soziale Teilhabe- und Mitwirkungsrechte. »Für das Wettbewerbsrecht bedeutet dies konkret, daß Wettbewerbs- und Gewerbefreiheit ergänzt und relativiert werden müssen durch Teilhaberechte der von den wettbewerblichen Prozessen Betroffenen. Das sind ... die Verbraucher« (JuS 1974, 565). Vgl. dazu unten Kapitel III Fußn. 22, Kapitel IX Abschnitt 1.
240 Eine Ausnahme bildet die Diskussion über die Verankerung der Werbefreiheit im Grundgesetz. Vgl. dazu unten Kapitel X Text zu Fußn. 67.
241 Vgl. Ballerstedt, a.a.O., S. 66, 75.

möglichkeiten findet sich nicht. Ballerstedt zieht denn auch den Schluß, daß die Rechtsstellung des Verbrauchers im geltenden Verfassungsrecht nicht unmittelbar gewährleistet sei.[242]
Der Konsument ist, bei aller Vorliebe für seine Erwähnung, keine juristisch relevante Größe und erst recht existiert kein Verbraucherrecht. Keines der angesprochenen Gesetze und keine der vorliegenden Entscheidungen bietet eine Antwort auf die Frage, wie der Verbraucherschutz zu realisieren ist. Ein Kriterium, mit dessen Hilfe sich feststellen ließe, daß bestimmte Normen und Entscheidungen verbraucherfreundliche Zwecke verfolgen, die gegenüber allen anderen möglichen Motivationen überwiegen, findet sich nicht. Der exakte Inhalt von Verbraucher»schutz« und Verbraucher»interesse« bleibt verschwommen. Dem Problem, ob es denn überhaupt so etwas wie allgemeine Verbraucherinteressen gibt oder ob nicht in Wirklichkeit partikuläre, nach Einkommen, Alter, Wohnort, Beschäftigung und Gewohnheiten sich deutlich voneinander unterscheidende ja konkurrierende Belange bestehen, geht man sorgfältig aus dem Weg. Was übrig bleibt, ist eine leere Hülse, die weit mehr den Eindruck einer Fiktion als einer für eine juristisch überzeugende Regelung erforderlichen Realität erweckt. Mag sein, daß Geldwertstabilität, Vollbeschäftigung, Verkehrssicherheit und Umweltschutz verbraucherfreundlich sind. Doch jedes dieser Ziele wird nicht um eines abstrakten Verbrauchers willen angestrebt, sondern aus der Analyse konkreter wirtschafts- und gesellschaftspolitischer Situationen, in denen der einzelne in sehr präzisen Rollen auftritt, vom Käufer eines bestimmten erkennbaren Gegenstandes bis zum Arbeitnehmer. Um welche Fragen es also wirklich geht, welche Aufgaben tatsächlich gelöst werden müssen, ergibt nicht der Hinweis auf den Verbraucher, sondern erst eine Untersuchung des konkreten Problems, die den Konsumenten aus seiner Abstraktion herauszwingt und ihn in eine juristisch faßbare Rolle überführt.

242 Ebd. S. 89 f.

III. Kapitel

Theorien des Verbraucherschutzes. Verbraucherpolitik

1. *Die Rechtslehre*

Neue Rechtsprinzipien pflegen nicht sofort in konkrete Rechtssätze umgesetzt zu werden. Deshalb liegt es nahe, gegen die hier gezogene negative Bilanz einzuwenden, daß es noch viel zu früh sei, um eine Umgestaltung der Rechtsordnung zu bemerken. Es komme vornehmlich darauf an, festzustellen, ob es gelungen sei, ein geschlossenes Bild von den Zielen des Verbraucherschutzes zu entwerfen.

Der Verbraucherschutz als generelles Thema hat die Rechtslehre bisher noch nicht eingehend beschäftigt. Die bisherigen Veröffentlichungen lassen dennoch eine leitende Vorstellung klar erkennen.[1]

Einen ersten Schwerpunkt der Untersuchungen bildet die Frage, wer denn die Verbraucher sind, um deren Schutz es geht. Als Konsumenten werden die End- oder Letztverbraucher angesehen, »die Waren und Dienstleistungen für ihren privaten Bedarf beziehen«,[2] vor allem also die Bezieher kleiner und mittlerer Einkommen. Ihr besonderes Schutzbedürfnis ergebe sich aus dem Umstand, daß sie sich in wirtschaftlichen und juristischen Fragen nicht auskennen und daher leicht Täuschung und unsachlicher Beeinflussung zum Opfer fielen, aber auch nicht in der Lage seien, ihre Rechte vor Gericht geltend zu machen. Sie seien wirtschaftlich und sozial unterlegen. Zu der Gruppe der typischen Konsumenten rechneten die Unternehmer nicht, da bei ihnen ein soziales Schutzbedürfnis fehle. Sie

---

[1] Vgl. zum Nachfolgenden G. Schricker, Unlauterer Wettbewerb und Verbraucherschutz, GRUR Int 1970, 32 ff.; G. Schricker, Wettbewerbsrecht und Verbraucherschutz, RabelsZ 1972, 315 ff.; G. Schricker, Die Rolle des Zivil-, Straf- und Verwaltungsrechts bei der Bekämpfung des unlauteren Wettbewerbs, GRUR Int 1973, 694 ff.; v. Hippel, Verbraucherschutz S. 1 ff., 156 ff.; v. Hippel, Grundfragen des Verbraucherschutzes, JZ 1972, 417 ff.; v. Hippel, Besserer Rechtsschutz des Verbrauchers? RabelsZ 1973, 168 ff.; v. Hippel, Kontrolle der Werbung«, ZRP 1973, 177 ff.; v. Hippel, Besserer Schutz des Verbrauchers vor unlauteren Geschäftsbedingungen, BB 1973, 993 ff.; B. Rebe, Verbraucherschutz, in Kritik, Recht im sozialen Rechtsstaat, Opladen 1973, 69 ff.

[2] Schricker, RabelsZ 1972, 317; Burmann, a.a.O. (Kapitel II Fußn. 13) S. 314; Schneider a.a.O. (Kapitel II Fußn. 230) S. 768.

genössen »hinsichtlich Bezugsquellen und -bedingungen besondere Privilegien«.3 Für das Gesetz sei es allerdings schwer, zwischen verschiedenen Konsumentenschichten zu unterscheiden. Es habe sich auf das Schutzbedürfnis des Durchschnittsverbrauchers einzustellen.4
Die Notwendigkeit, den Durchschnittsverbraucher zu schützen, ergebe sich aus dem Sozialstaatsprinzip.5 Diese Verfassungsnorm gebiete, auf die Interessen der Konsumenten Rücksicht zu nehmen und ihnen den bestmöglichen Schutz zu gewähren, »der mit den sonstigen ins Spiel kommenden Belangen vereinbar sei«.6 Das bedeute unter anderem, daß ein ausgewogener Verbraucherschutz, der nicht nur dem Schutzbedürfnis der Konsumenten, »sondern auch der Funktionsfähigkeit der Wirtschaft Rechnung tragen müsse«, erforderlich sei.7 Verbraucherinteressen und Belange der Wirtschaft seien stets gegeneinander abzuwägen, denn der Verbraucherschutz solle im Rahmen des marktwirtschaftlichen Systems realisiert werden. Daraus folge, daß ein Konflikt zwischen den Verbraucherinteressen und dem »wohlverstandenen« Unternehmerinteresse nicht bestehe. Unternehmerbelange und Konsumenteninteressen liefen in die gleiche Richtung. Für den Verbraucherschutz ergäben sich somit zwei Zielrichtungen: Schutz des Konsumenten vor Mißbrauch der Herstellerposition und Informierung der Verbraucher, um ihnen eine optimale Kaufentscheidung zu ermöglichen. Werde ein mißbräuchliches Verhalten verboten, so nütze dies der ehrlichen Konkurrenz und den Verbrauchern; die Wettbewerber verlören ihre Kunden nicht, der Verbraucher werde vor nachteiligen Irrtümern bewahrt. Werde ausreichende Information gewährt, würden einerseits die Verbraucher die angebotenen Leistungen annähernd richtig bewerten und marktgerechte Entscheidungen treffen, andererseits die Unternehmer für die qualitativ bessere Leistung belohnt. Daher sei die Mitarbeit der Wirtschaft bei jeder Regelung des Verbraucherschutzes »unerläßlich«.8

---

3 Schricker, GRUR Int 1970, 39.
4 Nach Schneider, a.a.O., S. 767 muß man zwischen dem rechtstechnischen und dem rechtspolitisch-rechtssoziologischen Begriff des Verbrauchers unterscheiden. Der erste ist »Merkmal gesetzlicher Tatbestände« und wird heute nicht einheitlich gehandhabt. Der zweite ist als »Funktion des wechselnden Schutzbedürfnisses verschiedener Personen« zu verstehen.
5 Schricker, GRUR Int 1970, 40; E. Jürgens, Verfassungsmäßige Grenzen der Wirtschaftswerbung, in Verwaltungsarchiv 1962 (53), 105 ff., 126 f.
6 Schricker, ebd., Fußn. 106.
7 Schricker, RabelsZ 1972, 316.
8 Schricker, GRUR Int. 1973, 699, meint, die Wirtschaft könne auf dem Gebiet der Werbung mit Hilfe von Selbstkontrolle den Verbraucherschutz auch in Bereichen fördern, »die heute noch dem Zugriff der Gerichte verschlossen seien«.

Zum Schutz des Verbrauchers vor einem Mißbrauch der Herstellerposition sei es vor allem nötig, ihn vor einer Gefährdung seiner Sicherheit und Gesundheit sowie vor Täuschung und Übervorteilung zu bewahren.9 Diesem Zweck dienten insbesondere Vorschriften des Lebensmittel-, des Arzneimittel-, des Gewerbe-, des Wettbewerbs- und des Kartellrechts. Verbraucherschutzpolitik müsse zu einer Verbesserung dieser Vorschriften führen. So wäre etwa die Produzentenhaftung gesetzlich zu regeln und dem Produzenten ohne Rücksicht auf Verschulden eine Schadenersatzpflicht gegenüber dem Verbraucher oder Benutzer einer Ware für Schäden aufzuerlegen, die durch das fehlerhafte Produkt entstanden seien.10 Das Recht des Konsumentenkredits wäre ebenfalls neu zu gestalten, um den auf Kredit kaufenden Verbraucher vor Ausbeutung zu schützen. Die Allgemeinen Geschäftsbedingungen müßten einer wirksameren Kontrolle unterworfen werden.11 Allerdings biete das geltende Recht auch Beispiele eines effektiven Verbraucherschutzes. So sei trotz mancher Kritik in den Einzelheiten dem auf die Klagebefugnis der Mitbewerber und der Verbraucherverbände gestützten privatrechtlichen Sanktionsmodell des UWG, »eine hohe Effektivität zu bescheinigen«.12 Es sei dem administrativen Verbraucherschutz, wie er in den USA oder Schweden praktiziert werde, vorzuziehen.

Eine weitere Hauptaufgabe eines am Verbraucherschutz orientierten Rechts sei »die Gewährleistung einer möglichst objektiven, tatsachengerechten Information des Verbrauchers über das Marktangebot bestimmter Waren oder alternativ wählbarer Warengruppen«.13 Es gelte nicht nur irreführende Angaben zu unterbinden, sondern auch den Konsumenten wahrheitsgemäße, sachliche Information über wesentliche Wareneigenschaften zu gewähren. Verschiedene Gesetze, wie etwa die Preisauszeichnungsverordnung, das Gesetz über das Meß- und Eichwesen oder das Textilkennzeichnungsgesetz sähen daher eine Informationspflicht des Anbieters vor. Die Rechtsprechung habe den Warentest als zulässig angesehen und zeige wachsende Toleranz gegenüber der vergleichenden Werbung. Um den angestrebten Verbraucherschutz noch effektiver zu gestalten, sei die Aufklärung und Beratung der Verbraucher zu verbessern. Das Netz örtlicher Beratungsstellen solle etwa so ausgebaut werden, »daß jeder Bürger sich persönlich die Information verschaffen könne, die er brauche«.14

9 v. Hippel, JZ 1972, 418.
10 v. Hippel, JZ 1972, 422, 418.
11 v. Hippel ebd.
12 Schricker, GRUR Int 1973, 697.
13 Rebe, a.a.O., S. 71.
14 v. Hippel, JZ 1972, 423.

Schließlich ist man sich in der Rechtslehre einig, daß es einer effektiven Organisation der Konsumenten bedarf, damit diese ihre Rechte selbst wahren und verteidigen können. Der Staat müsse die Mittel für den Aufbau einer einheitlichen und mächtigen Verbraucherorganisation zur Verfügung stellen. Wie wirksam ein Verbraucherverband agieren könne, habe sich an Hand der im UWG vorgesehenen Verbandsklage erwiesen. Sie habe sich zu einem effektiven Instrument, um irreführende Werbung zu bekämpfen, entwickelt. Ein im Bundesgebiet überall vertretener Verbraucherverband werde »eine bessere Kontrolle ausüben können, als eine noch so gut organisierte zentrale Behörde.«[15] Es sei zu erwägen, ob man nicht die Verbraucherverbände ermächtigen solle, auch in anderen Fällen, etwa im Kartellrecht, auf Unterlassung verbraucherschädigenden Verhaltens zu klagen.[16] Allerdings müsse man auch mißtrauisch gegen Verbände sein, die sich zum Ziel gesetzt haben, Gesetzesverstöße aufzudecken und Klagen zu erheben. Vornehmliche Aufgabe der Verbraucherorganisationen bleibe die Wahrnehmung der Interessen der Konsumenten durch Aufklärung und Beratung.[17]

Über weitergehende Ziele einer Verbraucherschutzpolitik besteht noch Unklarheit. So wird unter dem Eindruck der Entwicklung in England, den Vereinigten Staaten und Schweden die Frage aufgeworfen, ob nicht eine zentrale Behörde zu schaffen sei, welche »die Interessen der Verbraucher in allen Bereichen nach einheitlichen Gesichtspunkten zur Geltung bringen würde.«[18] Eine solche Behörde könne die Kontrolle der Werbung oder der Allgemeinen Geschäftsbedingungen übernehmen.[19]

Die Skepsis gegenüber der staatlichen Intervention überwiegt jedoch. Eine Behörde erfordere einen umfangreichen Apparat, der bei der gegenwärtigen Lage der öffentlichen Haushalte nicht aufgebaut werden könne.[20] »Und auch bei einer besseren Zukunft wäre zu überlegen, ob öffentliche Gelder und staatliche Behörden da eingesetzt werden sollen, wo private Initiative zum Ziel führen könnte«. Daher sollten erst empirische Untersuchungen vorgenommen werden, um »Mißstände« festzustellen und die Effektivität der auf einer »privatrechtlichen Konzeption« basierenden Abhilfeversuche zu testen. Auf dem Gebiet des unlauteren Wettbewerbs sei z. B. die weitere Entwicklung der Verbraucherverbandsklage, die ja noch

---

15 Schricker, GRUR Int 1973, 699.
16 v. Hippel, ebd.
17 Schricker, GRUR Int 1970, 93.
18 v. Hippel, ebd.; Rebe, a.a.O., S. 96.
19 v. Hippel, ZRP 1973, 180 f.; v. Hippel, BB 1973, 995.
20 Schricker, GRUR Int 1973, 698.

nicht lange zugelassen sei, abzuwarten. Sonst laufe die Diskussion um den Konsumentenschutz Gefahr, »mehr von emotionalen als von realistischen Argumenten genährt zu werden«.[21]

Diese in der rechtswissenschaftlichen Literatur vertretenen Meinungen decken sich weitgehend mit den von der liberalen Wirtschaftstheorie vertretenen Auffassungen.[22]

2. Die Interpretation der liberalen Wirtschaftstheorie[23]

Nach der liberalen Vorstellung von »Wettbewerb« ist die Lenkung des Wirtschaftsablaufs durch den Verbraucher das entscheidende Merkmal der Marktwirtschaft. Da nur diejenigen Unternehmen am Markt überleben könnten, deren Güter einer zahlungskräftigen Nachfrage begegneten, seien die Produzenten gezwungen, ihre Leistungen dem Bedarf anzupassen. Die

---

21 Schricker, RabelsZ 1973, 316.
22 Eine von der herrschenden Lehre abweichende Auffassung vertritt Reich. Vgl. N. Reich, Zivilrechtstheorie, Sozialwissenschaften und Verbraucherschutz, ZRP 1974, 187 ff.; N. Reich-K. Tonner, Rechtstheoretische und rechtspolitische Überlegungen zum Problem der Allgemeinen Geschäftsbedingungen, Hamburger Jahrbuch für Wirtschafts- und Gesellschaftspolitik 1973, 213 ff.; N. Reich-K. Tonner, Neue Tendenzen im Verbraucherschutz gegenüber Allgemeinen Geschäftsbedingungen, DB 1974, 1146 ff.; N. Reich-H. Wegener, Verbraucherschutz und Wettbewerb, JuS 1974, 561 ff. Reich meint, das Modell der Konsumentensouveränität funktioniere nicht und könne nicht Grundlage rechtlicher Regelung sein. Konsumfreiheit und Selbstverwirklichung des Verbrauchers müßten mit Mitteln der Verbraucherpolitik erst geschaffen werden. Verbraucherschutz müsse bei den Rechtsbeziehungen zwischen Unternehmen und Verbrauchern einsetzen, z. B. in den Bereichen von Allgemeinen Geschäftsbedingungen oder Werbung auf Konsumgütermärkten. Er solle: a) die Kontrolle der Anbietermacht anstreben, um eine ausgewogene Risikoverteilung zwischen Unternehmern und Verbrauchern zu garantieren, b) Mittel der Gegeninformation zur Verfügung stellen, c) Anbietermacht durch entsprechende Gegenmacht ausgleichen oder zurückdrängen, und schließlich d) Individualschutz gewährleisten, um der Verletzung persönlicher Rechtsgüter und Interessen einzelner Verbraucher vorzubeugen. Die zu erarbeitenden rechtlichen Regelungen müßten in ein geschlossenes zivilrechtliches System, das auch rechtstheoretisch den Namen Verbraucherrecht verdiene, eingeordnet werden.
23 Vgl. zum Nachfolgenden Egner, Grundsätze der Verbraucherschutzpolitik, in Studien über Haushalt und Verbrauch, Berlin 1963, S. 255 ff.; P. Meyer-Dohm, Sozialökonomische Aspekte der Konsumfreiheit, Freiburg 1965, S. 60 f., 66, 93, 321 ff.; K. Schiller, F. Böhm und J. Bock, in Grundsätze und Forderungen zur Verbraucherpolitik, Schriftenreihe des Zentralverbandes der deutschen Konsumgenossenschaften, Heft 5, Hamburg 1954, S. 7 ff., 23 ff., 41 ff.; B. Biervert, Wirtschaftspolitische, sozialpolitische und sozialpädagogische Aspekte einer verstärkten Verbraucheraufklärung, Forschungsbericht im Auftrage des Ministerpräsidenten des Landes Nordrhein-Westfalen, Köln 1972; Ch. von Braunschweig, Der Konsument und seine Ver-

Alltagsentscheidungen der nicht organisierten Verbraucher, die gar nicht die Absicht hätten, die Produktion zu beeinflussen, seien maßgebend für die Unternehmerentschlüsse. Das Instrument Wettbewerb garantiere die automatische Übereinstimmung von Bedarf einerseits und Qualität, Quantität und Vielfalt der angebotenen Güter andererseits. Der Verbraucher sei der »Souverän der Wirtschaft«. Die Souveränität des Verbrauchers und die Freiheit der Konsumwahl[24] seien Grundbedingungen der marktwirtschaftlichen Ordnung. Zwischen Unternehmern und Verbrauchern bestehe kein prinzipieller Gegensatz. Die Anbieter handelten als »Agenten des Verbraucherinteresses«,[25] als »Diener ihrer Kunden«. Als Verbraucher seien »wir alle« zu betrachten,[26] also auch die Unternehmer, neben den anderen Bevölkerungsgruppen, die die »moderne Gesellschaft« bildeten.

Die Vormachtstellung des Konsumenten sei allerdings nur gewährleistet, wenn der Wettbewerb unabhängiger und konkurrierender Unternehmen reibungslos funktioniere. Dies sei jedoch bekanntlich nicht der Fall. Eine Vielzahl von Marktvereinbarungen und das Bestehen von Monopolen und Oligopolen führe zur Aufhebung der Konkurrenz; organisierte Gruppeninteressen bestimmten die staatliche Politik. Der Verbraucher als »eine generelle und etwas abstrakte Kategorie« gerate in Vergessenheit.

tretung, Heidelberg 1965; E. Günther-H. Petry, Verbraucherpolitik, Ziele Mittel, Träger in Marktwirtschaft H. 2, 1973, S. 4 ff., 35 ff.; D. Kleine, Die Stellung des Konsumenten in der Marktwirtschaft, Gewerkschaftliche Monatshefte 1974, 123 ff.; L. Neumann, Verbraucherpolitik in Mitteilungsdienst VZ NRW 1974 H. 1/2 S. 20 ff.; J. Bock-G. Specht, Verbraucherpolitik, Köln, Opladen 1958, S. 51 ff., 91 ff., 221 ff.; W. Marzen, Preiswettbewerb und Verbraucherpolitik, Saarbrücken 1964, S. 159 ff.; G. Wiswede, Soziologie des Verbraucherverhaltens, Stuttgart 1972, S. 324 ff.; F. W. Dörge-M. Schmidt, Konsumfreiheit in der Marktwirtschaft, in Ortlieb/Dörge, Wirtschaftsordnung und Strukturpolitik, 2. Aufl. Opladen 1970, S. 209 ff.; Erich und Monika Streißler (Hrsg.), Konsum und Nachfrage, Köln, Berlin 1966, S. 13 ff., S. 133 ff.; J.-C. Haefliger, Die Konsumfreiheit, Diss. St. Gallen, Winterthur 1966; W. Bodmer-Lenzin, Die Stunde des Verbrauchers 1965, Wien, Düsseldorf, S. 10 ff.; R. C. Behrens-H. Kalliefe, Vorschläge zur Stärkung der Marktposition des Verbrauchers, Wirtschaftsdienst 1952, S. 686 ff.; C. Schumacher, Verbraucherpolitik und Konsumgenossenschaften, Hamburg 1959; O. Angehrn, Möglichkeiten und Grenzen des Verbraucherschutzes, Markenartikel 1964, 343 ff.; W. Frickhöffer, Soziale Marktwirtschaft – die verbraucherfreundlichste Wirtschaftsordnung, in Ludwig Erhard, Beiträge zu seiner politischen Biographie, Festschrift zum 75. Geburtstag, 1972; H. Groß, Die Wirtschaft sind wir, Von der Schlüsselstellung des Verbrauchers, Stuttgart 1955; G. Mehlem, Die Stellung des Verbrauchers in der Marktwirtschaft unter besonderer Berücksichtigung seines Verhältnisses zur Warenqualität, Diss. Hamburg 1960.

24 Die Freiheit, im Rahmen seines verfügbaren Einkommens seine gegenwärtigen Wünsche nach eigener Wahl befriedigen zu können, vgl. Haefliger, a.a.O., S. 86.
25 Frickhöffer, a.a.O., S. 71.
26 P. Meyer-Dohm, Der Verbraucher in der modernen Gesellschaft, in Mitteilungsdienst der Verbraucher-Zentrale Nordrhein-Westfalen H. 3/4, 1971, S. 22.

Einkommenssteigerungen und Massenproduktion hätten die Stellung des Verbrauchers grundlegend geändert. Während früher seine Konsumwahl angesichts der geringen Beträge, die er für Konsumgüter ausgeben konnte, beschränkt war, sehe er sich heute dank seines höheren Einkommens einer größeren Zahl von Möglichkeiten gegenüber. Der Spielraum seiner freien Entscheidung werde noch dadurch gesteigert, daß immer neue und verbesserte Erzeugnisse hergestellt und angeboten würden. Allerdings habe der Konsument früher mit Hilfe des Kaufmanns oder auf Grund eigenen Wissens das gesamte Angebot übersehen und beurteilen können; heute hätten der ständige Wandel und die unüberschaubare Breite des Angebots zur Folge, daß seine Produkt- und Qualitätskenntnisse minimal seien. Seine Hilflosigkeit werde durch die Werbung noch verstärkt. Mit Hilfe ständiger Reklame nehme der Warenhersteller auf den Entscheidungsprozeß der Abnehmer Einfluß und versuche, sie im Hinblick auf den Warenverkauf zu manipulieren. Der Abnehmer glaube zwar rationale Entscheidungen zu treffen, in Wirklichkeit jedoch werde er mehr oder weniger ferngesteuert. Seine freie Entscheidung werde durch die um ihren Absatz bangenden Produzenten häufig ausgeschaltet.

Eine Verbraucherschutzpolitik habe deshalb die Aufgabe, dem Verbraucher in der bestehenden unvollkommenen Wettbewerbsordnung zu helfen, seine Stellung auf dem Markt zu verbessern. Sie solle ihm ermöglichen, mit den ihm für Konsumzwecke zur Verfügung stehenden Mitteln eine optimale Bedürfnisbefriedigung zu erreichen. Eine auf dieses Ziel gerichtete Politik umfasse Maßnahmen in zwei Bereichen: solche, die die Wettbewerbsordnung sicherten und solche, die die Information des Verbrauchers über das Marktangebot erhöhten.

Die Dynamisierung des Wettbewerbs sei erforderlich, um die Wahlfreiheit des Konsumenten zu gewährleisten und zu erweitern. Zu diesem Zweck sei es notwendig, einen möglichst modellgemäß funktionierenden Wettbewerb anzustreben, die Leistungskonkurrenz zu stimulieren, den unlauteren Wettbewerb zu unterbinden, den freien Zugang zum Markt durch Abbau der Berufsordnungen zu sichern und bestehende Einfuhrverbote und Zollschutzsysteme einzuschränken.[27] Der Verbraucherschutz werde vor allem durch

---

27 Nach Wiswede, a.a.O., S. 328 macht es sich die Verbraucherschutzpolitik allzu leicht, »wenn sie allein von dem Postulat der Sicherung der Wettbewerbsordnung ausgeht«. »Für den Konsumenten am vorteilhaftesten dürfte sich vielmehr ein ›optimaler Wettbewerb‹ erweisen, der sich zwar der Vorteile der Leistungskonkurrenz nicht oder nur unwesentlich begibt, trotzdem aber in gewissen Ausmaßen die Chancen der ökonomischen Machtstellung nutzt und deren negativen Einfluß auf Souveränität und Wahlfreiheit des Konsums in engen Grenzen zu halten versucht ist«.

Gesetze wie das GWB und das UWG realisiert. Er erfordere jedoch auch Reformen der Geld- und Währungsordnung, des Steuersystems, der Lohnpolitik, des Investitionsmechanismus, des Gesellschaftsrechts, des Patentrechts, des öffentlichen Beschaffungswesens und der öffentlichen Wirtschaftstätigkeit.

Transparenzpolitik sei neben Wettbewerbspolitik die zweite Aufgabe einer Politik des Verbraucherschutzes. Sie solle vor allem die Durchschaubarkeit von Marktvorgängen und Marktstrukturen erhöhen. Der Verbraucher müsse die Möglichkeit haben, sich über die angebotenen Güter, ihre Beschaffenheit, Qualität und Preise, aber auch über die Einkaufsmöglichkeiten und die Stellen, die ihn bei seinen Entscheidungen beraten könnten, vollständig zu informieren.[28] Er solle eine genaue Vorstellung vom vorhandenen Angebot gewinnen können, um im Hinblick auf die verfügbaren Mittel die rationalste Marktentscheidung zu treffen. Mehr Markttransparenz führe zur Förderung des Leistungswettbewerbs, da das genaue Wissen über die angebotenen Produkte die Belohnung der besten Leistung zur Folge habe. Der Konsumpolitik in diesem Sinne dienten eine Reihe von Maßnahmen, die sicherstellen sollten, daß Produzenten und Händler die von ihnen erzeugten oder vertriebenen Produkte nur gemeinsam mit solchen Informationen anböten, die entweder für die Entscheidung des Verbrauchers wichtig seien oder aber gewährleisteten, daß beim Verbrauch der maximale Nutzen erzielt werde.[29] Derartige Maßnahmen umfaßten Regelungen: (a) zum Schutze des Verbrauchers gegen Übervorteilung, etwa gegen irreführende Werbung (Versachlichung der Wirtschaftswerbung), gegen Abweichungen zwischen angepriesener und tatsächlich gelieferter Warenqualität, gegen Täuschung über Preis oder Menge (Eich- und Gewichtsvorschriften, Preisauszeichnungspflicht); (b) zum Schutze der Gesundheit, etwa Bestimmungen über die Herstellung von Lebensmitteln und Arzneimitteln, über die Verwendung oder Nichtverwendung bestimmter Substanzen, über die Gewerbeaufsicht; (c) zur Kontrolle der Qualität von Konsumgütern, etwa Vorschriften über die Kennzeichnung des Inhalts von Waren, über Qualitätskennzeichnungen nach staatlich normierten Kriterien (Handelsklassenbezeichnungen), über die Durchführung von Waren- und Qualitäts-

---

28 Deonna, La protection du consommateur est aussi concevable dans une optique libérale, in Revue économique et sociale 24 (1966), 239 ff., sieht in der restlosen Unterrichtung des Verbrauchers über alle wirtschaftlichen Zusammenhänge, das Mittel, die Schwierigkeiten des Marktmechanismus zu überwinden. Information sei die einzige positive Alternative zu der leichten Lösung, alle Entscheidungsbefugnisse dem Staat zu übertragen.
29 Erich u. Monika Streissler, a.a.O., S. 138.

prüfungen (Warentests); (d) zur Typenbereinigung und Normierung des Angebots, zur billigeren Herstellung von Waren und zur Neuentwicklung von Produkten.[30] [31]

Ziel einer aktiven Verbraucherpolitik sei weiter die Konsumentenselbsthilfe. Die Verbraucher sollten sich Kenntnisse und Fähigkeiten verschaffen können, die ihnen erlauben, ihre Wahl auf dem Markt frei zu treffen. Verbraucherpolitik zum Zwecke der Konsumentenselbsthilfe erstrecke sich auf zwei Bereiche: (a) Verbrauchererziehung; (b) Organisierung der Verbraucher in Verbänden.

Verbrauchererziehung[32] sei dringend geboten, weil empirische Untersuchungen ein erschreckend niedriges Informationsniveau der Verbraucher nachgewiesen hätten. Dem Verbraucher seien die Grundkenntnisse zu vermitteln, die zum Verständnis wirtschaftlicher, ernährungsphysiologischer und juristischer Zusammenhänge notwendig seien.[33] Er sei darüber hinaus wieder mit »den goldenen Regeln des Einkaufs vertraut« zu machen. Er müsse »das Handwerkszeug eines kritischen Marktverhaltens wieder kennenlernen«, um seinen Kaufentscheid am Markt und nicht an Gewohnheit oder Tradition zu orientieren.[34] Allein auf diese Weise werde es gelingen, ihn »zu einer aktiven Nachfragestrategie« zu veranlassen, damit er eine Gegenmacht auf ungleichgewichtigen Märkten erlange.[35]

Die Konsumentenselbsthilfe könne weiter durch den Zusammenschluß der Verbraucher in Verbänden gefördert werden. Der einzelne Verbraucher sei nicht in der Lage, seinen Standpunkt durchzusetzen, da er zu schwach im

---

30 Vgl. Egner, a.a.O., S. 259 ff.
31 Im Schrifttum wird auch zwischen sozialpädagogischen und sozialorganisatorischen Maßnahmen unterschieden; vgl. W. Glöckner, Verbraucherpolitik in der Bundesrepublik Deutschland, Aus Politik und Zeitgeschichte, Beilage zur Wochenzeitung Das Parlament, Nr. 42/71 v. 16. 10. 71, S. 1 ff., 4 ff.; O. Blume, Effektivere Verbraucherpolitik und -aufklärung durch Staat und Verbraucherorganisationen, in Mitteilungsdienst VZ NRW 1972, H. 1/2, S. 18 ff., 20. Sozialpädagogische Maßnahmen sind nach Blume Verbraucheraufklärung und -information, mehr Verbraucherthemen in den Massenmedien, Verbraucherkunde in den Schulen, Verstärkung der Verbraucherberatung. Sozialorganisatorische Maßnahmen sind Verbraucherschutzgesetzgebung und Unterstützung der Selbsthilfeorganisationen der Verbraucher.
32 Vgl. dazu auch G. Scherhorn, Gesucht: der mündige Verbraucher, Düsseldorf 1973, insb. S. 16 ff.; Biervert, a.a.O., S. 35 ff.; C. Möller, Ziel und Inhalt einer verbraucherpolitischen Strategie, Mitteilungsdienst VZ NRW H. 1/1970, S. 12 ff.; Glöckner a.a.O.; R. Bierwirth, Strategie der Verbraucheraufklärung, Düsseldorf 1971; H. Fahning, Kein Platz für Verbraucherpolitik, Gewerkschaftliche Monatshefte 1963, 275 ff.
33 Glöckner, a.a.O., S. 4.
34 Fahning, a.a.O., S. 237.
35 Glöckner, a.a.O., S. 3.

Vergleich zu den Interessenvertretungen der Hersteller sei. Allein die Organisation aller Verbraucher könne die Verteidigung ihres Gruppeninteresses wirksam sichern. Sie könnte einerseits die unmittelbaren Interessen der Verbraucher gegenüber Dritten vertreten, andererseits ständig versuchen, die Verhältnisse im Wirtschaftsleben zugunsten der Verbraucher zu beeinflussen. Damit wäre eine »Verbraucher-countervailing-power«[36] geschaffen, ein Mittel gegen den einseitigen Druck der Produzenten.

Die Aufgabe, »Hilfe zur Selbsthilfe«[37] zu gewähren, fiele dem Staat zu. Seine Mitarbeit sei vor allem notwendig, um die bestehende Organisationsschwäche der Verbraucher zu überwinden und fehlende Finanzierungsquellen zu ersetzen. Allerdings solle die Hilfe nur eine stützende Form annehmen; die Verfolgung der Konsumenteninteressen obliege in erster Linie privaten Organisationen. »In einer freien Gesellschaft« müßten »zunächst einmal alle Eigenkräfte mobilisiert werden, ehe der Ruf an den Staat ergehe«.[38] [39]

36 Tuchtfeldt, Bemerkungen zur Verbandsdiskussion, Jahrbuch für Sozialwissenschaften, 1962, 79 ff. (86).
37 Wiswede, a.a.O., S. 332.
38 F. W. Dörge-M. Schmidt, a.a.O., S. 220; so auch Meyer-Dohm, a.a.O., S. 334 f.
39 In den Vereinigten Staaten ist die Bewegung für einen verstärkten Verbraucherschutz unter der Bezeichnung »Consumerism« bekannt geworden. Der »consumerism« hat seine Resonanz durch die von Verbraucherorganisationen und von Ralph Nader geführten Kampagnen gegen Konzerne (etwa General Motors) oder staatliche Institutionen (etwa die Federal Trade Commission) gewonnen. Ihm liegt ein bestimmtes theoretisches Konzept oder eine politische Begründung nicht zu Grunde. Die Kritik an den bestehenden Zuständen und die geforderten Maßnahmen werden auf Gedanken, die unterschiedlichen politischen und wirtschaftlichen Auffassungen entnommen sind, gestützt. Verschiedene politische Richtungen treten daher als Verfechter des »consumerism« auf. Seit 1962 sind etwa alle Präsidenten der Vereinigten Staaten für eine Stärkung der Stellung des Verbrauchers eingetreten. Kennedy proklamierte eine Magna-Charta des Verbrauchers, die folgende vier Grundrechte beinhaltete: Das Recht auf Sicherheit, das Recht informiert zu sein, das Recht zu wählen, das Recht gehört zu werden. Die Verbraucherbotschaft Kennedys v. 15. 3. 1962 ist bei v. Hippel, Verbraucherschutz, S. 161 ff. abgedruckt. Vgl. auch L. B. Johnson, Protection of the American Consumer in Women Lawyers Journal 54 (1968), 4 ff. Zum consumerism siehe R. Nader, Unsafe at any speed, The designed-in dangers of the American automobile, New York 1965; Nader-Page, Automobile Design and the Judicial Process, California Law Review 55 (1967), 645 ff.; Cox E., Fellmeth R., Schulz J., »The Nader Report« on the Federal Trade Commission, New York 1969; J. Turner, The Chemical Feast Study Group Report on the Food and Drug Administration, New York 1970. Zum Standpunkt der Unternehmer gegenüber der Verbraucherschutzbewegung vgl. Federal Consumer Legislation, The Business Lawyer 28 (1972/73), 289 ff.; E. B. Weiss, Marketers fiddle while consumers burn, Harvard Business Review 46 (1968), 45 ff.; M. Thompson, Who really represents and protects the consumer?, Food, Drug, Cosmetic Law Journal 28 (1973), 596 ff.; An Overview of Consumer Legislation enacted and pending from the point of view of its impact on the corporation, The Business Lawyer 27 (1971/72), 93 ff.

3. Verbraucherpolitik in der Bundesrepublik

Diese liberalen Wirtschaftsvorstellungen haben das verbraucherpolitische Konzept der Bundesregierung weitgehend geprägt.[40] Der Bericht der Bundesregierung zur Verbraucherpolitik aus dem Jahre 1971 stellt fest, die Befriedigung der Nachfrage könne durch den Marktmechanismus bewirkt werden, ohne daß es im Regelfall eines unmittelbaren Eingriffes des Staates bedürfe. Die marktwirtschaftliche Ordnung setze Verbraucher voraus, die gleich stark wie die Anbieter seien. Im tatsächlichen Marktgeschehen sei der Verbraucher jedoch wegen Unternehmenskonzentration, wettbewerbsbeschränkenden Vereinbarungen, fehlender Marktübersicht und suggestiver Werbung der schwächere Vertragspartner. Zielsetzung der Verbraucherpolitik müsse daher in erster Linie die Stärkung der Stellung des Verbrauchers am Markt durch Erhaltung und Förderung eines wirksamen Wettbewerbs in allen Wirtschaftsbereichen sein.[41] Die Verbraucherpolitik müsse weiter den umfassenden Schutz des Verbrauchers gegen gesundheitliche Gefährdungen, vor Irreführung, unlauteren Verkaufspraktiken und ihn unbillig benachteiligenden Vertragsbedingungen verfolgen, außerdem die Information und Beratung des Konsumenten sowie die Stärkung der verbraucherpolitischen Interessenvertretungen anstreben. Entscheidend sei dabei die Unterrichtung über Marktzusammenhänge und Marktgegebenheiten. »Nur der informierte Verbraucher kann den Anforderungen gerecht

---

40 Vgl. den Bericht der Bundesregierung zur Verbraucherpolitik, BT-Drucksache VI/2724, 1971; Es geht um den Verbraucher, Aktuelle Beiträge zur Wirtschafts- und Finanzpolitik Nr. 135/1972, Bonn; Bundesminister für Jugend, Familie und Gesundheit Katharina Focke, Verbraucherpolitik in der Marktwirtschaft ist eine ständige Aufgabe, AGV 1953-1973, S. 12 ff., hrsg. von der Arbeitsgemeinschaft der Verbraucher, Bonn 1973; Bundesminister für Jugend, Familie und Gesundheit Käte Strobel, Wie können die Verbraucher ihre Macht nutzen?, Mitteilungsdienst VZ NRW 1972, H. 3/4. S. 6 ff.; Staatssekretär Hermsdorf, Zur Verbraucherpolitik der Bundesregierung, WRP 1972, 423; Bundeswirtschaftsminister H. Friderichs, Test 1975, 7. Der Mitteilungsdienst VZ NRW H. 1/2 April 75 enthält die Stellungnahmen der Parteien und der Regierung von NRW zur Verbraucherpolitik; H. 3/4 Dez. 1974 enthält Antworten der drei großen Parteien auf Fragen der Verbraucherpolitik.
41 In der in Zusammenarbeit mit dem Bundesministerium für Wirtschaft und Finanzen herausgegebenen Zeitschrift »Das Zeitbild«, November 1972, heißt es unter dem Titel »Der kluge Verbraucher erforscht den Markt«: »Der einzelne Verbraucher hat jedoch nur dann echte Wahlmöglichkeiten, wenn die Anbieter untereinander konkurrieren, wenn in der Industrie und im Handel möglichst lebhafter Wettbewerb herrscht«.

werden«.⁴² Seien jedoch die verbraucherfreundlichen Rahmenbedingungen gegeben, so obliege es dem kritischen Verbraucher selbst, seine Einflußmöglichkeiten auf das Marktgeschehen zu wahren.⁴³ »Seine entscheidende Funktion im Markt kann nicht vom Staat übernommen werden.«⁴⁴ Ähnlich definiert die Stiftung Warentest 1972 ihre Aufgabenstellung mit der Formel »Markttransparenz für alle«.⁴⁵ Die Stiftung wolle zwar »dem Marktpartner mit der schwächsten Position, dem Verbraucher« helfen; ihre Tätigkeit komme aber auch dem Handel und den Herstellern zugute. Letztere etwa erhielten dank des vergleichenden Warentests Informationen über die Position ihrer Erzeugnisse innerhalb des Angebots und den Wert der Konkurrenzerzeugnisse. Der vergleichende Warentest fördere »die Leistungsfähigkeit und Leistungsbereitschaft von Handel und Industrie« und bringe »effektiven volkswirtschaftlichen Nutzen«.⁴⁶ Ein Gegensatz zwischen den Interessen der Industrie und der Verbraucher bestehe nicht. Die tatsächliche Situation auf den Konsumgütermärkten sei viel zu differenziert, um sich in ein Schwarzweißschema einzupassen. Antworten auf die Frage, ob die Konsumgüterindustrie verbraucherfreundlich sei oder nicht, ließen sich nur an Hand des Einzelfalles geben.⁴⁷

Ein Jahr nach Erscheinen des Verbraucherberichts veröffentlichte die Bundesregierung einen Bericht über die getroffenen oder geplanten Maßnahmen. Ihr Schwerpunkt lag auf dem Gebiet der Wettbewerbspolitik, des Schutzes der Gesundheit der Bevölkerung, der Stärkung der Rechtsstellung des Verbrauchers und der Verbraucheraufklärung und -information. Die für die Absichten der Regierung kennzeichnendsten Vorhaben waren die Novelle des Gesetzes gegen Wettbewerbsbeschränkungen, die Gesamtreform des Lebensmittelrechts, die Änderung des Abzahlungsgesetzes und die Stärkung der Verbraucherorganisationen als Spre-

---

42 Antwort der Bundesregierung auf eine kleine Anfrage der Fraktionen von SPD und FDP. Siehe Woche im Bundestag 3/19/73-V/59. In der Zeitschrift Zeitbild, a.a.O., heißt es: »Der ›aufgeklärte‹ Verbraucher entscheidet frei und unabhängig, er weiß, was für ihn am besten ist... Erst testen, dann kaufen. Preis- und Qualitätsvergleich sind aber nur dann möglich, wenn man sich in mehreren Geschäften umsieht und alle Möglichkeiten der Information nutzt«.
43 Vgl. Focke, a.a.O., S. 16, 18.
44 Bundeskanzler Brandt in einer Ansprache beim Empfang des AGV Vorstandes, in AGV 1953–1973, S. 6.
45 Informationsblatt »Aufgaben und Arbeitsweise der Stiftung Warentest« herausgegeben von der Stiftung Nr. 6/72. Vgl. auch Jahresbericht 1972 S. I.
46 Vgl. R. Hüttenrauch, Vom Nutzen der Stiftung Warentest für Wirtschaft und Verbraucher, Markenartikel 1968, 262 ff.
47 Jahresbericht der Stiftung Warentest 1972 S. XV.

cher der Verbraucher und als Träger der Verbraucherinformation.[48] Im Parlament betonte die Regierung, daß sie die Verbraucherberatung durch die Entwicklung eines Informationssystems für die vorhandenen Beratungsstellen verbessern wolle. Gleichzeitig sollten »die Beratungseinrichtungen schrittweise weiter ausgebaut werden«.[49] Der Einrichtung eines »Verbraucherbeauftragten« nach schwedischem Vorbild steht man jedoch eher ablehnend gegenüber. Die vielfältigen Aktivitäten, die notwendig seien, um das Konsumverhalten positiv zu beeinflussen, »können und sollen nicht von einer Instanz bewältigt werden«.[50]
Vergleicht man die in der Rechtslehre vertretenen Auffassungen, die liberale Wirtschaftstheorie und die verbraucherpolitischen Zielsetzungen der Bundesregierung, so stellt man eine weitgehende Übereinstimmung in der Grundausrichtung fest.[51] Diese gemeinsame Konzeption soll kurz als »Informationsmodell« gekennzeichnet werden.[52] Prämisse aller Lösungen ist die

48 Vgl. auch Jahreswirtschaftsbericht 1974, Bundesrat-Drucksache 130/74 v. 6. 2. 74 sowie den Jahreswirtschaftsbericht 1975, BT-Drucksache 7/3197.
49 Es geht darum »die bestehenden Beratungsstellen personell besser auszustatten und ihnen die Anmietung von Beratungsräumen in City-Lagen zu ermöglichen sowie zusätzlich Beratungsstellen einzurichten. Darüber hinaus soll ... die Errichtung einer Modellberatungsstelle finanziert werden ... Die Bundesregierung würde es begrüßen, wenn mehr Gemeinden als bisher bereit wären, einen Beitrag zur Errichtung von Beratungsstellen zu leisten«, vgl. Woche im Bundestag, a.a.O.
50 Bundesminister Focke, a.a.O., S. 20.
51 Die Europäische Gemeinschaft bemüht sich intensiv um den Verbraucherschutz. Ihre Politik wird gleichfalls von der liberalen Wirtschaftstheorie beeinflußt. Ein von der Kommission veröffentlichtes verbraucherpolitisches Programm betont, daß der Verbraucher immer noch der Schwerpunkt des Marktgeschehens sei. Es gelte, ihm zu helfen, damit er weiterhin eine individuelle Wertauswahl treffen könne. Der Begriff des Verbraucherschutzes habe sich als Reaktion auf die Verwirrung und Frustration entwickelt, die durch das Überangebot an Waren und Leistungen entstanden seien. Ziele einer Verbraucherpolitik der Gemeinschaft sollten sein: »Besserer Schutz des Verbrauchers gegen Gesundheits- und Sicherheitsrisiken und eine gerechtere Behandlung des Verbrauchers bei der Versorgung mit Waren und Leistungen; vollständigere, genaue und objektive Informationen ...; mehr Erläuterungen über die Politik und die Maßnahmen der Gemeinschaft; stärkere Konsultierung, Vertretung und Beteiligung der Verbraucher an Angelegenheiten, die die Verbraucherinteressen unmittelbar betreffen«. Vgl. Erstes Programm der Gemeinschaft zur Unterrichtung und zum Schutz der Verbraucher (Dokument SEK (74) 1939) abgedruckt bei v. Hippel, Verbraucherschutz S. 261 ff. Eine Zusammenfassung enthält BT-Drucksache 7/1610. Vgl. auch WuW 1972, 807 f.; L. Klein, Verbraucherpolitik in der Europäischen Gemeinschaft, Markenartikel 1970, 143 ff.; ders., Verbraucherschutz in der EWG, Jahrbuch der Absatz- und Verbrauchsforschung 1972, 176 ff.
52 Mit den Fragen des Verbraucherschutzes hat sich der Europarat ausführlich beschäftigt. Die Beratende Versammlung beschloß am 17. Mai 1973 eine Charta zum Schutze des Verbrauchers. Diese legt die Grundsätze fest, die jeder der Mitgliedsstaaten beachten sollte, um den Konsumenten einen effektiven Schutz zu gewähren. Die Charta sowie die weiteren Beschlüsse der Beratenden Versammlung und

Annahme, daß der Marktmechanismus prinzipiell die Wahrung der Interessen der Verbraucher gewährleisten könne. Von der Struktur des Wirtschaftssystems her seien Hersteller und Konsumenten gleich stark. Die Gleichheit der Partner werde weitgehend durch eine Reihe von Erscheinungen beeinträchtigt, die systemwidrig seien. Sie würden jedoch die Konsumfreiheit und ihren Steuerrungseffekt nicht aufheben.[53] Die Verwirklichung einer optimalen Bedürfnisbefriedigung bleibe tendenziell möglich. Um den Ausgleich zwischen Produzenten und Verbrauchern herzustellen, seien allerdings die systemwidrigen Phänomene zu bekämpfen. Dazu bedürfe es über die allgemeine Wettbewerbspolitik hinaus einer »Transparenzpolitik«, die es dem Konsumenten erlauben würde, die Leistungen der Anbieter gerecht zu bewerten. Schwerpunkte der Transparenzpolitik seien: a) eine Gesetzgebung, die Mißbräuche der Herstellerposition ahnde, vor allem möglichen Gefahren für die Gesundheit, der Täuschung und Übervorteilung vorbeuge: b) eine verstärkte Information und Aufklärung der Verbraucher, um ihnen zu ermöglichen, eine selbständige Kaufentscheidung zu treffen; c) eine Stärkung der Verbraucherverbände, damit im Kräftespiel der Interessenverbände die Belange der Verbraucher ausreichend beachtet würden. Der aufgeklärte Verbraucher könne seine Funktion, die bessere Leistung zu prämieren, erfüllen; er sei in der Lage, seinen Thron als »Souverän der Wirtschaft« zu besteigen.

ihrer Kommissionen richten sich nach dem liberalen Wirtschaftsmodell. In der Empfehlung 624 (1971) wird betont, daß der »freie und lautere Wettbewerb ein wichtiger Faktor des Verbraucherschutzes sei«. »Die Maßnahmen zum Schutz der Konsumenten müßten den legitimen Interessen der Industrie Rechnung tragen.« In der Charta wird dementsprechend das Recht des Verbrauchers auf Information damit er eine »rationale Wahl zwischen konkurrierenden Waren und Dienstleistungen treffen kann« besonders hervorgehoben. Die Auffassungen des Europarates sind aus folgenden Dokumenten ersichtlich: Recommendation 705 (17. 5. 73) on consumer protection; Resolution 543 (17. 5. 73) on a Consumer Protection Charter; Report of the Committee on Economic Affairs and Development on »A Consumer Protection Charter« (Doc. 3280 15. 5. 73); Resolution 521 (16. 5. 72) on consumer protection policy; Rapport de la Commission des questions économiques et du développement sur la politique de protection du consommateur (Doc. 3126 15. 5. 72); Recommendation 624 (21. 1. 71) on the legal protection of consumers; Resolution (72) 8, Sur la Protection des Consommateurs contre la publicité trompeuse; Resolution (71) 29, Education du consommateur dans les écoles; Rapport sur la protection juridique des consommateurs présenté par la Commission des questions juridiques, amendment présenté par la Commission des questions économiques et du développement (Doc. 2902 20. 1. 71). Vgl. auch Sixth Conference of European Ministers of Justice 26.–28. 5. 70 (CMJ (70) C. R. Final).
53 Vgl. W. Schluep, Wirtschaftsrechtliche Aspekte der Werbung durch Appell an das Unbewußte, in Zeitschrift für Schweizerisches Recht 91 (1972) 353 ff., 364 f.

IV. Kapitel

Kritik des Informationsmodells

1. Die dysfunktionalen Folgen des Marktmechanismus

Eine Verbraucherpolitik, wie sie von der herrschenden wirtschaftswissenschaftlichen Auffassung konzipiert wird, vermag die Dysfunktionen des marktwirtschaftlichen Systems kaum zu bekämpfen.[1] Dies ergibt sich schon aus einer Aufzählung einiger der Folgen des Marktmechanismus und ihrer Gegenüberstellung zu den vom Informationsmodell propagierten Lösungen.

1. Um die Rentabilität der Kapitalinvestitionen zu erhöhen und die Produktivität der Arbeit zu steigern, werden neue Produktionsmethoden erfunden und angewandt, die eine erhebliche Steigerung der Gefahren für Gesundheit und Leben der Verbraucher mit sich bringen. Diese Gefahren sind von den Herstellern nicht beseitigt worden. Chemische Substanzen,

---

[1] Vgl. zum Nachfolgenden Hans Raffée, Konsumenteninformation und Beschaffungsentscheidung, Stuttgart 1969; C. Möller, Gesellschaftliche Funktionen der Konsumwerbung, Stuttgart 1970; W. F. Haug, Kritik der Warenästhetik, 2. Aufl., Frankfurt 1972; P. Hunziker, Erziehung zum Überfluß, Soziologie des Konsums, Stuttgart, Berlin 1972, S. 48 ff.; K. Thieding, Suggestivwerbung und Verbraucherschutz, Frankfurt/M. 1973, S. 11 ff.; J. Meynaud, Les consommateurs et le pouvoir, Lausanne 1964; W. Menge, Der verkaufte Käufer – Die Manipulation der Konsumgesellschaft, Taschenbuchausgabe 1973; W. Schmidbauer, Homo consumens, der Kult des Überflusses, Stuttgart 1972; S. Bluth, Die deutsche Wirtschafts-Mafia, Praktiken am Rande der Legalität, Oldenburg, Hamburg 1973; S. Margolius, The Innocent consumer vs the exploiters, New York, 1967; R. Nader, Unsafe at any speed. The designed – in dangers of the American automobile, New York 1965; J. Turner, The Chemical Feast, New York 1970; Stuart Chase-F. J. Schlink, Your money's worth, a study in the waste of the consumer's dollar, New York 1927; R. Birmingham, The Consumer as King: The Economics of Precarious Sovereignty, in Case Western Reserve Law Review 1969 (20), 354 ff.; J. Henry, Culture against man, New York 1963, S. 45 ff.; Notes & Comments, Consumer Legislation and the Poor, Y.L.J. 76 (1967), 745 ff.; E. Roberts, Consumers, London 1966; Ch. Fulop, Consumers in the Market, London 1967; Der Spiegel Nr. 26/1971 »Drogen im Futter, Gift auf dem Tisch« S. 46 ff.; W. Marzen, Moderne Wirtschaftswerbung und Verbraucheraufklärung, Zeitschrift für handelswissenschaftliche Forschung 1962, 284 ff.; La Nef, La société de consommation, 1969 Nr. 37, Paris.

die erbverändernd wirken können, werden etwa in Ernährungsmitteln (Cyclamate) oder Pflanzenschutzmitteln (DDT und andere Pestizide) verwendet. Sie sind dennoch auf ihre Mutagenität nicht überprüft worden.[2] Der Zusatz von Antibiotika im Tierfutter hat bereits zur Folge gehabt, daß selbst starke Antibiotika wie Streptomycin und Tetracylin nur noch gegen weniger als die Hälfte von 300 000 Bakterienstämmen wirksam sind. Die Bakterien sind immun geworden, so daß wichtige Medikamente nicht mehr helfen.[3]

2. Die vom Hersteller vermittelte Information ist einseitig und enthält meistens unvollständige, daher falsche und irreführende Angaben.[4] Durch die zunehmend übertriebene oder bedarfsirrelevante Werbung einerseits, durch die Hinnahme der irreführenden Zielsetzung der Werbung durch Staat und Publikum andererseits ist das Postulat, der Hersteller solle den Verbraucher über die Eigenschaften seines Produktes informieren, hinfällig geworden.

Als Orangensaftgetränke werden dem Publikum Getränke angeboten, in denen der Anteil an echtem Fruchtsaft nur 6% zu betragen braucht.[5] Den Verbrauchern wird mit Hilfe eines massiven Werbeeinsatzes suggeriert, Geschirrspülmittel reinigten nicht nur das Geschirr, sondern pflegten gleichzeitig die Hände. Wie die Stiftung Warentest feststellte, handelt es sich um eine bewußte Übertreibung.[6] Im Regelfall machen sie nämlich die Hände rauh, trocknen die Haut aus oder lassen sie quellen. Bei einer Überprüfung der auf dem Markt angebotenen Gulasch- und Ochsenschwanzsuppen, deren

---

2 Vgl. H. Bour-Th. von Kreybig, Toxikologie und Ethik, Medizinische Klinik 1970, 751 ff., 751, 755.
3 Vgl. die Begründung des Entwurfs zur Änderung des Arzneimittelgesetzes, BT-Drucksache 7/256 S. 9. Siehe auch Frankfurter Rundschau v. 27. 6. 64, Warenproben in Großmarkthalle: Äpfel mit zuviel Arsen; »Altpapier nicht in Lebensmittelpackstoffe«, AGV fordert bundesweite Untersuchungen zur Frage der polychlorierten Biphenyle, VPK Nr. 5/1975, S. 3.
4 Nach einer Untersuchung, die das Institut für angewandte Verbraucherforschung über Formen und Umfang irreführender Werbung 1974 in der Bundesrepublik durchführte, sind nur 35% aller Anzeigen aus Verbrauchersicht nicht zu beanstanden. 46% aller Anzeigen enthalten übertriebene Versprechungen, 6% machen zweideutige Aussagen, in weiteren 6% werden wesentliche Informationen weggelassen und in 7% schließlich werden Informationen täuschend dargeboten. Vor allem in den Bereichen »Erotika«, »Medizin (freiverkäufliche Arzneimittel)«, »Reinigungsmittel und Kosmetik« bestehen Irreführungsquoten von 90%. Vgl. VPK Nr. 6/1975 S. 2.
5 Vgl. Richtlinien für die Herstellung und Kennzeichnung süßer alkoholfreier Erfrischungsgetränke (Fruchtsaftgetränke, Limonaden und Brausen) Abschnitt II Z 1, in Zipfel, Lebensmittelrecht, Loseblattsammlung, München, Stand August 1973, 341 ff.; Verbraucherrundschau H. 5 (Mai) 1974, S. 7 ff., 13.
6 Test 5/73; Jahresbericht 1972 S. XVII.

äußere Aufmachung ein appetitliches Mahl verspricht, wurde festgestellt, daß nur 6 der untersuchten 19 Dosen Fleisch enthielten, dem gute Qualität bescheinigt werden konnte.[7] Der Hersteller des Waschmittels OMO empfahl im Herbst 1973 auf der Packung seines Produkts den nachstehend beschriebenen Test, um nachzuweisen, daß kein anderes Mittel reiner wasche als OMO: Man nehme ein stark verschmutztes Küchenhandtuch, knüpfe einen festen Knoten hinein und wasche mit OMO. Die »Kraft« des Waschmittels »geht durch den Knoten« und reinigt das Tuch. Die Stiftung Warentest führte diesen Test nach Anweisung durch[8] und stellte fest, daß ein stark verschmutztes Küchenhandtuch mit festem Knoten nach normalem Kochwaschgang nicht sauber wird.[9]

3. Die Entwicklung der Technik hat es ermöglicht, der Ware eine Erscheinung zu geben, die ihrer Beschaffenheit nicht entspricht. Minderwertige oder gefährliche Waren, die früher vom Käufer selbst als solche erkannt werden konnten, erhalten ein Aussehen, das nicht vorhandene Eigenschaften vorspiegeln soll. Branntwein, der nicht einige Jahre in Eichenfässern gelagert wurde und daher keine bräunliche Farbe aufweist, die auf eine längere Reifezeit hinweist, wird mit karameliertem Zucker braun gefärbt. Geruchloses Kaffeepulver wird mit Aromaspray übersprüht, damit es den Geruch von frischem Kaffee erhält. Phosphatsalze werden bei der Herstellung von Wurst verwendet, damit das Fett nicht mehr mit bloßem Auge erkennbar ist. Es »stabilisiert« sich, bleibt also mit den weiteren Bestandteilen unerkennbar vermischt und setzt sich nicht an den Rändern fest. Ein Test der Stiftung Warentest ermittelte, daß bei sechs der als »reine Orangensäfte« gekennzeichneten Produkte mehr Wasser als erlaubt zugesetzt war und zum Ausgleich Aromastoffe, Fructose, Glucose, Saccharose oder andere Substanzen verwandt worden waren, um einen normalen Saftanteil vorzutäuschen.[10]

---

7 Test, Heft 6/1969, S. 8 ff. In den handelsüblichen Rouladendosen sind höchstens 30% Rindfleisch enthalten, also ungefähr 120 Gramm bei einem Inhalt von ca. 400 Gramm. Normalerweise müßte man jedoch mit ca. 180 Gramm Fleisch rechnen, damit die Roulade nicht »eine dünne Scheibe Rindfleisch, vollgestopft mit Speck und Zwiebeln« ist, vgl. Test, Heft 7/1970, S. 310 ff.
8 Heft 10/1973 S. 457.
9 Der »Knotentest« als Werbung wurde vom Berliner Landgericht auf Grund einer vom Verbraucherschutzverein erwirkten einstweiligen Verfügung verboten, vgl. Frankfurter Rundschau v. 19. 12. 1973 S. 6.
10 Vgl. Jahresbericht 1972 der Stiftung Warentest S. XVI, Test 1/1972 S. 30 ff. Im Verbraucherdienst Ausgabe B, März 1973, S. 57 wird mitgeteilt, daß zusätzlich zu den bereits bekannten Verfälschungen von Zitrussäften mit Zuckerwasser, Zitronensäure, Natriumphosphat und Glykokoll auch weitere durch Zusatz von Ammo-

4. Der Markt ist durch Produktdifferenzierung und die Vielfalt von Verpackungen für den Verbraucher unübersehbar geworden. Diese vielfach künstlich hergestellte Vielfalt des Angebots schließt es für den Normalverbraucher aus, relevante Informationen auszusondern und Vergleiche anzustellen. Er kann seine Bedürfnisse nicht eindeutig erfassen und dementsprechend planend vorgehen. Die Hersteller verkaufen das gleiche Produkt, etwa Benzin oder Milch, als Markenware oder markenlos. Die Marke ist damit keine Orientierungshilfe mehr. Der Hersteller bietet das gleiche Produkt, etwa Kaffee, Sekt oder Zahncreme zu verschiedenen Preisen an, damit er möglichst alle Käuferschichten erfaßt. Der Preis hört damit auf, Richtschnur zu sein. Verschiedene Produzenten vertreiben unter unterschiedlichen Marken die von einem von ihnen für Rechnung aller hergestellte Ware (z. B. Haushaltsgeräte wie Kühlschränke und Geschirrspülmaschinen).[11] Der Herstellername bietet unter diesen Umständen keine Garantie für die Herkunft der Ware. Der Hersteller verkauft das Produkt in verschiedenen Variationen oder versieht sein Gut mit technischen Eigenschaften, die bedarfsirrelevant sind. Die Stiftung Warentest stellte z. B. fest, daß viele Hersteller Geschirrspülmaschinen mit überflüssigen Sonderprogrammen bauen. Das Bioprogramm etwa sei »eine wenig sinvolle Erweiterung, die sich aber werblich gut verkaufen läßt«.[12] Die »Delicado Sahnebutter« wird in sechs Variationen vertrieben, obwohl es sich um eine vergleichsweise normale Molkereibutter handelt. Technische Eigenschaften und Variationen erhöhen vielfach keineswegs den Nutzen oder die Gebrauchsqualität der angebotenen Ware, sondern erfüllen oft die Funktion, den Verbraucher irrezuführen. Aber auch dort, wo nicht bewußt »künstliche Produktdiversifizierung« zum Zwecke der Irreführung betrieben wird, haben die vom Hersteller in der Hoffnung, sich ein Monopol zu verschaffen, vorgenommenen Variationen in Qualität, Verpackung und Service eine Verminderung der Markttransparenz zur Folge. Wenn in einem Kaufhaus

niumsalzen, nitrathaltigem Wasser, überschwefelten Säften mit erhöhtem Sulfatgehalt, verschiedenen Zuckerarten und Farbextrakten aus dem äußeren Teil der Orangenschale festgestellt wurden. 9 Orangensäfte, die als »naturrein«, »100% Saft« oder ähnlich gekennzeichnet waren, enthielten Ammoniumsalze.

11 So waren etwa nach einem Test der Stiftung Warentest (April 1972) die Geschirrspülmaschinen Küppersbusch Stewardess G 2 und Linde HS 100 L baugleich mit AEG Favorit TS, die Siemens Lady S 350 1 baugleich mit Bosch Exquisit S, die Cordes 711 baugleich mit Bosch Exquisit L, die Philips HN 3825 baugleich mit Bauknecht GS 455, die Constructa GS 120 Bio baugleich mit Bosch Exquisit E, die Küppersbusch Stewardess G 32 weitgehend baugleich mit AEG Favorit de Luxe. Vgl. auch Test 1974, 59 ff. »Wasch- und Kühlgeräte, Viele Marken vom selben Fließband«.

12 Jahresbericht 1972 S. XVIII.

150 Sorten Käse angeboten werden, kann die optimale Befriedigung der Ansprüche des Konsumenten nur Folge eines »Glückskaufs« sein.

5. Der geplante Verschleiß von Waren einerseits und das Veralten des gerade in Gebrauch Befindlichen durch die Propagierung neuer Modebilder andererseits zwingen den Verbraucher immer wieder von neuem, sein Geld zum Kauf von Konsumgütern auszugeben.[13] Beispiele für geplanten Verschleiß bilden die Glühlampen, in denen Sollbruchstellen eingebaut werden oder die Karosserien von Autos, die nach drei oder vier Jahren verrosten, obwohl technisch ohne besonderen Aufwand eine längere Lebensdauer möglich ist. Das gezielte Veralten mit Hilfe ästhetischer Innovationen ist im Bereich der Kleidung am offensichtlichsten. Die schmale Krawatte wurde durch die breite ersetzt. Dem Minirock folgte innerhalb von einigen Jahren der Midi-, der Maxi- und jetzt wieder der Midirock. Die weiße Männerunterwäsche unterlag der bunten nach einer Werbekampagne, welche die erstere als unmodern darstellte.

6. Die Verkaufstechniken sollen den Verbraucher einseitig beeinflussen, statt ihn positiv zu unterrichten. Seine Fähigkeit zur Beurteilung und Bewertung des Angebots ist stark vermindert worden, weil er zu unüberlegten Käufen veranlaßt, suggestiv beraten oder in Verkaufsgespräche verwickelt wird, die in allen Einzelheiten geplant sind. Der Erfolg des Selbstbedienungssystems ist zu einem wesentlichen Teil auf die Förderung von Impulskäufen zurückzuführen. Die Inneneinrichtung, die Verteilung der Waren, die Placierung im Regal, die Verpackungen und die Sonderangebote sollen im Selbstbedienungsladen absatzlenkend und absatzfördernd wirken. Der Käufer soll mehr und anders konsumieren als er es vorhatte. Der intensiv geschulte Verkäufer soll nach den Aussagen eines renommierten Verkaufstrainers dazu fähig sein, den Kunden zu veranlassen, etwas zu kaufen, »was er überhaupt nicht zu kaufen beabsichtigte oder mehr zu kaufen, als er beabsichtigte oder etwas anderes zu kaufen, als er beabsichtigte«. Die Billig-Preis-Aktionen, die den Eindruck eines besonders günstigen Angebots hervorrufen, bieten in der Regel keine höhere Qualität zu einem niedrigeren Preis, sondern beruhen auf Mondpreisen. Der effektiv gezahlte entspricht dem üblichen Preis, dieser wurde jedoch zu Werbezwecken als viel höher dargestellt.

---

13 Vgl. dazu V. Packard, The Waste-Makers, Pelican Book, 1960; Ingo Schmidt, Obsoleszenz und Mißbrauch wirtschaftlicher Macht, WuW 1971, 868 ff.

7. Die Unternehmer nützen die ihnen von der Rechtsordnung gebotenen Möglichkeiten, um einen Rechtszustand herbeizuführen, in dem ihre Haftung nach Möglichkeit beschränkt ist und alle Risiken von der Nachfrageseite getragen werden. Die Allgemeinen Geschäftsbedingungen bieten das bekannteste Beispiel für die Ersetzung des dispositiven Rechts durch eine einseitig die Interessen der Anbieter absichernde Ordnung. Bestimmte Geschäfte, wie etwa der Bau einer Eigentumswohnung, der Kauf eines Fertighauses, die Reparatur eines Kraftfahrzeugs sind für den Konsumenten so undurchsichtig, daß das Vertrauen in seinen Vertragspartner der einzige Orientierungsmaßstab ist.

8. Die technische Komplexität vieler Güter erfordert fachmännische Wartungs- und Reparaturarbeiten. Die dadurch bedingte Abhängigkeit des Abnehmers vom Kundendienst wird vom Hersteller und den in solchen Arbeiten spezialisierten Unternehmen wirtschaftlich ausgenutzt. Die von Zeitschriften, dem Fernsehen und dem ADAC verschiedentlich veranstalteten Tests von Kraftfahrzeugwerkstätten haben z. B. immer wieder nachgewiesen, daß mehr als ein Drittel der in den Testwagen eingebauten Fehler nicht behoben und die Preise für die geleistete Arbeit willkürlich berechnet wurden. Ebenfalls zu teuer berechnet und vielfach zusätzlich noch schlecht sind die Kundendienstleistungen der Verkäufer von Fernsehern, Waschmaschinen oder Geschirrspülern.[14]

9. Die tatsächlichen Eigenschaften der Gegenstände sind von weit geringerer Bedeutung für den Absatz als der äußere Eindruck des Gutes auf den Konsumenten. Das Bild der Ware ist gegenüber ihrem tatsächlichen Gebrauchswert durch die Werbung verselbständigt worden. In der Reklame wird eine »Warenidentität«, d. h. eine aus der Ware sich ergebende Lebensart oder Interpretation der Realität propagiert. Es wird nicht etwa eine Zigarette, sondern die »Schöne neue Welt des Genießens« oder »die leichte Würze eines schönen Tages« angeboten. Die Folge ist, daß in erster Linie Erscheinungsbild gegen Erscheinungsbild in Wettbewerb tritt. Entscheidend ist für die Hersteller nicht, daß die Qualität der von ihnen produzierten Vollwaschmittel identisch ist, daß diese sich in Zusammensetzung und Waschwirkung ähnlich sind und weitgehend dieselben Eigenschaften auf-

---

[14] Siehe auch Feste Preise oder feste zahlen? Katalogpreise für Standardreparaturen noch in der Minderzahl, Test 1974, 613 ff.

weisen.15 Den Ausschlag gibt vielmehr, ob das Bild des »Weißen Riesen« besser beim Publikum ankommt als das Bild des »blauen Wirbels«, ob man »Dash« glaubt, wenn es behauptet »weißer geht es nicht«, oder dem Spruch »Riesenweiß durch Riesenwaschkraft« vertraut. Spielt der äußere Eindruck die primäre Rolle und hat er sich in seiner Funktion verselbständigt, so verstärkt sich damit die Tendenz, daß die Waren immer mehr versprechen und immer weniger halten, der Schein also seine Beziehung zur Realität völlig verliert. Beispiele dafür bieten nicht nur suggestive Werbesprüche wie »Diamanten sind Geschenke der Liebe« oder »König Pilsener in den besten Häusern zu Haus«, sondern auch die mit nachprüfbaren Daten operierende Werbung, etwa die für »biologisch aktive« Waschmittel. Es ist fraglich, ob Unterschiede in der Waschkraft zwischen den biologisch aktiven enzymhaltigen Vollwaschmitteln und solchen ohne Enzyme überhaupt bestehen.

Stellt man in erster Linie die Frage: »Was ist verkaufbar?«, so wird unausweichlich der weitere Schritt getan, Triebe, Wünsche, Meinungen und Ängste verkaufsfördernd auszunutzen.16 Weil das Publikum Angst vor dem Dickwerden hat, wirbt man für Bonbons mit der Behauptung »Naschen ist gesund«. Weil die Verbraucher der Ansicht sind, Vitamine seien nützlich, setzt man Süßwaren Vitamine zu. Da die gesundheitsbewußten Konsumenten bei einer gelben Farbe annehmen, das Nahrungsmittel enthalte Zitrusfrüchte, färbt man die Ware fruchtiggelb. Die Ware erhält ein Aussehen und einen Bedeutungsgehalt, die ihren Absatz versprechen, weil sie einem ausgewählten Bedürfnisausschnitt angepaßt sind (Marketing Mix). Diese Beziehung zu Bedürfnissen entspricht jedoch gerade nicht der Wirklichkeit, die Ware täuscht.

10. Wird durch Ausnutzung von Bedürfnissen besser verkauft, so müssen sich die Waren noch schneller absetzen lassen, wenn man den Bedürfnissen

---

15 Test Heft 10/73 S. 457: »Alle Vollwaschmittel enthalten im wesentlichen die gleichen Bestandteile«. »Zwischen den einzelnen Waschmittelfabrikaten (bestehen) in der Regel nur prozentuale Unterschiede in der Rezeptur«.
16 Über die Anwendung der Psychologie bei Gestaltung der Werbung vgl. etwa M. Grossack, Understanding Consumer Behavior, Boston 1966; G. Lorz, Werbung, Lerntheorien im Dienste der Bedürfnismanipulation, in Wirtschaftswoche, Heft 7/ 1972 S. 39 ff.; W. Kroeber-Riel, Wie Werbung Konsumenten macht, in Wirtschaftswoche Heft 5/1971 S. 33 ff.; Lorz, aa.O., S. 41: »Die Werbung zur Einführung einer Marke (muß) mit dem Ansprechen eines Bedürfnisses eingeleitet werden, das in der Vorstellung des Verbrauchers bewußt oder latent existiert. Bedürfnisse können sein: Sehnsucht nach Geborgenheit, nach Sicherheit, nach Freundschaft, Liebe, das Durchsetzen von Prestigeansprüchen, Streben nach Gesundheit, Anerkennung, Genuß, Unabhängigkeit«.

eine bestimmte Richtung gibt, sie aktiviert, intensiviert, sie schließlich nach den Erfordernissen der Produktion ausrichtet. Die Werbung schafft sich selbst die Welt, die erforderlich ist, um die Produkte abzusetzen; sie setzt soziale Normen.[17] Die Hersteller »züchten Verhaltensweisen, strukturieren Wahrnehmung, Empfindung und Bewertung und modellieren Sprache, Kleidung, Selbstverständnis«,[18] um Gegenstände, die für den Techniker bloße Fertigerzeugnisse sind, in absetzbare Waren umzuwandeln.[19] Bedürfnisweckung und Bedarfsprogrammierung werden dabei nicht von heute auf morgen realisiert. Sie werden vielmehr durch Monate und Jahre dauernde Werbearbeit erreicht, die bezweckt, eine den Absatz fördernde Stimmung zu wecken und wachzuhalten, Konsumhemmungen abzubauen und bestehende Verhaltensweisen und Bedürfnisse umzufunktionieren. Das Ergebnis, die neue Konsumaktivität, stellt sich später von selbst ein.[20] Sie erscheint dem Verbraucher nicht als die Folge der Werbekampagnen, sondern seiner eigenen persönlichen Überzeugung, die sich auf eine neue einsichtigere Beurteilung gründet.

So glauben viele Franzosen, daß periodisch bei ihnen auftretende Verdauungsstörungen, allgemeine Müdigkeit und Migränen auf Störungen in der Funktionsweise der Leber zurückzuführen sind. Es handelt sich jedoch um eine medizinisch unhaltbare Auffassung, da es periodische Leberkrisen, wie sie vermutet werden, nicht gibt.[21] Daß dennoch dieser falsche Glaube so weit verbreitet ist, hängt vermutlich mit der Werbung der Mineralwasserproduzenten zusammen. Tafelwasser werden in Frankreich vor allem als Mittel angepriesen, die geeignet seien, die Leber in ihrer Funktion zu unterstützen. Ein weiteres Beispiel bietet der Markt für Herrenunterwäsche. Er war kleiner als derjenige für Damenunterwäsche und die Warenpalette beschränkt. Die Werbung der Herstellerfirmen propagiert seit einigen Jahren

---

17 Galbraith, The new industrial state, London 1967, S. 198 ff.
18 Haug, a.a.O., S. 125.
19 P. Brückner, Die informierende Funktion der Wirtschaftswerbung, Berlin 1967, S. 53.
20 Reizüberflutung und Informationsapathie der Verbraucher berechtigen daher noch lange nicht zu der Schlußfolgerung, Werbung habe ihre Wirksamkeit verloren. Schon der Umstand, daß selbst in den durch Werbung übersättigten Bereichen wie der Waschmittelbranche Reklame notwendig bleibt, um den erworbenen Marktanteil zu erhalten, ist ein Anzeichen dafür, welche Rolle sie für die Marktbeherrschung noch immer spielt. Zu der Auffassung, Werbung werde ständig wirkungsloser, weil der Verbraucher übersättigt sei, vgl. E. Frühsorger, Das lädierte Paradies, die Lockrufe der geheimen Verführer erreichen die Konsumenten immer weniger, in der Zeit 1973, Nr. 49, S. 49; Bericht der »Welt« Montag, 9. Mai 1972, Nr. 111 S. 9 über die Jahrestagung des Bundes deutscher Werbeberater.
21 Le Monde v. 3. 10. 1973 S. 16 »Le mythe de la crise de foie«.

sowohl den täglichen Wechsel der Unterwäsche als auch den Kauf von bunter Wäsche statt der herkömmlichen weißen. Die Männer, die nicht täglich ihre Unterwäsche wechseln, wurden in den Bildern der Werbung mit Schweineköpfen dargestellt. Träger bunter Unterwäsche dagegen sind junge sportliche Männer, die jede Situation mit einem Lächeln meistern können. Gleichzeitig wurden die Unterhosen aus schmiegsamen, neuen Stoffen mit neuen Formen gestaltet.[22] Das Erscheinungsbild des Mannes wurde verändert; neue Attribute der Männlichkeit normiert. Damit soll der Mann gezwungen werden, sich die Waren anzuschaffen, die ihm das diese Männlichkeit beweisende Erscheinungsbild geben. In der Tat ist der Anteil verkaufter bunter Unterwäsche sprunghaft gestiegen.

Die Jugendlichkeit als Leitbild der modernen sich ständig verändernden Welt ist ebenfalls ein von der Werbung stark geformtes und geprägtes Ideal.[23] Jugendliche werben für fast alle Waren: Sie setzen in der Reklame die Standards für das moderne, glückliche, erfolgreiche Leben. Sie bieten das Beispiel für sexuelle Anziehung. Ihre Welt ist die Welt der lebenswerten Erlebnisse. Wer sich den von ihnen gesetzten Trends entzieht, läuft Gefahr, unmodern, veraltet, abstoßend zu wirken. Jugendlichkeit bedeutet, schnell auf Neues zu reagieren, bereit zu sein, sich Gefahren auszusetzen und sich für den Fortschritt der Technik zu interessieren. Sie zwingt, Waren zu kaufen, die der neuesten Mode, der letzten technischen Innovation oder einer ungewöhnlichen Gestaltungsidee entsprechen.

Die Werbung liefert die Kontrollmaßstäbe für das, was jeder zu besitzen hat und bestimmt, wann er es sich anschaffen muß.[24] Konsum wird zum imperativen Geltungskonsum. Folgt man den dadurch gesetzten Regeln und demzufolge den von der Gesellschaft erwarteten Verhaltensweisen nicht, so setzt man sich der Gefahr gesellschaftlicher Sanktionen aus. In den Vereinigten Staaten z. B. galt in den fünfziger Jahren das Auto als Statussymbol. Fabrikat und Baujahr mußten mindestens dem jeweiligen Einkommen und Lebensstandard entsprechen. Jeder berufliche oder finanzielle Fortschritt drückte sich in einem teureren Auto aus. Wer das nicht mitmachen

---

22 Vgl. die Werbung für die »Eminence« – Herrenunterwäsche: »Das Leben ist voller Überraschungen. Eminence hilft, sie gelassen zu ertragen. Eminence ist zwar weniger als ein Anzug, aber sehr viel mehr als eine Unterhose. Die Farbe sorgt dafür, daß Sie angezogen aussehen. Auch wenn Sie fast nichts anhaben. Eminence bietet den Komfort feiner Unterwäsche – weich und angenehm auf der Haut ...« Dazu das Bild eines jungen Mannes, der seine Haustür in Unterhose öffnet und auf einen unerwarteten Besuch mit breitem Lächeln reagiert.
23 Vgl. H. Opaschowski, Der Jugendkult in der Bundesrepublik, Düsseldorf 1971, insbes. S. 54 ff.
24 C. Möller, a.a.O. (Fußn. 1), S. 127.

wollte, wurde in seinen Leistungen angezweifelt und in seiner beruflichen Fortentwicklung gefährdet. Das von der Werbung verbreitete Klischee, das Auto sei Symbol der eigenen Persönlichkeit, Ausdruck der eigenen Fähigkeit und Beweis der im Leben erbrachten Leistungen, wurde allgemein akzeptiert.[25]

Indem die Werbung durch den Inhalt ihrer Aussagen Analogien »zwischen den übrigen sozialen Handlungsbereichen im menschlichen Leben und der Warenwelt herstellt«, verstärkt sie die permanente Hinlenkung menschlicher Lebensäußerungen auf die Warenwelt[26] und damit die Tendenz, persönliche und soziale Probleme durch Kaufen zu überwinden. Ihre Bilder, Hinweise und Empfehlungen zeigen einen Weg, der aus den Frustrationen der Arbeitswelt und der Entfremdung in der Gesellschaft hinaus führt. Macht, Liebe, Schönheit, Jugendlichkeit, Erfolg, alles erwünschte Eigenschaften, können, falls sie in der Realität nicht gegeben sind, über Waren erlangt werden. Die Offerten auf dem Warenmarkt sind so zahlreich, daß jeder unbefriedigte Wunsch mittels eines Warenkaufs kompensiert werden kann. Liebe über D-Schmuck, der Glanz schöner Abende über H-Sekt, Komfort und Sicherheit über das S-Auto oder Männlichkeit über R-Zigarillos. Die Ersatzbefriedigung durch Konsum führt dazu, daß vor allem in der Mittelschicht und den ärmeren Bevölkerungsgruppen mit Hilfe von Kredit Güter gekauft werden, die weder gebraucht noch bezahlt werden können.

Werbung hat längst aufgehört, ein nur für den Bereich der Wirtschaft relevantes, ansonsten aber indifferentes Phänomen zu sein. Sie ist vielmehr ein für die Entwicklung der gesamten Gesellschaft relevanter Faktor,[27] dessen negative Folgen zu tiefgreifenden Veränderungen in den menschlichen Beziehungen führen können. Werbung und die daraus folgende Konsumorientierung beeinflussen die Bedürfnisstruktur, verstärken Bedürfnisse in einer bestimmten Richtung, schwächen sie in anderer ab und wecken neue Wünsche im Individuum. Die täglichen Eindrücke, Reize, Bilder, Sprüche, die zunächst vielleicht unbeachtet bleiben oder für das eigene Verhalten als irrelevant angesehen werden, summieren sich, gehen unmerklich in die Motivationszusammenhänge des Adressaten ein und steuern schließlich sein Verhalten. Der von den Herstellern propagierte, an den Bedürfnissen der Produktion ausgerichtete Lebensstil wird akzeptiert, bejaht und schließlich

---

25 Vgl. weitere Beispiele bei C. Möller, a.a.O., S. 72 f. 126 f.
26 C. Möller, a.a.O., S. 112.
27 Dies wird auch von Verfechtern der Werbung in ihrer heutigen Form zugegeben. Vgl. etwa R. Harris-A. Seldon, Advertising in Action, The Institute of Economic Affairs, London 1962, S. 336 f.

gegen jede qualitative Änderung verteidigt.28 Werbung kann somit im Endeffekt dazu beitragen, persönliche oder soziale Probleme zu schaffen oder ihre Lösung zu erschweren.
Das Auto z. B. ist mit einem bestimmten Lebensstil identifiziert worden. Damit wurde die Tendenz zum eigenen und die Vernachlässigung der öffentlichen Transportmittel gefördert. Indem die Werbung eine irreale Warenwelt in den Mittelpunkt des menschlichen Interesses stellt, erleichtert sie die Flucht vor der Wirklichkeit. Das Problem der Umweltverschmutzung wird etwa weniger akut empfunden als Fragen der Mode. Weil die Werbung dem Nachfrager den Überfluß als selbstverständlich darstellt, korrumpiert sie seine Einstellung gegenüber den Waren. Der Mensch kann sich nicht mehr vorstellen, daß ein Produkt auch nicht vorhanden sein könnte, daß anstelle der Waren, die ihm durch die Werbung als begehrenswert gelobt werden, einfachere oder funktionellere Produkte möglich sind. Die notwendige Typenbeschränkung, die Vereinheitlichung von Formen und Farben werden somit zunehmend schwieriger. Die Werbung kann schließlich Enttäuschungen, Frustrationen und ein gestörtes persönliches Verhältnis zur Umwelt verursachen. Der Konsument kann es als persönliches Versagen erleben, daß die Waren viel weniger halten als die Werbung ihm verspricht, daß der ihm täglich als erstrebenswert vorgeführte Lebensstil für ihn trotz ständiger Ausgaben nicht erreichbar ist.

2. Die Irrealität der Prämissen des Informationsmodells

Das Informationsmodell erkennt die dysfunktionalen Folgen des Marktmechanismus. Es geht jedoch davon aus, daß diese über den Konkurrenzmechanismus erheblich eingeschränkt werden, wenn Gesetzgebung, Information der Marktteilnehmer, Verbrauchererziehung und -beratung die Stellung des Konsumenten stärken. Dem Informationsmodell liegen also zwei Prämissen zugrunde:
a) Der Wettbewerb und die damit verbundene Verbrauchersouveränität gewährleisten, daß die Produktion sich an den Interessen und Bedürfnissen der Konsumenten orientiert; b) der Verbraucher ist in der Lage, seine Chancen auf dem Markt zu nutzen.

---

28 Vgl. H. Marcuse, Der eindimensionale Mensch, Neuwied und Berlin 1967, S. 21 ff., 32.

Die Grundsätze des konkurrenzwirtschaftlichen Modells gelten nur noch bedingt. An die Stelle der Wettbewerbswirtschaft ist die »organisierte Wirtschaft« getreten.[29] In den wichtigen Sektoren dominieren oligopolistische und monopolistische Marktformen. Die Unternehmen nützen den durch die Unvollkommenheit der Märkte gewährten Spielraum, um die Wirtschaftstätigkeit in ihrem Interesse zu lenken. Die Intervention des Staates, um Depression und Inflation zu vermeiden bzw. abzuwenden, hat ebenfalls die Einschränkung des freien Spiels von Angebot und Nachfrage zur Folge. So sind die Preise, wie das Beispiel der Agrarpreise in der EG zeigt, vielfach politische Preise, die außerhalb des Marktes ausgehandelt werden und die in der Gesellschaft bestehenden Machtverhältnisse widerspiegeln. Der Wettbewerb ist durch Marktplanungsmechanismen in dauerhafter Weise beschränkt worden und kann mit wettbewerbsfördernden Maßnahmen, wie sie etwa das Kartellgesetz vorsieht, kaum wiederhergestellt werden.

Die Annahme, der Wettbewerb gewährleiste immer ein optimales Angebot für den Verbraucher, ist nur sehr bedingt zutreffend.[30] Wettbewerb bedeutet, Rentabilität sichern. Das Gewinnmaximierungsprinzip zwingt die Unternehmen, ihre eigenen Interessen zu berücksichtigen. Sie werden auf die Belange der Verbraucher nicht achten, wenn sie dadurch ihre Position auf dem Markt schwächen. Dem Tierfutter werden Vitamine, Enzyme, Tranquilizer, Antibiotika, Hormone und Arsenikalien beigemengt,[31] um »Wachstumssteigerung«, »schnellere Gewichtszunahme«, »kürzere Mastzeit« und »Risikoverminderung« zu bewirken. Der Zusatz von Mitteln, welche die Gesundheit des Verbrauchers gefährden und auch nicht etwa von ihm gewünscht werden, ist für die Hersteller ein Gebot der »marktwirtschaftlichen Vernunft«. Ohne diese Bestandteile wären durchschnittlich fünf Kilogramm Futter, bei ihrer Anwendung dagegen sind nur drei Kilogramm Futter nötig, um ein Kilogramm Schlachtfleisch auszumästen. Unternehmen, die qualitativ hochwertige Nahrungsmittel produzieren, sind infolge der erhöhten Produktionskosten Grenzunternehmen. Obwohl sie zur Erhöhung der Lebensqualität des Verbrauchers beitragen, werden sie vom Wettbewerb nicht belohnt, sondern bestraft.

29 G. Myrdal, An International Economy, Problem and Prospects, New York, 1956, S. 25. Vgl. auch J. K. Galbraith, The new industrial state, London 1967, vor allem S. 166 ff.; F. Romig, Die ideologischen Elemente in der neoklassischen Theorie, Berlin 1971, S. 65.
30 Vgl. G. Eichler, Konsum und Lebensqualität, in Wissenschaftliches Studium im zweiten Bildungsweg, 25 Jahre Hochschule für Wirtschaft und Politik in Hamburg, Hamburg 1973, S. 149 ff. 161; R. Posner, Antitrust Policy and the consumer movement, The Antitrust Bulletin 15 (1970), 361 ff.
31 Vgl. »Der Spiegel«, a.a.O. (Fußn. 1).

Die zweite der Prämissen des Informationsmodells geht von der Annahme aus, daß der Verbraucher: a) seine Bedürfnissituation kritisch überblickt und seine Ansprüche sowohl nach Präferenzen ordnen als auch genau präzisieren kann; b) weiß, daß er beim Kauf von Waren und Dienstleistungen wegen der Vielfalt des Angebots ständig Vergleiche anstellen muß und dies auch tut; c) über genügend technisches und wirtschaftliches Wissen verfügt, um sämtliche Eigenschaften des angebotenen Gutes zu bewerten und zu entscheiden, bei welcher Ware die für ihn günstigste Relation von Qualität und Preis besteht; d) seine Rechte und Pflichten kennt, einen gerechten Interessenausgleich aushandeln kann und im Falle eines Konfliktes mit dem Anbieter alle ihm zur Verfügung stehenden Mittel einsetzt, um das gestörte Gleichgewicht wiederherzustellen.

Der Verbraucher hat jedoch entgegen dieser im Informationsmodell enthaltenen Annahme keine in allen Einzelheiten ausgearbeitete Präferenzstruktur.[32] Seine Ansprüche ordnet er grob nach Stufen, etwa Wohnung vor Ferienreise oder Privatauto vor Stereoanlage. Er vermag es jedoch weder, die Vielzahl seiner Bedürfnisse in das grobe Schema sicher einzuordnen, noch innerhalb der einzelnen Stufen alle möglichen Alternativen in eine Rangordnung zu bringen. Zwischen den einzelnen Stufen bestehen »amorphe Zonen«,[33] ein Ergebnis des Umstandes, daß der Konsument den Nutzen und die Konsequenzen seiner Entscheidungen nicht immer überschauen kann. Die Transparenz der Bedürfnisse und ihre Präzisierung setzt ausreichende Kenntnis der wirtschaftlichen und technischen Marktdaten voraus. Da z. B. nicht nur eine Stereokompaktanlage angeboten wird, sondern verschiedene Typen mit unterschiedlichen Leistungen, sollte der Verbraucher wissen, welche Eigenschaften die einzelnen Geräte haben und in welchem Maße diese zur Befriedigung seiner Bedürfnisse beitragen können. Er sollte etwa wissen, ob eine komplette Anlage der Zusammenstellung einzelner Geräte vorzuziehen ist, wie die Empfangs- und Wiedergabeeigenschaften zu beurteilen sind und welche Leistung der Verstärker erbringen muß. Er verfügt über diese Kenntnisse in aller Regel nicht, so daß er seine Bedürfnisse erst an Hand des Angebots konkretisiert. Die Präferenzstruktur wird durch Werbung und Angebot präformiert.

Die zweite der Prämissen des Informationsmodells beruht ihrerseits auf der Annahme eines überschaubaren Angebots. Das Angebot ist jedoch zu viel-

---

32 Vgl. zum Nachfolgenden auch E. Kuhlmann, Das Informationsverhalten des Konsumenten, Freiburg 1970; G. Scherhorn, Gesucht: der mündige Verbraucher, Düsseldorf 1973, S. 49 ff.; M. J. Trebilcock, Consumer Protection in the Affluent Society, McGill Law Journal 16 (1970), 263 ff., insbes. S. 276 ff.
33 Raffée, a.a.O., S. 60.

fältig, um transparent zu sein, die Quantität der Informationen zu groß, um verarbeitet zu werden. Sich einen genauen Marktüberblick zu verschaffen, etwa über Preisentwicklungen bei den benötigten Waren, vorhandene Produktvariationen, regionale Vorzüge, Saisonerscheinungen, Qualitätsunterschiede oder Preisnachlässe, würde fast die gesamte Arbeitszeit des Verbrauchers in Anspruch nehmen. Dieser strebt daher nicht ein Maximum, sondern eine von ihm als ausreichend erachtete Zahl von Wahlmöglichkeiten an. Oft jedoch verzichtet er darauf, verschiedene Alternativen zu erproben. Bei Autoreparaturen begnügt er sich z. B. in der Regel mit der nach aller Wahrscheinlichkeit zuverlässigsten Lösung, d. h. der Vertragswerkstatt des Autoherstellers. Die Suche nach anderen Werkstätten, die billiger, aber gleich gut sind, setzt Kenntnisse voraus, die nicht jeder hat. Alle Kraftfahrzeughandwerker der Stadt zu testen, scheint zu kostspielig und mühsam zu sein. Der Mangel an Informationen beschränkt die Suche nach günstigen Gelegenheiten.

Der Informationsaktivität werden durch die geringe ökonomische Dimension der Entscheidungen des Konsumenten Grenzen gesetzt. Falsche Dispositionen sind im Regelfall nicht existenzgefährdend. Hat man eine Geschirrspülmaschine gekauft, die sich als zu klein erweist, so wirkt sich die Fehldisposition in zusätzlicher Arbeitsbelastung, Enttäuschung und eventuell neuen Ausgaben zur Anschaffung eines größeren Apparates aus. Weil der Schaden keinen entscheidenden Einfluß auf die wirtschaftliche Existenz hat, fehlt der Anlaß zu einer erhöhten Informationsaktivität. Der Ertrag der vom Verbraucher angestellten Nachforschungen ist nicht meßbar oder jedenfalls zu gering, um lohnend zu erscheinen. Vor allem beim Kauf geringwertiger Güter, z. B. von Lebensmitteln, erscheint eine Kostenersparnis fraglich, wenn man bedenkt, daß die Beschaffung von Information einen zusätzlichen Zeitaufwand erfordert. Ist der Konsument, wie es in der Regel der Fall sein wird, berufstätig, so steht ihm nur eine begrenzte Zeit für Information zur Verfügung; der Wert dieser Zeit wird viel höher eingeschätzt als der eventuelle Vorteil aus dem günstigen Einkauf eines Gutes. Insofern können die »Kosten« für die Verbesserung des Informationsstands im Haushalt höher als der mögliche Ertrag einer vollständigeren Marktübersicht sein.[34]

Die Informationsaktivität bei Konsumenten mit geringem Einkommen ist noch geringer als in der Mittelschicht. Sie ziehen es vor, bei den ihnen be-

---

34 Vgl. B. Biervert, Wirtschaftspolitische, sozialpolitische und sozialpädagogische Aspekte einer verstärkten Verbraucheraufklärung, Forschungsbericht im Auftrage des Ministerpräsidenten des Landes Nordrhein-Westfalen, Köln 1972, S. 177; Birmingham, a.a.O. (Fußn. 1), S. 365.

kannten Geschäften ihres Wohnviertels zu kaufen, wo man auf ihre Bedürfnisse eingestellt ist und ein persönlicher Kontakt besteht. In solchen Geschäften erhalten sie viel leichter Kredit, auf den sie vielfach angewiesen sind. Je niedriger das Einkommen, desto verbreiteter ist die Auffassung, das Angebot müsse diskussionslos akzeptiert werden. Versuche, mehr Gegenwert für das zur Verfügung stehende Geld zu erhalten, erscheinen sinnlos.

Die dritte Annahme des Informationsmodells besteht in dem Postulat des vollständigen Wissens des Konsumenten über Nutzen und Wert der angebotenen Waren. Das individuelle Wissenspotential ist jedoch beschränkt. Den idealen Konsumenten, der die Arbeit einer Kfz-Reparaturwerkstatt vom technischen Standpunkt aus, den Preis und die Heilwirkung von Arzneimitteln, die wirtschaftliche und rechtliche Bedeutung der ihm bei einem Wertpapiergeschäft auferlegten Geschäftsbedingungen gleich gut beurteilen kann, gibt es nicht. Man kennt sich mehr oder weniger nur in dem mit dem eigenen Beruf oder der eigenen Ausbildung zusammenhängenden Gebiet aus. Das Wissenspotential kann auch nicht nach Belieben erweitert werden, um beim jeweiligen Kauf die günstigste Relation von Preis und Qualität (Beschaffungsoptimum) festzustellen. Art und Umfang der Informationsaktivitäten hängen vielmehr weitgehend vom bereits vorhandenen Kenntnisstand ab, werden also vom Bildungsniveau und der Einkommenshöhe beeinflußt. Mit steigendem Einkommen und besserer Schulbildung wächst das Informationsvolumen und die Bereitschaft, sich Informationen zu verschaffen. Verbraucher mit Abitur sind viel weniger von einer generellen Preiswürdigkeit überzeugt als solche mit Volksschulbildung.[35]

Das Informationsmodell impliziert, daß die Vermittlung »objektiver« oder »neutraler« Daten schon genüge, um den Verbraucher in eine Position zu versetzen, in der er eine rationale Entscheidung treffen kann. Die Daten werden als »für sich sprechend« betrachtet. Einfache Daten besagen für die meisten Verbraucher jedoch nichts und sind vielfach irreführend. Jede neu aufgenommene Information gewinnt ihre Bedeutung von der Struktur und dem Umfang des vorhandenen Informationsstocks her. Dieselbe Mitteilung über relevante Merkmale von Produkten kann subjektiv unterschiedlich aufgenommen und verarbeitet werden.

Dem Verbraucher ist wenig gedient, wenn die Gewichtsanteile der textilen Rohstoffe angegeben oder die synthetischen Fasern gekennzeichnet werden. Für die Mehrzahl der Konsumenten sind die Eigenschaften der Chemiefaser »Viskose«, die auf Zellulosebasis hergestellt wird, und der »Poly-

---

35 Vgl. Biervert, a.a.O., S. 165, 167, 168 und die Statistik bei Bluth, a.a.O., S. 42.

amide, die aus linearen Makromolekülen, deren Kette eine Wiederholung der funktionellen Amidgruppe aufweist«, produziert werden, unbekannt. Daten wie z. B. »80% Wolle, 11% Polyamid, 9% sonstige Faser« bieten zwar einen Orientierungspunkt für den Käufer, ermöglichen es aber nicht, seine Hauptfrage zu beantworten, nämlich: Ist das aus Polyamid oder sonstigen Chemiefasern hergestellte Produkt in gesundheitlicher Hinsicht dem aus Wolle gleichzusetzen? Bietet die Zusammensetzung von 80% Wolle, 11% Polyamid und 9% sonstigen Fasern den gleichen Schutz gegen Kälte und Feuchtigkeit wie ein reines Wollprodukt? Entscheidend ist die Frage nach dem Nutzen des jeweiligen Artikels, diese Frage kann vom Konsumenten aber nur beantwortet werden, wenn er über genügend Wissen verfügt, um derartige Daten aufzuschlüsseln. Da dies jedoch nicht der Fall ist, braucht er mehr als »neutrale« Informationen. Er benötigt Bewertungen, Orientierungshilfen über die relevanten Eigenschaften der für einen bestimmten Bedarf vorgesehenen Güter.

Die geringe Informationskapazität des Verbrauchers ist ein zusätzliches Hindernis für die Aufnahme und Verarbeitung der zur Feststellung des Beschaffungsoptimums nötigen Informationen. Die begrenzte Zahl der zum Haushalt gehörenden Personen, die geringen Mittel, die zur Lösung der sich stellenden technischen und wirtschaftlichen Fragen zur Verfügung stehen, verhindern eine systematische Sammlung und Verwertung von Fakten. Der Konsument ist zumeist auf sein Gedächtnis und die Erfahrung von Bekannten angewiesen. Zu viele oder unverständliche Informationen überfordern ihn und werden nicht aufgenommen.

Dem subjektiven Moment kommt schließlich eine grundlegende Bedeutung bei der Beurteilung des Beschaffungsoptimums zu. Die Präferenzen und Interessen der Käufer decken sich nicht. Eigenschaften, Qualität und Preiswürdigkeit der Güter können verschieden beurteilt werden. Was der Konsument kauft und worüber er sich informiert, hängt weitgehend von Faktoren ab, die sich aus Bildung, Beruf, Alter, Familienstand, sozialer Stellung ergeben.[36] Es können daher vom Standpunkt der Nachfrager aus mehrere Varianten gegeben sein, in denen eine günstige Relation zwischen Preis und Qualität besteht.

Die vom Informationsmodell vorausgesetzte bedingungslose Rationalität des Verbrauchers besteht in Wirklichkeit nicht. Zwar ist sein Verhalten kein »Konglomerat zielloser und willkürlicher Aktionen und Reaktionen«, er handelt auf Grund bestimmter Ordnungsvorstellungen.[37] Dieses Verhalten

36 Vgl. C. Möller, a.a.O., S. 72 ff.
37 Raffée, a.a.O., (Fußn. 1) S. 56 f.

wird jedoch weitgehend vom Wunsch nach Entlastung und der Bereitschaft, Informationen Dritter zu übernehmen, beeinflußt. Wird die Informationsaktivität als zu zeitraubend und zu wenig ertragreich angesehen, nimmt die Tendenz zu, das eigene Bemühen um Informationen einzustellen und sich mit Daten zu begnügen, die von anderen Personen oder Institutionen geliefert werden. Das Bestreben, weniger planen zu müssen, führt den Konsumenten zum Handeln auf Grund von »Vertrauenspositionen«.[38] Er nimmt etwa an, Markenartikel seien besser als namenlose Waren, Kaufhäuser billiger als Einzelläden, eine ihm von der Werbung her bekannte Ware gesünder als andere Lebensmittel.[39] Sein Beschaffungsoptimum ist dabei nicht die sich aus dem Vergleich aller Güter ergebende, unter dem Gesichtspunkt von Preis und Qualität beste Alternative; es folgt vielmehr aus der »Leistungshöhe«, die er sich beim Kauf als Mindestziel gesetzt hat. Ist sie erreicht, so wird die gegebene Lösung als gut angesehen. Der Kaufentschluß wird nicht nach sorgfältigem Abwägen zwischen den verschiedenen Angeboten gefällt. Er wird bereits dann gefaßt, wenn sich die Überzeugung gebildet hat, eine der vorhandenen Lösungen entspreche dem als Ziel gesetzten Anspruchsniveau.[40] Neben den rational geplanten Handlungen, die das

---

38 Raffée, a.a.O.; Erich u. Monika Streissler, a.a.O., (Fußn. 1) S. 18 f.
39 Folgende empirische Feststellung bestätigt diese Annahme: »Bei einer Erhöhung der Zahl der angebotenen Produkte wurde von den Versuchspersonen nicht die Möglichkeit der größeren Auswahl und damit die Chance, ein besseres Produkt zu finden, genutzt, sondern es wurde in verstärktem Maße jenes Produkt gekauft, über das die meisten Informationen angeboten wurden. Eine Vermehrung des Angebots substitutiver Varianten kann, so lautet die abgeleitete Hypothese, zu einer verstärkten Konzentration der Käufe auf das meistgekaufte Gut führen«. Kuhlmann, a.a.O., S. 86.
40 E. Schmalenbach, Der freien Wirtschaft zum Gedächtnis, Köln, Opladen, 3. Aufl. 1958, S. 71, hatte mit einem berühmten Beispiel auf das fehlende »Selektionsvermögen« des Abnehmers hingewiesen: »Ich brauchte seinerzeit einen neuen Regenschirm. Es war zu überlegen, wie ich in meiner Rolle als Abnehmer die in der freien Wirtschaft mir obliegende Pflicht der Auswahl am besten treffen könnte. In Köln gibt es, so nahm ich an, etwa 50 Läden, in denen man einen Regenschirm kaufen kann. Diese müßte ich pflichtgemäß alle aufsuchen und keinen, da es ungerecht wäre, auslassen. Dann gibt es schätzungsweise 200 Sorten Regenschirme für Herren. Da es ein schwarzer Regenschirm mit gebogener Krücke sein sollte, mag sich die Sortenzahl auf 100 ermäßigen. Nun aber geht es mir um einen möglichst dauerhaften Regenschirm, dessen Stoff, Stock und Mechanik lange hält und auch bei starkem Wind brauchbar bleibt. Ich fand bald heraus, daß allein um die Güte der Regenschirmstoffe auf Haltbarkeit und Wasserdurchlässigkeit zu prüfen, ein Kursus nötig sei, den ein Freund auf vier Wochen Dauer schätzte, geeignete Veranlagung des Lernenden vorausgesetzt. Auch die Mechanik sei, so meinte er, in ihrer Qualität verschieden, und man müsse schon etwas davon verstehen, wenn man eine sachkundige Auswahl treffen wolle. Diese Überlegungen führten dahin, daß ich, um mich und meine Familie mit dem nötigen Hausrat und der nötigen Bekleidung zu versehen, meinen Beruf aufgeben und dazu noch einen Assistenten

Informationsmodell als Regel ansieht, findet sich daher eine Vielfalt von Routinehandlungen (z. B. Kauf der gewohnten Marke), Impulshandlungen (z. B. Kauf eines Sonderangebots im Selbstbedienungsladen) und Zufallshandlungen (z. B. Kauf eines Gutes zwischen mehreren ähnlichen, bei denen man Qualitäts- und Preisunterschiede nicht feststellen kann); die angebliche Regel wird so zur Ausnahme.[41]

Die Schwierigkeiten, auf die der Verbraucher bei seiner Informationstätigkeit stößt, schildert folgendes Beispiel.[42] »Jemand möchte seine Wohnung mit einem Heizsystem ausrüsten. Sein erstes Problem wird sein, herauszufinden, wer ihn dazu fachlich beraten kann. Das kann der Einzelhändler sein, der Installateur, die Werbung des Herstellers, der Warenprospekt. Man kann zur Verbraucherberatungsstelle gehen, kann Warentests studieren, könnte einen Warenbeschreibungskatalog zu Rate ziehen (den es allerdings leider noch nicht gibt), kann sich an Gütezeichen orientieren u. a. m. Unser Verbraucher wird eine Menge Zeit aufwenden müssen und am Ende sehr unterschiedliche Informationen bekommen haben, d. h. unterschiedlichen Beeinflussungsversuchen ausgesetzt gewesen sein. Ob er damit wirklich weiß, welche Art von Heizung die für ihn zweckmäßigste ist, ob Elektrizität, Gas, Öl oder Koks vorzuziehen ist, welche Heizung die billigste ist in der Anschaffung, im Verbrauch, welche für die Gesundheit die empfehlenswerteste ist, welche die meiste Arbeit macht, das ist fraglich«. Angesichts dieser Sachlage ist die Schlußfolgerung nicht verwunderlich, es sei für den Verbraucher empfehlenswert, »sich nur flüchtig zu orientieren, impulsiv zu kaufen oder sein Kaufverhalten über längere Zeit konstant zu halten, beziehungsweise sich dem Verhalten anderer anzuschließen und sich dadurch für weniger günstigere Alternativen zu entscheiden«.[43]

Wie wenig realitätsgerecht die Vorstellung von einem Verbraucher ist, der jederzeit ein im Markt bestehendes Beschaffungsoptimum festzustellen vermag, ist an Hand von Beobachtungen und Experimenten mit »informierten Verbrauchern« ermittelt worden. Die Forschungsstelle für empirische Sozialökonomik in Köln richtete im Jahre 1971 mit Hilfe von Ehepaaren als

---

anstellen müsse. Dieses bedenkend, verzichtete ich auf jede Konkurrenzprüfung, ging in den nächsten Laden und kaufte unter zehn vorgelegten Schirmen einen ohne lange Prüfung und zahlte dafür, was gefordert wurde«.

41 Es ist daher kein Zufall, daß die meisten Verbraucher sich über Probleme und Fragen, die im Haushalt auftauchen, gut informiert fühlen und es nicht für notwendig erachten, besser informiert zu werden, vgl. Biervert, a.a.O., S. 165 und die Tabelle 4.2.6. ebd.

42 Von C. Möller, Ziel und Inhalt einer verbraucherpolitischen Strategie, Mitteilungsdienst VZ NRW 1970/1, S. 12 ff., 13.

43 Kuhlmann, a.a.O., S. 115.

Testpersonen an die Verbraucherberaterinnen in den Beratungsstellen des Landes Nordrhein-Westfalen zahlreiche Fragen, wie sie sich einem jungen Ehepaar bei der Gründung seines Haushalts stellen. Die Beraterinnen, die ja berufsmäßig Informationen sammeln, auswerten und weitergeben, erteilten mehr oder weniger unvollständige Auskünfte, konnten vielfach keine konkreten Angaben über Preise und Qualität machen, gaben widersprüchliche Ratschläge und waren nicht in der Lage, Geldfragen richtig zu beantworten. Nur zwei der 16 Beraterinnen verfügten über genügend Wissen, um vernünftige Ratschläge bei allen angesprochenen Problemkreisen zu geben.[44] In einem bereits in den zwanziger Jahren in den Vereinigten Staaten durchgeführten Experiment wurden sowohl Verbraucher als auch Verkäufer eines spezialisierten Geschäfts gebeten, die Qualität von neun verschiedenen Fabrikaten von Bettüchern auf Grund ihres Preises und ihrer sonstigen Eigenschaften der Reihe nach zu bestimmen. Verbraucher und Verkäufer erkannten und ordneten das schlechteste Fabrikat richtig ein. Ansonsten gingen die Meinungen auseinander. Die nach Ansicht der Verbraucher beste Qualität nahm nach den technischen Untersuchungen nur die siebente Stelle ein.[45]

Auch die letzte der Annahmen des Informationsmodells, der Verbraucher sei durchaus in der Lage, seine Rechte wahrzunehmen, trifft nicht zu. Der Konsument vermag beim Abschluß und der Abwicklung von Verträgen nicht seinen Standpunkt durchzusetzen. Der Weg zu den Gerichten ist ihm meistens zwar nicht formell, aber tatsächlich versperrt. Zu hohe Kosten und der unvermeidbare, hohe Zeitaufwand eines Prozesses lassen die Lage auch

---

44 Vgl. Biervert, a.a.O., S. 122 ff.
45 Vgl. Chase-Schlink, a.a.O., (Fußn. 1) S. 89 f.; Weiss, Marketers fiddle while Consumers burn, in Harvard Business Review, 46 (1968) 45 ff., 48, berichtet von einem Test, der die Fähigkeit der Verbraucher, die richtige Wahl zu treffen, messen sollte. Nach einer Untersuchung des Chemiekonzerns DuPont kauft der durchschnittliche Käufer in einem Supermarkt 13,7 Produkte in einem Zeitraum von 27 Minuten. Fünf Hausfrauen wurde der Auftrag gegeben, für höchstens 10 Dollar in einem Supermarkt 14 der Gattung nach bestimmte Waren zu kaufen. Sie sollten allein auf Grund des Verhältnisses von Preis und Menge die bestmögliche Wahl treffen. Die Qualität sollte nicht in Betracht gezogen werden. Nach dem Angebot des Warenhauses bestanden hinsichtlich dieser Produkte 246 Wahlmöglichkeiten. Die von den Hausfrauen benötigte Zeit überschritt in vier Fällen die von DuPont angegebene Durchschnittszeit. Es gelang ihnen nur in 51% der Fälle, den wirtschaftlichsten Kauf zu tätigen. Ein weiteres Beispiel bietet die von Hundhausen erwähnte verschiedene Beurteilung der gleichen Produkte durch die Testzeitschriften der zwei größten Verbraucherverbände der Vereinigten Staaten. Waren, die von einer Zeitschrift als befriedigend angesehen wurden, wurden von der anderen mit dem Prädikat »nicht empfehlenswert« gekennzeichnet. Vgl. C. Hundhausen, Markttransparenz, Wirtschaftswerbung und Verbraucher-Warentests, Zeitschrift für handelswissenschaftliche Forschung 1962, 271 ff., 276 f.

dann als hoffnungslos erscheinen, wenn seine Rechtsposition günstig ist. Schließlich widerlegt die tägliche Erfahrung die Behauptung, der Konsument sei gewillt, seine Rechte geltend zu machen und der Übervorteilung und Täuschung durch die Produzenten entgegenzutreten. Falsche oder irreführende Informationen, minderwertige Qualität usw. werden in der Regel als unvermeidbar hingenommen, sie führen nicht zu negativen Reaktionen, werden nicht aufgegriffen und daher auch nicht gerichtlich verfolgt.

3. *Gesetzliche Informationspflicht der Anbieter*

Die am Informationsmodell orientierten rechtlichen Aussagen zielen darauf ab, die Anbieter durch einen beschränkten rechtlichen Zwang zu veranlassen, mehr Information über ihre Leistungen zu gewähren. Es erscheint jedoch fraglich, ob die Unternehmer in der Lage sind, die manipulative Beeinflussung der Konsumenten entscheidend einzuschränken. Dies wird am Beispiel der Werbung deutlich.
Die Vorschrift des § 3 UWG gewährt einen Unterlassungsanspruch, wenn irreführende Angaben über geschäftliche Verhältnisse gemacht werden. Eine Irreführung liegt vor, wenn nach der Auffassung des Käuferkreises, an den sich die Ankündigung richtet, die aufgestellten Behauptungen in einem Sinne verstanden werden, der den tatsächlichen Verhältnissen nicht entspricht. § 3 UWG erfaßt also die Täuschung des Käufers. Eine Ergänzung dieser Regelung unter dem Gesichtspunkt des Verbraucherschutzes könnte demnach nur eine Erhöhung des Informationsgehaltes der Werbung anstreben. Die Hersteller müßten zur objektiven Information über die angebotenen Waren, zu richtigen und zuverlässigen Angaben verpflichtet werden.[46]
Die heutige Werbung vermittelt über ein Produkt keine Tatsacheninformationen, die auf Grund irgendeines Maßstabes auf ihre Richtigkeit oder Objektivität hin überprüft werden können. Der Verbraucher soll nicht über die objektive Beschaffenheit der Ware Bescheid wissen, sondern sie mit einem bestimmten Image in Verbindung bringen. Für die

---

46 Auf dem rechtspolitischen Kongress der SPD von 1972 wurde die Forderung erhoben, Werbung dann als unlauter zu bezeichnen, »wenn sie unwahre, unvollständige, unsachliche oder zur Täuschung geeignete Angaben über die Eigenschaften, den Preis und den Wert der Ware oder über die Kaufbedingungen enthält«, vgl. Ramm, in Gerechtigkeit S. 76.

Werbung ist Information »grundsätzlich jeder Reiz, auf dessen Übermittlung hin irgendein Erfolg im Empfänger eintritt«.[47] Sie gibt insofern ein »objektives« Bild der Warenwelt wieder, als sie eindeutig für den Verbraucher umschreibt, »welchen sozialen, kulturellen oder auch sexuellen Symbolgehalt Produkte oder Dienstleistungen haben«.[48] Eine Erhöhung des Informationsgehalts ist bei einer solchen Konzeption von Werbung schwerlich möglich. Wenn ich »Kellogs' Cornflakes« kaufe, weil sie ein »Sonnenschein-Frühstück für die ganze Familie« bieten, ist nicht ersichtlich, welche zusätzlichen Informationen mir vom Hersteller angeboten werden sollen, damit ich mich dem Gebrauchsnutzen der Ware zuwende. Die Unterscheidungsgrenze zwischen wahr und falsch, Realität und Schein ist hier verwischt. Der Anspruch an die Konsumwerbung, den Käufer mit wahren, vollständigen und sachlichen Angaben zu versorgen, ist also falsch gestellt. Da Konsumwerbung emotional und manipulativ beeinflussen will, können warenkundliche Informationen, die eine Urteilsbildung erlauben würden, nur als Nebenprodukte anfallen.[49]

Diese Feststellung kann verallgemeinert werden. Die Informationsleistungen der Anbieter, etwa Preismitteilungen, Beratungen, Warenvorführungen etc., sollen nicht den Verbraucher unterrichten, sondern ihn so beeinflussen, daß er seine Wahl zugunsten der Produkte des jeweiligen Unternehmens trifft. Ihnen ist die Tendenz »zur einseitigen Information, zur Informationsfärbung und eventuell sogar zur Informationsverfälschung«[50] immanent. Fehler und schwache Stellen des eigenen Angebots werden verschwiegen.[51] Der Versuch, die Unternehmer zu zwingen, den Konsumenten vollständig über die Eigenschaften ihrer Waren zu informieren, hat daher eine Grenze.[52] Die Anbieter werden mit jeder Aufklärung immer dann aufhören, wenn die Gefahr besteht, daß der Verbraucher sich ein negatives Urteil über das Angebot bildet.

---

47 Brückner, a.a.O. (Fußn. 19) S. 87.
48 Brückner, a.a.O., S. 54.
49 C. Möller, Gesellschaftliche Funktionen der Konsumwerbung, Stuttgart 1970, S. 119.
50 Raffée, a.a.O., S. 105.
51 Die Werbung mit Antitranspirants und Deosprays erweckt mit Schlagworten und Werbeslogans wie »Bannt Körpergeruch«, »Bannt Schwitzflecken«, »Hält Achseln trocken«, »Hemmt Achselnässe für einen langen Tag« den Eindruck, daß beim Gebrauch dieser Mittel das Schwitzen ausbleiben werde. Nach den Feststellungen der Stiftung Warentest ist dies aber mit den z. Z. angebotenen Produkten keineswegs der Fall. Die Prüfungen ergaben, daß allenfalls eine Schweißreduktion zwischen 10 und 30 Prozent erreicht wird. Vgl. Verbraucherdienst Ausgabe B, November 1974, S. 245.
52 Vgl. Biervert, a.a.O., S. 178.

Wie wenig erfolgreich bisher die Bemühungen um einen höheren Wahrheitsgehalt der Herstellerinformation waren, zeigt sich in Gebieten, wo freiwillige Regelungen bestehen, die die Vermittlung warenkundlicher Nachrichten gewährleisten sollen. Die Richtlinien für die Herstellung und Kennzeichnung süßer alkoholfreier Erfrischungsgetränke[53] gestatten den Gebrauch der Bezeichnung »Orangensaftgetränk« für Getränke, die nur 6% wirklich aus Orangen gepreßten Saft enthalten. Sie gestatten es weiter, daß diese Getränke in Flaschen verkauft werden, die mit Bildern von Orangen etikettiert sind.[54] Die Reiseveranstalter hatten im Jahr 1973 mit dem Motto »mehr Wahrheit in der Werbung« geworben. Ihre Reisekataloge sollten informativ sein, um dem Urlaubsuchenden seine Wahl zu erleichtern. Das Zweite Deutsche Fernsehen überprüfte bei 16 Reisekatalogen für die Sommer-Saison 1973, inwieweit die enthaltenen Angaben die Realität am Urlaubsort zutreffend wiedergaben. »Das Ergebnis fiel überraschend schlecht aus. Die von den Reiseveranstaltern selbst festgelegte Norm an Mindestinformation in einer Hoteloferte wurde im Durchschnitt in keinem Programm erreicht«. Die Prospekte verschwiegen vielmehr in ca. 50% der Fälle Informationen, die für die Wahl eines Hotels ausschlaggebend sein könnten.[55]

4. *Unterrichtung der Verbraucher mit Hilfe von Drittinstitutionen*

Angesichts der Mängel der einseitigen Information durch die Anbieter einerseits und der Unzulänglichkeit der Informationsaktivität der Verbraucher andererseits ist in der Unterrichtung der Konsumenten mit Hilfe von Drittinstitutionen ein Weg zur Verbesserung ihres Informationsstandes gesehen worden. Drittinstitutionen sollen »neben Anbietern und Haushalten eine Erkundung des Beschaffungsmarktes vornehmen«; ihnen sollen die vom Haushalt nur mangelhaft erfüllten Funktionen der »Infor-

---

53 Abgedruckt bei Zipfel, Lebensmittelrecht, Loseblattsammlung, München, S. C 341 ff. Die Richtlinien sind von den Fachverbänden der Hersteller entworfen worden.
54 Nach Abschnitt II Z. 7 der Richtlinien ist ein bildlicher Hinweis auf die saftliefernde Frucht gestattet. Vgl. Verbraucherrundschau H. 5, Mai 1974, S. 8 f.
55 Vgl. Test, Juni 1973, S. 295 f. Die Untersuchung der OECD, Consumer Policy in OECD Member countries, Paris 1972, S. 11 bemerkt, daß die freiwillige Kennzeichnung auf Initiative der Hersteller oder Kaufleute vielfach unvollständig, nicht einheitlich in der Form ist, den Vergleich zwischen den konkurrierenden Produkten nicht erleichtert und beim Verbraucher den Eindruck der guten Qualität wecken will.

mationsgewinnung, -verarbeitung und -abgabe teilweise übertragen werden«. Unter Drittinstitutionen sind organisatorische Einheiten zu verstehen, »deren Eigeninteresse einer unverfälschten Information der Informationsempfänger nicht entgegensteht«.[56] Vor allem dürfen sie in keinem Abhängigkeitsverhältnis zu Unternehmen stehen. Drittinstitutionen können etwa Preisvergleiche vornehmen, Qualitätsnormen wie etwa Gütezeichen und Handelsklassen festlegen, vergleichende Warentests durchführen und die Massenmedien einschalten, um eine ausreichende Publizität hierfür sicherzustellen.

Die Versorgung des Konsumenten mit leicht zugänglichen, die optimale Bedürfnisbefriedigung erleichternden wirtschaftlichen und technischen Daten kann seine Stellung am Markt erheblich verbessern. Sie kann dem Konsumenten, der planend vorgehen will, helfen, bei der Sammlung von Informationen Fehler zu vermeiden und eine Rangordnung der für seine Kaufentscheidung relevanten Alternativen zu bilden. Die einerseits gesellschaftlich bedingten, andererseits individuellen Grenzen, denen die Verbraucher hierbei wegen fehlender Kenntnisse, geringer Bildung, beschränkter Informationskapazität, dem Wunsch nach Entlastung usw. unterworfen sind, beschränken jedoch die Bedeutung jedes Informationsverfahrens. Hinzu kommt vor allem, daß die Verbesserung der Informationssituation sich auf eine Reihe von Ursachen, die die Ohnmacht des Verbrauchers bedingen, gar nicht auswirken kann.

a) Die Situation am Markt ist viel zu verworren. Der Käufer ist auch dann, wenn ihm eine Drittinstitution die Marktübersicht verschafft, die er selbst nicht erreichen kann, nicht in der Lage, die erwünschten optimalen Kaufentscheidungen zu treffen. Die gegebene Information bleibt wegen der Komplexität der Marktzusammenhänge so undurchsichtig, daß sie wertlos ist.

Mitte März 1973 beispielsweise führte das Bundeskartellamt im Berliner Einzelhandel eine Erhebung über die Preise von 40 Erzeugnissen des täglichen Bedarfs eines Vier-Personen-Haushalts durch.[57] Dabei wurden wie immer große Preisunterschiede bei einzelnen Artikeln festgestellt. 500 Gramm mageres Schweinekotelett kosteten zwischen 3,98 und 6,74 Mark, ein und dasselbe Pulverkaffeefabrikat wurde zu einem Preis zwi-

---

56 Raffée, a.a.O., S. 180, S. 208. Zur Vermittlung neutraler Informationen an die Verbraucher vgl. auch Jean Meynaud, Better buying through consumer information, Organization for European Economic Corporation, 1961; H. Thorelli, Consumer Information Programmes, International Consumer 1972 H. 3 S. 15 ff.
57 Vgl. Test Heft 6/1973, S. 254.

schen 4,98 und 8,25 Mark angeboten. Allerdings hatte sich, was die Preise anbetrifft, bei den einzelnen Vertriebsformen des Einzelhandels eine starke Anpassung vollzogen. Der Gesamtpreis des Test-Warenkorbs unterschied sich im Warenhaus, beim organisierten Lebensmittelfachhandel oder im Verbrauchermarkt nur geringfügig. Das Ergebnis formulierte die Zeitschrift Test folgendermaßen: »Danach gibt es also für den Gesamteinkauf keine ausgesprochen »billigen« und »teuren« Läden. Günstig kauft man nur dann ein, wenn man jeweils die »Rosinen« aus dem Angebot herauspickt«. Dies bedeutet jedoch, daß der Verbraucher bei jedem Einkauf die zahlreichen untersuchten Geschäfte aufsuchen müßte, um auf Grund umfangreicher Preis- und Qualitätsvergleiche (es gibt etwa 52 verschiedene Preise für Pulverkaffee und mindestens 10 Sorten Waschmittel) diese »Rosinen« herauszufinden. Eine unmögliche Aufgabe. Ein weiteres Beispiel: Der telefonische Preistip der Verbraucherzentrale Hamburg vom Donnerstag, dem 5. Juli 1973, informierte über Sonderangebote. Wer den Ansagedienst anrief, erfuhr, ein Pfund Tomaten koste bei Karstadt 0,65 DM, bei Pro 0,69 DM und bei Divola-Hamburg ebenfalls 0,69 DM. Kaum ein Käufer wird aber bei Karstadt im Zentrum der Stadt einkaufen, nur um 0,04 DM pro Pfund zu sparen. Auch die weitere Information, ein Pfund Kalbsrollbraten koste bei Spar 5,78 DM, ein Pfund Sauerbraten bei Divola-Hamburg 5,48 DM, ist wenig aufschlußreich. Denn über die Qualität der Ware wird nichts mitgeteilt, was wahrscheinlich telefonisch auch gar nicht möglich ist. Ein Vergleich des Käufers an Ort und Stelle kann jedoch solche Kosten verursachen, daß der Vorteil aus der Information durch die Drittinstitution verlorengeht.

Die neue Verordnung über Preisangaben[58] sieht vor, daß auch alle Dienstleistungen preisauszeichnungspflichtig sind, so etwa Auto-Reparaturen oder Bauhandwerkerarbeiten. Eine solche Novellierung des Preisauszeichnungsrechts wird zweifelsohne vermehrte Information für den Verbraucher mit sich bringen. Es fragt sich jedoch, ob damit auch seine Entscheidungen erleichtert werden. Werden etwa – wie vorgesehen –, die Stundenlohnsätze für die Arbeitszeit für den Kunden einsehbar, so kann er auf die Höhe der Rechnung trotzdem kaum schließen, denn er weiß ja nicht, ob ein Meister, ein Geselle oder ein Lehrling den Schaden beheben wird. Er vermag auch nicht zu beurteilen, ob ein Handwerker über die Ausrüstung verfügt, mit der er die Reparatur möglichst schnell durchführen kann, oder ob er dafür dreimal mehr Zeit braucht als sein Kon-

---

[58] Vgl. oben Kapitel II Abschnitt 7.

kurrent, dessen Arbeitszeitwerte zwar teurer sind, der aber im Endergebnis billiger arbeitet. Außerdem ist das Verfahren zur Berechnung der aufgewendeten Arbeitszeit recht unterschiedlich. Es gibt Firmen, die jede angebrochene Viertelstunde und andere, die nur die tatsächlich geleistete Arbeitszeit in Rechnung stellen. Einen Ausweg aus dieser Situation sollen Fest-Preise für Standardreparaturen bieten, etwa für das Auswechseln des Temperaturreglers bei Kühlschränken oder der Laugenpumpe bei Waschmaschinen.[59] Aber auch bei einem solchen Verfahren – selbst wenn man davon absieht, daß es etwa über 2000 Reparaturpositionen bei Autoreparaturen gibt und man deshalb bei einem nicht genaue lokalisierten Schaden auf unverbindliche Schätzungen angewiesen ist – bleibt das Problem, das günstigste Angebot festzustellen, vielfach unlösbar. Die Unterschiede im Preis für einen Unterbodenschutz oder eine Hohlraumkonservierung bei einem VW 1300 betrugen im Jahre 1972 im Raum Köln-Bonn nach einer Untersuchung des Instituts für angewandte Verbraucherforschung bis zu 200 Prozent. Diesen Service boten im gleichen Raum 374 Firmen an. Das dazu nötige Material wurde von vielen verschiedenen Herstellern angeboten, allein für den Dauerunterbodenschutz gab es etwa 15 Marken sowie Produkte ohne Marke. Wenn man noch dazu in Betracht zieht, daß »weder ein hoher noch ein niedriger Preis dem Verbraucher die Gewähr für qualitativ hochwertige Ausführung der Arbeit gaben«,[60] war eine schnelle Entscheidung des Kunden, die ihm den optimalen Nutzen brachte, kaum möglich.

b) Werden dem Verbraucher, wie im Falle eines Preisvergleichs oder eines Warentests, konkrete Orientierungshilfen gegeben, so sind die Angaben so schnell überholt, daß sie ihm nur wenig nützen. Die Informationsleistungen der Drittinstitutionen können mit dem Tempo der wirtschaftlichen und technischen Veränderungen nicht Schritt halten.
So führte die Arbeitsgemeinschaft der Verbraucher (AGV) im Jahre 1973 Preiserhebungen durch, deren Ergebnisse den Verbrauchern, die in den Testgebieten wohnten, als konkrete Einkaufshilfe zur Verfügung gestellt wurden. Diese Preistests sind von der AGV[61] als ein beachtliches

---

59 Vgl. Test 1970, 270 f.; 1973, 157 ff., siehe auch Verbraucherdienst, Ausgabe B, März 1975, S. 55 ff. (Kundendienst für Haushaltsgroßgeräte, Erst wenige Firmen arbeiten mit festen Preisen für Standardreparaturen); Test 1974, 613 ff. (Feste Preise oder feste zahlen).
60 Test 1973, 306.
61 Vgl. das Aktionsprogramm der AGV vom 29. 5. 73, VPK Nr. 22/1973, S. 9 f.

neuartiges Verfahren, das »eine wichtige informatorische und aufklärerische Funktion erfüllt«, herausgestellt worden. Die verbesserte Marktübersicht solle auch zur »Stabilisierung« des Preisniveaus beitragen. Ein Bericht der Frankfurter Rundschau[62] scheint jedoch diesen Optimismus nicht zu rechtfertigen. Eine Hausfrau, die einen Bügelautomaten in einem Geschäft kaufen wollte, das in der Liste der preisgünstigsten aufgeführt war, konnte ihn dort nicht finden. Im Geschäft konnte sich auch niemand daran erinnern, daß er zu dem Preis, der in der Liste angegeben war, angeboten worden wäre. Bei sechs weiteren Firmen waren die Bügelautomaten noch zum angegebenen Preis zu haben, zwei Geschäfte boten ihn billiger an als zuvor, in einem Laden wurde berichtet, daß zwei Elektrohersteller neue Preislisten geschickt hätten, nach denen ihre Geräte schon in den nächsten Tagen um fünfzig Mark teurer würden. Der Preistest hatte also schon fünfzehn Tage nach seiner Durchführung nur noch einen bedingten Aussagewert.
1970 prüfte die Stiftung Warentest 17 Geschirrspülmaschinen. Das Test-Qualitätsurteil »gut« erhielten fünf Apparate, die Siemens Lady LWG 5020 schnitt am besten ab. Zwei Jahre später wurden nunmehr 24 Maschinen getestet. Von den geprüften Modellen, die weitgehend von den gleichen Herstellern wie im Jahre 1970 stammten, trugen jedoch nur noch drei genau die gleiche Bezeichnung wie damals. Die Siemens Lady LWG 5020 erhielt bei diesem zweiten Test nur das Prädikat »zufriedenstellend« und rangierte hinter 16 anderen Spülmaschinen. Die besten Qualitätsurteile bekamen Modelle, die es vor zwei Jahren noch nicht gab. Die Geräte verschiedener Hersteller, die 1970 mit zufriedenstellend bewertet worden waren, wurden in ihrer weiterentwickelten Form als »gut« eingestuft. Hätte sich ein Verbraucher demnach beim Kauf einer Geschirrspülmaschine im Januar 1972 an den Test-Kompaß des Jahres 1970 gehalten und sich für die damals als beste bezeichnete Maschine entschieden, so hätte er eine falsche Wahl getroffen.

c) Bei der technischen Kompliziertheit vieler Waren müssen die Informationen der Drittinstitutionen, um Orientierungshilfen zu sein, Hersteller- und Produktnamen präzisieren, Bewertungen vornehmen und Urteile aussprechen. Die vom Textilkennzeichnungsgesetz vorgeschriebenen Fasernamen können weder etwas über die Qualität der Faser, die sehr unterschiedlich ist, noch über mögliche chemische, thermische und mechanische Schädigungen im Fabrikationsprozeß aussagen. Will man dem Verbraucher

---

62 Vom 15. 10. 1973.

z. B. bei dem Kauf eines Hemdes helfen, so muß man ihm mitteilen, welcher der Hemdenhersteller die Luftdurchlässigkeit des Materials stark reduziert hat oder welche Verarbeitung einer Verfärbung vorbeugt. Konkreten Hinweisen sind jedoch, wie die Rechtsprechung zum Warentest zeigt, rechtliche Grenzen gesetzt. Um juristisch unanfechtbar zu sein, setzen Drittinformationen eingehende Untersuchungen voraus. Damit werden jedoch auch die Möglichkeiten einer schnellen und umfassenden Informierung der Verbraucher drastisch beschränkt.

d) Die Information durch Drittinstitutionen kann den Konsumenten auch nicht vor Gefahren schützen, die sich aus den angewandten Produktionsmethoden ergeben. Befindet ein Wareninstitut, daß von neun angebotenen Schlankheitssuppen fünf »zufriedenstellend« seien, so ist zwar dem Verbraucher der Überblick erleichtert, aber die Frage noch nicht entschieden, ob sie den aus ernährungsmedizinischer Sicht erwünschten und vielleicht erreichbaren Grundsätzen entsprechen. Schlankheitssuppen verwenden unverdauliche Quellstoffe, die ein länger anhaltendes Sättigungsgefühl vermitteln, ohne dem Körper entsprechende Kalorien zuzuführen. Die Nebenwirkungen einer langfristig hochdosierten Einnahme von Quellstoffen, wie sie bei regelmäßigem Verzehr einer solchen Suppe erfolgt, sind jedoch unbekannt. Darüber hinaus besteht die Gefahr, daß bei einer Ernährung mit solchen Suppen der Körper mit lebensnotwendigen Substanzen nicht versorgt wird.[63] Der vergleichende Warentest informiert den Verbraucher über diese Aspekte nicht. Er kann auch nicht bewirken, daß die Produzenten Schlankheitskost anbieten, die diese Nachteile nicht aufweist.

Dieses Beispiel betrifft einen Teilbereich der sich aus der Verwendung chemischer Stoffe ergebenden Problematik.[64] Heute sind zahlreiche Gesundheitsschäden bekannt, die auf Substanzen zurückzuführen sind, die früher als harmlos galten. Das als Pestizid angewandte DDT wird beim Verzehr besprühter Lebensmittel im menschlichen Körper in hohen Mengen gespeichert; das hat u. a. zur Folge, daß die Wirkung eingenommener Arzneimittel abgeschwächt wird. Der viele Jahrzehnte als Zusatzstoff zu Nahrungsmitteln gebrauchte Farbstoff »Buttergelb« kann Krebs verursachen. Am Contergan-Fall zeigte sich, daß Arzneimittel teratogene Wirkungen haben können. Diese bekannten Fälle können durch ein gesetzliches

---

63 Vgl. Test 1974, S. 91; Frankfurter Rundschau v. 22. 3. 1974 S. 31: »Daß eine längerandauernde Verwendung dieser Appetit-Täuscher unter Umständen zu gesundheitlichen Schädigungen führen kann, wollen namhafte Wissenschaftler jedenfalls so lange nicht ausschließen, bis gegenteilige Beweise vorliegen«.
64 Vgl. zum Nachfolgenden Bour-v. Kreybig, a.a.O. (Fußn. 2).

Verbot in bestimmtem Umfang geregelt werden. Die Frage nach dem Schutz des Menschen vor möglichen schädlichen Folgen der Beimengung von Chemikalien bleibt im wesentlichen jedoch offen. Kleine Mengen oder Rückstände, die keine unmittelbaren Wirkungen haben und als bedenkenlos gelten, können bei regelmäßiger Einnahme zu Änderungen in der körperlichen Konstitution führen, vor allem die Gesundheit schwächen oder das Erbgut verändern. Möglichen Schädigungen kann man hier nicht mit Information und Aufklärung zuvorkommen. Der Konsument kann die Information nicht beachtet oder nicht erhalten haben. Er wird im Regelfall nicht in der Lage sein, die Gefährdung zu beurteilen. Die Verbraucherzentrale Hamburg z. B., sozusagen ein professionell informierter Verbraucher, teilte in einem von ihr herausgegebenen »Journal« mit, Rückstände von Geschirrspülmitteln seien für den menschlichen Organismus ungefährlich. Die Wirkung der im Haushalt gebrauchten verschiedenen Reinigungsstoffe ist jedoch bisher kaum untersucht und die gesundheitlichen Konsequenzen der Reste von Spülmitteln, die bei jeder Mahlzeit in geringen Mengen mit der Nahrung aufgenommen werden, stehen nach medizinischen Aussagen keineswegs fest.[65] Der Verbraucher wird entweder ähnlich der Verbraucherzentrale der einen oder anderen Meinung folgen, die ihm zufällig bekannt wird, oder aber das Produkt unbesehen kaufen.
Höchstwahrscheinlich ist diese letztere Alternative die einzige für ihn bestehende Möglichkeit. Wird die Verwendung eines Stoffes gestattet, der dazu beitragen kann, die Produktionskosten erheblich zu senken, etwa Phosphatsalz bei der Herstellung von Wurst, so ist anzunehmen, daß alle Produzenten die ihnen gebotene Chance ohne Rücksicht auf Verbraucherinteressen und -wünsche nützen werden. Eine Wahlmöglichkeit gibt es dann für den Konsumenten nicht.
Informationen von Drittinstitutionen können in den geschilderten Fällen also, wenn überhaupt, nur nachträglich den Produktionsprozeß beeinflussen. Die Priorität der Gesundheit und körperlichen Unversehrtheit vor dem konkurrierenden wirtschaftlichen Interesse der Hersteller muß jedoch bereits bei der Produktion gewährleistet werden. Das Informationsmodell ist dort, wo die Gefahr besteht, daß bei der Produktion die Priorität bestimmter Güter wirtschaftlichen Überlegungen geopfert werden soll, meistens wirkungslos. In solchen Fällen bürdet es vielmehr dem Verbraucher das Risiko und die Nachteile einer Entwicklung auf, die andere für ihn entschieden haben. In den skandinavischen Ländern steht man daher den vergleichenden Warentests vor allem aus diesem Grund zurückhaltend

---

65 Bour-v. Kreybig, a.a.O., S. 752.

gegenüber.66 Nach der dortigen Auffassung ist es sinnvoller, die Ansichten und Wünsche der Verbraucher bereits bei der Planung eines Produkts in Betracht zu ziehen. Statt der Überprüfung von fertigen Produkten wäre dann der Test bzw. der Vergleich von Prototypen angebracht.

e) Die Information durch Drittinstitutionen hat schließlich eine viel geringere Resonanz als die von den Produzenten verbreiteten Nachrichten. Die Unternehmer verfügen über wirksamere Kommunikationsmittel. Bund und Länder haben für verbraucherorientierte Institutionen und Maßnahmen 1970 insgesamt rund 12,2 Mill. DM ausgegeben. Die Ausgaben der privaten Wirtschaft für die Werbung beliefen sich dagegen nach Schätzungen auf ca. 20 Mrd.67 Die ungeheure Diskrepanz der eingesetzten Mittel spiegelt sich notwendigerweise in ihrer Wirkung wider. Die Grundeinstellung der Bevölkerung und damit die öffentliche Meinung wird von der Werbung beeinflußt. Zwar ist die Reklame nur einer unter vielen meinungsbildenden Faktoren. Von den anderen ist jedoch nur in beschränktem Umfange Gegenpropaganda zu erwarten. Je stärker beispielsweise die wirtschaftliche Abhängigkeit der publizistischen Medien von den Anzeigenkunden, desto virulenter die Gefahr einer Begünstigung von absatzfördernden Entwicklungen. Zu Gunsten der Herstellerinformation wirkt sich schließlich die von den Unternehmern selbst favorisierte allgemeine Einstellung, »die die soziale Wertigkeit des Kaufens und des Besitzens«68 bejaht. Kritik wird als Versuch aufgefaßt, die Unternehmer zu verketzern und ihre Leistungen in Abrede zu stellen.

5. *Die Tätigkeit bestehender Drittinstitutionen*

Die bestehenden Institutionen, die der Vermittlung von Informationen an den Verbraucher dienen, sind ein gutes Beispiel dafür, daß Lösungen, die vornehmlich auf dem Informationsmodell beruhen, die Lage der Verbraucher nicht entscheidend zu verbessern vermögen.

1. Die Stiftung Warentest wurde Ende 1964 von der Bundesregierung errichtet. Ihr wurde die Aufgabe übertragen, die Öffentlichkeit »über ob-

---

66 Vgl. OECD, Consumer policy in OECD Member Countries, Paris 1972, S. 9.
67 Vgl. Biervert, a.a.O., S. 54.
68 H. Kohl, Die »Verwässerung« berühmter Kennzeichen, Berlin 1975, S. 124.

jektivierbare Merkmale des Nutz- und Gebrauchswertes von Waren und Leistungen« zu unterrichten.[69] Zur Erreichung dieses Zwecks sollte die Stiftung »in einem eine sachgerechte Marktbeurteilung gewährleistenden Ausmaß Untersuchungen an miteinander vergleichbaren Waren und Leistungen nach wissenschaftlichen Methoden durchführen und die gemeinverständlich und unparteiisch erläuterten Ergebnisse solcher Untersuchungen veröffentlichen«.[70] In der Tat hat die Stiftung seit Erscheinen des ersten Heftes der von ihr herausgegebenen Zeitschrift »Test« bis Ende 1974 481 Warentests von ungefähr 9 400 Produkten und mehr als 150 Berichte über Dienstleistungen veröffentlicht. Die Druckauflage von »Test« im Dezember 1974 betrug 535 000 Exemplare. Die Untersuchungsergebnisse erreichen aber einen viel weiteren Kreis als den der Abonnenten der Zeitschrift, da sie über Hörfunk, Fernsehen, Tageszeitungen und Zeitschriften verbreitet werden. Die Auflage der Kurzfassungen der Tests soll auf durchschnittlich 30 Mill. gestiegen sein.[71]

Die Arbeit der Stiftung hat also diesen Zahlen nach zu urteilen eine nicht zu unterschätzende Resonanz in der Öffentlichkeit. Fragt man sich jedoch, inwieweit die Tätigkeit der Stiftung zu einer fühlbaren Verbesserung der Stellung des Verbrauchers beigetragen hat, so ist die Antwort ungewiß.[72] Die andauernden Auseinandersetzungen um den Verbraucherschutz sprechen eher dafür, daß trotz des Bestehens einer Drittinstitution, die im großen Stil Informationspolitik für den Verbraucher zu betreiben versucht, eine entscheidende Veränderung nicht eingetreten ist. Die Mitteilungen der Test-Zeitschriften und Verbraucherverbände erreichen heute nur ein Publikum, das überdurchschnittlich gebildet ist und dementsprechend für seine Interessen sorgen kann.[73] Die Informationen sind auch vielfach so gestaltet,

69 § 2 Abs. 2 der Satzung vom 20. 12. 1971.
70 § 2 Abs. 2 der Satzung vom 20. 12. 1971.
71 Die Angaben stammen aus Test 1975, 6 f.; Verbraucherdienst, Ausgabe B, Januar 75, S. 1 ff., den Informationsblättern »Aufgaben und Arbeitsweise der Stiftung Warentest«, »Aktivitäten der Stiftung Warentest (Juli 1972)« und den »Einleitenden Ausführungen des Vorstands der Stiftung Warentest, Dr. Ing. R. Hüttenrauch zur Pressekonferenz am 10. August 1972«.
72 Nach Meinung der Vorsitzenden des Verwaltungsrates der Stiftung, L. Kurlbaum-Beyer, 10 Jahre Stiftung Warentest, Verbraucherdienst, Ausgabe B, Januar 75, S. 1 ff., 2 kann man »ohne Übertreibung sagen, daß jetzt bei der Konstruktion neuer Geräte qualitative Gesichtspunkte eine größere Rolle spielen ... Auch die Wirkung nach Veröffentlichung der (Test)Ergebnisse zeigt, daß festgestellte Mängel von den betroffenen Firmen meist unverzüglich beseitigt werden, die Endkontrollen der Erzeugnisse wurden verschärft, ja die Produktion bestimmter Geräte ist auf Grund des Maschinenschutzgesetzes durch die Gewerbeaufsichtsämter verboten worden«.
73 Vgl. Bodmer-Lenzin, a.a.O. (Kapitel III Fußn. 23), S. 116. Zu dieser Frage siehe auch R. Hüttenrauch, Vom Nutzen der Stiftung Warentest für Wirtschaft und Verbraucher, MA 1968, 262 ff., 267.

daß sie für die niedrigeren Statusgruppen, an die sie sich primär wenden müßten, unverständlich sind.[74] Dagegen erreichen die Werbeanzeigen und -sendungen die unteren sozialen Schichten in größerem Umfang und häufiger als die jeweils höheren.[75] Der Vorstand der Stiftung hat selbst betont, es genüge nicht, die begonnene, vornehmlich auf Warentests beschränkte Informationsarbeit fortzusetzen und auszubauen, wenn man den Einfluß der Stiftung auf das Verhalten der Verbraucher vergrößern wolle. Es müßten ständig neue Aktivitäten hinzukommen. So sollten die Preisstrukturen in verstärktem Maße durchleuchtet werden. Dienstleistungen seien ein weiteres Prüffeld. Die Stiftung werde sich nicht nur wie bisher Krankenkassen, Versicherungen und Reiseunternehmen widmen, sondern auch Kindergärten, Altersheime, die Stromversorgung, Bahn und Post untersuchen.

Der Vorstand der Stiftung betrachtet das Warentestinstitut als eine Verbraucherorganisation, deren Aufgabe es ist, in Zusammenarbeit mit den anderen Konsumentenvertretungen »das Gewicht des Verbrauchers innerhalb unserer pluralistischen Gesellschaftsordnung« zu vergrößern. Inwieweit jedoch eine so weit aufgefaßte Aufgabe mit dem eng auf Information mittels Warenuntersuchungen beschränkten Zweck der Stiftung vereinbar ist, scheint zweifelhaft. Als das Testinstitut gegründet wurde, wählte man die Rechtsform einer Stiftung des bürgerlichen Rechts, gerade um es von Verbands- und Staatseinflüssen frei zu halten.[76] Die Auffassung seines Vorstandes deutet an, daß effizienter Verbraucherschutz den Rahmen bloßer Information sprengen muß.

Das Informationsmodell erweist sich für einen solchen Schutz schließlich auch insofern als Hindernis, als es der Stiftung bei Durchführung von Warenuntersuchungen die Beachtung von Grundsätzen auferlegt, die nicht am Verbrauchernutzen orientiert sind.[77] Die Stiftung konnte erfolgreich verklagt werden, weil sie angeblich beim Vergleich von Skibindungen und Strumpfhosen die Beurteilung nicht sachgerecht vorgenommen hatte.[78] Ihr wurde vorgeworfen, durch mangelhafte Testverfahren Produkte einer bestimmten Firma zu gut bewertet zu haben. Bei einem vergleichenden Warentest, bei dem es dem Publikum wesentlich auf die Endbewertung der

---

74 Vgl. OECD, a.a.O., S. 19.
75 »Die Sozialisierung ehemaliger Oberschichtengüter erregt in solchen Schichten, die sich in ihrem Konsumstil wenigstens symbolisch nach oben angleichen, größere Aufmerksamkeit«, J. Habermas, Strukturwandel der Öffentlichkeit, Neuwied 1962, S. 210; vgl. auch Andresen a.a.O. (Kapitel II Fußn. 55) S. 34 f.
76 Vgl. G. Strickrodt, Warentest-Institut als zivilrechtliche Stiftung, DB 1965, 1081 ff.
77 Siehe oben Kapitel II Abschnitt 3.
78 Vgl. Andresen, a.a.O., S. 88, 91 f.; oben Kapitel II Abschnitt 3.

einzelnen Produkte, insbesondere auch im Verhältnis zueinander, ankomme, führe die Besserstellung eines Artikels zu einem Gesamtbild, das sich nachteilig auf die anderen getesteten Waren auswirke.[79]

Diese Argumentation erscheint vom Standpunkt des Informationsmodells aus nur folgerichtig. Wenn Verbraucher und Unternehmer gleichstarke Partner sind und es nicht darauf ankommt, die Gesamtposition der Verbraucher zu stärken, sondern die Markttransparenz zu erhöhen, sind Testergebnisse, die einen Unternehmer zu Gunsten eines anderen benachteiligen, zu beanstanden. Sie führen dazu, daß die Verbraucher sich nicht den besseren und billigeren Produkten zuwenden. Wird nur auf Markttransparenz Wert gelegt, so läßt man dabei die Fragen unbeachtet, ob nicht etwa ein Schaden für die Verbraucher entstanden ist, ob nicht der Nachteil für den Unternehmer angesichts des Interesses der Bevölkerung an Information gering wiegt und ob nicht schließlich die Gefahr, die dadurch entsteht, daß die Testinstitution durch gegen sie geltend gemachte Schadenersatzforderungen in ihrem Bestand gefährdet wird, viel größer ist als die aus einer falschen Information. Sachgerechte Information bedeutet in diesem Modell, daß ein objektives Bild des Marktes gegeben werden muß. Von diesem Standpunkt aus sind auch die Urteile, die zu Lasten der Stiftung ergehen, Alarmzeichen. Die Rechtfertigungsvoraussetzungen des Testinstituts nach dem Informationsmodell, nämlich hohe Objektivität und Verläßlichkeit, werden in Frage gestellt,[80] die Drittinstitution erscheint nur noch als Gefahr für den Wettbewerb.

2. Die Verbraucherzentralen[81] sehen ihre hauptsächliche Aufgabe in der Aufklärung und Beratung der Verbraucher in allen Fragen, die mit der Einkommensverwendung zu tun haben. Sie haben zu diesem Zweck an vielen Orten Beratungsstellen errichtet. Die Verbraucher-Zentrale Nordrhein-Westfalen z. B. unterhielt im November 1973 zwölf solcher Stellen, die

---

79 LG München, Urteil v. 20. 4. 1971 – 70140/70 S. 17. Das Urteil des LG München ist durch Urteil des OLG München v. 18. 4. 1973 – Az 8 U 1821/71 – abgeändert worden.

80 Dieser Gedanke klingt etwa bei Schricker, RabelsZ 36 (1972), 340 und Ulmer, AcP 172 (1972) 235 ff., 236 an.

81 Verbraucherzentralen sind Dachverbände verschiedener an Verbraucherfragen interessierten Organisationen. Der Verbraucherzentrale Niedersachsen e. V. gehörten 1971 etwa 14 Mitgliederverbände an, unter ihnen die Arbeitsgemeinschaft evangelischer Hausfrauen, die Deutsche Angestelltengewerkschaft, der Deutsche Gewerkschaftsbund, der Niedersächsische Landfrauenverband e. V., die Interessengemeinschaft Lärmbekämpfung e. V., der Landesverein für Volksgesundheitspflege Niedersachsen e. V.

jeder Verbraucher aufsuchen kann, um sich individuellen Rat zu holen.[82] Die in einer solchen Stelle tätige Beraterin soll u. a. in der Lage sein, über markt- und allgemein volkswirtschaftliche Fragen, hauswirtschaftliche Probleme, Rechtsfragen und Finanzangelegenheiten des privaten Haushaltes, Auskunft zu geben sowie Informationen über die Marktlage zu erteilen.[83] Die Zahl der individuellen Beratungen betrug in Nordrhein-Westfalen im Jahr 1973 fast 110 000.[84] Der Zufriedenheitsgrad der Besucher ist hoch;[85] sie sind der Ansicht, ihr Informationsstand sei erheblich verbessert worden. Auch die Mitarbeiter der Zentrale glauben das. Die Verbraucherzentrale Nordrhein-Westfalen hält die Einzelberatung für ein unverzichtbares Mittel der Verbraucheraufklärung.

Die Tätigkeit der Verbraucherzentralen entspricht genau dem Informationsmodell, sie soll dem Verbaucher einen Überblick über den Markt gewähren, damit er beim Einkaufen eine optimale Relation zwischen Preis und Qualität erzielt.[86] Die Tätigkeit der Verbraucherzentralen wirft die Frage auf, ob die Einzelberatungen geeignet sind, eine Breitenwirkung zu entfalten und die Position des Konsumenten zu verbessern. Eine von der Forschungsstelle für empirische Sozialökonomik 1971 in Köln durchgeführte Erhebung ergab,[87] daß die Beraterinnen in den verschiedenen Informationsbüros auf ein und dieselbe Frage sehr unterschiedliche und zum Teil entgegengesetzte Antworten gaben. Vielfach waren die erteilten Informationen oberflächlich und nahmen keinen Bezug auf die konkrete Situation, die kurz vorgetragen wurde. Bei zahlreichen praktischen und finanziellen Problemen konnten sie keine befriedigende Lösung anbieten. Das den Besuchern übergebene Informationsmaterial blieb in der Regel »im Vergleich zu den mög-

---

82 Neben der individuellen Beratung erfolgen auch Gruppenberatungen.
83 Vgl. Biervert, a.a.O. (Fußn. 34), S. 97, Flugblatt 9/72 der Verbraucherzentrale Nordrhein-Westfalen.
84 Mitteilungsdienst VZ NRW Heft 1/2 1974 S. 12. In Hessen wurden im Jahre 1972 46 861 Einzelberatungen durchgeführt, Geschäftsbericht 1972 der Verbraucherzentrale Hessen e. V. S. 9; in Niedersachsen waren es im gleichen Jahr 69 988. Biervert, a.a.O., S. 229 bemerkt dazu, daß die ausgewiesenen Statistiken, insbes. bei den Einzelberatungen sehr stark aufgebläht sind. Die Beratungen betrafen vor allem allgemeine Verbraucherfragen, Ernährungsfragen, Fragen über Geräte und Hausrat; vgl. die Statistik bei Biervert, a.a.O., S. 113.
85 Vgl. Biervert, a.a.O., S. 213.
86 L. Henze, Der atomistische Verbraucher als Ungleichgewichtsfaktor, Gewerkschaftliche Monatshefte 1963, 267 ff., 273 bemerkt: »Das Hauptziel der Verbraucherzentralen besteht nämlich in dem längst antiquierten Ideal, den Verbraucher zum homo oeconomicus heranzubilden«.
87 Siehe auch oben Text zu Fußn. 44.

lichen und tatsächlich benötigten« Angaben weit hinter den Erwartungen zurück.[88]

Diese Feststellungen rechtfertigen den Schluß, daß der Effizienz der Einzelberatungen enge Grenzen gesetzt sind. Den Beratungsstellen kommt, soweit es sich um die Unterrichtung über Ergebnisse der von anderen Institutionen durchgeführten Waren- oder Preistests handelt, eine Verteilerfunktion zu. Die Qualität der darüber hinaus erteilten Informationen hängt aber weitgehend vom persönlichen Wissen der Beraterin ab und ist daher in den verschiedenen Stellen nicht einheitlich. Es ist durchaus möglich, daß der Besucher auf seine konkrete Frage nur allgemeine Hinweise bekommt.[89] Einzelberatung – mag sie unter Umständen dem Verbraucher zu wertvollen Informationen verhelfen – kann nur punktuell Abhilfe schaffen und nie die ihr heute zugesprochene Aufgabe der systematischen und umfassenden Verbraucherschulung[90] erfüllen. Derzeit ist die Beratungstätigkeit sowieso nur einem geringen Prozentsatz der Bevölkerung bekannt und wird von einer noch kleineren Gruppe in Anspruch genommen. Mögen die erzielten Erfolge angesichts der eingesetzten unzulänglichen Mittel und Kräfte noch so beachtlich sein, sie sollten nicht darüber hinwegtäuschen, daß die bestehenden Einrichtungen ihrer Struktur nach nicht ausreichen können, »um entscheidende Veränderungen im Verbraucherverhalten durch Schulung und Information durchzusetzen«.[91] Zieht man in Betracht, daß ein Informationsgespräch in der Regel mehr als 15 Minuten in Anspruch nimmt, wären die Beratungskräfte überfordert, falls der interessierte Prozentsatz der Bevölkerung auch nur gering steigen würde. Schon heute hat man festgestellt, daß erhöhte Publizität über Verbraucherfragen zu einer erhöhten Frequentierung der Beratungsstellen führt, die diesem Ansturm nicht gewachsen

---

88 Biervert, a.a.O., S. 215.
89 Angesichts der Entwicklung der Datenverarbeitung fragt es sich, ob diese Mängel nicht durch »ein umfassendes, den Beratungsstellen zur Verfügung stehendes Informationssystem, aus dem sie gespeicherte Daten abrufen können«, beseitigt werden können. Vgl. Biervert, a.a.O., S. 230. Zu der Entwicklung eines einheitlichen Informationssystems, das einerseits die Kosten der Informationsgewinnung für den Beratungsbereich senken sollte und andererseits allen Beratungsstellen die gleichen Unterlagen zur Verfügung stellen würde, vgl. U. Kraus-K. Wieken-B. Ziegler, Systematik und Grundzüge des Verbraucherinformationssystems, Mitteilungsdienst VZ NRW Heft 3/4, Dezember 1974, S. 17 ff.
90 So die VZ NRW, vgl. Mitteilungsdienst VZ NRW, Heft 1/2 1973, S. 114: Die Hauptaufgabe der Beraterinnen besteht »nicht in dem Ausgeben von Broschüren oder Kurzauskünften, sondern sie sollen dies als Ansatzpunkt ergreifen, den Verbraucher ein wenig mehr zu befähigen, seiner Rolle und den gestellten Tagesanforderungen als Verbraucher, auf sich gestellt, gerecht zu werden«.
91 Biervert, a.a.O., S. 211.

sind.⁹² Wollte man den größten Teil der Verbraucherschaft durch Einzelberatung schulen, so müßte man dafür einen beachtlichen Teil der Bevölkerung einsetzen. Das Informationsmodell führt hier in eine Sackgasse.[93]
Die Verbraucherzentralen wollen die Zweifel am Erfolg ihrer Tätigkeit ausräumen, indem sie Zahlen von Besuchen, Ausstellungen, Vorträgen und Sonderveranstaltungen anführen. Der Schwerpunkt manches Jahresberichtes liegt in der Aufzählung statistischer Angaben. So sollen etwa nach dem Tätigkeitsbericht 1972 der Verbraucherzentrale Nordrhein-Westfalen 156 000 Beratungen stattgefunden haben.[94] Nach einer im Auftrage des Landes Nordrhein-Westfalen durchgeführten Untersuchung gibt diese Zahl kein genaues Bild der Tätigkeit der Zentrale wieder. Stellt der Besucher Fragen, die mehrere Gebiete, etwa die Ernährung, Steuerprobleme oder den Kauf von Haushaltsgegenständen, betreffen, so werden nicht eine, sondern mehrere Beratungen je nach der Zahl der angeschnittenen Gebiete registriert.[95] So kamen auf die angegebene Zahl der 156 000 Beratungen in Wirklichkeit nur 94 000 Ratsuchende. Dabei wurde vielfach »das bloße Überreichen eines Merkblattes als Einzelberatung gewertet oder alle bei der Beratung anwesenden Personen mitgezählt«.[96] Wenig aussagekräftig sind auch Zahlen wie die Poststatistik. Daß der »arbeitstägliche Posteingang« bei rund 40 Sendungen lag,[97] rechtfertigt kaum irgendeine Schlußfolgerung. Die Zahlensucht ist auf die Vorstellung zurückzuführen, der Erfolg der Verbraucherarbeit sei am Volumen des Informationsausstoßes meßbar. Der englische Verbraucherverband scheint in diesem Punkt realistischer zu sein. Im 1971 veröffentlichten Geschäftsbericht der Consumer Association schreibt der Verband über sein in einer Londoner Geschäftsstraße eröffnetes Beratungszentrum: Dieses Beratungszentrum »hat sowohl die Notwendigkeit als auch die Durchführbarkeit einer unabhängigen, dem Einkauf vorangehenden Beratung für die sozial nicht so Gutgestellten gezeigt. Aber wie sehr sein Beispiel auch Schule macht, und in welchem Ausmaß sein Informationsmaterial auch genutzt wird – der Anzahl der Verbraucher,

---

92 Biervert, a.a.O., S. 232.
93 Eine von der Bundestagsabgeordneten Frau Dr. Riedel-Martiny veranstaltete Umfrage bei den Beratungsstellen der Verbraucherzentralen führte zum Ergebnis, daß an ein flächendeckendes Netz von Beratungsstellen im Laufe der nächsten Jahre nicht im entferntesten zu denken ist; dazu sind die kleinen Beratungsstellen schon heute in der Bandbreite ihrer Aufklärungsarbeit zu schmal ausgelegt, vgl. Verbraucherpolitische Korrespondenz Nr. 38/1974, S. 8.
94 Der Tätigkeitsbericht ist im Mitteilungsdienst VZ NRW Heft 1/2 1973 abgedruckt.
95 Biervert, a.a.O., S. 102.
96 Biervert, ebd.
97 Tätigkeitsbericht 1972 der VZ NRW, a.a.O.

denen auf diesem Wege direkt geholfen werden kann, sind doch praktische Schranken gesetzt. Der Gesamtheit der Verbraucher muß indirekt und kollektiv gedient werden durch den Druck, den wir auf Geschäftsgebaren und politische Entwicklungen ausüben«.[98]

3. Die SPD führte im Herbst 1973 eine sog. »Aktion gelber Punkt« durch. Diese sollte die Verbraucher veranlassen, durch Preisvergleiche kritischer zu kaufen und damit zur Preisstabilität beizutragen. Anhänger der Partei stellten in verschiedenen Läden die Preise fest und wiesen die Bevölkerung auf die günstigsten Angebote hin. Den Konsumenten sollte damit vorgeführt werden, daß sie durch Sammeln und Auswerten von Informationen ihre starke Stellung auf dem Markt behaupten können. Das Versagen des Marktmechanismus erklärten die Aktionsmaterialien mit Wettbewerbsverzerrungen. Es gebe zu viele Unternehmer, »die durch ausgekochte Reklame Verbraucher und Preise manipulieren. Und mit ihrer unerhörten Marktmacht den Wettbewerb ausschalten, um die Preise bis zum letzten Mann zu diktieren«. Auf die Frage, wie die Verbraucher denn durch Preisvergleiche der Monopolmacht, die demnach die Preissteigerungen verursacht, begegnen können, findet sich keine Antwort. Die Unterlagen für die Kampagne betonten, »die Aktion solle nicht die Einzelhändler zu Buhmännern machen«. Wenn jedoch Vergleiche zwischen den Ladenpreisen und nicht den Herstellerpreisen angeregt wurden, drängte sich der Eindruck auf, daß die Aktion den Einzelhandel traf. Unverständlich war auch die Versicherung, es solle nicht die Leistungsfähigkeit eines Geschäftes mit der eines anderen verglichen werden. Den Verbrauchern müßte es ja auch gerade um diese Leistungsfähigkeit gehen. Die Unklarheiten wurden durch den Katalog der für den Fall einer Veröffentlichung der Ergebnisse angeregten Vorsichtsmaßnahmen noch weiter vermehrt. Es wurde etwa empfohlen, der Pressemitteilung einen Hinweis voranzustellen, der den Leser informieren sollte, daß möglicherweise nicht alle Geschäfte berücksichtigt wurden, daß sich vielleicht die Preise seit der Erhebung geändert hätten und schließlich, daß preisgünstigere Angebote vergleichbarer Waren nicht auszuschließen seien. Die Frage nach dem Sinn einer solchen Aktion drängt sich in Anbetracht solcher Vorbehalte sofort auf.

Nach Zeitungsberichten war sie auch wenig erfolgreich.[99] Es gelang weder, die Mitglieder der Partei auf breiter Basis zu mobilisieren noch das Publi-

---

98 Zitiert nach Verbraucherdienst, Ausgabe B, Heft Mai 1972, S. 118. Zu der Tätigkeit der Beratungszentren veröffentlichte »The Times« v. 31. 3. 1973 eine Untersuchung.
99 Vgl. Frankfurter Rundschau vom 28. 10. 1973, S. 3.

kum auf die Notwendigkeit von Korrekturen innerhalb des Marktgefüges aufmerksam zu machen. Innerhalb der SPD meinte man, daß die Verbraucher-Initiative von den wahren Problemen ablenke. Eine spürbare Wirkung auf die Preisentwicklung war nicht auszumachen.

6. *Die Grenzen der Transparenzpolitik*

Das Informationsmodell geht vom Idealtyp des »homo oeconomicus« aus, wie er der klassischen Nationalökonomie entspricht. Dieser Verbraucher trifft seine Entscheidungen nach rationaler Abwägung. Maßstab seines Verhaltens ist der Nutzen im Sinne einer optimalen Relation von Preis und Qualität. Er kann nur von Argumenten beeinflußt werden, die sachlich sind, klar verstanden und bewußt aufgenommen werden. Demzufolge kommt dem Grundsatz der sachlichen Unterrichtung des Verbrauchers eine vorrangige Stellung zu. Markttransparenz soll gefördert und somit ein Zustand erreicht werden, in dem »durch Sachinformation (Aufklärung, Unterrichtung usw.) zur Maximierung der Durchsichtigkeit des Marktes« beigetragen wird. Eine vollständige Übersicht über das Angebot ist nicht erforderlich. Eine optimale Entscheidung ist auch möglich, wenn die Überschaubarkeit zumindestens ausreichend ist. Erstrebenswert für die Verbraucherschutzpolitik ist somit eine »genügende Markttransparenz«, bei der Aufwand und Ertrag der Informationsgewinnung in einem angemessenen Verhältnis zueinander stehen.[100]
Die Beispiele der Preisvergleiche des Bundeskartellamtes und der Informationsleistungen von Drittinstitutionen haben aber gezeigt, daß der Markt durch Intransparenz gekennzeichnet ist, und zwar sowohl weil viele Güter einen nicht meßbaren sozialen Wert aufweisen als auch weil die Marktsituation viel zu komplex geworden ist. Selbst bei »genügender Markttransparenz« sind die Konsumenten nicht in der Lage, eine optimale Kaufentscheidung zu treffen. Das Ziel der Transparenzpolitik, eine Situation, bei der ausreichende Unterrichtung des Verbrauchers ein Beschaffungsoptimum gewährleistet, ist nicht erreichbar. Markttransparenz kann demnach höchstens als ein Prinzip verstanden werden, nach dem die Aspekte des Konsums, die objektivierbarer Information zugänglich sind, offengelegt

---

[100] G. Wiswede, a.a.O., S. 232; C. Möller, Mitteilungsdienst VZ NRW a.a.O.: »Verbraucheraufklärung wird auf dem Sektor Markttransparenz immer nur heißen können: Ein wenig mehr Markttransparenz«.

werden müssen. Aber auch dann erscheint es als durchaus fraglich, ob mit diesem Grundsatz eine realisierbare Zielvorstellung für Verbraucherpolitik gewonnen ist.

Die Gleichartigkeit zahlreicher Güter erlaubt es heute oft nicht mehr, Produkte auf Grund ihrer objektiven Beschaffenheit zu differenzieren. Waren verschiedener Hersteller weisen auf Grund der technischen Entwicklung (Waschpulver, Benzin) oder wegen gesetzlicher Regelungen die gleichen Gebrauchsvorzüge auf. Wenn sich die Produkte gleicher Art in ihren physischen Eigenschaften kaum noch voneinander unterscheiden, müssen die Hersteller zur Förderung ihres Absatzes Produktdifferenzierung auf einer »psychologischen« oder »emotionalen« Ebene vornehmen. Die objektiven Eigenschaften spielen dann für die Verbraucher keine entscheidende Rolle mehr, maßgebend sind vielmehr die Erwartungen, Wertungen und mögliche Lustgewinne, die mit der Ware verknüpft werden. Der Gebrauchswert wird als selbstverständlich nicht mehr diskutiert. Es kommt auf den Zusatznutzen an, auf die »relativ objektfernen Befriedigungen«, die die Ware bieten kann.

Diese Entwicklung hat das wirtschaftliche Entscheidungsverhalten des Konsumenten erheblich beeinflußt. Ein rationales Verhalten ist selbst in Bereichen, wo eine Differenzierung des Angebots nach sachlichen Gesichtspunkten möglich wäre und Kriterien für eine rationale Argumentation bestehen, nicht immer zu erwarten. Der Entscheidungsprozeß wird von »Informationen gesteuert«, die »gefühlsähnlicher« oder »gefühlsnaher« Natur sind.[101] Irrationale Phänomene haben mehr als eine zeitliche Priorität gegenüber rationalen Überlegungen. Der Verbraucher ist »arational«.[102]

Der Versuch, die Übersichtlichkeit und Durchsichtigkeit des Marktes unter Beibehaltung seiner sonstigen strukturellen Bedingungen zu erhöhen, geht bei dieser Sachlage an den Realitäten vorbei. Markttransparenz i. S. einer »Übersicht über die Differenzen der substituierbaren Varianten hinsichtlich ihrer Form und Qualität«[103] ist bei der eingetretenen Entwicklung ohne Bedeutung. Eine solche Differenzierung nach objektiven Eigenschaften ist nämlich weder überall möglich noch für den Verbraucher immer relevant.

Die heutige Haltung der Verbraucher ist nicht eine bloße Nebenfolge der Marktwirtschaft, die durch eine geeignete Transparenzpolitik überwunden werden könnte. Die Bereitschaft des Verbrauchers, sich nach solchen »Qualitätszeichen« zu richten wie dem Umfang der Werbung, dem Bekannt-

---

101 Brückner, a.a.O. (Fußn. 19), S. 39.
102 Ebd. S. 47.
103 Ebd. S. 55.

heitsgrad der Marke oder dem Ruf des Herstellers, gehört zu den konstitutiven Merkmalen eines marktwirtschaftlichen Systems, dessen Märkte oligopolistische, ja monopolistische Tendenzen aufweisen. Nutznießer des arationalen Verhaltens sind die marktbeherrschenden Unternehmen.[104] Sie sind in der Regel diejenigen, die mehr Kapital für Marketingstrategien aufbringen können. Indem sie sowohl mittels Werbung die Verbraucher ständig auffordern, in ihrem gefühlsbetonten Verhalten zu verharren als auch die Marktverhältnisse den Erfordernissen eines solchen Verhaltens entsprechend gestalten, drängen sie die kleineren Unternehmen ständig zurück und verschließen neuen potentiellen Konkurrenten den Zugang zum Markt.[105] Diese Tendenz kann durch eine »Informationspolitik« nicht gebrochen, dagegen umgekehrt verstärkt werden.[106] Sie ist wettbewerbsimmanent.

Zu Beginn dieses Abschnitts sind die wichtigsten der dysfunktionalen Folgen des Marktmechanismus aufgezählt worden. Fragt man sich nun, inwieweit das Informationsmodell in der Lage ist, zur Beseitigung dieser Folgen beizutragen, so fällt die Antwort eindeutig negativ aus.[107] Der Verringerung der Markttransparenz, der Anwendung gesundheitsschädigender Produktionsmethoden, der manipulativen Beeinflussung der Verbraucher und der Ausnutzung wirtschaftlicher und rechtlicher Vormachtstellungen kann durch die Vermittlung von mehr Information nicht entgegengewirkt werden.[108] Die Entwicklung hat zu einem anderen Menschentyp und zu einer anderen Struktur des Marktes geführt als sie das Informationsmodell voraussetzt. Der Konsument ist auch dann, wenn er über mehr Informationen

---

104 Vgl. Ferguson et al., Consumer Ignorance as a source of monopoly power: FTC staff Report on self-regulation, standardization, and product differentiation, in Antitrust Law & Economics Review, 5 (1971/72) S. 79 ff., insbes. S. 94 ff.
105 Greer, Some Case History Evidence on the advertising-concentration relationship, Antitrust Bulletin 18 (1973), 307 ff. stellt fest, »that there is a causal relationship and association between market concentration and intensity of promotional activity«.
106 Scherhorn in: Gesucht: der mündige Verbraucher, Düsseldorf 1973, S. 104, hebt hervor, daß von rund 100 in der Bundesrepublik vertriebenen Waschmitteln in einem Test nur 18 berücksichtigt wurden, darunter naturgemäß alle überregionalen großen Marken (etwa 10). »Die Veröffentlichung der Tests fördert in solchen Fällen einseitig den Absatz der großen Produzenten«.
107 Vgl. auch Biervert, a.a.O., S. 219 f.
108 Ch. Krusen, Schwerpunkte der internationalen Verbraucheraufklärung, Verbraucherdienst, Ausgabe B, Februar 75, S. 35 ff., 36 ist darüber erstaunt, daß »viele der von Voraussicht und Vernunft diktierten Mahnungen und Vorschläge zum Maßhalten, zum Schutz der Umwelt, zum nachdenklichen Einkauf, zum Sinnieren über die Technik, ... nicht in das Bewußtsein, ja vielleicht nicht einmal zur Kenntnis der breiten Massen gelangt sind«.

verfügen sollte, nicht in der Lage, die ihm zugedachte Funktion eines aktiven Elements im Wettbewerb zu spielen.[109] Die Konsumautonomie ist durch die strukturellen Veränderungen im ökonomischen Bereich endgültig aufgehoben worden. Sie wiederherstellen zu wollen, ist ein aussichtsloses Unterfangen.[110]

---

[109] Trebilcock, a.a.O. (Fußn. 32), S. 295, kommt von einem anderen Standpunkt aus zu einer ähnlichen Feststellung. »It is submitted that the conclusion must be that at almost every point in the bargaining process in the typical consumer transaction, it is impossible to devise ways of conveying to a consumer relevant information in a meaningful form. With the best will in the world, the model of the genuinely competitive marketplace cannot seem to be made ... fit. The mechanism of the market does not seem capable of adaption so as to produce consumer transactions which are completely »bilaterally voluntary and informed«.

[110] E. Egner bemerkt, in Grundsätze der Verbraucherschutzpolitik, Studien über Haushalt und Verbrauch, Berlin 1963, S. 271, daß »man sich ausgerechnet zu einem Zeitpunkt, in dem die Wirklichkeit – und gewiß nicht zufällig – immer weniger Raum für Konkurrenz im Sinne der klassischen Markttheorie läßt, mit ganzer Kraft gerade auf dieses Modell als Idealvorstellung wirft, daß man daraufhin Wirtschaftspolitik zu treiben sucht ... Man jagt damit einem Ideal nach, dessen Erreichbarkeit auf dieser Welt immer unwahrscheinlicher wird und verliert so den Boden der Wirklichkeit unter den Füßen«.

V. Kapitel

Die Kontrolle der Herstellermacht als Aufgabe eines Verbraucherrechts

1. Die Forderung nach Schutz der Verbraucher, Folge gesellschaftlicher Konfliktsituationen

Das liberal-kapitalistische Modell hat jahrzehntelang funktioniert, ohne daß der Verbraucherschutz Anlaß zu sozialen Auseinandersetzungen gab. Verbraucherschutz ist in Europa erst in der Nachkriegszeit als Forderung immer lauter erhoben worden. Die zunehmende Intensität der Diskussion hat einen konkreten Bezug zu den Konflikten und Funktionsschwierigkeiten des sozialen Systems.[1]

Das politisch-ökonomische System des Liberalkapitalismus setzte voraus, daß die privaten Subjekte ihre Bedürfnisse subjektiv eindeutig kannten und hierarchisch ordnen konnten. Diesem Bedarf standen nach der Modellvorstellung transparente Güter gegenüber. Dieser Prämisse entsprach ein Stand wirtschaftlich-technischer Entwicklung, in dem es weitgehend um die Befriedigung elementarer Wünsche mit Hilfe eines wenig differenzierten Güterangebots ging. Eine sich auf die eigene Urteilskraft verlassende Entscheidung genügte unter diesen Umständen, um die Bedürfnisse zu befriedigen. Die Lage änderte sich jedoch, als allmählich ein Niveau gesellschaftlichen Reichtums erreicht wurde, in dem das Güterangebot differenziert wurde, weil die Befriedigung elementarer Bedürfnisse selbstverständlicher und ohne weiteres möglich war. Den privaten Wirtschaftssubjekten genügten ihre Fähigkeiten nicht mehr, um die notwendigen Entscheidungen zu treffen. Sie standen den neuen oder differenzierten Konsumchancen ohne Wissen und ohne Orientierung gegenüber. Bei der nunmehr weitgehend unübersichtlichen Vielzahl möglicher zufriedenstellender Alternativen wurde die Befriedigung des Bedarfs Gegenstand von Steuerung. Die Werbung

---

1 Vgl. zum Nachfolgenden auch J. Habermas, Legitimationsprobleme im Spätkapitalismus, Frankfurt 1973; C. Offe, Strukturprobleme des kapitalistischen Staates, Frankfurt 1972.

fing an, die Wünsche des Verbrauchers zu interpretieren und zu kanalisieren.

Dank ausreichender Produktionskapazitäten für private Güter sind die Knappheitsbedingungen weitgehend verändert worden. Das eigentliche Problem ist für die Hersteller in vielen Fällen deshalb nicht die Befriedigung, sondern die Aufrechterhaltung von Nachfrage. Der Rückgang im Autoabsatz z. B. verursachte 1974 eine nationale Wirtschaftskrise. Autohalden wurden aber nicht als ein zu akzeptierendes Phänomen der Sättigung des Marktes und der Kaufmüdigkeit der Abnehmer gewertet, sondern als alarmierende Vorboten einer drohenden Rezession. Thema der öffentlichen Diskussion war nicht die Frage, wie die Investitionen in dieser Situation in andere Wirtschaftsbereiche gelenkt werden sollten, sondern die Wiederbelebung der Nachfrage. Absatzkrisen, die Investitionen und Bestand der Unternehmen in Gefahr bringen könnten, müssen von den Unternehmern unbedingt vermieden werden. Die Eventualität eines Auftragsrückganges ist durch Planung auszuschließen. Die Präferenzstruktur der Verbraucher ist nach den jeweiligen Unternehmenserfordernissen zu bestimmen und das Verhalten der Konsumenten so zu lenken, daß die einen ausreichenden Gewinn gewährleistenden Mengen zum kontrollierten Preis auch verkauft werden.[2] Lenkungsinstrumente der Nachfrage sind vor allem Werbung und Produktdifferenzierung. Sollen Sättigungsphänomene auf dem Tapetenmarkt bekämpft werden, muß man die Verbraucher eben mit Hilfe der Werbung davon überzeugen, daß es schön, ja nötig sei, die Tapeten alle drei Jahre zu wechseln. Die von den Unternehmen zu Werbungszwecken verausgabten Beträge erhöhen sich demnach auch fortwährend. Während sie 1962 noch einen prozentualen Anteil von 3,1 v. H. des Volkseinkommens ausmachten, erreichten sie 1969 bereits einen Prozentsatz von 4,1. Werbung und Produktdifferenzierung verhelfen so dazu, Sättigungsphänomene zu vermeiden und eine allgemeine Konsumeuphorie zu erzeugen.[3] Gleichzeitig wachsen jedoch Widerstände gegen den ausgeübten gesellschaftlichen Zwang und die Vernachlässigung der Güter des öffentlichen Bedarfs.

Die Auseinandersetzungen um die Einkommensverteilung haben in den fortgeschrittenen kapitalistischen Ländern an Intensität verloren. Der Arbeiterschaft ist es mit der Stärkung und Festigung ihrer politischen Parteien und der Gewerkschaften gelungen, den politischen Willensbildungsprozeß

---

2 Vgl. auch D. Kleine, Die Stellung des Konsumenten in der Marktwirtschaft, Gewerkschaftliche Monatshefte 1974, 123 ff., 129 f.
3 Biervert, a.a.O. (Kapitel III Fußn. 34), S. 17.

mit zu beeinflussen. Sie hat einen allgemeinen Konsens erwirkt, nach dem Lohnhöhe und Einkommensverteilung Punkte sind, über die grundsätzliche Einigkeit hergestellt werden muß. Löhne werden unter mittelbarem Einfluß des Staates von den Tarifparteien auf Grund gesamtwirtschaftlicher Gegebenheiten ausgehandelt. Auch Agrarpreise sind »politische« Preise. Zu dem Kompromiß zwischen den Inhabern von Produktionsmitteln einerseits und der organisierten Arbeiterschaft und Bauernschaft andererseits trägt eine Reihe weiterer Umstände bei. Der Staat gewährt Kompensation für die Ergebnisse des Produktionsprozesses in Form von Eigentumsbildung, Arbeitslosenversicherung, Sozialversicherung etc. Das System tarifvertraglich ausgehandelter Löhne erlaubt der Arbeiterschaft, an den Vorteilen von Auslandsinvestitionen und Export teilzuhaben. Der erzielte Kompromiß führt dazu, daß gesteigerte Lohnkosten und erhöhte Agrarpreise auf die Verkaufspreise abgewälzt werden,[4] also auf die Gesamtheit der Verbraucher breit gestreut werden. So hing es Ende 1974 nicht zuletzt von der Höhe der tarifvertraglich ausgehandelten Löhne ab, ob die Teuerung 1975 wenig über eine Rate von 7% hinaus gehen würde. Die fünfprozentige Erhöhung der Agrarpreise durch die EG im September 1974 sollte nach den angestellten Berechnungen die entsprechenden Nahrungsmittel um 2 bis 3% verteuern.

Eine weitere Folge dieser Entwicklung ist es, daß die Unternehmer Wachstum und Gewinn in Bereichen anstreben, in denen keine hemmenden Gegenkräfte vorhanden sind. Durch Werbung, Produktdifferenzierung und Verkürzung der Lebensdauer der Waren werden Umsätze und Gewinne erhöht. Bessere Verwertung der vom Markt gebotenen Chancen setzt verbesserte und rationellere Organisation des Absatzes voraus. Für den Nachfrager bringen jedoch die neuen Marktstrategien mehr Hilflosigkeit mit sich. Ihr Zweck ist es ja, seine privatautonome Entscheidung und seinen Bewegungsspielraum nach Möglichkeit einzuschränken oder gar völlig aus-

---

[4] Aktionsprogramm der Arbeitsgemeinschaft der Verbraucher vom 29. 5. 1973, Verbraucherpolitische Korrespondenz Nr. 22/1973 S. 10, (abgedruckt auch bei v. Hippel, Verbraucherschutz S. 200 ff.): »Das in den fünfziger Jahren – unter inzwischen überholten Verhältnissen – konzipierte Marktordnungssystem verursachte in wichtigen Teilbereichen der Agrarmärkte die bekannten Überschußproduktionen, stimulierte ursprünglich unrentable Produktionen, zerstörte weitgehend die Verbindungen zu den internationalen Märkten und verführte zu einem immer komplizierteren politischen und technischen Dirigismus, der bis heute zunehmend in die Breite wie auch in die Tiefe der nachgelagerten Wirtschaftsstufen hineinwirkt. Die Folge für die Verbraucher ist, daß ihnen auf diesem Gebiet die Vorteile der Produktionsrationalisierung ebenso vorenthalten werden wie der Nutzen internationaler Arbeitsteilung. Das bedeutet, daß die Kosten der Agrarpolitik, mit denen die Verbraucher belastet werden, weiter wachsen«.

zuschalten. So tritt etwa an die Stelle des staatlichen das selbstgeschaffene Recht der Wirtschaft, das die Vertragsrisiken einseitig auf die Nachfrageseite abwälzt.
Die Entscheidungen der Produzenten werden somit zunehmend unabhängiger von den Zwängen, die ihnen früher durch die konstante Bedürfnisstruktur der Nachfrager auferlegt waren. Die Präferenzen der Verbraucher, weil verunsichert und unscharf, sind steuerbar. Für die Planung der Produktion stellen sie keine starre Grenze mehr dar. Werden jedoch die Marktstrategien von der Motivationsstruktur der Verbraucher abgekoppelt und die Bedürfnisse produktionsgerecht geformt, so unterliegen sie in noch stärkerem Maße systemimmanenten Imperativen. Dem Gewinnmaximierungsprinzip sind praktisch kaum Grenzen gesetzt. Es entstehen die bereits aufgezeigten Probleme, die mit der Bezeichnung »dysfunktionale Folgen des Marktmechanismus« umschrieben wurden. Der Schutz der Nachfragerinteressen über den Wettbewerb versagt mehr und mehr: In zahlreichen Bereichen des Marktes setzen oligopolistische Tendenzen und gezielt herbeigeführte Wettbewerbsbedingungen den Konkurrenzmechanismus außer Kraft. In dieser Situation einer die Bedürfnisse und die Motivationsstrukturen der Nachfrager planenden Wirtschaft sind Konflikte unvermeidlich. Das Problem des Verbraucherschutzes gewinnt dadurch zunehmend an Bedeutung.5
Die prinzipiell privatautonome Entscheidung über die Investitionen führt dazu, daß die Unternehmer auch über alle Einzelheiten der anzubietenden Ware oder Dienstleistung privatautonom befinden. Die Korrektur quantitativer oder qualitativer Fehlleistungen soll sich nach dem liberalen Wirtschaftsmodell über den Markt ergeben. Die dem Konkurrenzverhältnis innewohnende Belohnung der besseren Leistung garantiere die Wahrung des Allgemeininteresses und somit Gerechtigkeit.
Das Verhältnis Produzent (Eigentümer der Produktionsmittel) – Warenabhängiger (Verbraucher) legitimiert sich so von selbst. Der Markt übernimmt nicht nur die Funktion eines Steuerungsmechanismus, sondern auch eine ideologische Rolle. Er gibt dem institutionalisierten Gewaltverhältnis zwischen den Eigentümern der Produktionsmittel (Produzenten) und den Warenabhängigen die unpolitische Form einer Tauschbeziehung. Er verschleiert somit die Initiative und Verantwortung des Produzenten für die

---

5 Nach in den Vereinigten Staaten veröffentlichten Zahlen belief sich der Betrag, den irregeführte Verbraucher an Hersteller und Kaufleute Anfang der sechziger Jahre jährlich zahlten, auf ungefähr eine Milliarde Dollar. Ungefähr zwei Milliarden Dollar wurden 1966 für Waren mit irreführenden Kennzeichnungen ausgegeben. Vgl. Translating Sympathy for deceived consumers into effective programs for protection, University of Pennsylvania Law Review 114 (1966), 395.

von ihm hergestellte Ware.6 Die öffentliche Sphäre der Wirtschaft wird privatisiert und der Anschein erweckt, es gehe bei Produktion und Verbrauch um Personen und persönliche Beziehungen, nicht aber um Strukturen und Interessen, die die gesamte Gesellschaft betreffen. Die »Souveränität des Konsumenten« ist das ökonomische Gegenstück zur »Souveränität des Staatsbürgers«.7 Wie im politischen sollen auch im ökonomischen Bereich die maßgeblichen Entscheidungen nicht von wenigen, sondern von der Masse der Wirtschaftssubjekte getroffen werden, so daß unter der »Herrschaft des ›Gemeinwillens‹ ein ›maximales‹ Ergebnis in bezug auf die Willenserfüllung und Bedürfnisbefriedigung der Kollektivität zustandekommt«.8 Die notwendige Voraussetzung, aber auch Einschränkung ist hierfür, daß der Konsument sich damit begnügt, über die Verwendung seiner Geldmittel zu entscheiden. Die weiteren wesentlichen Entscheidungen über Art, Menge und Methoden der Produktion müssen den Unternehmern überlassen werden. Damit rechtfertigt und fordert das liberale Wirtschaftsmodell zugleich die Enthaltsamkeit der Warenabhängigen gegenüber den Entscheidungen der Produzenten. Eingriffe in diese würden den sich naturwüchsig ergebenden Ausgleich der Interessen stören. Privatistische Enthaltsamkeit statt Partizipation ist die Voraussetzung für das reibungslose Funktionieren des Systems. Die Warenabhängigen werden zu zuschauenden Marktteilnehmern, deren einzig anerkanntes Recht im »täglichen Plebiszit« des Marktes die Akklamationsverweigerung ist.

Die Ideologie der Wahrung der Interessen der Nachfrager durch den Konkurrenzmechanismus ist mit den Funktionsschwächen des Marktes zusammengebrochen. Der ökonomische Systemimperativ, d. h. die alleinige Befugnis des Produzenten, über die Ware (Notwendigkeit, Qualität, Form, Lebensdauer usw.) zu entscheiden, gerät in Konflikt mit Prinzipien, die zur ebenfalls systemnotwendigen kulturellen Struktur gehören, etwa dem Schutz der Gesundheit des Menschen. Die damit auftretenden Fragen nach der Zweckmäßigkeit der Produzentenentscheidungen werden an den Staat gestellt. Denn dem Staat wächst die Rolle zu, in Reaktion auf die Schwächen der ökonomischen Antriebskräfte die Funktionsmängel des Marktmechanismus auszubessern und unerträgliche Folgen zu kompensieren. Er hat für die Nöte aller zugänglich zu sein und für Gerechtigkeit in jedem Lebensbereich

---

6 Vgl. auch Henze, Der atomistische Verbraucher als Ungleichgewichtsfaktor, in Gewerkschaftliche Monatshefte 1963, 267 ff., 272.
7 Vgl. etwa B. Lavergne, L'hégémonie du consommateur, Paris 1958, insbes. S. 18 ff. Kritisch H. Albert, Ökonomische Ideologie und politische Theorie, 2. Aufl., Göttingen 1972, S. 98.
8 Albert, a.a.O., S. 99.

zu sorgen. Er und nicht der Produzent tritt somit als verantwortlich für die Korrektur der Fehlleistungen des Systems auf.[9] Der Staat reagiert jedoch auf den ausgeübten Druck in Richtung auf eine Einschränkung der Produzentenmacht erst dann, wenn das »Versagen« des Konkurrenzmechanismus innerhalb organisationsfähiger Gruppen – etwa eines Teils der Produzenten selbst – Reaktionen hervorgerufen hat. Denn nur dann sind die bestehenden Machtkonstellationen oder -gruppierungen gefährdet und diejenigen, denen der ökonomische Systemimperativ zum Vorteil gereicht, bereit, ohne nennenswerten Widerstand zu weichen. Der Staat trifft dann Maßnahmen, die partiell mit den Bedürfnissen der Kapitalverwertung kollidieren und als »interventionistisch« angesehen werden. Die Anlässe für die Proteste werden beseitigt. Solange sich dagegen politisch durchsetzbare Reaktionen nicht herausgebildet haben, bleiben die Konflikte in einer grauen Zone »der zu lösenden Probleme« weiter bestehen, zugleich aber die für die Bevölkerung dringlichen Fragen offen.

Diese Konflikte bedingen im ökonomischen Bereich einen langsamen Abbau des Privatismus. Das Strukturprinzip, nach dem den Nachfragern auf dem Markt eine Beteiligung am Prozeß der Qualitätsbestimmung der Ware nicht zusteht, wird zunehmend in Zweifel gezogen. Fragen nach der Rechtfertigung der Produzentenentscheidungen werden auch von Kreisen gestellt, die nicht zum politisch militanten Teil der Bevölkerung gehören. Naderismus,[10] Verbraucherverbände usw. sind offensichtliche Zeichen sowohl für die entstandenen Konflikte als auch für die Erosion wirtschaftspolitischer Traditionen, für den systemnotwendigen Strukturen widersprechenden Wunsch nach mehr Mitbestimmung bei Entscheidungsprozessen der Hersteller. Zu dieser Entwicklung trägt die Zerstörung des privatistischen Motivationsmusters im staatsbürgerlichen und familial-beruflichen Bereich[11] und die dadurch herbeigeführte Politisierung der Öffentlichkeit erheblich bei.

Die staatliche Intervention »zugunsten der Verbraucher« wird aber vor allem durch die hoheitlichen Eingriffe, die eine Lösung der auftretenden Konflikte beabsichtigen, beschleunigt. Wenn eine administrative Maßnahme die Fragwürdigkeit einer bisher befolgten Praxis offenlegt, werden alsbald weitere »Selbstverständlichkeiten« in Frage gestellt. Die administrative

---

9 Vgl. z. B. den Beschluß der Beratenden Versammlung des Europarates über eine Charta zum Schutze der Verbraucher (Resolution 543 (1973)) Appendix A II: »The State has a recognised duty to give consumers comprehensive legal protection and active assistance«.
10 Vgl. Kapitel III Fußn. 39.
11 Vgl. dazu Habermas, a.a.O., S. 106 ff.

Hilfe hat dann nicht die beabsichtigten Beruhigungseffekte, sondern fördert die Politisierung der Öffentlichkeit und Partizipationsbestrebungen in einem Bereich, der bis dahin der privatautonomen Sphäre der Produzenten zugerechnet wurde. Wie das Beispiel Schwedens zeigt, folgten dem Versuch einer Regelung der Werbung und einer freiwilligen Selbstkontrolle der Wirtschaft Maßnahmen, die darauf abzielen, die Unternehmenspolitik stärker zu beaufsichtigen.[12]

Schließlich ist die Thematisierung des Verbraucherschutzes eine Folge des Umstandes, daß die Auswirkungen der zwischen der organisierten Arbeiterschaft und den Inhabern der Produktionsmittel ausgehandelten Kompromisse breit gestreut sind. Tariferhöhungen sind nicht auf nur eine Gruppe beschränkte Errungenschaften und der Kaufkraftschwund trifft auch nicht nur eine einzelne Bevölkerungsschicht. Fast jeder wird durch eine »Lohnrunde« und Preiserhöhungen »zum Beteiligten und Betroffenen« in einer Person.[13] Die Anhebung der Nahrungsmittelpreise, die neuen Zinskonditionen der Banken oder die Erhöhung der Versicherungstarife schaffen Solidaritätsgefühle: Man betrachtet sich als Angehöriger einer breiten Masse von »Betroffenen«, die den Wirtschaftsablauf so hinnehmen muß wie er ist. Reaktionen erscheinen nur im Bereich des Konsums sinnvoll; dort gilt es, das Fehlen von Selbstbestimmung wettzumachen. Tagesprobleme, etwa die Einkaufsbedingungen in einem Kaufhaus oder die minderwertigen Leistungen bestimmter Werkstätten, gewinnen somit an Intensität und erleichtern die Bildung von neuen Gruppierungen, wie z. B. die der Verbraucher. Der früher dominante Klassenkonflikt wird somit, vor allem in Zeiten einer Hochkonjunktur, im öffentlichen Bewußtsein zurückgedrängt.

Diese Tendenz wird noch verstärkt durch die Werbung, die die Illusion wachhält, durch den Besitz gleicher Güter könne Statusgleichheit erzielt

---

12 In Schweden bestanden bis zum Zweiten Weltkrieg Vorschriften über unwahre Reklame und über das Rabatt- und Zugabewesen. Nach dem Krieg versuchte man einen effektiveren Schutz der Verbraucher mit Hilfe von Selbsthilfeorganisationen der Wirtschaft zu erreichen. Im Jahre 1968 wurde zur Ergänzung der bereits getroffenen Maßnahmen ein »Anmeldungsbüro für Angelegenheiten des Marktverhaltens« eingerichtet. Es sollte »Angelegenheiten von größerem allgemeinen Interesse« untersuchen. Das System erwies sich bald als unbefriedigend. 1970 führte man daher die Institutionen des Marktgerichts und des Verbraucherombudsmans ein. 1973 wurde eine neue Verbraucherschutzbehörde errichtet, die die Aufgaben verschiedener bisher bestehender Gremien, etwa auf dem Gebiet des Warentests oder der Kennzeichnung von Produkten, übernahm. Zur Entwicklung in Schweden vgl. F. Korkisch, Verbraucherschutz in Schweden, RabelsZ 1973, 755 ff.; U. Bernitz, Der Verbraucherschutz in Schweden, ZHR 138 (1974), 336 ff. und unten Kapitel IX Abschnitt V.
13 Habermas, a.a.O., S. 58.

werden.14 Trinkt man König-Pilsener, so ist man der Werbung nach Königen gleichgestellt, benutzt man Lux-Seife, so bewegt man sich in der Welt der Filmschauspieler. Werbung verbreitet somit den Anschein, als ob alle trotz unterschiedlicher Lebensstellung, Verhaltensweisen und Erwartungen dem gleichen Lager des konsumierenden Publikums zugehörten. Ist jeder mit Kühlschrank, Fernsehgerät und Auto ausgestattet und hat jeder den gleichen Kauf vollzogen, so verwischen sich die augenfälligen Klassenunterschiede. Man ist Konsument, welche Stellung man auch in der Arbeitswelt haben mag. Da Selbstverwirklichung und Lebenssinn nicht in der Arbeit, sondern vor allem in der Freizeit und dem damit zusammenhängenden Konsum gesucht werden, gewinnen diejenigen Konflikte an Bedeutung, die in diesem letzteren Bereich entstehen. Sie treten neben die Konflikte der Arbeitswelt und werden manchmal mit der gleichen Intensität erlebt. Die Verbraucherschutzproblematik gewinnt so Gewicht und Anziehungskraft.

2. *Die ideologische Funktion des Informationsmodells*

Nach dem Informationsmodell stimmen Verbraucher- und Herstellerinteressen überein, so etwa bei der Bekämpfung des unlauteren Wettbewerbs.15 Die Interessen dieser beiden Gruppen sind jedoch, selbst wenn man an der Prämisse der Rationalität des Konsumenten festhält, gegensätzlich.16 Für den Verbraucher, dem zur privaten Verwendung Waren geliefert oder Dienstleistungen erbracht werden, ist der Gebrauchswert der Ware, ihr Nutzen maßgebend. Er fragt sich also: Was nützt mir das angebotene Gut? Welche Bedürfnisse kann es befriedigen? Der Hersteller interessiert sich dagegen für den Tauschwert des Gutes, d. h. den Wert, den er in Form von Geld durch Verkauf der Ware realisieren kann. Er stellt sich die Frage, mit welchem Gewinn das Produkt verkäuflich ist.17 Der Gebrauchswert ist ein bloßes Instrument, um den Tauschwert des Gutes zu realisieren. Was für den Verbraucher ein materielles oder immaterielles Gut ist, das er zum Leben braucht, ist für den Hersteller bloß Verkaufsobjekt, Mittel, um an den Tauschwert zu kommen. Die Belange der Konsumenten sind somit für ihn nur mittelbar relevant. »So bleiben viele, gerade für den Verbraucher

---

14 Möller, a.a.O. (Kapitel IV Fußn. 1) S. 130.
15 Siehe oben Kapitel II Text zur Fußn. 7.
16 Vgl. Haug, a.a.O. (Kapitel IV Fußn. 1) S. 16.
17 Vgl. Kleine, a.a.O., S. 127, 128 f.

relevante Dimensionen (wie z. B. Sicherheitsmotive beim Auto) unberücksichtigt«.[18] Die äußere Erscheinung der Ware spielt bei der Realisierung des Tauschwerts eine entscheidende Rolle. Je günstiger der Eindruck, den der Hersteller vom Gebrauchswert der Ware vermitteln kann, desto höher der Erlös, den er erzielen kann. Der Unternehmer ist daher daran interessiert, sowohl das äußere Erscheinungsbild der Ware als auch die Ware selbst streng vom Standpunkt kommerzieller Verwertung aus zu kontrollieren. Er muß die Ware ansprechend gestalten, um sie abzusetzen, aber gleichzeitig ihren Nutzen für den Verbraucher beschränken, damit der Markt nicht verstopft wird und die Aussicht auf Absatz und Gewinn weiterhin bestehen bleibt. Sein Ziel ist es, dem Minimum an praktischem Nutzen eine solche Erscheinung zu geben, daß er den höchstmöglichen Gewinn erzielt. Der Konsument dagegen ist umgekehrt an einem Maximum an Nutzen und einem möglichst geringen Preis interessiert. Die Form bzw. Gestaltung spielt in der Regel nur eine sekundäre Rolle als Schlüssel, um den Gebrauchswert festzustellen oder als Mittel, seine ästhetischen Bedürfnisse zu befriedigen.

Der Produzent wird, wenn er die hergestellte Ware nicht absetzt, die investierten Summen nicht zurückerhalten. Um weitere Verluste zu vermeiden, wird er seine Dispositionen ändern und den Markterfordernissen anpassen müssen. Einer solchen Eventualität kann er aber entgehen, wenn er den Konsumenten von vornherein für seine Ware gewinnt. Er wird zunächst den Verbraucher informieren, soweit dieser das Angebot nicht kennt; falls es aber dessen Wünschen nicht entspricht, wird er versuchen, diesen umzustimmen. Der Produzent ist bestrebt, die Entscheidungsfreiheit des Konsumenten zu beschränken, um die Nachfrage in seinem Sinne zu lenken. Der Verbraucher will dagegen autonom über seine Bedürfnisse und ihre Befriedigung urteilen.

Der Hersteller ist als Eigentümer der Produktionsmittel in der Lage, Gebrauchswert und Erscheinungsbild der Ware allein zu bestimmen. Er trifft die Entscheidungen über Qualität, Lebensdauer und Form der Ware, ohne die Verbraucher fragen zu müssen. Er kann auch frei von jeder Beschränkung die erforderlichen Mittel einsetzen, um die Willensbildung der Konsumenten vorzuformen. Die Interessen der Nachfrager werden zwar nach den liberalen Wirtschaftsvorstellungen mittelbar über den Konkurrenzmechanismus berücksichtigt. Die wirtschaftliche Entwicklung hat jedoch entgegen dem Modell die Stellung der Verbraucher geschwächt und die der Anbieterseite gestärkt. Der fehlende Wettbewerb und die Informationsstruktur des Marktes haben den privaten Subjekten, die den Produktionsprozeß

---

18 Biervert, a.a.O., S. 24.

kontrollieren, ermöglicht, ihre Vorrechte weiter auszubauen. Die Konsumleitbilder und die Bedingungen des Verbrauchs werden von ihnen bestimmt. Ihrer wirtschaftlichen und der damit verbundenen sozialen Macht steht keine hemmende Gegenmacht entgegen.
Die ungleiche Machtverteilung zwischen Produzenten und Abnehmern wird im Rahmen einer Gesellschaft, in der Verbände, Interessengruppen und Lobbies Parlament und Verwaltung entscheidend beeinflussen, zu Lasten der Konsumenten noch verstärkt. Die Interessen der Hersteller werden von zahlreichen Verbänden wahrgenommen. Der Deutsche Industrie- und Handelstag etwa hat zu den Reformbestrebungen des Rechts der Allgemeinen Geschäftsbedingungen Stellung genommen und die Befürchtung geäußert, die Wirtschaft werde einseitig mit den Risiken belastet.[19] Die Vertreter der Versicherungswirtschaft möchten, daß Versicherungsbedingungen ganz von der künftigen AGB-Gesetzgebung ausgenommen werden, da bereits das Genehmigungsverfahren beim Bundesaufsichtsamt rechtswidrigen Klauseln vorbeuge.[20] Das Bankgewerbe ist der Ansicht, Bankgeschäfte wiesen solche Besonderheiten auf, daß für sie die Anwendung allgemeiner Regeln nicht möglich sei.[21] Die Interessen der Verbraucher werden dagegen von keiner Gruppe vertreten, die auf den politischen Willensbildungsprozeß maßgebend einwirken kann.[22] Die Gewerkschaften artikulieren vor allem die Forderungen der Arbeitnehmer nach besseren Lohn- und Arbeitsbedingungen; die Beschlußorgane des Deutschen Gewerkschaftsbundes haben sich mit der Verbraucherpolitik bisher nicht befaßt.[23] Der Konsument steht somit dem Einfluß der Produzenten und ihrer Verbände ohne Reaktionsmöglichkeit gegenüber.
Das Informationsmodell leugnet den Interessengegensatz zwischen Produzenten und Konsumenten mit der Feststellung, alle Menschen seien Verbraucher, da sie über den Markt ihre Bedürfnisse befriedigen müßten.[24] Der Umstand, daß alle Menschen auch in die Rolle des Verbrauchers versetzt werden, genügt jedoch nicht, um diesen Gegensatz aufzuheben. Entscheidend ist die Aufgabe, die jedes Individuum infolge der bestehenden sozialen Organisation sowie der Ungleichverteilung der Produktionsmittel und der Macht erfüllt, d. h. ob es die Produktion bestimmen kann oder

---

19 Vgl. VPK Nr. 18/1975 S. 2.
20 Vgl. VPK Nr. 13/1975 S. 4.
21 Vgl. Ph. Möhring, a.a.O. (Kapitel II Fußn. 110).
22 Zu der Tätigkeit der Verbraucherorganisationen siehe unten Kapitel VIII.
23 Vgl. v. Hippel, Verbraucherschutz S. 213 f.
24 Roberts, a.a.O. (Kapitel IV Fußn. 1), S. 2: »Almost every adult in a modern society is a consumer, if he is to live«. Vgl. auch Chase-Schlink, a.a.O. (Kapitel IV Fußn. 1), S. 5.

hinnehmen muß. Es ist durchaus möglich, daß dieselbe Person sowohl die Funktion des Herstellers als auch die des Verbrauchers erfüllt und in beiden Rollen sich ihrer Stellung entsprechend verhält. Betrachtet man diese Person als eine Einheit, so ist ihr Verhalten widersprüchlich; für sie selbst kann aber ein Widerspruch nicht auftreten. Dies ist etwa der Fall bei einem Produzenten von ammoniumsalzhaltigen Orangensäften, der sich einem Verband (etwa der »Schutzgemeinschaft der Kraftfahrer e. V.«) anschließt, weil er sich von seiner Werkstatt übervorteilt fühlt. Das von ihm verurteilte Verhalten veranlaßt ihn jedoch nicht, die Irreführung seiner Kunden aufzugeben.

Die Diskussion um den Begriff und die Definition des »Verbrauchers« ist vom juristischen Standpunkt aus müßig. Die Interessen der Verbraucher lassen sich nicht bestimmen, indem man entweder eine bestimmte Kategorie von Personen als »Nur-Verbraucher« abgrenzt und dann ihre Bedürfnisse erforscht oder aber abstrakt und allgemein Merkmale der Verbrauchersituation festlegt. Eine kongruente Einstellung des Einzelnen gegenüber dem Problem des Verbraucherschutzes besteht keineswegs, da ja die Interessen der Verbraucher nicht einheitlich sind, sondern je nach Einkommen, Bildung oder Stellung in der Arbeitswelt differieren können. So achtet eine einkommensschwächere Gruppe im Vergleich zu einer besserverdienenden stärker auf den Preis als auf Qualität und technische Perfektion.

Mit Hilfe des Informationsmodells wird versucht, die liberale Wirtschaftsform zu verteidigen. Die Thematik des Verbraucherschutzes bietet sich in besonderem Maße dafür an, die Funktion des Marktes als eines effizienten Mechanismus der Bedürfnisbefriedigung in Erinnerung zu bringen. Das Informationsmodell beschreibt jedoch den heute bestehenden Zustand, in dem es von einer Idealsituation ausgeht. Die entscheidende Rolle der individuellen rationalen Verbraucherentscheidung für den ökonomischen Prozeß wird als vorgegeben angenommen. Es wird nur geprüft, inwieweit die bestehenden Verhältnisse den Konsumenten hindern, diese seine Rolle wahrzunehmen. Das Ergebnis steht somit von vornherein fest: die derzeitige Situation weiche vom Modell der Marktwirtschaft zwar ab, könne aber erheblich verbessert und dem Modell angenähert werden.

Durch das generalisierte Motiv der Verteidigung der Freiheit des Verbrauchers (freie Konsumwahl, freier Zugang zur Ware, freie Wahl der Bezugsquelle)[25] soll inhaltlich diffuse Massenloyalität geschaffen werden. Die zur Rechtfertigung des Informationsmodells verwandten Schlagworte

---

25 Vgl. etwa Aktionsprogramm der Arbeitsgemeinschaft der Verbraucher, a.a.O. (Fußn. 4).

sind aber vielfach nichtssagend. Freier Zugang zur Ware z. B. kann ein Doppeltes bedeuten. Es kann damit gemeint sein, daß Art und Umfang des Verbrauchs keiner Beschränkung unterliegen dürfen. Eine andere Interpretation wäre die, daß jeder die von ihm gewünschten Waren erhalten soll, selbst wenn er nicht über die nötigen Geldmittel verfügt. Letztere Auslegung kann als Rechtfertigung der Rationierung, also eines der Marktwirtschaft entgegengesetzten Systems, dienen. Die Freiheit der Konsumwahl oder die Freiheit des Zugangs zur Ware erweisen sich als propagandistische Schlagwörter.

Nach dem Informationsmodell kommt es nur darauf an, die Übertreibungen der Überflußgesellschaft in Grenzen zu halten. Die Kommission der Europäischen Gemeinschaft[26] meinte etwa, der Verbraucherschutz sei eine »Antwort auf die gelegentlich Mißbrauch und Frustrationen verursachende Lage..., in der sich der Verbraucher infolge des Überangebots an Waren und Dienstleistungen« sehe. Auf die Ursache der Mißbräuche, die ungleiche Machtverteilung, wird nicht eingegangen. Der Problemkomplex läßt sich jedoch ohne einen Hinweis auf die ökonomische Machtstruktur nicht verstehen; dies gilt auch dann, wenn die prinzipielle Frage der Eigentumsordnung und der sich daraus ergebenden Herrschaftsverhältnisse nicht berührt wird. Geht man etwa von einer Auffassung aus, die eine Sicherung der Freiheit des einzelnen durch ein Machtgleichgewicht gesellschaftlicher Kräfte anstrebt, so ist das Fehlen eines solchen Ausgleichs im vorliegenden Falle offensichtlich. Schon allein ein Vergleich der die öffentliche Meinung prägenden Faktoren mit der von den Unternehmen gesteuerten Werbung weist die unkontrollierte Präponderanz der Wirtschaftsinteressen nach. Parteien, Kirchen und Verbände müssen sich Kritik gefallen lassen. Der demokratische Willensbildungsprozeß setzt den Kampf von Meinung und Gegenmeinung voraus. Die Statuten der Rundfunk- und Fernsehanstalten sorgen dafür, daß die verschiedenen gesellschaftlichen und politischen Gruppen in den leitenden Gremien Einfluß haben. Kritik unternehmerischer Leistungen ist dagegen nicht üblich und weitgehend rechtlich auch nicht zulässig. Die Ziele der unternehmerischen Politik sind gesellschaftlicher Kontrolle und Einwirkungsmöglichkeiten nicht unterworfen. Die gesellschaftlichen Leitbilder werden von einer gesellschaftlich nicht legitimierten Gruppe geformt und geprägt.[27] Der Gedanke, in den heute noch autonomen Bereich

---

26 Vgl. Erstes Programm der Gemeinschaft zur Unterrichtung und zum Schutz der Verbraucher vom 21. 5. 1974, Dokument SEK (74) 139, abgedruckt bei v. Hippel, Verbraucherschutz S. 261 ff.
27 H. Kohl, Die »Verwässerung« berühmter Kennzeichen, Berlin 1975, S. 126.

der Wirtschaft einen demokratischen Legitimierungsprozeß einzuführen, liegt angesichts dieses Umstandes nahe. Das Informationsmodell greift ihn aber nicht auf.

Dieses Modell stellt vielmehr ein Hindernis für einen effektiven Verbraucherschutz dar. Wenn der Verbraucher mit Hilfe von Wettbewerb und Information in die Lage versetzt werden kann, ein Höchstmaß an Bedarfsbefriedigung mit den ihm zur Verfügung stehenden Geldmitteln zu erzielen, erweist sich jede Einmischung in die Entscheidungsbefugnis des Produzenten als eine zusätzliche Schwierigkeit auf dem Weg zu diesem Ziel. Sie beeinträchtigt sowohl den alle Initiative mobilisierenden Wettbewerb als auch die Freiheit der Konsumwahl. Die notwendigen Maßnahmen zur Lenkung der Produktion erscheinen als ungerechtfertigte Eingriffe in die individuelle Freiheit. Mit dem »Schutz der Verbraucher« wird so letzten Endes die unbeschränkte Autonomie der Produzenten und ihre Freiheit, die Nachfrage zu steuern, verteidigt.[28]

Die vielfach notwendigen Modernisierungsmaßnahmen und die staatlichen Interventionen, die zur Korrektur des Marktmechanismus erforderlich sind, werden von den Verfechtern des Informationsmodells als Beweis für die Dynamik des Systems präsentiert. Das Eichgesetz, das lediglich die bestehende gesetzliche Regelung der Entwicklung der Verpackungs- und Meßtechnik anpaßte, wurde als ein »wirklicher Fortschritt beim Schutz des Verbrauchers« gefeiert.[29] Mit solchen Beteuerungen soll der Eindruck erweckt werden, daß die von vielen Kritikern mit negativen Zügen versehene Konsumkultur einer neuen Bestimmung zugeführt wird.[30] Für die Kommission der Europäischen Gemeinschaft ist der Verbraucher nicht mehr lediglich Käufer von Waren oder Empfänger von Dienstleistungen für den persönlichen Bedarf, sondern jemand, der an allen Aspekten des sozialen Lebens oder der Umwelt Anteil nimmt.[31]

---

28 Vgl. Galbraith, a.a.O. (Kapitel IV Fußn. 17), S. 216.
29 Vgl. die dritte Beratung des Eichgesetzes im Bundestag (5. Wahlperiode 232 und 233 Sitzung, 9. 5. 1969). So betonte der Abgeordnete Lenders (SPD) bei dieser Gelegenheit (a.a.O. S. 12852): »Der Verbraucher kann heute bei der Fülle des Angebots, bei der Unübersichtlichkeit des Marktes, bedrängt von teilweise raffinierter, teilweise aber auch problematischer Konsumwerbung, seine Rolle nicht spielen, ... wenn ihm nicht eine aktive Verbraucherpolitik zur Seite steht. Ich möchte hinzufügen: auch ein funktionsfähiger Leistungswettbewerb, den wir alle wollen, verlangt geradezu danach, daß die Position des Verbrauchers im Markt durch solche Gesetze wie das Eichgesetz oder auch das Textilkennzeichnungsgesetz gestärkt wird«.
30 G. Wiswede, Zur Soziologie des Verbraucherverhaltens, Stuttgart 1972, S. 335.
31 Vgl. Erstes Programm, a.a.O.

Die Tatsache, daß sich trotz zahlreicher Anstrengungen die Lage des Verbrauchers nicht gebessert hat, wird mit dem Hinweis auf das Fehlen eines kritischen Bewußtseins erklärt. Der Verbraucher müsse sich rational verhalten.[32] Es sei seine Aufgabe, die ihm zustehende Macht auch tatsächlich zu nützen. Tue er dies nicht, so trage er selbst die Schuld für den bestehenden Zustand.[33] Diese Argumentation übersieht ein Doppeltes: Arationalität und Passivität des Verbrauchers sind auf die Veränderung der Informationsstruktur des Marktes und nicht zuletzt auf diejenigen gesellschaftlichen Werte zurückzuführen, die stark von der Anbieterseite geprägt werden. Kritisches Verhalten setzt ein Bewußtsein für die Ursachen des »Versagens« des Wettbewerbs und die Kenntnis des Umstandes voraus, daß die Anbieterseite ihre Marktmacht zum Nachteil des Konsumenten einsetzt. Ein solches Bewußtsein kann sich nicht entwickeln, wenn zur Verbesserung der Stellung des Verbrauchers eine irreale Wettbewerbslage und eine ebensowenig realisierbare Markttransparenz angestrebt werden.

3. *Verbraucherrecht als Abwehrrecht*

Die vom Informationsmodell vorgeschlagenen Maßnahmen haben indirekten und defensiven Charakter. Nicht etwa sollen die Werbung, die neuen Verpackungsmethoden oder die Abzahlungskäufe drastisch eingeschränkt werden, vielmehr sollen die Vorteile erhalten bleiben und nur die Nachteile durch eine Verschärfung des Wettbewerbs und zahlreiche Schutzmaßnahmen eingedämmt werden.[34] Die entscheidende rechtspolitische Frage ist aber die: wo liegt ein Mißbrauch vor und wie kann ihm vorgebeugt werden? Dem Informationsmodell entspricht also ein als punktuelles Abwehrrecht verstandenes Verbraucherschutzrecht.

---

32 Vgl. Huber in Mitteilungsdienst VZ NRW H. 3/4 1973, S. 3.
33 So der Bundeswirtschaftsminister H. Friderichs: »Der Verbraucher muß selbst entscheiden, welche Informationen er heranzieht und welche Alternativen er wählt. Wahl mag Qual bedeuten, ordnungspolitisch ist sie immer auch Verpflichtung«, Test 1975, 7.
34 U. Bernitz, Der Verbraucherschutz in Schweden, ZHR 138 (1974) 336 ff., 343, bemerkt zu der Verbraucherschutzgesetzgebung in Schweden, ihr Ziel sei es, »mit Mißbrauch und unerwünschten Erscheinungen im Zusammenhang mit dem Vertrieb und Verkauf von Waren und Dienstleistungen an den Verbraucher zurechtzukommen. Sie wirkt demnach – ebenso wie u. a. die Wettbewerbs- und Preisgesetzgebung – kontrollierend und korrigierend im Rahmen des marktwirtschaftlichen Systems«.

Der Verbraucherschutz hat nach dem Informationsmodell eine lediglich polizeiliche Funktion. Der individuellen Freiheit soll dort eine Schranke gesetzt werden, wo der »guten Ordnung« des Gemeinwesens und des gesellschaftlichen Lebens Störungen drohen. Der Verbraucherschutz ist eine dem Staat von der Gesellschaft übertragene Aufgabe, »gesellschaftliche Schädlichkeiten«, vor allem die Gefahren der industriellen Produktion, abzuwehren.[35] So betont etwa Forsthoff,[36] daß der Staat, indem er mit der Bekämpfung des Mißbrauchs wirtschaftlicher Machtstellungen eine bestimmte Ordnung der Wirtschaft schützt, polizeiliche Funktionen ausübe. Die Rechtslehre sieht im Lebensmittelrecht »nicht ein Stück Wirtschaftsordnung ..., sondern Polizei im früheren Sinne, heute zumeist Ordnungsverwaltung genannt«.[37] Nach der amtlichen Begründung zum VAG, der nach wie vor inhaltlich zugestimmt wird, regelt dieses Gesetz gewerbe- und wirtschaftspolizeiliche Fragen.[38]

Das Verbraucherrecht stellt sich so gesehen als eine Ausnahmeregelung dar. Dieser liegt nach dem Vorverständnis des Informationsmodells ein Sozialmodell zugrunde, das in Staat und Gesellschaft entgegengesetzte Pole sieht. Da die Gesellschaft prinzipiell selbst ihre Ordnung gestaltet, ist der staatliche Eingriff eine Notstandsmaßnahme. Er soll der Gesellschaft helfen, eine Situation zu überwinden, die sie mit eigenen Kräften nicht bewältigen kann.

Von dieser Grundkonzeption her läßt sich deshalb wie folgt argumentieren: Fälle eines Mißbrauchs der Entscheidungsfreiheit durch Wirtschaftssubjekte sind dem überlieferten Rechtssystem nicht fremd. Der Schutz der Gesundheit, der Schutz des Publikums vor Täuschungen etc. sind seit langem schon Gegenstand gesetzlicher Vorsorge. Die rechtlichen Instrumente, auf die die Verbraucherschutzpolitik zurückgreifen kann, sind also mehr oder weniger bekannt. Mißbrauch kann daher im Rahmen der bereits bestehenden Rechtsgebiete bekämpft werden, d. h. man muß nur die vorhandenen Tatbestände und Ahndungsmittel unter dem zusätzlichen Gesichtspunkt des Verbraucherschutzes weiterentwickeln. Das Lebensmittelrecht beispielsweise muß den neuen Gegebenheiten, etwa der Erfindung und Verwendung von Fremdstoffen, angepaßt werden. Der Gesetzgeber des Jahres 1935 konnte noch davon ausgehen, daß in den Geschäften die verkauften Waren mit

---

35 Vgl. zum Polizeibegriff Denninger, Polizei in der freiheitlichen Demokratie, Frankfurt, Berlin 1968, insbes. S. 13, 27.
36 Lehrbuch des Verwaltungsrechts Bd. I, 1966, S. 64.
37 W. Thieme, Lebensmittelrecht im Rechtsstaat, NJW 1966, 1436 ff., 1437.
38 Vgl. S. 32 der Begründung, a.a.O. (Kapitel II Fußn. 210); E. Prölss-R. Schmidt-J. Sasse, a.a.O. (Kapitel II Fußn. 208) Vorbem. IV 3 a.

Hilfe von Ladentischwaagen gemessen wurden. Er konnte daher den Käufer gegen Irreführung ausreichend dadurch schützen, daß er die Fehlleistungen der Meßgeräte durch Bauartvorschriften reduzierte und ein Ablesen der verkauften Menge an den Skalen der Waagen möglich machte. Heute muß er dagegen im Eichgesetz berücksichtigen, daß die Güter des täglichen Bedarfs vorgepackt sind und der Käufer den Verpackungsvorgang nicht selbst kontrollieren kann.

Verbraucherrecht ist vom Standpunkt einer Rechtslehre, die auf dem Informationsmodell basiert, kein neues Phänomen, sondern Fortsetzung bewährter Ordnungsmechanismen. Der jetzt hinzugekommene Gedanke des Verbraucherschutzes erscheint nur insofern als Fortschritt, als er es erlaubt, die wachsende Komplexität der zu ordnenden Erscheinungen besser zu erfassen, und somit zu einer vielleicht treffenderen Interpretation der Problemzusammenhänge führt. Die von einem Teil der Vertreter dieser Auffassung erhobene Forderung nach einem systematischen Geflecht von Prinzipien, das eine neue Rechtsdisziplin, das »Verbraucherrecht«, bilden könnte,[39] erscheint daher widersprüchlich. Ein solches selbständiges Rechtsgebiet ist – wie aufgezeigt – nach dem Informationsmodell weder nötig noch möglich, da der Aufbau eines an konkreten Mißbrauchstatbeständen aufgegliederten Systems den Zweck der Bekämpfung von Mißständen ausreichend erfüllt.[40] Die Rechtslehre lehnt es daher auch ab, neue Rechtsinstitute oder Kontrollverfahren zu entwickeln. So beurteilt sie ein Verbraucherschutzamt, dem die Kontrolle der Werbung obliegen sollte, negativ. Hierfür müßten nur der mit der Einführung der Verbraucherverbandsklage beschrittene Weg weiter verfolgt und die Organisationen der Konsumenten gefördert werden. Setze man diese Entwicklung fort, »dann

---

39 Vgl. Schricker, GRUR Int. 1970, 44; v. Hippel, JZ 1972, 418.
40 Untersucht man, was in England unter dem Begriff »Consumer Law« verstanden wird, so stellt man fest, daß es sich um eine Zusammenstellung aller rechtlichen Regelungen handelt, welche für all diejenigen von Bedeutung sind, die in allen möglichen Lebenslagen auf die Dienste oder Waren anderer angewiesen sind. Das Verbraucherrecht erfaßt u. a. die allgemeinen vertragsrechtlichen Bestimmungen, das Kauf- und Deliktsrecht, Fragen des Bank- und Kartell-, Gaststätten- und Gewerberechts, die Bestimmungen, die die Beziehungen des Abnehmers zu den öffentlichen Versorgungsunternehmen regeln usw.; vgl. etwa G. Borrie-A. Diamond, The Consumer, Society and the Law, 3. Aufl. London 1973. H. Cole-A. Diamond, The Consumer and the Law, Leicester 1960.
Bücher über das Consumer Law (Verbraucherrecht) erheben keinen wissenschaftlichen Anspruch, sondern sollen die Rolle eines juristischen Ratgebers für den Haushalt spielen. Vgl. etwa, The Law for Consumers, A Consumer Association Publication, London 1962. J. F. Wilson, Consumer Protection in England, RabelsZ 28 (1964) 644 ff., 657: »The review of attitude of English law towards consumer problems shows that any remedies provided tend to be piecemeal«.

blieben schließlich nur noch einzelne Lücken, die, wie z. B. hinsichtlich der Haustür- und Zigarettenwerbung, durch den Gesetzgeber oder durch administrative Maßnahmen geschlossen werden könnten«.[41]
Verbraucherrecht wird bei einer solchen Konzeption aus einer »Kontrasterfahrung« geboren, es ist eine Reaktion auf das stets variierende Handeln des Herstellers. Verbraucherrecht als Abwehrrecht greift ein, nachdem ein Mißstand aufgetreten und erforscht worden ist; er soll dann für die Zukunft beseitigt werden. Eine Regelung aber, die immer erst nachträglich einsetzt, ist nicht in der Lage, Schäden zu verhüten, indem sie gestaltend in die Produktion und den Vertrieb von Waren eingreift.[42] Der Hersteller ist frei, soweit ihm das Gesetz keine genau umschriebenen Schranken setzt. Schutzvorschriften sind somit keine weisunggebenden Richtlinien, sondern eine reaktive Vermeidungsordnung.
Ein Beispiel dafür, daß man sich trotz der angeblich für den Verbraucher »gewonnenen Schlachten« bald wieder vor Aufgaben gestellt sieht, die eigentlich gelöst sein sollten, bietet das Gesetz über das Meß- und Eichwesen. Wie bereits erwähnt, ist es als ein »wichtiger Beitrag zum Schutze des Verbrauchers« gefeiert worden. Die mit seiner Hilfe zumindest teilweise hergestellte Markttransparenz droht jedoch, einem Bericht der Arbeitsgemeinschaft der Verbraucher zufolge, schon wieder verloren zu gehen. »Dem Erfindungsgeist mancher Hersteller, Verbraucher bewußt irreführen und täuschen zu wollen (scheint) keine Grenze gesetzt zu sein«.[43] So schreibt das Eichgesetz vor, daß bei Fertigpackungen unter 50 g die Pflicht zur Angabe der tatsächlichen Füllmenge und des Grundpreises (Preis für 1 Kilogramm oder 100 Gramm) entfällt.[44] Viele Hersteller von Crème-Tiegeln sind nach Erlaß dieses Gesetzes unter dieser 50 g Marke verblieben, um der ansonsten notwendigen Auszeichnung zu entgehen. Ihre Gefäße mit der angegebenen Menge von 48 g haben »nur kleine Füllräume, dagegen große

---

41 E. Ulmer nach dem Bericht von P. Katzenberger über die Arbeitssitzung der Fachgruppe für gewerblichen Rechtsschutz und Urheberrecht der Gesellschaft für Rechtsvergleichung am 20. 9. 1973 in Hamburg, GRUR Int. 1973, 700 ff., 702.
42 Ein Unternehmer in den USA, der billigen und möglicherweise gesundheitsschädlichen Alkohol bei der Herstellung von Mundwasser verwendet hatte, bemerkte nach der Eröffnung eines Untersuchungsverfahrens gegen ihn: »Wir haben ja gar kein Gesetz übertreten. Wir haben in unserem Industriezweig außerordentlich viel Konkurrenz. Wenn wir im Rennen bleiben wollen, müssen wir Profit machen, wo immer es uns das Gesetz erlaubt. Wir machen schließlich nicht die Gesetze, wir befolgen sie. Warum sollen wir eigentlich in puncto Moral päpstlicher sein als der Papst? ... Wir sind schließlich nicht im Geschäft, um die Moral zu fördern«, vgl. Verbraucherdienst, Ausgabe B, Januar 1972, S. 24.
43 VPK vom 4. 6. 1974, S. 4.
44 § 14 Abs. 3 EichG.

Lufträume zwischen den Packungswandungen und sehr hohe Böden«. Die Wahrscheinlichkeit jedoch, daß gegen sie auf Grund des § 35 EichG, der Mogelpackungen verbietet, vorgegangen wird, ist gering. Nach § 35 Abs. 1 EichG kann nur vorsätzliches Handeln als Ordnungswidrigkeit geahndet werden. Ein solches vorsätzliches Vortäuschen scheidet jedoch »überall dort aus, wo technische Gründe der Abfüllung, die Eigenart des Produkts oder vertretbare Rationalisierungsgründe sowie verpackungstechnische Notwendigkeiten die Verwendung größerer Packmittel notwendig machen«.[45]

Die Notwendigkeit eines auf genau umschriebenen Tatbeständen beruhenden Verbraucherrechts wird mit Hinweis auf die Rechtssicherheit gerechtfertigt. Eine Rechtsordnung müsse Ordnungsgewißheit schaffen. Dies sei jedoch nicht möglich, wenn die Abgrenzung der zu regelnden Sachverhalte auf allergrößte Schwierigkeiten stoße. So könne etwa die Werbung in der Form des Appells an das Unterbewußte nicht verboten werden, weil die rechtmäßigen von den rechtswidrigen Werbeformen »in praxi nicht scharf auseinandergehalten werden können«.[46] Die so ausschließlich unter dem Gesichtspunkt der Voraussehbarkeit und Berechenbarkeit des Rechts verstandene Rechtssicherheit ist aber nur am Unternehmerinteresse orientiert. Es ist jedoch durchaus möglich, die Rechtssicherheit auch anders aufzufassen, als Gewißheit über das Bestehen eines materiellen Rechts, das den Eingriff in die Gesundheit, die Persönlichkeit und das Vermögen des Einzelnen verbietet. Eine solche Rechtssicherheit besteht aber nicht, wenn der Unternehmer den materiellen Imperativen nur dann zu gehorchen braucht, wenn klar abgegrenzte Tatbestände vorhanden sind, dem Bürger seinerseits die angeblich schützenden Generalklauseln jedoch die Beweislast für Vorgänge aufbürden, die er nicht durchschauen kann. Rechtssicherheit in diesem formalen Sinn bedeutet letzten Endes Rechtsunsicherheit für den Verbraucher. Wenn die Rechtssicherheit wirklich ein höherrangiges Prin-

---

45 A. Strecker, Eichgesetz, Einheitsgesetz, Braunschweig 1971, S. 346.
 Der Entwurf eines zweiten Gesetzes zur Änderung des Eichgesetzes sieht die Ausdehnung der Vorschriften über Mogelpackungen auf Packungen mit Mengen unter 50 g oder ml vor.
46 Vgl. Schluep, Wirtschaftliche Aspekte der Werbung durch Appell an das Unterbewußte, Zeitschrift für schweizerisches Recht 91 (1972), 353 ff., 378 ff., 383 f., 393. Schluep erkennt, daß die Werbung durch Appell an das Unterbewußte einen Konflikt zwischen Konsumenten und Produzenteninteressen verursacht. Dieser Konflikt sei zugunsten des Konsumenten zu entscheiden, weil das Privatrecht jedem die Pflicht auferlege, die Selbstbestimmung des andern zu achten. Ein Verbot der Appellwerbung könne jedoch »nicht in Erwägung gezogen werden, weil dem übergeordneten Gesichtspunkt der Rechtssicherheit angesichts des heutigen Standes der psychologischen Forschung in keiner Weise genügend Rechnung getragen werden könnte (mangelnde Tatbestandssicherheit)«.

zip ist, so muß sie auch die Permanenz des Schutzes gegen die Gefahren des Gewinnmaximierungsprinzips gewährleisten.

Das Verharren auf bereits beschrittenen Wegen führt hier zu keinem Ausweg. Nie war der Protest gegen die Werbung so groß, nie haben in so vielen Ländern Reformbestrebungen eingesetzt, dennoch wird in der Bundesrepublik dem Schutzsystem des UWG hohe Effektivität bescheinigt.[47] Das Schema der Einzelklagen, um unlautere Geschäftspraktiken zu bekämpfen, wird als beispielhaft dargestellt. Eine »Gewichtsverlagerung zugunsten der Verbraucherinteressen« genüge, um die Rechtsprechung in die richtigen Bahnen zu lenken.[48] Solche »Gewichtsverlagerungen« betreffen aber nur Randerscheinungen des Übels, der strukturellen Unterlegenheit des Verbrauchers nämlich, können es aber nicht heilen. Das UWG bleibt auch nach solchen Korrekturen ein Gesetz, das in erster Linie »den Interessen der Mitbewerber« dienen soll, eine Schiedsordnung für die Anbieter, die den reibungslosen Ablauf des Systems im Interesse der Hersteller sicherstellen soll. Es wird dadurch aber nicht zu einer Regelung, die die Informationsstruktur des Marktes zugunsten der Nachfrager beeinflussen, die Werbung einer sozialen Kontrolle unterwerfen soll.

Ähnliches gilt für die anderen gesetzlichen Vorschriften, die durch Schwerpunktverlagerungen den Erfordernissen des Verbraucherschutzes angepaßt werden sollen. Die Bekämpfung des einen oder anderen Auswuchses trifft nur das letzte Glied der Kette. Es geht jedoch nicht nur darum, den einzelnen Mißbrauch der Vertragsfreiheit zu unterbinden oder der in einem konkreten Zusammenhang auftretenden Gefahr vorzubeugen, vielmehr müssen die sozialen Ursachen, die zum Mißbrauch oder zur Gefährdung geführt haben, beseitigt werden. Deshalb muß man Lösungen finden, die sowohl auf das individuelle Verhalten der Unternehmer und Verbraucher als auch auf die gesellschaftlichen Voraussetzungen dieses Verhaltens einwirken.[49]

4. Die Aufgabe des Verbraucherschutzes

Das derzeit herrschende Modell von Mißbrauchsbekämpfung und Transparenzpolitik muß um eine Konzeption erweitert werden, die die Möglichkeit eröffnet, die gesellschaftlichen Bedingungen der Produktion und Verteilung

---

47 So Schricker, GRUR Int. 1973, 697; U. Albrecht, Kontrolle der Werbung?, ZRP 1974, 32 ff.
48 E. Ulmer nach dem Bericht von P. Katzenberger, GRUR Int. 1973, 700 ff., 701.
49 Vgl. Eichler, a.a.O. (Kapitel IV Fußn. 30), S. 162.

von Gütern zu beeinflussen. »Solange dies ... nicht geschieht, wird sich Verbraucherpolitik vor immer neue und immer umfangreichere Aufgaben gestellt sehen und eine Verschlechterung der Lebensbedingungen auf lange Sicht hinnehmen müssen«.[50] Die technische Entwicklung wird immer zahlreichere Möglichkeiten der Gefährdung, der Täuschung und des Mißbrauchs mit sich bringen. Eine Gesellschaft jedoch, die nicht gestaltend, sondern nur reaktiv vorgehen kann und dabei Initiative und gesellschaftliche Macht der Privatautonomie der Anbieter überläßt, wird diesen vermehrten und unübersichtlichen Gefahrenquellen bald nicht mehr gewachsen sein.

Das Problem des Konsumentenschutzes kann nur wirksam angepackt werden, wenn die Verbraucherpolitik von einer reaktiven Vermeidungsstrategie, die lediglich die Korrektur von dysfunktionalen Nebenfolgen des Marktmechanismus zum Zwecke hat, zum Mittel wird, um die privatautonome Entscheidungsmacht der Produzenten an Kontrollen, Verfahren und Voraussetzungen zu knüpfen, die gewährleisten, daß gesellschaftlich bedeutsame Entscheidungen gesellschaftlich relevante Gesichtspunkte auch beachten.[51] Verbraucherschutz und Verbraucherrecht dürfen nicht zu einer Frage von »law and order« auf wirtschaftlichem Gebiet degradiert werden, sondern müssen zum positiven Gestaltungsmittel der Gesellschaft werden.[52]

Verbraucherschutz läßt sich nicht durch den Inhalt der Maßnahmen, die zu treffen sind, definieren. Verbraucherschutz muß vielmehr als Instrument verstanden werden, mit dessen Hilfe die folgenden, ineinandergreifenden Ziele erreicht werden sollen:

a) Der Raum kollektiver Selbstbestimmung im Produktionsprozeß ist systematisch auszuweiten. Die Steuerung durch den Markt geschieht nicht auf Grund einer bewußten Entscheidung der Konsumenten, sondern ist das Ergebnis zusammenhangloser Einzelbeschlüsse der Unternehmer. Daher gilt es das Bewußtsein über die Funktionsweise und die Aufgaben des Prozesses Herstellung-Konsum zu wecken und die Ziele dieses Prozesses von

---

50 Eichler, a.a.O., S. 158.
51 Biervert, a.a.O., S. 219 stellt ebenfalls fest, daß man auf die Dauer »auf eine inner- und außerbetriebliche Kontrolle der ökonomischen und politischen Macht der Anbieterseite nicht verzichten« kann.
52 Nach F. Oulés, Problèmes économiques et politiques que pose la défense des consommateurs, Revue économique et sociale 23 (1965), 383 ff., 403 ff., kann der Schutz der Verbraucher nur durch eine grundlegende Änderung der Struktur des Staates und der Wirtschaft realisiert werden. Kernpunkt der notwendigen Reform wäre die Trennung der Träger von politischer und wirtschaftlicher Macht und die Errichtung von Schiedsstellen, die die Konflikte zwischen den verschiedenen sozialen Gruppen oder den politischen und wirtschaftlichen Institutionen schlichten würden.

den Bürgern im Rahmen einer offenen Meinungsbildung mitbestimmen zu lassen. Konsumfreiheit ist erst dann erreicht, wenn man über Notwendigkeiten im Bilde ist und zwischen Alternativen bewußt wählen kann.

b) Die Gruppe, die die wirtschaftlich relevanten Entscheidungen heute trifft, ist weder auf Grund eines demokratischen Verfahrens dazu legitimiert noch unterliegt sie einer Kontrolle. Dennoch formt und prägt sie mit ihren Entscheidungen die Gesellschaft. Die Träger der wirtschaftlichen Macht müssen daher der öffentlichen Kontrolle unterstellt werden und sich gegenüber den Verbrauchern verantworten.

c) Maßgebendes Prinzip des Wirtschaftsablaufs ist die Gewinnmaximierung. Auch sozialethische Grundsätze müssen aber eine entscheidende Rolle spielen, um die Entfaltung des Menschen als selbstverantwortliches Individuum und Mitglied einer Kollektivität zu gewährleisten.

d) Die privatautonome Entscheidungsmacht der Produzenten beläßt den Verbraucher in der Rolle eines Befehlsadressaten. Die rechtlichen Schranken, die dieses Machtmonopol sichern, sind abzubauen. Daher ist es notwendig, eine Gegenmacht der Betroffenen zu bilden, um den Entscheidungsprozeß der Hersteller zu beeinflussen und ihre Planung zu verändern.

e) Die Konsumenten können vielfach ihre Bedürfnisse nicht erfassen und artikulieren. Es muß ihnen ermöglicht werden, sich von aufgezwungenen Leitbildern zu befreien und selbst die Handlungsalternativen und deren Folgen festzustellen. Information soll nicht nur von den Herstellern gesteuert werden.

f) Verbraucher können ihre Rechte meistens nicht durchsetzen. Es gilt, normative Strukturen zu entwickeln, damit die Rechte der Konsumenten trotz der bestehenden faktischen Unterlegenheit gewahrt bleiben.[53]

Verbraucherschutz impliziert Wertentscheidungen, etwa die Achtung des anderen Menschen, die freie Selbstbestimmung, die Notwendigkeit des Dis-

---

53 N. Reich nennt als Ziele des Verbraucherschutzes Kontrolle von Anbietermacht und Anbieterverhalten, Gegeninformation, Gegenmacht und Individualschutz. Vgl. Zivilrechtstheorie, Sozialwissenschaften und Verbraucherschutz, ZRP 1974, 187 ff., 191.
Nach J. Meynaud, Les Consommateurs et le pouvoir, Lausanne 1964, S. 475 ff., 560 ist Voraussetzung einer im Interesse der Verbraucher zu realisierenden Reform die Änderung der sozialen Strukturen, die Produktion und Einkommensverteilung bestimmen. »La modification des rapports de production constituant la condition préalable d'une mutation dans les rapports de consommation, le combat pour cette mutation se confond avec la lutte pour cette modification... Dès lors le problème revient à ajouter la dimension ou nuance ›consommation‹ aux efforts entrepris pour assurer la réforme sociale«.

kurses. Es wäre jedoch falsch zu glauben, daß Konsumentenschutz deshalb, weil er einen sachlichen Inhalt voraussetzt, ein Prinzip ist, aus dem laufend Lösungen für jeden möglichen Konflikt bezogen werden könnten. Der materiale Wertgehalt deutet vielmehr nur die Richtungen dieser Lösungen an. Welche Interessen in einem konkreten Falle als schutzwürdig zu betrachten sind und welcher Art dieser Schutz sein muß, kann sich erst durch den Prozeß der öffentlichen Willensbildung der Verbraucher ergeben. Das Verbraucherrecht muß demnach in erster Linie gewährleisten, daß ein solcher Prozeß stattfindet, die Betroffenen ihre Meinung äußern können und die Lösung dann aus einem von allen Seiten akzeptierten Verfahren resultiert.

Gegen jegliche Regelung des Verhaltens der Produzenten wird üblicherweise eingewandt, sie sei das Ergebnis einer paternalistischen Einstellung. Die Verbraucher, weil unfähig, die richtige Wahl zu treffen, müßten bevormundet und von außen zu ihrem Glück gebracht werden.[54] Es gebe aber kein Verfahren, um zu bestimmen, mit welchen Mitteln dieses Glück erreicht werden könne. Die amerikanische Prohibitionsgesetzgebung nach dem Ersten Weltkrieg biete vielmehr ein eklatantes Beispiel dafür, daß man sich sehr gründlich darüber irren könne, wie das »Wohl der Allgemeinheit« zu erzielen sei. Man müsse es dem Individuum überlassen, selbst über das für es Vorteilhafte, Angenehme oder Erstrebenswerte zu urteilen. Man solle es zwar vor Gefahren warnen und Handlungsmöglichkeiten aufzeigen, es aber nicht zu einem Verhalten zwingen. Verbraucherschutz könne sonst zu einer Aufhebung der individuellen Freiheit führen, zu einer totalen Staatsplanung, in der die zu beachtenden Werte, Prioritäten und Ziele von oben vorgeschrieben würden.

Dieser Argumentation liegt die Vorstellung zugrunde, der individuelle Bedarf sei Ergebnis der Persönlichkeit des Verbrauchers, seine Bedürfnisse entwickelten sich autonom auf Grund der vorgegebenen Anlagen und Fähigkeiten. Nun hängen zwar die individuellen Handlungsziele mit der Persönlichkeitsstruktur zusammen, sind aber weitgehend von der Umwelt abhängig. Die als autonom erscheinenden Entscheidungsakte werden von sozialen Prozessen bestimmt.[55] Die Verbraucher werden vom Muster »eindimensionalen Denkens und Verhaltens«,[56] das durch das Informationssystem des

---

54 Vgl. Trebilcock, a.a.O., (Kapitel IV Fußn. 32), S. 265 ff. Der Zentralausschuß der Werbewirtschaft kommentierte die Forderung des rechtspolitischen Kongresses der SPD nach umfassender Kontrolle der Werbung mit der »anmerkenden Frage«: »Ist der Verbraucher so dumm, daß er einen Vormund braucht?«, ZAW Service 1-72 v. 9. 10. 72, S. 14.
55 Vgl. Eichler, a.a.O., S. 151.
56 Marcuse, a.a.O., (Kapitel IV Fußn. 28) S. 32.

Marktes erzeugt wird, geleitet; ihre Lebensweise und ihr Konsumverhalten richten sich weitgehend nach fremdbestimmten Orientierungsschemata. Insgesamt besteht also die Entscheidungsfreiheit des Konsumenten in viel begrenzterem Maße als behauptet wird.

Die Reaktion der Verbraucher kann daher gar keinen zuverlässigen Maßstab dessen bilden, was geschehen soll. Nach Erhebungen des Instituts für angewandte Verbraucherforschung achten nur wenige Verbraucher auf Preisänderungen bei häufig von ihnen gekauften Gütern. Die Preissteigerungen von 7–8% für Flaschenbier, Frischfisch und Gemüsekonserven im Jahr 1967 beispielsweise wurde von der Mehrzahl der Käufer nicht wahrgenommen.[57] Der Nachfrager kann also mit Zuständen zufrieden sein, die »falsche« Bedürfnisse befriedigen.[58] Er kann Verhaltensweisen bejahen, die in Wirklichkeit die Entwicklung seiner Fähigkeiten hemmen, die »Krankheit des Ganzen« verdecken und die Chancen, diese Krankheit zu heilen, vertun.[59] Das Ergebnis mag dann eine »Euphorie im Unglück« sein, aber diese Euphorie ist »kein Zustand, der aufrecht erhalten und geschützt werden muß«.[60]

Wie der Konsument heutzutage sein Einkommen ausgibt, ist vom Willen der Hersteller abhängig. Haben sie z. B. aus Gründen der Kostenersparnis oder der Konkurrenz entschieden, den Konsumenten den Geschmack der von ihnen als Mehrheit ausgegebenen Gruppe aufzudrängen, so müssen sich die Verbraucher damit abfinden. Die Alternative, die der Konsument möglicherweise vorgezogen hätte, wird nicht angeboten. Er ist »in der Lage des Wählers, der nur einen Kandidaten hat, den er wählen kann, oder mehrere Kandidaten, die alle dasselbe Programm vertreten«.[61] Die Marktwirtschaft vernachlässigt die Präferenzen der Minderheiten, obwohl sie wegen der Dezentralisierung der Entscheidungen gleichzeitig den unterschiedlichen Bedürfnissen verschiedener Gruppen Rechnung tragen kann. Gewinnmaximierung zwingt zur Vereinheitlichung. Vorstellungen, Wertungen und Wünsche von Gruppen, die keinen ausreichenden Gewinn gewährleisten, werden außer acht gelassen. Der Hinweis auf die Gefahren, die der Verbraucher-

---

57 Vgl. Scherhorn, a.a.O., (Kapitel IV Fußn. 32), S. 57.
58 Marcuse, a.a.O., S. 25 unterscheidet zwischen wahren und falschen Bedürfnissen. »Falsch« sind diejenigen, die dem Individuum durch partikuläre gesellschaftliche Mächte, die an seiner Unterdrückung interessiert sind, auferlegt werden«.
Fromm, Die Revolution der Hoffnung, Stuttgart 1971, S. 130, unterscheidet zwischen lebenfördernden und lebenshindernden Bedürfnissen.
59 Marcuse, a.a.O., S. 25.
60 Ebd.
61 Scitovsky, Zum Prinzip der Konsumentensouveränität in Erich und Monika Streissler a.a.O., (Kapitel III Fußn. 23), S. 486 ff., 492; vgl. auch M. Dobb, Political Economy and Capitalism, London, Reprint 1960, S. 308.

schutz für die individuelle Freiheit mit sich bringt, verteidigt eine Freiheit, die es vielfach gar nicht gibt. Selbst wenn ein Verbraucher weiß, daß das ihm angebotene Fleisch Tenderizer – die das Fleisch zart machen –, Adrenalin – das eine schnelle Gewichtszunahme garantiert –, Tranquilizer und sonstige Wirkstoffe und Medikamente enthält, kann er sich in der Regel nicht davor schützen. Ein von Fremdstoffen freies Angebot, auf das er ausweichen könnte, besteht nicht.»In den Vereinigten Staaten von Amerika ist eine Tomate gezüchtet worden, die als ›die schlechteste der Welt‹ bezeichnet wird: sie schmeckt wäßrig und unreif, sieht bläßlich krank aus und hat eine unangenehme dicke Haut. Die Verbraucher sind mit dem Tomatenangebot sehr unzufrieden und müssen zugreifen, wenn sie überhaupt Tomaten haben wollen, weil die meisten Supermärkte keine anderen mehr anbieten; denn diese neuen Tomaten sind beim Transport äußerst robust«.[62]

Maßnahmen, die die Produzenten zu einem bestimmten Verhalten veranlassen sollen, etwa die Vorschriften über den Einbau von Sicherheitsvorkehrungen bei Autos, bedeuten noch lange nicht, daß die Individuen »zu ihrem Glück gezwungen« werden sollen. Weil diese uninformiert sind und keine technischen Kenntnisse haben, sind sie weder in der Lage, das Verhalten der Produzenten zu beurteilen noch die ihnen aufgebürdeten Risiken abzuschätzen. Sie aufzuklären, kann wegen der technischen Kompliziertheit des Produktionsprozesses wenig helfen. Es ist somit notwendig, die Fachleute und sachverständigen Gruppen, die über hinreichende Informationen verfügen und einen größeren Bereich alternativer Möglichkeiten kennen, repräsentativ für die Mehrheit der Bevölkerung handeln zu lassen. Sie können die nach dem Marktmodell notwendige Kontrollinstanz bilden. Damit aber die Werturteile und Präferenzen dieser Minderheit von Experten nicht der Mehrheit wider ihren Willen aufgezwungen werden, bedarf es der permanenten Partizipation der Verbraucher am Entscheidungsprozeß. Die Alternative zu der Macht des Produzenten braucht keineswegs die Macht eines einfallslosen Bürokraten zu sein, der technokratisch die Lösungen dekretiert. Sie kann und muß in einem Verfahren liegen, in dem der Verbraucher mitentscheiden kann, nachdem die Beschränkungen, die ihm seine Unkenntnis oder die Beeinflussung durch die Hersteller auferlegen, aufgehoben oder erheblich verringert worden sind.[63] Allein die Partizipation der Betroffenen kann sicherstellen, daß nicht von oben, d. h. von den Produzenten oder

---

[62] Verbraucherdienst A XXIII/9, 30. 4. 1975 S. 1.
[63] Fromm, a.a.O., S. 130: »Ein Wandel kann natürlich nicht durch bürokratische Verordnungen zustande kommen, sondern allein durch Untersuchungen, Informationsaustausch, Diskussionen und Beschlüsse seitens einer Bevölkerung, die gelernt hat, zwischen lebensfördernden und lebenshindernden Bedürfnissen zu unterscheiden«.

einem sich den Herstellern substituierenden Staat, gelenkt, sondern von unten mitbestimmt wird. Erst dann ist Freiheit der Konsumwahl möglich, diese verstanden als die Möglichkeit des Verbrauchers, selbständig und unbeeinflußt sowohl von den Aktivitäten der Anbieter als auch von den Präferenzen einer Technokratie oder der anderen Verbraucher seine Bedürfnisse zu erkennen und sein Einkommen so zu verwenden, wie er es für richtig hält.[64]

Verbraucherschutz ist also eine Frage der Verteilung wirtschaftlicher und der sich daraus ergebenden politischen Macht. Es geht bei einem solchen Ansatz nicht darum, wie von den Anhängern marktwirtschaftlich konzipierter Lösungen behauptet, eine bestimmte Vorstellung von gesundem Konsumverhalten autoritativ durchzusetzen, die lediglich die Zweckmäßigkeit, Dauerhaftigkeit und Wirtschaftlichkeit der Güter betont und den Konsum als »Erlebnis« verdammt. Verbraucherschutz soll den Konsumenten die notwendige Macht geben, die ihnen aufgedrängten Werte einer kritischen Überprüfung zu unterziehen und frei von Propaganda ihre Wünsche auch zur Geltung zu bringen.

Versuchen, die Entscheidungsgewalt der Hersteller in diesem Sinne zu beschränken, wird unter Berufung auf das Grundgesetz widersprochen. Art. 2 Abs. 1 GG beziehe sich auch auf den wirtschaftlichen Bereich und schütze den einzelnen in seiner wirtschaftlichen Tätigkeit, damit sei etwa auch die Freiheit der Wirtschaftswerbung gewährleistet.[65] Die Rechtsposition des Werbungtreibenden werde weiter durch die Grundrechte der Meinungs-, Informations- und Pressefreiheit gesichert. Schließlich ergebe sich die Unzulässigkeit administrativer Kontrollmaßnahmen auch aus der in Art. 12 I GG verankerten Freiheit der Berufsausübung. Nur Beeinflussungsversuche wie z. B. die suggestive Reklame, die den freien und bewußten Willen des Individuums ausschalten oder überspielen wollten, überschritten die von der Verfassung gesetzten Grenzen.

Diese Argumentation überzeugt nicht. Keiner der genannten Verfassungsgrundsätze gibt das her, was von ihm verlangt wird. Sieht man in der Werbung einen Mechanismus, der Leitbilder für die gesamte Gesellschaft setzt,

---

64 Biervert, a.a.O., S. 9.
65 Vgl. E. Jürgens, Verfassungsmäßige Grenzen der Wirtschaftswerbung, Verwaltungsarchiv 1962, 105 ff.; A. Burmann, Zur Problematik eines werberechtlichen Verbraucherschutzes, WRP 1973, 313 ff.; Albrecht, a.a.O., (Fußn. 47), S. 33. Vgl. zu dieser Frage P. Lerche, Werbung und Verfassung, München u. Berlin 1967, S. 69 ff.; Der Hinweis von Albrecht auf das Urteil des BVerfG v. 4. 4. 1967, NJW 1967, 976 ff., überzeugt nicht. Das Urteil beschäftigt sich mit der Pressefreiheit. Es geht auf Fragen der Werbung nicht ein. Für die Rechtslage in den USA siehe Note, Freedom of expression in a commercial context, H. L. R. 78 (1965), 1191 ff.

so kann man ohne weiteres zu der Schlußfolgerung kommen, sie schließe die durch Art. 2 GG garantierte Wahlfreiheit des Verbrauchers aus und sei daher verfassungswidrig. Das von den Unternehmern bewußt angestrebte Informationsdefizit der Konsumenten könnte aber auch als Verletzung des Grundrechts der »inneren Geistesfreiheit« interpretiert werden, das »die ungeschriebene axiomatische Grundlage des Grundrechtssystems ist«.[66] Der Hinweis der Werbewirtschaft auf das Grundgesetz soll helfen, die Probleme mit verfassungsrechtlich angeblich vorgegebenen Lösungen zu unterdrücken. Errungene Machtpositionen können jedoch nicht einfach als juristisch gesichert in die Verfassung hineingelesen werden. »Die gute Ordnung des Gemeinwesens ist ... primär politische Aufgabe der Gesetzgebung, nicht juristische Aufgabe der Verfassungsinterpretation«.[67]

Der Verfassungsgeber hat darauf verzichtet, im Grundgesetz ein bestimmtes Wirtschaftssystem als rechtlich verbindlich zu fixieren. Die verfassungsrechtliche Ausgangslage ist demnach offen. Der Gesetzgeber ist somit im Rahmen der getroffenen Grundentscheidungen frei, die Struktur der Wirtschaft zu gestalten. Die Grundentscheidungen schließen aber eine Kontrolle privater Wirtschaftstätigkeit keineswegs aus. So ist etwa das Sozialstaatsprinzip schon seit langem als Angelpunkt der Regelungen, die eine Überwachung der Unternehmenstätigkeit vorsehen, anerkannt.[68] Aus ihm wird teilweise sogar eine Pflicht des Gesetzgebers abgeleitet, eine Wirtschaftsordnung zu errichten, die die theoretische Gleichstellung aller am Wirtschaftsgeschehen Beteiligten auch faktisch verwirklicht. Auch aus den Grundrechten, verstanden als soziale Teilhabe- und Mitwirkungsrechte, hat man Gebote zu einer leistenden und leitenden Staatstätigkeit abgeleitet, die die Chancengleichheit aller sichern soll.[69] Sie rechtfertigten deshalb sowohl die Einführung bestimmter Organisationsmodelle und Strukturen in der Gesellschaft als auch den Abbau von Machtpositionen und die Begrenzung übermäßiger Freiheit weniger.[70] Für den Verbraucherschutz bedeute dies konkret, daß die ökonomische Unterlegenheit des Konsumenten durch neue Organisationsformen auszugleichen sei.[71]

---

66 Zur »inneren Geistesfreiheit« vgl. H. Faber, Innere Geistesfreiheit und suggestive Beeinflussung, Berlin 1968.
67 H. Ehmke, ›Staat‹ und ›Gesellschaft‹ als verfassungstheoretisches Problem, in Politik der praktischen Vernunft, Frankfurt 1969, S. 38 ff., 59.
68 Vgl. z. B. Stein, Die Wirtschaftsaufsicht, Tübingen 1967, S. 55 ff., Lehrbuch des Staatsrechts, 2. Aufl. Tübingen 1971, S. 193 ff.
69 Vgl. P. Häberle, Grundrechte im Leistungsstaat, VVDStRL Bd. 30, Berlin 1972, S. 43 ff., 80 ff.
70 Vgl. auch M. Kriele, Wirtschaftsfreiheit und Grundgesetz, ZRP 1974, 105 ff., 109 f.
71 Vgl. Reich, ZRP 1974, 189.

Mit der hier vertretenen Auffassung soll Werbung nicht pauschal als ein abzuschaffender Exzeß verdammt werden. Es gilt, ihr die Stelle einzuräumen, die ihr in einer hochindustrialisierten Wirtschaft bei Beachtung ihrer sozialen Rolle zukommt. Erkennt man die soziale Bedeutung der Werbung an, so muß man auch das festlegen, was sich für sie an Verantwortung und Informationspflicht aus dem Leitgedanken einer sozialstaatlichen Ordnung ergibt. Reklame muß dann eine auf Orientierung des Abnehmers gerichtete Aussage sein und darf nicht Manipulationsinstrument bleiben.

Ähnliches gilt für den Wettbewerb. Wettbewerb ist keine private Angelegenheit der Unternehmer, sondern eine öffentliche, rechtlich geregelte Institution, die gesellschaftliche Funktionen erfüllt. Da er vor allem den Verbrauchern eine qualitative Verbesserung des Angebots sichern soll, ist er auch von seinem Nutzen für die Konsumenten her zu beurteilen.[72] Wird der Wettbewerb eingeschränkt, etwa durch Absprachen oder Konzentration, hat der Konsument keine Möglichkeit einer korrigierenden Einflußnahme auf das Angebot. Er wird zum bloßen Empfänger einer Konsumweisung und passiven Nachvollzieher einer von den Herstellern festgelegten sozialen Rolle.[73] Der Rechtsordnung obliegt es dann, die Instrumente zu entwickeln, die seine Fremdbestimmtheit jedenfalls zum Teil aufheben. Lenkungsmechanismen sind auch dann erforderlich, wenn der Wettbewerb nicht den erwarteten Nutzen für den Verbraucher bringt – d. h. die qualitative Verbesserung erfolgt nicht – oder die erzielten Vorteile soziale Kosten (z. B. Umweltschäden) zur Folge haben, die für die Gesellschaft nicht tragbar sind. Der Verbraucherschutz muß dem Konsumenten in einer solchen Lage die Möglichkeit geben, »aktiv und gestaltend in die Wirtschaftsordnung einzugreifen«, um die Grundbedingungen, unter denen das Wirtschaftsgeschehen sich abspielt, neu zu bestimmen.[74]

5. Die Aufklärung der Verbraucher

Eine entscheidende Verbesserung der Verbraucherposition im marktwirtschaftlichen System erhofft man sich von der Schulung und Aufklärung der Verbraucher.[75] Heute ist der einzelne Konsument zu einer hinlänglichen

---

72 Vgl. Reich, ZRP 1974, 191.
73 S. Simitis, Der heutige Mensch in seiner Rolle als Konsument, Bad Homburg 1968, S. 9.
74 S. Simitis, a.a.O., S. 15.
75 Vgl. G. Scherhorn, Gesucht: der mündige Verbraucher, Düsseldorf, 1973, insbes.

Wahrung seiner Interessen meistens nicht fähig. Ziel der Aufklärung müsse es daher sein, dem Verbraucher ein rationales Verhalten im Haushalt und eine kritische Haltung am Markt zu vermitteln, damit er ein optimales Verhältnis zwischen seinen begrenzten Mitteln und der erstrebten Bedarfsdeckung erreichen könne. Er müsse darüber hinaus lernen, seine Bedarfssituation kritisch zu reflektieren, dabei festzustellen, auf Grund welcher äußeren Einflüsse sie zustandegekommen sei und außerdem zu prüfen, wieweit die in der Gesellschaft akzeptierte Rangfolge der Bedürfnisse den Wertvorstellungen entspräche, die er für die Gesellschaft und sich selbst akzeptiere.

Der Verbraucher kann in der Tat seinen Freiheitsraum erheblich erweitern, wenn er sich der möglichen Handlungsalternativen und ihrer Konsequenzen bewußt ist, die Machtpositionen der Produzenten und die für ihn daraus entstehenden Nachteile kennt und die sein Verhalten motivierenden Außeneinflüsse durchschaut und kritisch reflektiert. Es erscheint jedoch fraglich, ob selbst dann, wenn ein großer Teil der Bevölkerung auf Grund intensiver Aufklärung diesen Anforderungen gewachsen wäre, allein ein rationales Verhalten genügen könnte, die strukturelle Unterlegenheit des Nachfragers ganz oder zumindest teilweise aufzuheben. Die Machtposition der Anbieter auf Grund ihrer alleinigen Entscheidungsbefugnis über die Produktion wird durch rationales Kaufverhalten nicht angetastet. Einzuräumen bleibt allerdings, daß gesellschaftliche Kontrolle der privaten Macht der Anbieter ohne ein weitverbreitetes »Verbraucherbewußtsein« nicht möglich ist. Insofern ist Verbraucherschulung zweifellos notwendig. Nur intensive Aufklärung kann weiten Bevölkerungskreisen ihre Abhängigkeit klar machen und die Verbraucher von einer amorphen Masse in eine bewußt agierende Gruppe umwandeln. Erst wenn die heute weitgehend verbreitete Unkenntnis einer kritischen Einstellung gewichen ist, wird sich auch die Bereitschaft entwickeln, vorhandene Institutionen des Verbraucherschutzes zu unterstützen und eine Gegenmachtposition der Verbraucher aufzubauen.[76]

S. 16 ff.; Biervert, a.a.O., S. 35 ff.; C. Möller, Ziel und Inhalt einer verbraucherpolitischen Strategie, Mitteilungsdienst VZ NRW Heft 1/1970, S. 12 ff.; R. Bierwirth, Strategie der Verbraucheraufklärung, Düsseldorf 1971; Verbraucherrundschau, Heft 3, März 1974 (Verbraucherbildung).

76 Biervert, a.a.O., S. 222 f. betont mit Recht: »Je weniger Kenntnisse über wirtschaftliche und soziale Prozesse vorhanden sind, umso schwieriger wird einmal die Durchsetzbarkeit erforderlicher Maßnahmen im wirtschaftlichen und gesellschaftlichen Bereich, zum anderen bleibt – wie sich deutlich an unseren Daten ablesen läßt – das Gefühl des Informationsmangels unterentwickelt, so daß eine zu geringe Verwertung der angebotenen Möglichkeiten stattfindet, die man als überflüssig empfindet oder sogar als lästig, da sie den eingefahrenen Bahnen des Verhaltens widersprechen«.

VI. Kapitel

Verbraucherschutz durch Selbstkontrolle der Anbieter

Die Kontrolle der Entscheidungsgewalt des Herstellers über Produktion und Absatz kann der Wirtschaft selbst, dem Staat oder Organisationen von Verbrauchern übertragen werden. Die freiwillige Selbstkontrolle durch die Industrie wird vielfach als das adäquateste Mittel propagiert, weil damit auf »Auswüchse« im Wirtschaftsgeschehen ohne komplizierte Gesetzgebungswerke reagiert und der staatliche »Interventionismus« vermieden werde.[1]
Eine Organisation zur freiwilligen Selbstkontrolle ist beispielsweise die »Deutsche Automobil-Treuhand-GmbH« (DAT).[2] Sie übernimmt die Schätzung von gebrauchten Kraftfahrzeugen, die von ihren Eigentümern an Händler verkauft oder bei ihnen in Zahlung gegeben werden und soll dabei die Konsumenten vor Übervorteilung schützen.[3] Die DAT bemüht sich, ihre Überparteilichkeit und Unabhängigkeit hervorzuheben. Ihre Schätzungsstellen, so betont sie, würden von freiberuflich arbeitenden Sachverständigen betrieben, die keinerlei wirtschaftlichen Bindungen an irgendwelche Marktbeteiligten unterlägen. In Wirklichkeit jedoch sind diese Sach-

---

[1] Vgl. M. Oldiges, Staatlich inspirierte Selbstbeschränkungsabkommen der Privatwirtschaft, WiR 1973, 1 ff., 5 f. Der »Final Report of the Committee on Consumer Protection«, HMSO, London 1962 (Molony Report), S. 260 Nr. 794, führt hinsichtlich der Kontrolle der Werbung aus: »We do not relish the idea of a statutorily-backed authority making the law as it goes along ... We are satisfied that the wider problems of advertising ought to be, and can be tackled by effectively applied voluntary controls«. Vgl. auch Weiss, Marketers fiddle while consumers burn, Harvard Business Review 1968, 45 ff., insbes. S. 51 ff. Der Zentralausschuß der Werbewirtschaft (ZAW) hat 1972 den »Deutschen Werberat« gegründet, damit die Werbeunternehmen freiwillige Selbstdisziplin üben; vgl. »Deutscher Werberat« in ZAW, WHRP 1973, 80 f.; H. Schneider, Selbstkontrolle in der Werbung, WHRP 1973, 627 ff. In der Forderung nach einem »Verbraucherbeauftragten« sieht der ZAW eine Diskreditierung des deutschen Rechtszustandes, der beispielhaft sei; vgl. »Die Welt« Nr. 117 v. 23. 5. 1972, S. 72.
[2] Vgl. dazu F. Nicklisch, Rechtsschutz durch private Organisationen – Hilfe oder Gefahr für den Bürger?, BB 1971, 1205 ff.; F. Nicklisch, Schätzorganisationen, ZHR 1972, 1 ff., 97 ff.
[3] Gesellschafter der DAT sind: der »Verband der Automobilindustrie e. V.«, der »Verband der Fahrrad- und Motorradindustrie e. V.«, »Zentralverband des Kraftfahrzeughandels e. V.«, der »Verband des Kraftfahrzeughandwerks e. V.« und der »Verband der Haftpflicht-, Unfall- und Krankenversicherer e. V. (HUK-Verband)«. Vgl. Bluth, a.a.O., (Kapitel IV Fußn. 1), S. 227.

verständigen an Richtpreise und Schätzrichtlinien der Zentrale gebunden, die, wie sich aus der Zusammensetzung der Gesellschafter ergibt, unter dem Einfluß der Kraftfahrzeughändler und -hersteller steht. Die DAT ist somit eine tendenziell die Interessen von Händlern und Herstellern im Gebrauchtwagenhandel wahrnehmende Vereinigung. Ihre Schätzpreise liegen dementsprechend unter dem wahren Wagenwert und kommen so den Händlern zugute; allerdings wird die Übervorteilung zentral kontrolliert und damit in Grenzen gehalten.4

Zu Beginn des Jahres 1972 hatte der Bundesverband der pharmazeutischen Industrie »Richtlinien für die wissenschaftliche Information und die Arzneimittelwerbung« ausgegeben. Diese Richtlinien wertete der Verband als einen Erfolg: Sie würden die in der Vergangenheit verschiedentlich beobachteten Mißstände in der Arzneimittelwerbung weitgehend beseitigen. Untersuchungen der in medizinischen Zeitschriften veröffentlichten Anzeigen ergaben jedoch, daß Ende 1972 und Anfang 1973 viele Arzneimittelhersteller sich über die Richtlinien hinwegsetzten.5 Im Zeitraum eines Jahres wurden z. B. mehr als 150 Annoncen gefunden, in denen entgegen § 7 Abs. 1 der Richtlinien die Zusammensetzung des Arzneimittels, die Kontraindikationen oder der Preis fehlten. Der Versuch des Bundesverbandes, der Werbung einen stärkeren Informationscharakter zu geben, gilt deshalb als gescheitert. Nach einer im Schrifttum geäußerten Auffassung soll die Selbstkontrolle auch nur eine Alibi-Funktion erfüllen.6 Es sei daher an der Zeit, daß der Staat selbst wirksame Maßnahmen ergreife und deren strikte Einhaltung überwache.7

Die kartoffelverarbeitende Industrie hatte 1971 neue Richtlinien für die Herstellung von »Pommes frites« erlassen,8 nach denen das Gewicht man-

---

4 Bei einem von Nicklisch in BB 1971, 1205 angeführten Test des Nachrichtenmagazins »Der Spiegel« stellte sich heraus, daß die Schätzpreise der DAT im Durchschnitt 700 DM pro Wagen unter denen der »Union der unabhängigen Sachverständigen« lagen.
5 Vgl. K. Franz u. a., Arzneimittelwerbung und -information gegenüber Ärzten, Mißstände–Dokumentation-Vorschläge, München 1973.
6 Franz, a.a.O., S. 11.
7 Der Entwurf eines Gesetzes zur Neuordnung des Arzneimittelrechts sieht u. a. auch eine Reform des Gesetzes über die Werbung auf dem Gebiete des Heilwesens vor. Vgl. BT-Drucksache 7/3060, Art. 5.
8 Siehe Richtlinien für gewerblich hergestellte durchgeröstete Kartoffelerzeugnisse (Kartoffelchips, Kartoffelsticks), Richtlinien für gewerblich hergestellte vorgebratene Kartoffelstreifen für Pommes frites, Schriftenreihe des Bundes für Lebensmittelrecht und Lebensmittelkunde, Heft 70, Hamburg 1971.
Vgl. zum Nachfolgenden den Bericht von L. Bertling, Pommes frites sind kein Schweinefutter, Mitteilungsdienst VZ NRW 1972 H. 1/2 S. 39.

gelhafter »pommes frites« höchstens 5% des Packungsinhalts betragen durfte. Nach den älteren Richtlinien des Jahres 1965 durfte der Gewichtsanteil der mangelhaften Stellen 10% sein. Zunächst scheinen also die neuen Bestimmungen zugunsten der Abnehmer neu gefaßt worden zu sein. Nach der neuen Regelung wird jedoch nicht mehr wie bisher bei der Ermittlung des Gewichtsanteils mangelhafter Ware das ganze Kartoffelstäbchen, an dem ein Schalenrest haftet, in die Berechnung der Mängelprozente einbezogen, sondern nur der sorgfältig abgetrennte Schalenrest selbst. Das führt dazu, daß selbst ungeschälte Kartoffeln zu pommes frites verarbeitet werden können, da bei 1 kg Kartoffeln nur die Hälfte der Schalen entfernt werden muß, damit der Mängelanteil von 5% bei den pommes frites nicht überschritten wird. Die Richtlinien wurden abgeändert, nachdem die Lebensmittelüberwachung gegen einen Hersteller vorgegangen war, der vorgebratene Pommes frites mit Mängeln, die die 10%-Grenze überstiegen, in den Handel gebracht hatte.[9] Der verurteilte Produzent setzte sich dafür ein, in Zukunft die Berechnung der Mängelstellen ausschließlich auf Grund des Gewichts der abgetrennten Fehlstellen vorzunehmen.

Im Gegensatz zu den vorausgegangenen Beispielen sollen sich die vom »Zentralverband des Kraftfahrzeughandwerks« ins Leben gerufenen »Schiedsstellen für das Kraftfahrzeughandwerk« bewährt haben. Diese Schiedsstellen wollen Konflikte zwischen Kunden und Werkstätten über die Notwendigkeit und handwerklich einwandfreie Durchführung von Reparaturen und die Angemessenheit von Rechnungen schlichten.[10] Ihre Spruchkörper sind zusammengesetzt aus je einem Vertreter der Handwerkskammer, eines Automobilverbandes (ADAC, AvD und DTC), des Technischen Überwachungsvereins, der Deutschen Automobil-Treuhand GmbH und der Innung des Kfz-Handwerks.[11] Die von den Anbietern gestellten oder zumindest abhängigen Schiedsrichter befinden sich somit in der Überzahl.[12]

---

[9] Die Richtlinien gelten als »Verkehrsanschauung der Lebensmittelwirtschaft«. Werden sie nicht beachtet, so kann ein Verstoß gegen das Lebensmittelgesetz vorliegen. Pommes frites, die mehr als den festgelegten Prozentsatz dunkler Stellen aufweisen, entsprechen nicht der berechtigten Verbrauchererwartung. Vgl. LG Wuppertal (unveröffentlicht – Az 28/67 – 243/67 VIII).

[10] Vgl. dazu v. Hippel, RabelsZ 37 (1973), 274 f.; Test Heft 2/1973, S. 54; Die Welt v. 19. 11. 1972, S. 19.

[11] Von den 45 Kfz-Schiedsstellen waren im Oktober 1973 43 nach diesem Modell organisiert.

[12] Die Deutsche Automobiltreuhand GmbH ist eine von den Anbietern gegründete Gesellschaft; vgl. Bluth, a.a.O., S. 207.

Der angebliche Erfolg dieser Schiedsstellen wird an Hand von Statistiken nachgewiesen.[13] Aus deren Zahlen soll sich ergeben, daß die Schlichtung in der überwiegenden Zahl der Fälle für den Verbraucher befriedigend ausging. Sie hat jedoch nur in 4,5% der Fälle dem Kunden Recht gegeben,[14] in 89% der Auseinandersetzungen setzte dagegen die Werkstatt, ohne daß es zu einem Schiedsverfahren zu kommen brauchte, ihren Standpunkt durch. Die Zahlen rechtfertigen somit die Vermutung, daß das Schiedsverfahren den Unmut gegen die Werkstätten auffangen, Prozesse vermeiden und Streitigkeiten zugunsten der Handwerker durch eine Vergleichstaktik beilegen soll.

Organe der Selbstkontrolle verhängen, wenn überhaupt, in der Regel nur milde Sanktionen. So mißbilligt der von der Werbewirtschaft gegründete »Deutsche Werberat«[15] Verstöße gegen die für die Form und den Inhalt von Werbung »anerkannten« Verhaltensregeln mit einem »Fernschreiben, ein(em) Telefonanruf oder ein(em) Brief.«[16] Veröffentlichungen über die von ihm aufgegriffenen Fälle erfolgen ohne Nennung der Namen, der Branche und des Produkts, so daß auf die gerügte Firma nicht geschlossen werden kann. Auch die Verbände des Chemischreiniger-Gewerbes schließen weder ihre Mitglieder aus noch verhängen sie Geldstrafen, wenn diese die Entscheidungen der dort ebenfalls eingerichteten Schiedsstellen nicht befolgen. Diese »Schiedssprüche« werden vielmehr nur als »Vorschläge« betrachtet, die angenommen werden können oder nicht.[17] Brancheninterne Rügen oder Empfehlungen können zwar ein Unternehmen empfindlich stören, wirken sich jedoch auf seine Stellung am Markt kaum aus. Von seiten der Hersteller wird diese Praxis mit dem Hinweis auf bestehende rechtliche oder tatsächliche Schwierigkeiten gerechtfertigt.[18] Die schonende Behandlung entspricht jedoch ganz dem Zweck der Selbstkontrolle; diese soll das wohlverstandene Interesse der Gesamtheit der Unternehmer einer Branche

---

13 Bei der Schiedsstelle Hamburg sind von Mai 1970 bis Ende 1972 3648 Beschwerden eingegangen; 1867 wurden durch Aufklärung des Sachverhalts, 1781 durch eine Rücksprache des Kunden mit der Werkstatt, also durch Einigung zwischen Werkstatt und Kunden erledigt. Bei den 278 Fällen, die von der Schlichtungsstelle entschieden wurden, konnte in 165 Fällen (4,5%) der Kunde einen Erfolg oder Teilerfolg verbuchen.
14 Nach den von »Test« a.a.O., veröffentlichten Prozentsätzen nur in 1,3% der Fälle.
15 Vgl. oben Fußn. 1.
16 Schneider a.a.O., S. 627.
17 Die Schiedsstellen sind von den Verbraucherzentralen und den Verbänden des Chemischreiniger-Gewerbes, etwa in Hessen vom Hessischen Textilreinigungsverband e. V., gegründet worden.
18 Vgl. etwa Schneider, a.a.O., S. 629.

gegen kurzsichtige Einzelinteressen durchsetzen, nicht aber mit wirtschaftlichen Sanktionen die Auslesefunktion des Marktes unterstützen oder übernehmen. Maßstab für die Kontrolle sind die Eigeninteressen der Wirtschaft[19] und nicht die der Konsumenten.[20]

---

19 Der »Markenverband«, die Organisation der Markenartikelhersteller, hat Ende 1974 Wettbewerbsregeln beschlossen, die der Förderung des seriösen Leistungswettbewerbs dienen sollen. Nach einem Bericht von W. Löwe, Verbraucherdienst, Ausgabe B, Heft 4, April 1975, S. 95 f. soll im Vordergrund dieser neuen Regeln das Bestreben des Markenverbandes stehen, die Wettbewerbsposition der Markenartikelhersteller gegenüber den Handelsunternehmen abzusichern.
20 H. Boyd-H. Claycamp, Industrial self-regulation and the public interest, Michigan Law Review 64 (1966), 1239 ff., stellen hinsichtlich der in den Vereinigten Staaten auf den Gebieten der Zigarettenwerbung und der Automobilsicherheit unternommenen Versuche zur Selbstkontrolle der Wirtschaft fest (S. 1252): »It thus appears unlikely that the industry can or will attempt self-regulation to any substantial extent«. Diese Feststellung wird durch die Reaktionen der Anbieter auf Initiativen der Verbraucherorganisationen bestätigt. Die Stuttgarter »Aktion Bildungsinformation e. V.« hat sich zur Aufgabe gestellt, mehrere tausend getäuschte Kunden von der unfreiwilligen Mitgliedschaft in Buchklubs zu befreien. Eingeleitete gerichtliche Schritte waren erfolgreich, weil die Vertreter der Buchklubs mit unlauteren Methoden Mitglieder angeworben hatten. Dennoch starteten die Buchklubs eine Gegenaktion, um sich gegen die »unsachliche Kritik und Diffamierung« zur Wehr zu setzen, vgl. »Der Spiegel« Nr. 49 v. 3. 12. 1973, S. 78 ff.

VII. Kapitel

Verbraucherschutz durch staatliche Kontrolle

1. *Selbstkontrolle unter staatlicher Aufsicht*

Die Selbstkontrolle der Hersteller wird vielfach unter staatlicher Aufsicht oder Mitwirkung realisiert. Die staatliche Beteiligung soll dabei erhöhte Objektivität und die Berücksichtigung der Interessen der Allgemeinheit gewährleisten.[1] Ein Beispiel bietet die geltende Regelung des Gütezeichens. Gütezeichen[2] sind Kennzeichen für Waren oder Leistungen, die einen genau definierten Qualitätsstandard garantieren. Sie können auf Waren neben dem Warenzeichen angegeben werden. Ihre Erteilung erfolgt auf Grund eines besonderen Verfahrens: Ein Verband, der ein Gütezeichen benutzen will, hat zunächst die für die Güte der Waren seiner Mitglieder wesentlichen Eigenschaften zu bestimmen und objektive Maßstäbe für eine Qualitätskontrolle aufzustellen. Danach ist beim RAL[3] die Anerkennung des Gütezeichens zu beantragen. Der RAL prüft die Gütebedingungen und ihre Übereinstimmung mit seinen Grundsätzen für die Vergabe solcher Zeichen.[4] Nach positivem Abschluß dieser Prüfung muß noch die Zustimmung des Bundesministers für Wirtschaft eingeholt werden. Das genehmigte Zeichen wird im Bundesanzeiger veröffentlicht und in eine vom RAL geführte Gütezeichenliste aufgenommen; erst dann kann es als Warenzeichen[5] eingetragen werden.

---

[1] Selbstkontrolle der Wirtschaft unter staatlicher Aufsicht empfiehlt auch die von der Beratenden Versammlung des Europarates verabschiedete Charta zum Schutze der Verbraucher (Resolution 543 (1973)): »Responsible associations of manufacturers and traders ... shall be encouraged to formulate their own codes of trading practices which ... shall seek to promote higher standards and shall be submitted to national consumer authorities for approval. The authorities shall give public support and backing to approved codes« (Appendix E VI).

[2] Vgl. zum Nachfolgenden F. Nicklisch, Das Gütezeichen, Rechtsdogmatische und rechtspolitische Probleme, Stuttgart 1969; F. Marr-P. Ikier, Handbuch der Rationalisierung, Gütesicherung-Gütezeichen, RKW-Schriftenreihe Nr. 15, Heidelberg 1968; F. Ch. Völker, Das Deutsche Gütezeichen, Diss. Hamburg 1965; V. Grub, Gütezeichen, Diss. Stuttgart 1972.

[3] Ausschuß für Lieferbedingungen und Gütesicherung beim Deutschen Normenausschuß e. V.

[4] Die Grundsätze sind bei F. Marr-P. Ikier, a.a.O., S. 76 ff. abgedruckt.

[5] § 4 Abs. 2 Z. 4 WZG.

Zuständig für die Anerkennung von Gütezeichen ist also nur der RAL. Nach offizieller Darstellung ist er »das zentrale Selbstverwaltungsorgan der deutschen Wirtschaft für das Gütezeichenwesen, ... errichtet und beauftragt von deren Spitzenverbänden und Dachorganisationen sowie den zuständigen Bundesministerien«.[6] Seinem Beirat gehören daher neben den Spitzenverbänden der Wirtschaft von staatlicher Seite u. a. die Bundesminister für Wirtschaft, Ernährung und Justiz an.[7] Die Bezeichnung »Gütezeichen« setzt deshalb nach Ansicht des Deutschen Patentamtes eine Kontrolle durch amtliche oder halbamtliche Stellen voraus.[8] Grund für die staatliche Mitwirkung sei die Bedeutung der Gütezeichen für die Allgemeinheit. Sie erleichterten den Überblick des Verbrauchers über das Angebot, indem sie eine genaue Vorstellung von der Qualität der gezeichneten Waren vermittelten und trügen somit zur Markttransparenz bei. Für die Hersteller seien Gütezeichen wegen ihrer Werbewirkung von Bedeutung. Uninformierte Käufer orientierten sich an dem Gütezeichen, weil sie bei der Ware, die das Zeichen trage, eine höhere Qualität als bei ungezeichneten Produkten vermuteten. Die Tätigkeit des RAL solle verhindern, daß Hersteller Qualitätszeichen führten, ohne ihre Waren einer Kontrolle eben dieser Qualität zu unterwerfen; sie ordne das Gütezeichenwesen im Allgemeininteresse und löse Interessenkonflikte sachlich und neutral.[9]

Nach den RAL-Grundsätzen brauchen die Gütestandards, für die ein Zeichen erteilt wird, keineswegs so hoch geschraubt zu sein, daß sie nur von wenigen Spitzenbetrieben der Branche erfüllbar sind.[10] Sie dürfen andererseits nicht nur minimale Anforderungen an die Qualität stellen, da sonst das Wesen des Gütezeichens verwässert würde. Das erforderliche Qualitätsniveau muß also nach der Vorstellung des RAL zwischen diesen zwei möglichen Extremen liegen; wo aber genau, soll von den Umständen des

---

6 Vgl. Nicklisch, a.a.O., S. 9.
7 Im Beirat des RAL sind vertreten: Bundesverband der Deutschen Industrie (BDI), Zentralverband des Deutschen Handwerks, Bundesverband des Deutschen Groß- und Außenhandels (BGA), Hauptgemeinschaft des Deutschen Einzelhandels, Deutscher Industrie- und Handelstag (DIHT), Deutscher Handwerkskammertag (DHKT), Deutsche Landwirtschaftsgesellschaft (DLG), Verband der Landwirtschaftskammern, Arbeitsgemeinschaft der Verbraucher (AGV), Bundesvereinigung der Kommunalen Spitzenverbände, Deutscher Gewerkschaftsbund (DGB), Deutsche Angestellten Gewerkschaft (DAG), Rationalisierungskuratorium der deutschen Wirtschaft (RKW), Bundesminister für Wirtschaft, Bundesminister für Ernährung, Landwirtschaft und Forsten, Bundesminister für Justiz, Präsident des Deutschen Patentamts.
8 Nicklisch, a.a.O., S. 11.
9 Nicklisch, a.a.O., S. 32.
10 Vgl. zum Nachfolgenden auch W. Lorenz, Die haftungsrechtliche Bedeutung von Gütezeichen, GRUR Int 1973, 486 ff., 489 ff.

Einzelfalles abhängen.11 So hat der RAL z. B. zwei Gütezeichen für Wein anerkannt, das »Deutsche Weinsiegel« und das »Gütezeichen für Badischen Qualitätswein«, das erheblich höhere Anforderungen stellt. Von den 20 nach der Bewertungsskala für Weine maximal erzielbaren Punkten sind nur 12 zu erfüllen, um das »Deutsche Weinsiegel« zu führen, aber 16, um einen badischen Wein als Qualitätswein zu kennzeichnen.12 Das allgemeinere und meistbenutzte Zeichen bestimmt hier also einen Standard, der lediglich mittlere Qualität verbürgt.13 Dies ist auch hinsichtlich der meisten anderen Gütezeichen festgestellt worden: Sie legen »im allgemeinen nur Mindeststandards für die Qualität fest, die eine Ware bei marktüblichen Preisen besitzen muß«.14 Der RAL entscheidet also den Konflikt zwischen dem Interesse der Verbraucher an wirksamen Orientierungshilfen und dem Interesse der Hersteller an Förderung ihres Absatzes zugunsten der Anbieter. Mit dem Gütezeichen wird ein Werbefaktor institutionalisiert und geregelt, nicht aber werden für den Verbaucher wichtige Qualitätsdifferenzierungen vorgenommen und Ratschläge für den Kauf gegeben. Die staatliche Aufsicht korrigiert diese Interessenwertung des RAL nicht, sondern sanktioniert das für die Wirtschaftsverbände tragbare Ergebnis als im Allgemeininteresse liegend.

Die Kontrolle der Einhaltung von Gütebedingungen obliegt den »Gütegemeinschaften«, die zu diesem Zweck Betriebsbesichtigungen, Probeentnahmen und sonstige Prüfungen durchführen.15 Das Kontrollverfahren beruht allerdings auf »unbedingter Freiwilligkeit«. Der Unternehmer habe nämlich die Entscheidung, »ob er ein Gütezeichen erwerben und sich all den damit verbundenen Gütesicherungsmaßnahmen unterordnen wolle«, frei getroffen. Der Staat, »würde er diese Aufgabe als die seinige betrachten«, wäre nicht in der Lage, »sie auf gleich einfache Weise und mit dem gleichen Wirkungsgrad durchzuführen, wie es die sich selbst verwaltende

---

11 Vgl. Test 1973, 106 f.
12 Vgl. L. Skulima, Unter der Kontrolle von Öchsle-Waage und Gütezeichen, FAZ v. 24. 2. 1965.
13 P. Marr-P. Ikier, a.a.O., S. 16: »Die Mindestqualität (wurde) hier auf mittlerer Ebene festgelegt, die für gut gepflegte Weine angemessen ist«.
14 W. Marzen, Preiswettbewerb und Verbraucherpolitik, Saarbrücken 1964, S. 229; Grub, a.a.O., S. 187: »Gütezeichen im Baubereich verbürgen nur die Qualität, die im Baubereich gerade noch zulässig ist«; a. A. Lorenz, a.a.O., S. 492. Das OLG Bremen, (v. 21. 12. 1961, DB 1962, 234) hat in einem Prozeß gegen die Gütezeichengemeinschaft »Kornkette« (e. V.) festgestellt, daß der unbefangene Betrachter des Gütezeichens davon ausgehen müsse, »daß der unter diesem Zeichen angebotene Kornbranntwein von guter (nicht etwa von bester) Qualität ist«.
15 Nach Grub, a.a.O., S. 189 wird zum Teil auf jede Überwachung verzichtet.

Wirtschaft« vermöge.[16] Dann fragt sich jedoch, warum die Zustimmung des Staates unerläßliche Voraussetzung für die Anerkennung eines Gütezeichens durch den RAL ist. Wenn damit sichergestellt werden sollte, daß sowohl die Mitglieder der Gütezeichengemeinschaft als auch diese selbst die Verpflichtung gegenüber dem Publikum übernehmen, objektive, der Öffentlichkeit bekannte Qualitätsmaßstäbe zu beachten, so müßten sie immer dann haften, wenn sie diese Maßstäbe nicht einhalten. Eine Haftung der Gütezeichengemeinschaft, ihrer Organe oder Beauftragten wird indes in den Satzungen ausdrücklich ausgeschlossen. Aber selbst für den das Gütezeichen benutzenden Hersteller bezweifeln die Vertreter der Gütezeichengemeinschaft eine Haftpflicht. »Das Gütezeichen sagt nur aus, daß derjenige, der zum Führen des Gütezeichens berechtigt ist, sich der Güteüberwachung durch eine Güteschutzvereinigung unterwirft«.[17] Er wolle damit aber keine Haftung für eine zugesicherte Eigenschaft übernehmen. Den Herstellern ist es in der Tat auch gelungen, sich bisher jedweder Haftung zu entziehen.[18]

Das Beispiel des Gütezeichens weist auf ein anderes zentrales Problem hin. Die RAL-Grundsätze entfalten eine dem staatlichen Recht ähnliche Wirkung, sie sind allgemeinverbindlich, obwohl es sich nicht um Rechtsnormen handelt, sondern um von einem seiner Rechtsform nach privatem Verein aufgestellte Regeln.[19] In ähnlicher Weise haben auch andere Regelwerke, die von privaten Organisationen festgelegt worden sind, die Wirkung von Gesetzen, ohne daß sie in der für Rechtsnormen vorgeschriebenen Form erlassen und verkündet worden sind.[20] Beispiele hierfür bieten die Sicherheitsvorschriften, die vom Verband Deutscher Elektrotechniker (VDE) oder vom Deutschen Normenausschuß (DNA) erarbeitet worden sind. Die Reglementierung technischer Anforderungen durch Verbände wird als notwendig dargestellt, weil angesichts der Schwerfälligkeit des Gesetzge-

---

16 F. Marr-P. Ikier, a.a.O., S. 24.
17 So der Geschäftsführer des »Bundes Güteschutz Beton und Stahlbetonfertigteile«, zitiert bei Lorenz, a.a.O., S. 492.
18 Vgl. BGH, Urteil v. 14. 5. 1974, GRUR 1975, 150: »Haftungsrechtlich enthält ein die Qualität der gekennzeichneten Waren unterstreichendes Zeichen keine Garantiezusage, aus der der Abnehmer vertragliche Ersatzansprüche gegen diesen bei Qualitätsmängeln herleiten kann ... Die Erklärungen, durch die sich Träger und Benutzer eines solchen Zeichens binden, werden zunächst im Interesse der Reinhaltung des Gütezeichens gegeben und enthalten in der Regel keine Haftungsübernahme gegenüber dem Verbraucher der gekennzeichneten Ware«. G. Schricker, Schadensersatzansprüche der Abnehmer wegen täuschender Werbung?, GRUR 1975, 111 ff., stimmt dem Urteil zu. Siehe auch BGH, Urteil v. 20. 12. 1965, VersR 1966, 241 ff.
19 Vgl. Nicklisch, a.a.O., S. 15 ff., 41.
20 Vgl. K. O. Nickusch, § 330 StGB als Beispiel für eine unzulässige Verweisung auf die Regeln der Technik, NJW 1967, 811 ff.; Raisch-Olshausen in Gerechtigkeit S. 99.

bungsverfahrens der Staat nicht in der Lage sei, das Recht der raschen Entwicklung der Technik anzupassen. Selbst mit dem flexiblen Instrument der Verordnung sei es nicht möglich, die technischen Regelwerke fortlaufend zu überarbeiten. Indem jedoch den privaten Verbänden stillschweigend oder ausdrücklich[21] die Aufgabe überlassen wird, Sicherheitsvorschriften zu fixieren, werden gleichzeitig die Kontrollen privater Interessen abgebaut, die im staatlichen Gesetzgebungsverfahren vorgesehen sind.[22] Damit erhalten Verbände oder Gruppen die Möglichkeit, technische Normung nur in ihrem Interesse vorzunehmen. Dies ist nicht eine nur theoretische Gefahr: Nach einer von einer Forschungsgruppe der Federal Trade Commission in den Vereinigten Staaten durchgeführten Untersuchung[23] haben die von den Herstellern eingeführten Standardisierungsprogramme den Verbraucherschutz in sehr vielen Fällen nur noch weiter beeinträchtigt. Man nahm sie auch zum Anlaß, die Preise zu manipulieren, das Angebot zu beschränken, Konkurrenten vom Markt auszuschließen und die Anwendung neuer technologischer Prozesse zu verhindern. Indem sie das Vertrauen der Verbraucher in Qualitätszeichen förderten, ohne gleichzeitig zu erklären, von wem und auf Grund welcher Kriterien die Qualität ermittelt wurde, haben sie zur Undurchsichtigkeit des Angebots weiter beigetragen. Daß der Staat dennoch die Initiative den Unternehmerverbänden weiterhin überläßt und deren Entscheidungen sogar sanktioniert, deutet darauf hin, daß er den effektiven Schutz der Verbraucherinteressen nicht sichern kann oder will.

2. *Kontrolle mit Hilfe von Fachausschüssen. Staatliche Überwachung*

Die »Kommission zur Errichtung eines Lebensmittelbuches« ist ein vom Staat eingerichteter Fachausschuß, der auf dem Lebensmittelsektor die in anderen Bereichen den privaten Verbänden überlassene Aufgabe wahrnimmt, die Vorschriften zur Sicherheit der Verbraucher laufend zu ergän-

---

21 Vgl. etwa § 11 des Gesetzes über technische Arbeitsmittel. Nach dieser Vorschrift kann die Ordnungsmäßigkeit technischer Gegenstände von privaten Normungsvereinigungen – DNA, VDE, VDI usw. – bestimmt und dann vom Gesetzgeber übernommen werden. Vgl. dazu R. Lukes, Vom Arbeitnehmerschutz zum Verbraucherschutz – Überlegungen zum Maschinenschutzgesetz, RdA 1969, 220 ff., 223.
22 Nach H. Krüger, Rechtsetzung und technische Entwicklung, NJW 1966, 617 ff., 622 sind die Bedenken »gegen eine echte Mitwirkung gesellschaftlicher Gebilde an der Setzung technischer Normen« nicht stichhaltig.
23 Vgl. Ferguson, a.a.O., (Kapitel IV Fußn. 104) S. 84 f., 86, 100, 101 f.

zen.[24] Im Lebensmittelbuch werden Leitsätze für die Herstellung, Beschaffenheit oder sonstige Merkmale von Lebensmitteln, die für ihre Verkehrsfähigkeit von Bedeutung sind, niedergelegt. Damit soll eine sich ständig erneuernde Kodifizierung der allgemeinen Regeln für die Produktion und den Handel mit Lebensmitteln erreicht werden.

Die Kommission besteht aus Vertretern der vier Gruppen, die »an der Ordnung des Lebensmittelverkehrs interessiert sind«:[25] Wirtschaft, Verbraucher, staatliche Lebensmittelüberwachung und Wissenschaft. Ihre Zusammensetzung soll die objektive Beachtung der Interessen aller beteiligten Kreise, insbesondere des Verbrauchers, verbürgen. Die Kommission ist unabhängig und an Weisungen nicht gebunden. Alle Beschlüsse sind einstimmig zu fassen.

Seit ihrer Errichtung im Jahre 1963[26] bis zum August 1973 hat die Kommission nur einige wenige Leitsätze erlassen.[27] Sie betreffen meistens Bereiche, »die – oftmals durch frühere Regeln der Lebensmittelindustrie vorbereitet – zwischen den beteiligten Kreisen von vornherein unstreitig waren«[28] – oder Produkte, deren Bedeutung für die Ernährung nur gering ist, wie etwa Puddingpulver oder Marzipan. Über kontroverse Fragen konnte sich die Kommission dagegen nicht einigen. So sind z. B. für Fleischprodukte insgesamt nur zwei Leitsätze verabschiedet worden, über Gulaschkonserven und über die Beschaffenheitsmerkmale für Deutsches Corned Beef. Im übrigen schweigt das Lebensmittelbuch über diesen für die Gesundheit der Bevölkerung entscheidenden Sektor. Die Hoffnung, die Kommission könne schneller als der Gesetzgeber reagieren, hat sich nicht erfüllt; eine umfassende Kodifizierung des Lebensmittelrechts blieb aus. Es hat sich

---

24 Vgl. § 33 des Gesetzes zur Gesamtreform des Lebensmittelrechts v. 15. 8. 1974.
25 So die Amtliche Begründung, abgedruckt bei Zipfel, a.a.O., (Kapitel II Fußn. 171), C 2 Änderungsgesetz Art. 7 I.
26 Auf Grund des § 7 des Gesetzes zur Änderung und Ergänzung des Lebensmittelrechts von 1958.
27 Vgl. die »Leitsätze des Deutschen Lebensmittelbuches«, Ausgabe 73, Bonn. Es sind verabschiedet worden: Leitsätze für Reinheitsanforderungen an färbende Stoffe; Leitsätze für tiefgefrorene Lebensmittel; Begriffsbestimmungen und Beschaffungsmerkmale für Gulaschkonserven; Begriffsbestimmungen und Beschaffenheitsmerkmale für Deutsches Corned Beef; Beurteilungsmerkmale für Fische, Krusten-, Schalen- und Weichtiere und Erzeugnisse daraus; Leitsätze für tiefgefrorene Fische und Fischerzeugnisse; Leitsätze für Dauerbackwaren; Leitsätze für Pilze und Pilzerzeugnisse; Leitsätze für Fruchtsäfte; Leitsätze für tiefgefrorenes Obst und Gemüse; Leitsätze für verarbeitetes Gemüse; Leitsätze für verarbeitetes Obst; Leitsätze für Ölsamen und daraus hergestellte Massen und Süßwaren; Leitsätze für Puddingpulver und verwandte Erzeugnisse; Leitsätze für Honig.
28 Begründung des Gesetzes zur Gesamtreform des Lebensmittelrechts, Bundesrat-Drucksache 73/71, S. 37.

als leichter erwiesen, eine Rechtsverordnung zu ändern, als einen Leitsatz zu erlassen.
Ein Grund für diesen Mißerfolg liegt wohl in der bisher gesetzlich erforderlichen Einstimmigkeit der Beschlüsse. Diese Regel sollte es den beteiligten Gruppen erlauben, mißliebigen Entscheidungen ihr Vetorecht entgegenzusetzen. Sie wirkte sich zugunsten der Industrie aus, die die Beschlußfassung über kontroverse Themen blockieren konnte. Davon abgesehen, waren sich aber auch die Vertreter des Staates mit den übrigen Beteiligten darin einig, die Aufgaben der Kommission auf die reine Feststellung bestehender Usancen zu beschränken. Die Kommission sollte dagegen nicht Mißstände aufdecken oder eine positive Gestaltung des Lebensmittelrechts zum Schutze des Verbrauchers anstreben.[29] In Zukunft sollen »die Leitsätze über eine bloße Feststellung von Herstellergewohnheiten und Verbrauchererwartungen hinaus eine gestaltende Funktion erlangen«.[30] Für den Erlaß eines verbindlichen Leitsatzes wird es nunmehr genügen, daß »mehr als drei Viertel der Mitglieder zustimmen«.[31] Im zuständigen Ministerium hofft man zwar unter Kooperation eines Teils der Vertreter der Industrie besonders hartnäckige Widerstände zu überwinden.[32] Dennoch wird die Gesetzesänderung eine wirkungsvolle Tätigkeit der Kommission nicht sichern. Denn die Begründung der Novelle[33] zeigt, daß die Verwaltung noch immer den Verbraucherschutz mit Hilfe und unter Mitarbeit der betroffenen Hersteller zu realisieren hofft. Ihre Versuche, eine umfassende Regelung zu erreichen, können daher nur in einem Kompromiß enden, der die autonome Position der Hersteller nicht antastet.[34]
Die Überwachung der Einhaltung der Rechtsvorschriften zum Schutze der Verbraucher, wie etwa des Lebensmittelrechts, ist Aufgabe der Verwaltungsbehörden, vorwiegend der Behörden der allgemeinen inneren Verwaltung, d. h. der Gemeinden und Landratsämter. Es gibt dagegen keine zen-

29 Vgl. etwa den Kommentar von Zipfel, a.a.O., zu Art. 7 Änderungsgesetz.
30 Begründung des Gesetzes zur Gesamtreform des Lebensmittelrechts., a.a.O.
31 Vgl. § 34 Abs. 3 des Gesetzes zur Gesamtreform des Lebensmittelrechts.
32 Vgl. Menge a.a.O., (Kapitel IV Fußn. 1) S. 62.
33 Begründung des Gesetzes zur Gesamtreform des Lebensmittelrechts a.a.O.: »Durch die in Abs. 3 getroffene Regelung wird sichergestellt, daß bei der Beschlußfassung über einen Leitsatz ein bestimmter Kreis von Sachkennern (Verbraucherschaft, Wirtschaft usw.) nicht überstimmt werden kann«.
34 Ein weiteres Beispiel für die Haltung staatlicher Stellen bietet die Verordnung über Höchstmengen an Quecksilber in Fischen, Krusten-, Schalen- und Weichtieren v. 6. 2. 1975 (BGBl. I 1975, 485). Vgl. dazu, Zuviel Quecksilber im Fisch, Bundesrepublik weit über WHO-Toleranz, VPK, Nr. 1/1975 S. 7; Auch beim Fischverzehr Gesundheit vor Profit, Quecksilber-Verordnung endlich verabschiedet, Höchstmengen noch zu hoch, VPK Nr. 51/1974.

trale, auf die Kontrolle in einzelnen Bereichen, etwa im Lebensmittelsektor, spezialisierte Behörde.³⁵ Strafsanktionen in den einzelnen Gesetzen sollen sicherstellen, daß sich die Gewerbetreibenden an die Bestimmungen halten, wobei die Verstöße meistens als Ordnungswidrigkeiten mit Geldbuße bedroht sind.³⁶ Die Verwaltungsbehörden können Übertretungen sowohl verfolgen als auch ahnden. Die Gerichte befassen sich damit nur, wenn der Betroffene gegen den Bescheid der Behörde Einspruch einlegt.³⁷ Dieses System befriedigt nicht.³⁸ Die personellen und sachlichen Voraussetzungen, die für eine wirksame Kontrolle notwendig wären, liegen nicht vor. Es fehlt sowohl an Fachkräften mit der notwendigen Spezialausbildung als auch an der Sachausstattung. Viele Verstöße werden gar nicht erst ermittelt.³⁹ Soweit es tatsächlich zu einem Verfahren kommt, gelingt es den Behörden meistens nicht, die vom Gesetz für eine Bestrafung geforderten subjektiven Voraussetzungen nachzuweisen.⁴⁰ Aber selbst eine Bestrafung fällt kaum ins Gewicht. Die vorgesehenen Sanktionen sind im Vergleich zu den Gewinnen, die mit Hilfe von Gesetzesverstößen erzielt werden können, viel zu gering. Dem gesamten Überwachungssystem fehlt somit Abschreckungskraft und Effizienz.

Ein weiteres Beispiel für die Unwirksamkeit der Überwachung bietet das Problem der Arzneimittel im Tierfutter. Hier kann der Zusatz von Anti-

---

35 So ist die Lebensmittelüberwachung Aufgabe der unteren Verwaltungsbehörden, die dafür z. T. die Hilfe besonders ausgebildeter Polizeikräfte in Anspruch nehmen; vgl. Zipfel, a.a.O., C 1 § 6 LebensmittelG Anm. 5; § 40 des Gesetzes zur Gesamtreform des Lebensmittelrechts; Verbraucherrundschau H. 6/1975, Moderne Lebensmittelüberwachung.
36 Vgl. etwa § 35 des Eichgesetzes, § 13 des Heilmittelwerbegesetzes. Freiheitsstrafen sehen z. B. § 44 des Arzneimittelgesetzes, § 52 des Lebensmittelgesetzes vor.
37 Gesetz über Ordnungswidrigkeiten §§ 67 ff.
38 Vgl. Schricker, Rabelsz 1972, 324 f.
39 Nach einem Bericht im Verbraucherdienst A, XXII/13 v. 26. 6. 1974 S. 2 mußte 1973 in Hessen jede dritte Lebensmittelprobe beanstandet werden. »Jede dritte Wurst war nicht in Ordnung. Meist enthielten die Wurstwaren zuviel Fett oder Bindegewebe oder Farbstoffzusätze, mit denen ein hoher Magerfleischanteil vorgetäuscht wurde.«
40 »Eingabe betr. Lebensmittelrecht« der Deutschen Vereinigung für gewerblichen Rechtsschutz und Urheberrecht, GRUR 1971, S. 206 Nr. 3: »Die Hauptprobleme der Praxis des Lebensmittelrechts liegen nicht in den materiellrechtlichen Vorschriften, sondern in der Sanktionierung. ... Für die bisherige Praxis ist festzustellen, daß Verwaltungsbehörden, Staatsanwälte und Strafgerichte die gestellte Aufgabe nicht zu bewältigen vermochten. Kein strafrechtliches Nebengebiet kennt so viele Strafverfahren wie das Lebensmittelrecht; aber es gibt auch keinen Strafrechtsbereich, der eine so außerordentlich hohe Zahl von Einstellungen aufzuweisen hat. ... Personell unzulänglich besetzte und überbelastete Behörden, veraltete und unzweckmäßige Verfahren bewirken, daß das Lebensmittelrecht weithin auf dem Papier steht«.

biotika nur auf Verschreibung des Arztes erfolgen.[41] Der Genuß von Fleisch, das von Tieren stammt, die mit Medikamenten vermischtes Tierfutter fressen mußten, erhöht die Resistenz der im menschlichen Organismus befindlichen Bakterien mit der Folge, daß sie im Falle einer Erkrankung nicht mehr wirksam bekämpft werden können. So sind etwa Krankheiten, die früher mit Antibiotika sofort geheilt werden konnten, heute viel gefährlicher, weil die Erreger gegen die herkömmlichen Mittel unempfindlich geworden sind.[42] Die Notwendigkeit einer wirksamen Kontrolle des Gebrauchs von Arzneimitteln bei der Fütterung von Tieren ist also offensichtlich. Trotzdem wird ungefähr ein Drittel der verbrauchten Wirkstoffe von den Landwirten entgegen den gesetzlichen Bestimmungen ohne jede tierärztliche oder behördliche Aufsicht verabreicht. Die Rentabilität wird dem Verbraucherschutz und der Beachtung gesetzlicher Verbote vorgezogen. Den heutigen Zustand hat der Gesetzgeber selbst mitverursacht: Er gestattete 1964 den Herstellern die direkte Abgabe von Arzneimitteln an Tierhalter. Bei der fortschreitenden Massentierhaltung hat es sich nach der Begründung des Arzneimittelgesetzes als schwierig erwiesen, an dem Dispensierrecht der Tierärzte festzuhalten.[43] Zwar wurde die direkte Lieferung von einer Verschreibung abhängig gemacht; diese konnte jedoch auch für zukünftige Erkrankungen vorgenommen werden. Tierärzte verschrieben demzufolge Antibiotika, auch ohne daß akute Erkrankungen dazu Anlaß gaben, und überließen ihre Anwendung dem Züchter. Nur eine wirksame Überwachung hätte die Gefahren einer solchen Regelung bannen können; es gab sie jedoch nicht. Die Tierärzte der Schlachthöfe waren mit den ihnen zur Verfügung stehenden Kontrollmethoden in der Regel nicht in der Lage zu ermitteln, ob und in welchem Umfang Rückstände von Wirkstoffen oder Arzneimitteln im Fleisch vorhanden waren. Wurden die dazu erforderlichen Apparaturen wirklich einmal eingesetzt, so war das Ergebnis vielfach erschreckend. So stellten Veterinäre der tierärztlichen Hochschule Hannover 1970 bei der Untersuchung von 1 500 Schlachtkälbern, die vom städtischen Schlachthof Hannover als tauglich beurteilt worden waren, bei 67,3 % Rückstände von Antibiotika fest.[44]
Der allgemeine Protest gegen den rücksichtslosen Einsatz pharmakologisch wirksamer Stoffe bei Tieren zwang den Gesetzgeber, das Arzneimittelgesetz

---

41 Vgl. § 34 a, 34 Abs. 1 Z. 4, 4 a des Arzneimittelgesetzes i. d. F. v. 5. 6. 1974.
42 Vgl. die Begründung des Gesetzes zur Änderung des Arzneimittelgesetzes, BT-Drucksache 7/256 S. 9; Th. Löbsack, Veruntreute Arzneimittel, Die Zeit v. 26. 3. 1971 S. 58; Spiegel Nr. 26/71 »Drogen im Futter, Gift auf dem Tisch« S. 46 ff., 49.
43 Vgl. Zipfel, a.a.O., D 501 § 34 Arzneimittelgesetz Anm. 15.
44 Vgl. Menge, a.a.O., (Kapitel IV Fußn. 1), S. 133.

zu ändern.⁴⁵ So sollen Arzneimittel, die zur Anwendung bei Tieren bestimmt sind, nur noch in den Verkehr gebracht werden, wenn sie beim Bundesgesundheitsamt registriert sind. Dabei ist die Wartezeit anzugeben, die zwischen Verabreichung des Präparates und Schlachtung vergehen muß, damit keine Rückstände des Mittels im Fleisch vorhanden sind. Weitere Vorschriften sollen illegale Einfuhr und Abgabe von Tierpharmaka unterbinden. So hat etwa der Tierarzt über die Vermischungen von Arznei- und Futtermitteln Nachweise zu führen. Der Erfolg des neuen Gesetzes hängt weitgehend davon ab, ob seine Anwendung systematisch kontrolliert wird. Die bisherige Haltung der Verwaltung läßt aber eine effektivere Überwachung kaum erwarten.

Auf die Frage, warum der Staat nicht früher eingegriffen hat, um den unhaltbaren Zustand zu beseitigen, wird mit Hinweisen auf fehlende Mittel bzw. Personal und die übermächtige Lobby der Landwirtschaft, die der Einführung strenger Kontrollen und Sanktionen entgegenwirkt, geantwortet. Das Bundesministerium für Landwirtschaft selbst widersetzte sich einer Verschärfung des Arzneimittelgesetzes, um – wie es behauptet – »die Wirtschaftlichkeit des wettbewerbsorientierten tierischen Veredelungsbetriebes« sicherzustellen. Seiner Ansicht nach konnte nur »durch den Einsatz von bestimmten Wirkstoffen« ein rationelles Produktionsergebnis erzielt werden. Die Verwaltung unterliegt auch hier Restriktionen, die es ihr nicht erlauben, den Verbraucherschutz ohne falsche Rücksichten zu realisieren.⁴⁶

3. Rechtsangleichung

Die Beschränkungen, denen die staatliche Tätigkeit zugunsten der Verbraucher unterliegt, sind auch bei der von der Europäischen Gemeinschaft

---

45 Gesetz zur Änderung des Arzneimittelgesetzes v. 5. 6. 1974.
46 Ein bezeichnendes Beispiel bringt Marzen, Moderne Wirtschaftswerbung und Verbraucheraufklärung, Zeitschrift für handelswissenschaftliche Forschung 1962, 298: »Die Zeitschrift DM beauftragte die Bayerische Landesgewerbeanstalt Nürnberg mit der Prüfung von Fotoapparaten. Die Untersuchung wurde von einem Fachmann durchgeführt und der Redaktion der Zeitschrift zugeleitet. Zwei Tage später traf ein eingeschriebener Brief des inzwischen aus dem Urlaub zurückgekehrten Institutsleiters ein. Er untersagte die Veröffentlichung des Gutachtens und übersandte einige Tage später ein zweites... Es wurde zwar betont, daß die »Entschärfung« des ersten Untersuchungsergebnisses ohne Druck von irgendeiner Stelle erfolgt wäre, gleichzeitig erklärte der Institutsleiter jedoch: »Der Staat hat nicht genug Geld, um die Institute zu finanzieren. Neunzig Prozent meiner Gutachten liefere ich schließlich an die Industrie und ich muß hier die Leute bezahlen«.

betriebenen Angleichung der Rechtsvorschriften der Mitgliedsländer sichtbar. Rechtsangleichung würde keine Probleme mit sich bringen, wäre der Verbraucherschutz der allein maßgebende Gesichtspunkt. Es fällt nicht schwer, diejenige der bereits bestehenden Regelungen herauszufinden, welche die Stellung des Verbrauchers besonders stärkt, um sie dann mit eventuellen Verbesserungen für alle Mitgliedstaaten für verbindlich zu erklären. Bei der Rechtsangleichung geht es jedoch nicht nur um besseren Schutz des Konsumenten, sondern auch darum, Positionen, die von den Interessentengruppen in den verschiedenen Staaten erkämpft wurden, auf einen gemeinsamen Nenner zu bringen. Eine als verbraucherfreundlich angesehene Regelung wird daher möglicherweise bei dem Versuch, die verschiedenen z. T. sich widersprechenden einzelstaatlichen Lösungen in Einklang zu bringen, einfach fallengelassen werden. Bei der Angleichung wirken die verschiedensten Herstellergruppen und mehrere staatliche Verwaltungen mit, die in unterschiedlichem Maße mit dem jeweils interessierten Wirtschaftszweig verbunden sind. Wenn die Gruppen, die für eine »industriefreundliche« Regelung eintreten, über ein größeres politisches Durchsetzungsvermögen verfügen als die Kräfte, die in einem Land eine verbraucherfreundliche Lösung erreicht haben, so richtet sich der Kompromiß zwischen den verschiedenen Rechtsordnungen nach den Vorstellungen der ersteren. Im Ergebnis kann somit Rechtsangleichung in einem Lande, das den Verbraucherinteressen größere Beachtung schenkt, zu einem Rückschritt führen.[47] Ein Beispiel bietet die nach zehnjähriger Diskussion erlassene EG-Richtlinie für Kakao und Schokoladenerzeugnisse. Neben der nach deutschem Recht zugelassenen Kakaopreßbutter wurde auch die minderwertige Kakaobutter als Rohstoff für zulässig erklärt. Der Gehalt an Kakaobutter bei magerem Kakaopulver wurde um 2% im Vergleich zu der in Deutschland geltenden Regelung gesenkt. Die Änderung wird eine Qualitätsverschlechterung mit sich bringen. Es wurde eine Schokoladenart, die weiße Schokolade, zugelassen, die in Deutschland bisher nicht als Schokolade gekenn-

---

[47] Vgl. Gemeinsame Entschließung des Stearing Committee des Beratenden Verbraucherausschusses der Europäischen Gemeinschaften, des Verbraucherbeirats beim Bundesministerium für Wirtschaft, des Verbraucherausschusses beim Bundesministerium für Ernährung, Landwirtschaft und Forsten und des Verbraucherausschusses beim Senator für Wirtschaft, Berlin, v. 22. 1. 1975, Z. 4: »Die Harmonisierung von Rechtsvorschriften führt zu Interessenkonflikten. Bei ihrer Lösung wurden bisher die Belange der Produzenten bevorzugt. Das führte teilweise sogar zu einer Verschlechterung des auf nationaler Ebene bereits vorhandenen Verbraucherschutzes. Bei künftigen Harmonisierungen sind daher die Belange der Verbraucher verstärkt zu beachten. Eine Ausrichtung an den nationalen Vorschriften, die den umfassendsten Verbraucherschutz gewähren, ist erforderlich«. Siehe VPK Nr. 4/1975, S. 7 f.

zeichnet werden durfte, um Irreführungen des Publikums zu vermeiden; ebenso Dextrose, Fruktose, Laktose oder Maltose als Zuckerarten, die bisher nicht gebraucht werden durften. Die klare Gewichtseinteilung bei Tafeln oberhalb von 25 Gramm wurde aufgehoben; unter 75 Gramm dürfen jetzt Tafeln mit beliebigem Gewicht angeboten werden mit der Folge, daß Gewichts- und Formatmanipulationen erleichtert werden.[48]

4. *Verbraucherschutz durch eine zentrale staatliche Behörde. Das Beispiel der Federal Trade Commission*

Das Gesetz über die Einsetzung der Federal Trade Commission (FTC) wurde vom amerikanischen Kongreß im Jahr 1914 verabschiedet[49] (FTC-

---

[48] Einen Überblick über den Inhalt der Richtlinie gibt W. Fedde-Woywode, Die EG Kakao- und Schokoladenrichtlinie, Verbraucherdienst November 1973, S. 248. Vgl. dazu auch VPK Nr. 10/1974, S. 4 f. »Kleine Schokoladetafeln mit Grundpreis, Eichgesetz hilft Verbrauchern contra Brüssel«.
Nach Ansicht der Verbraucherpolitischen Korrespondenz Nr. 29/73, S. 74 stellt der Entwurf einer »Richtlinie des Rates der EG zur Angleichung der Rechtsvorschriften der Mitgliedsstaaten für feine Backwaren und Zwieback« ebenfalls einen Rückschritt dar. Er gestattet, sämtliche Feinbackwaren mit allen zugelassenen Farbstoffen zu färben. Dies ist in Deutschland nur für Verzierungen, Überzüge und Füllungen und mit deutlicher Kennzeichnung »mit Farbstoff« zulässig. Die Richtlinien erlauben den Gebrauch von Konservierungsstoffen, Bleichmittel, Emulgatoren, Stabilisatoren, Verdickungs- und Geliermitteln unter Voraussetzungen, die weiter sind als im deutschen Recht. Mengenbeschränkungen und Kennzeichnungspflichten sind nicht so streng. Dem deutschen Lebensmittelrecht widerspricht auch die dort vorgesehene Regelung, daß »Buttergebäcke« neben Butter auch andere Fette enthalten dürfen. Ein weiteres Beispiel bietet der Vorschlag der EG-Kommission für eine »Verordnung zur Bestimmung von gemeinsamen Normen für den Wassergehalt in Schlachtkörpern von Hühnern«. Vgl. dazu VPK Nr. 11/1974 S. 5 ff. Zu der Neufassung des Textilkennzeichnungsgesetzes siehe G. Damasch, Textilkennzeichnungsgesetz, Neufassung 1972, Köln, Berlin, 1972, S. 2 f.
[49] Zum Nachfolgenden siehe Federal Trade Commission, The Statutes, Stand 15. 1. 1973; Federal Trade Commission, Organization, Procedures and Rules of Practice, Stand 3. 2. 1973; Annual Report of the Federal Trade Commission 1972; Federal Trade Commission, Statement of Lewis Engman before the Consumer subcommittee of the Senate Commerce Committee, March 1974; Developments in the law, Deceptive Advertising, HLR 80 (1966/67), 1005 ff.; Corrective advertising orders of the Federal Trade Commission, HLR 85 (1971), 477 ff.; Federal Trade Commission: Developments in Advertising Regulation and Antitrust Policies, Geo. W. L. Rev. 41 (1973), 880 ff.; Milstein, The Federal Trade Commission and false advertising, Col. L. R. 1964, 439 ff.; E. Acheson–M. Tauber, The limits of FTC Power to issue consumer protection orders, Geo. W. L. Rev. 1972, 496 ff.; E. Kentner, Federal Trade Commission Regulation of Advertising, Mich. L. R. 64 (1966), 1269 ff.; Report of the American Bar Association Commission to study the Federal Trade Commission,

Act). Die gesetzgebende Körperschaft verfolgte damit den Zweck, eine Behörde ins Leben zu rufen, die dem Justizministerium bei der Verfolgung von Kartellverstößen gemäß dem Sherman Act helfen sollte.[50]
Artikel 5 dieses Gesetzes bestimmte, daß unlauteres Verhalten im Handelsverkehr zu Zwecken des Wettbewerbs rechtswidrig sei (»unfair methods of competition in commerce are hereby declared unlawful«). Im Falle eines solchen Verhaltens konnte die Behörde eine Verfügung (order) erlassen, die den Täter (offender) verpflichtete, in Zukunft solche Wettbewerbsmaßnahmen zu unterlassen (cease and desist). Die Bestimmung der im Einzelfall als unlauter zu betrachtenden Verhaltensweisen wurde der FTC überlassen. Nicht nur, so glaubte man, sei es zu schwierig, alle bereits vorhandenen Formen unlauteren Wettbewerbsverhaltens enumerativ im Gesetz aufzuführen, sondern darüber hinaus müsse die Möglichkeit bestehen, den ständig neuen Einfällen der Unternehmer zuvorzukommen. Als die FTC geschaffen wurde, dachte man also an ein Kartellamt und nicht an ein staatliches Amt zur Überwachung und Kontrolle der Werbung.
Die Kommission hat schon im ersten Jahr ihrer Tätigkeit ihre durch das Gesetz gewährten Vollmachten extensiv ausgelegt. Sie hat nicht nur die Notwendigkeit eines Verfahrens nach Art. 5 in Fällen, in denen die Wettbewerbsmaßnahmen zur Beschränkung des Wettbewerbs führten, bejaht,

---

September 15, 1969; G. Alexander, Honesty and Competition, Syracuse 1967; C. Auerbach, The Federal Trade Commission: Internal Organization and Procedure, Minnesota Law Review 48 (1963/64), 383 ff.; W. Grimes, Die Federal Trade Commission, in GRUR Int 1973, 643 ff.; W. Grimes, Control of advertising in the United States and Germany: Volkswagen has a better idea, HLR 84 (1971), 1769 ff.; H. G. Jones, To tell the truth, the whole truth, Food Drug Cosm. L. J. 26 (1971) 173 ff.; M. Kirkpatrick, The Federal Trade Commission as a Consumer protection Agency, The Antitrust Bulletin 15 (1970), 333 ff.; M. Handler, The fiftieth anniversary of the Federal Trade Commission, Col. L. R. 64 (1964), 385 ff.; Federal Consumer Legislation, the Business Lawyer 28 (1972/73), 289 ff.
Zu den politischen und wirtschaftlichen Aspekten der Tätigkeit der FTC siehe L. M. Kohlmeier, The Regulators, New York, Evanston und London 1969; W. Cary, Politics and the regulatory agencies, 1967; E. Cox, R. Fellmeth, J. Schulz, The »Nader Report« on the Federal Trade Commission. New York 1969. Einen guten Überblick über die Tätigkeit der Federal Trade Commission von 1914–1964 enthält The Federal Bar Journal 24 (1964), 373 ff., »The fiftieth anniversary of the Federal Trade Commission 1914–1964«.
Zu der Frage, welche Bedeutung den amerikanischen Verbraucherschutzvorschriften für das deutsche Recht zukommt, vgl. H. Kronstein, Verbraucherschutz in Amerika – ein Beitrag für die deutsche Gesetzgebung?, in Beiträge zum Wirtschaftsrecht, Festschrift für Heinz Kaufmann zum 65. Geburtstag, Köln 1972, S. 267 ff.
50 Nachdem das oberste Gericht (Supreme Court) im Standard Oil Case (Standard Oil Co. of New Jersey v. United States 221 U. S. (1911) die Bestimmungen des Sherman Act restriktiv ausgelegt hatte, war im Kongreß die Besorgnis über die zunehmende Konzentration und das Mißbehagen über die Anwendung des Gesetzes gewachsen.

sondern auch bei Fehlen einer solchen Beschränkung, etwa bei irreführender Kennzeichnung und Werbung, mit der Begründung eingegriffen, der Täuschung des Publikums müsse vorgebeugt werden. Der Supreme Court hat dieser Auslegung des Gesetzes nicht widersprochen, das Gericht erkannte vielmehr der FTC die Befugnis zu, alle Verhaltensweisen zu verfolgen, die den Wettbewerb entweder unmittelbar oder mittelbar, durch die Irreführung der Kunden, beeinträchtigten.

Im Jahre 1938 wurde die Zuständigkeit der Behörde für das Verbot von »unlauteren oder irreführenden Handlungen oder Bräuchen« im Geschäftsverkehr gesetzlich verankert. Damit sollte die bis dahin geübte Praxis bestätigt und klargestellt werden, daß die Kommission nicht nur bei wettbewerbsbeschränkendem Einfluß einer Maßnahme, sondern in jedem Fall einer Irreführung des Publikums einschreiten konnte. Im Kongreß betonte man, der Konsument sei damit als gleichberechtigter Partner von Kaufmann und Hersteller anerkannt worden. Die Befugnis der Behörde zur Kontrolle der Werbung war damit nicht mehr anfechtbar, wobei hinzukommt, daß die gleiche Gesetzesänderung ausdrücklich die irreführende Werbung für Lebensmittel, Arzneimittel und Kosmetika verbot. Da die Aufsicht über den Lebensmittel- und Arzneimittelverkehr gleichzeitig einer weiteren Behörde, der Food and Drug Administration (FDA), obliegt, wurden die Kompetenzen in einer Absprache dahingehend abgegrenzt, daß die FTC allein die Werbung zu überwachen hat; die Etikettierung der Produkte wird dagegen von der FDA kontrolliert. Zu diesen spezifischen Aufgaben kamen im Laufe der Zeit noch weitere Zuständigkeiten hinzu. Die FTC hat die Aufsicht über die Kennzeichnung von Wollprodukten nach dem Wool Products Labeling Act (1940) und von Pelzwaren nach dem Fur Products Labeling Act (1951), die Verwendung von feuergefährlichen Materialien bei der Herstellung von Stoffen nach dem Flammable Fabrics Act (1953), die Kennzeichnung von Textilien nach dem Textile Fiber Products Identification Act (1958) und schließlich die Verpackung und Kennzeichnung sonstiger Waren nach dem Fair Packaging and Labeling Act (1967).[51] Sie wird dementsprechend in den Vereinigten Staaten als eine Verbraucherschutzbehörde auf dem Gebiete der Werbung und der Warenkennzeichnung angesehen. Sie ist das staatliche Amt, das Täuschung und Ausbeutung des Publikums durch Reklame und Etikettierung zu unterbinden hat.[52]

---

51 In einer Reihe weiterer Gesetze wurden der FTC verschiedene weitere Aufgaben übertragen, so etwa durch den Fair Credit Reporting Act, den National Environmental Policy Act; vgl. dazu Organization a.a.O., § 1.71 ff.
52 Im Haushaltsjahr 1971/72 belief sich der Haushalt der FTC auf 25 189 000 Dollars (etwa 61 Millionen DM). 1972 beschäftigte die Behörde 1386 Angestellte, von denen

Nach dem Federal Trade Commission Act ist die Behörde berechtigt, unlautere Wettbewerbsmaßnahmen oder Geschäftspraktiken zu beanstanden, falls dies »im Interesse der Allgemeinheit liegt«.[53] Um derartige unlautere Handlungen im Bereich der Werbung festzustellen, unterhält die FTC ein eigenes Untersuchungsbüro, das die Werbung in verschiedenen Werbeträgern laufend überprüft.[54] Sie kann jedoch auch auf Grund von Beschwerden aus der Bevölkerung oder Anweisungen des Justizministers, des Kongresses oder anderer staatlicher Stellen tätig werden. Die angezeigte Werbemaßnahme untersucht ein bei der FTC angestellter Jurist (examiner), der ein Gutachten für das leitende Gremium (commission) verfaßt, das dann auch beschließt, ob die Behörde dagegen vorgehen soll. Das weitere Verfahren hängt von dem Verhalten des Betroffenen ab: Nachdem er informiert wurde, daß die Behörde eine Unterlassungsverfügung erlassen will, kann er erklären, er stelle die beanstandete Werbemaßnahme ein. Etwa die Hälfte der Verfahren, die im Jahre 1965 stattfanden, wurden auf diese Weise abgeschlossen. Die Erklärung des Betroffenen hat zwar keine bindende Rechtswirkung, hält er sich aber nicht an sein Versprechen, so wird sich die Behörde in Zukunft nicht mit einem informellen Abschluß des Verfahrens begnügen. Ein großer Teil der Fälle wird daher durch eine formelle Verfügung der Behörde beendet. Hierfür stellt sie dem betroffenen Unternehmen den Entwurf einer Unterlassungsverfügung zu. Innerhalb einer Frist von zehn Tagen hat dieses zu erklären, ob der Fall im beiderseitigen Einvernehmen erledigt werden soll. Ist der Betroffene damit einverstanden, so muß er möglicherweise gewünschte Abänderungen der Unterlassungsverfügung angeben.[55] Diese ergeht dann in der Form, die sie in den vorausgegangenen Verhandlungen erhalten hat.[56] Dieses auf der Mitarbeit des Betroffenen beruhende Verfahren ist sehr erfolgreich, weil die Werbenden

ungefähr ein Drittel Anwälte und um die 200 Wirtschaftswissenschaftler und andere Akademiker waren; sie unterhielt 1971 außer der Zentrale noch 11 Regionalstellen (regional offices) mit 15 lokalen Stellen (field offices).
53 Section 5 (6) (b).
54 In den Jahren 1964–65 hat die Behörde in 897 609 Fällen Werbungen überprüft, indem sie Sendungen des Fernsehens, des Radios und einen repräsentativen Ausschnitt von Zeitungen und Zeitschriften untersuchte. Davon wurden 34 107 aussortiert, um einer eingehenderen Untersuchung unterzogen zu werden. Im gleichen Zeitraum erhielt sie ungefähr 4408 schriftliche Beschwerden. Vgl. Developments in the law, Deceptive Advertising, a.a.O., S. 1064, a.a.O., Fußn. 17.
55 Die Frage, ob überhaupt mit dem betroffenen Unternehmen verhandelt werden soll und seine Wünsche berücksichtigt werden dürfen, ist streitig, vgl. Auerbach, a.a.O., S. 433 ff.; Organization Rules, a.a.O., § 2 31 ff.
56 Das Unternehmen hat nach den Organisationsbestimmungen der FTC der Behörde innerhalb von sechs Monaten über die Maßnahmen, die es zur Erfüllung seiner Verpflichtung getroffen hat, zu berichten.

negative Publizität und hohe Kosten vermeiden. Es eröffnet jedoch dem Unternehmen, das die Verhandlungen in der Absicht führt, den Erlaß der Unterlassungsverfügung zu verschleppen, die Möglichkeit, Zeit zu gewinnen. Kommt es nicht zu einer Einigung zwischen FTC und Betroffenem, so erfolgt eine formelle Beanstandung und es wird ein Verfahren vor einem »Verwaltungsrichter« (administrative law judge) eingeleitet. Dieser »Verwaltungsrichter« stellt die Tatsachen fest und hört den Betroffenen sowie den Rechtsvertreter der Behörde. Er kann auch Gutachten einholen und Zeugen vernehmen. Gegen seine Entscheidung, die die Unterlassung des beanstandeten Verhaltens anordnet, ist eine Berufung an das »leitende Gremium« (commission) möglich. Wird ein solches Rechtsmittel nicht eingelegt oder entscheidet das Gremium selbst den Fall, so ergeht, falls die beanstandete Maßnahme als rechtswidrig angesehen wird, nunmehr die formelle Unterlassungsverfügung. Die FTC kann diese Verfügung so abfassen, wie sie es für zweckmäßig erachtet. Üblicherweise enthält sie nur ein Verbot der irreführenden Handlung, das allerdings für die Partei generell gilt und nicht nur in Zusammenhang mit der Ware, bei deren Verkauf diese Maßnahme bisher angewandt wurde. Sollte der Betroffene der Verfügung nicht Folge leisten, so übergibt die Behörde den Fall der Justiz, damit die notwendigen Zwangsmaßnahmen getroffen werden. Für jeden Tag der Zuwiderhandlung ist vom Gesetz eine Strafe von 10 000 Dollars vorgesehen. Die Gerichte verhängen jedoch nur geringe Geldstrafen; im Jahre 1965 waren sie trotz mehrfacher Zuwiderhandlungen über längere Zeiträume nur in zwei Fällen höher als die für einen einzelnen Verstoß gesetzlich vorgesehene Höchststrafe.

Der Adressat einer Unterlassungsverfügung hat die Möglichkeit, sie vor den ordentlichen Gerichten (dem zuständigen Federal court of appeal) anzufechten.[57] Im Rahmen dieses Gerichtsverfahrens ist dann zu entscheiden, ob sie rechtmäßig war und aufrechterhalten werden muß. Die Gerichte haben der FTC einen weiten Ermessensspielraum in entscheidenden Fragen zuerkannt, so etwa dann, wenn zur Debatte steht, ob das öffentliche Interesse das Verbot einer Werbemaßnahme erfordert.

Die FTC hat sich nicht nur damit begnügt, in Einzelfällen gegen unlauter Werbende vorzugehen. Sie ist der Ansicht, die überwiegende Mehrheit der Teilnehmer am Geschäftsverkehr sei gewillt, sich den geltenden Bestimmungen zu fügen, mißachte sie jedoch aus Unkenntnis. Es sei daher notwendig, die Werbenden exakt darüber zu informieren, was zulässig und was

---

57 Im Jahre 1968 wurden nur 22 von den 220 erlassenen Verfügungen vor den Gerichten angefochten.

verboten sei. Die Unternehmen seien außerdem viel eher dazu bereit, ein zweifelhaftes Verhalten zu unterlassen, wenn sie sicher sein könnten, daß ihre Mitbewerber sich ebenfalls an eine gemeinsame Regel hielten. Zu diesem Zweck hat die FTC Wettbewerbsregeln in verschiedenen Gebieten aufgestellt, die von der Behörde in drei Kategorien unterteilt werden (a) Trade Practice Rules, (b) Trade Regulation Rules und (c) Guides. Trade Practice Rules (a) sind Regeln, die von Vertretern eines Industrie- oder Handelszweiges in Einverständnis und nach Verhandlungen mit der FTC festgesetzt werden. Sie sind als Anweisungen an die Werbenden gedacht und gehen vielfach in Einzelheiten. Die Trade Regulation Rules (b) werden nach einer öffentlichen Verhandlung, an der Vertreter der Betroffenen teilnehmen, erlassen. Sie haben den Charakter von Rechtsnormen, d. h. die Behörde erwartet von den Werbenden, daß sie sich ihnen fügen; im Beanstandungsverfahren werden sie dementsprechend als Rechtsgrundlage angeführt. Trade Regulation Rules wurden etwa für die Werbung und für die Kennzeichnung von gebrauchtem Schmieröl, von Nähmaschinen und Schlafsäcken erlassen.[58] Zahlreicher sind die »guides« (c), allgemein verständlich gehaltene Darstellungen des geltenden Rechts und der von der Behörde bisher angewandten Grundsätze. Guides wurden etwa für irreführende Preisauszeichnungen, die Werbung für Autoreifen, Zigaretten oder auch die mit Hilfe von zugesicherten Eigenschaften betriebene Reklame aufgestellt. Sie gelten als die offizielle Auslegung des Rechts durch die Behörde. Schließlich erteilt die Kommission auf Anfrage Auskunft und Rat (advisory opinions) über die Zulässigkeit von geplanten Werbemaßnahmen.[59]

Um den von ganzen Industriezweigen betriebenen täuschenden oder unlauteren Praktiken zu begegnen, hat die FTC ein Programm zur Substantiierung von Werbebehauptungen entworfen.[60] Auf Grund dieses Programms können die Hersteller in Produktionsbereichen, die für die Verbraucher von besonderer Bedeutung sind, aufgefordert werden, Behauptungen über Sicherheit, Leistung und Preiswürdigkeit ihres Produkts, die objektiv nach-

---

58 Vgl. Alexander, S. 286 ff., 290 ff., 293 ff. Die Zuständigkeit der FTC zum Erlaß verbindlicher Rechtsnormen wurde in Zweifel gezogen. Vgl. dazu Grimes, a.a.O., S. 697; Th. Dyer-J. B. Ellis, The FTC's claim of substantive rule-making power: a study in opposition in The George Washington Law Review 41 (1972) 330 ff.
59 Diese Auskünfte binden zwar die Behörde nicht, sie geht jedoch gegen Unternehmer, die auf Grund einer solchen Auskunft ihre Werbung entsprechend gestaltet haben, nicht vor.
60 Vgl. Note, The FTC Ad Substantiation Program, Georgetown Law Journal 61 (1973), 1427 ff.; Note, The Pfizer reasonable basis test – fast relief for consumers but a headache for advertising. Duke Law Journal 1973, 563 ff.; Note, Geo. W. L. Rev. 41 (1973), 884 ff.

prüfbar sind, zu belegen. Derartige Aufforderungen sind im Laufe des Jahres 1972 u. a. an die Hersteller von Kraftwagen, Klimaanlagen, Fernsehapparaten, Reifen und Zahncremes ergangen. Die daraufhin bei der Behörde eingegangenen Daten werden öffentlich bekannt gegeben, damit sich die Verbraucher über die Begründetheit der in der Werbung aufgestellten Behauptungen informieren[61] können. In Fällen, in denen die übermittelten Angaben die Werbeaussage nicht decken, wird diese beanstandet.[62]

Der Feststellung von Mißständen dienen auch verschiedene von der Behörde in letzter Zeit veranlaßte Untersuchungen, etwa über die Gefährdung der Verbraucher durch enzymhaltige Waschmittel, über den Nährwert von Frühstücksnahrung oder die Zusammensetzung von Mundwasser. Die FTC unterhält ein eigenes Forschungslaboratorium, um den Teer- und Nikotingehalt von Zigaretten ständig zu überprüfen.

Die Tätigkeit der Behörde zur Bekämpfung der unlauteren Werbung hat im Laufe der Zeit zur Bildung eines corpus von Normen geführt, der die Generalklausel des Art. 5 konkretisiert und Maßstäbe für die Beurteilung wettbewerbswidrigen Verhaltens abgibt. So sind Grundsätze über vergleichende Werbung, Nachahmung von Kennzeichen, Beschaffenheitsangaben, geographische Herkunftsangaben, Preisauszeichnungen u. a. m. entwickelt worden.[63] Einen Schwerpunkt bilden die Bestimmungen über irreführende Werbung. Nach diesen kann eine Unterlassungsverfügung bereits dann erlassen werden, wenn unwahre Darstellungen geeignet sind, den Angesprochenen zum Handeln zu verleiten, etwa zum Kauf einer Ware zu bewegen. Es ist weder notwendig, konkrete Fälle von Irreführungen nachzuweisen, noch erforderlich, daß der Unternehmer die Unwahrheit seiner Behauptung kannte. <u>Da Zweck des Gesetzes der Schutz der Verbraucher sei, genüge bereits die Gefährdung der Konsumenten, um das Einschreiten der Behörde zu rechtfertigen.</u> Maßstab für die Beurteilung des Sinns eines Werbetextes sind die Auffassungen des Durchschnittspublikums. Die Vorstellungen der

---

61 Dem Kongreß liegen zur Zeit verschiedene Gesetzentwürfe vor, die die Hersteller verpflichten sollen, ihre Werbebehauptungen zu substantiieren. Vgl. Note, Georgetown Law Journal, a.a.O., S. 1440 ff.; H. R. 2282 (Truth in Advertising Act) 93d Congress; S. 1512 (Truth in Advertising Act) 93d Congress.
62 Zur Substantiierung von Werbebehauptungen vgl. auch Pitovsky u. a. in Federal Consumer Legislation, a.a.O., S. 292 ff.
63 Die FTC hat einen Modellentwurf eines Gesetzes gegen unlauteres Wettbewerbsverhalten erarbeitet. Dieser als »Uniform Trade Practices and Consumer Protection Act« bekannte Entwurf enthält eine Aufzählung rechtswidriger Geschäftspraktiken. Er soll als Modell für die von den einzelnen Staaten zu erlassenden Gesetze dienen. Ein solches Gesetz existiert übrigens bereits in Massachusetts. Vgl. dazu R. Meade, The Consumer Protection Act of Massachusetts, New England Law Review 4 (1969), 121 ff.

»Unwissenden und Leichtgläubigen« sind auch in Betracht zu ziehen, allerdings dann nicht, wenn sie nur einen nicht repräsentativen Teil der Bevölkerung bilden. Werbetexte, deren Bedeutung zweifelhaft ist oder die zu ungenau sind und daher von den Verbrauchern falsch verstanden werden könnten, sind rechtswidrig; so etwa eine Werbung, die behauptete, daß die Finanzierungskosten eines Autokaufs nur 6% betrügen, falls der Preis innerhalb eines Jahres in zwölf gleichen Raten bezahlt werde. In der Vorstellung des Publikums, so meinte die FTC, würden Finanzierungskosten und Zinsen nicht deutlich genug auseinander gehalten. Wenn daher die gesamten Zusatzkosten in Wirklichkeit die Höhe von 12% erreichten – je 6% für Finanzierungskosten und Zinsen –, könne der Werbetext die Verbraucher täuschen.
Die Behörde greift nicht nur dann ein, wenn die angebotene Ware schlechter ist als in der Werbung dargestellt, sondern in jedem Fall einer Diskrepanz zwischen Behauptung und Wirklichkeit. Der Verbraucher werde irregeführt, wenn ihm das Versprochene nicht geboten werde. Zwar wird nicht gegen verkehrsübliche Übertreibungen vorgegangen, aber Werbende, die, obwohl sie nur Tatsachen wiedergeben, einen falschen, die Ware begünstigenden Eindruck erwecken, werden verfolgt. Im Fall P. Lorillard wurde beispielsweise die Behauptung beanstandet, eine Untersuchung über den Nikotingehalt von Zigaretten habe gezeigt, daß die Zigaretten des Werbenden den niedrigsten Wert aufgewiesen hätten. Zwar stimmten die angegebenen Daten, aber der Unterschied zu anderen Zigarettenarten war, weil geringfügig, ohne jede Bedeutung. Die Behörde wendet sich gegen falsche Darstellungen selbst dann, wenn sie nicht die Eigenschaften der verkauften Ware selbst, sondern nur Nebenfragen wie ihre Herkunft oder die Umstände ihres Verkaufs betreffen. Sie geht gegen psychologische Verkaufstricks vor. Der bekannteste Fall dieser Art ist der Colgate-Palmolive-Fall. Um die Wirksamkeit eines Spray-Rasierschaumes zu demonstrieren, wurde dieser vor den Fernsehzuschauern angeblich auf Sandpapier aufgetragen und dieses dann sofort glatt rasiert. In Wirklichkeit handelte es sich jedoch bei der Unterlage nicht um Sandpapier, sondern um Plexiglas, auf das Sand gestreut worden war. Hätte man tatsächlich Sandpapier rasieren wollen, so hätte man es vorher über eine Stunde einweichen müssen.[64]
Die bisherige Tätigkeit der FTC wird in der Rechtslehre positiv beurteilt.[65]

---

64 FTC v. Colgate-Palmolive Co. 380 U. S. 374 (1965).
65 Vereinzelt ist an den von der Behörde aufgestellten Grundsätzen Kritik geübt worden (vgl. etwa Alexander a.a.O., S. 6 ff.) mit der Begründung, ihre Kriterien seien viel zu streng; das Bestreben, auch die leichtgläubigen Verbraucher zu schützen, schränke zu sehr die Werbung und damit auch den Wettbewerb ein.

Während das bis zu ihrer Entstehung geltende Recht kaum Ansätze zu einer wirksamen Kontrolle der Werbung bot, habe die FTC das Recht fortentwickelt und unlautere Werbepraktiken eingedämmt. Zwar beständen noch immer Bereiche des Geschäftsverkehrs, für die keine Normen festgesetzt worden seien. Dort jedoch, wo die Behörde eingegriffen habe, stellten die ausgearbeiteten Grundsätze einen vernünftigen Ausgleich zwischen den Interessen der Werbeträger, der Wettbewerbsteilnehmer und der Verbraucher dar. Damit habe die Kommission entscheidend dazu beigetragen, das Niveau der Werbung und des Leistungswettbewerbs zu heben.[66] Ihr Verdienst liege nicht so sehr in der Bekämpfung einzelner Mißbräuche, sondern in ihrer wegweisenden und normsetzenden Tätigkeit, die die Geschäftspraktiken ganzer Wirtschaftszweige geändert habe.[67]

Während somit die Rechtsetzungstätigkeit der FTC weitgehende Zustimmung gefunden hat, sind die von ihr angewandten Verfahren einer ständigen Kritik unterworfen. Selbst bei der strengsten Einstellung gegenüber individuellen Werbeübertreibungen könnten Mißbräuche nicht eingeschränkt werden, wenn die jeweils getroffene Maßnahme im Endergebnis jeder Durchschlagskraft ermangele. Der Behörde stünden nämlich keine Mittel zur Verfügung, um ein als unlauter angesehenes Verhalten sofort zu unterbinden. Die Unterlassungsverfügung erlege dem Betroffenen nur ein Verbot für die Zukunft auf und erlaube ihm im Grunde, die Vorteile aus der beanstandeten Werbehandlung bis zum Einschreiten der Behörde voll auszuschöpfen. Dieser Mangel werde dadurch noch verschärft, daß zeitliche Verschleppungen und Verspätungen im Verwaltungsverfahren der FTC die Regel seien. Es hat in der Tat sechzehn (!) Jahre gedauert, bis es der Behörde gelang, den Hersteller von »Carter's Little Liver Pills« zu zwingen, das Wort »Liver« aus der Kennzeichnung seines Produkts zu entfernen. Das Verfahren begann 1943 und wurde erst 1959 durch eine rechtskräftige Gerichtsentscheidung beendet; die entsprechenden Akten umfaßten ungefähr 20 000 Seiten Dokumente, Gutachten, Zeugenaussagen, Schriftsätze etc.; mehrere Beamte der Behörde hatten sich jahrelang ausschließlich damit beschäftigt.[68] Zeiträume von drei bis fünf Jahren zwischen einer Beanstandung und dem Erlaß der Unterlassungsverfügung sind üblich. Ist die Verfügung endlich rechtswirksam, so ist die Werbekampagne höchstwahrscheinlich längst beendet. Das endgültige Verbot trifft dann den Werbenden

---

66 Handler 64 (1964) Col. L. R. 388, HLR 80 (1966/67), 1097.
67 Grimes, GRUR Int. 1973, 645.
68 Vgl. für die Einzelheiten Kohlmeier, a.a.O., S. 257 f.

kaum noch, da er sich das Maximum an Wettbewerbsvorteilen bereits gesichert hat und sich sowieso nach neuen Reklameformen umsehen muß. Die unterliegende Partei hat in einem FTC-Verfahren nur die Kosten ihres Anwalts zu verlieren. Nach den Worten eines der Leiter der Behörde sind daher die Einzelverfahren der am wenigsten wirksame, teuerste und zeitraubendste Weg einer Kontrolle von Werbung.[69] Zwar könne man durch verschiedene prozessuale Verbesserungen zu einer schnelleren Entscheidung gelangen; es werde aber nicht möglich sein, jede Verspätung zu vermeiden, solange unlautere Geschäftspraktiken nur nach einem komplexen Verwaltungsverfahren vor der FTC verboten werden könnten.

Die Wirkung ergangener Unterlassungsverfügungen auf das Verhalten der Gewerbetreibenden ist gering: Feste allgemeine Maßstäbe, durch die sich alle Unternehmer angesprochen fühlen würden, konnten sich an Hand der Einzelverfügungen wegen der zahlreichen Unterschiede zwischen den Waren, für die geworben wird, aber auch wegen der raschen Änderung der Werbetechniken und der geringen Zahl erlassener Verfügungen nicht entwickeln. Außerdem besteht nur in einem oligopolistischen Markt die Wahrscheinlichkeit, daß die Mitbewerber die gegen einen von ihnen ergangene Entscheidung beachten. Sind die Konkurrenten dagegen zahlreich, so werden die nicht unmittelbar Betroffenen ein unlauteres Verhalten in der – meistens begründeten – Hoffnung, einem Verfahren zu entgehen, nicht aufgeben. Somit hat die Unterlassungsverfügung die unbeabsichtigte Nebenwirkung, den zufällig ausgesonderten Unternehmer ungleichmäßig hart im Vergleich zu den anderen Mitbewerbern zu treffen und damit den Wettbewerb zu beschränken.

Zur mangelnden Wirkung der Unterlassungsverfügungen trug schließlich der Umstand bei, daß die Behörde erst seit vier Jahren die Einhaltung ihrer Verbote selbst kontrolliert. Sie begnügte sich früher meistens mit einem Bericht des Betroffenen und seiner Versicherung, das beanstandete Verhalten sei aufgegeben worden; ein Unternehmen konnte somit die inkriminierte Werbung trotz gegenteiliger Behauptung in ungefähr gleicher Form fortsetzen. So wurde z. B. das Präparat »Geritol« als ein allgemein wirksames Mittel gegen Müdigkeit gepriesen, obwohl es nur in speziellen Fällen hilft. Die FTC schritt nach drei Jahren ein. Nach Erlaß der Unterlassungsverfügung wurde jedoch eine neue Werbekampagne mit ähnlichen irreführenden Behauptungen gestartet, obwohl der Hersteller einen Bericht mit

---

[69] Elman, The Federal Trade Commission and the administrative process, Antitrust Bull. 8 (1962) 607 ff., 611

Werbetexten eingereicht hatte, die der Verfügung der Behörde Rechnung trugen.[70]

Die FTC hat in den letzten vier Jahren versucht, die unlautere Werbung auch noch mit anderen Mitteln zu bekämpfen. Mit der »affirmative disclosure order« z. B. wird ein Unternehmen angewiesen, eine bestimmte Reklame zu unterlassen, solange nicht gleichzeitig Klarstellungen oder Ergänzungen, die eine Irreführung ausschließen, ebenfalls publiziert werden. Die Behörde verpflichtete etwa den Produzenten eines rezeptfreien eisenhaltigen Medikaments zur Aufnahme des Hinweises, es wirke nur bei demjenigen, der speziell wegen einer auf Eisenmangel zurückzuführenden Anämie an Müdigkeit leide.[71] In den Jahren 1971/72 wollte die FTC in ähnlicher Weise die sechs größten Zigarettenhersteller in den USA verpflichten, in ihrer Werbung einen klaren Hinweis auf die Gesundheitsschädlichkeit des Rauchens aufzunehmen.[72] Mit diesen »affirmative disclosure orders« will die Behörde also die Hersteller zwingen, den Konsumenten alle für ihre Kaufentscheidung relevanten Informationen zu geben.[73]

Eine weitere Form der Verfügung ist unter dem Stichwort »berichtigende Werbung« (corrective advertising) bekannt geworden. Die FTC weist dabei Unternehmen, denen sie irreführende Werbung vorwirft, an, in ihren Reklametexten die unwahren Behauptungen zu berichtigen.[74] Dazu einige Beispiele: Die Standard Oil Co. of California behauptete fälschlicherweise, der Zusatz »F-310« in dem von ihr vertriebenen Kraftstoff »Chevron« sei umweltfreundlich und trage in erheblichem Maße zur Verminderung der Auspuffgase bei. Die FTC forderte daher im Verwaltungsverfahren, das – wie aufgezeigt – dem Erlaß einer Verfügung vorausgeht, die Gesellschaft zur Unterlassung dieser Behauptung und weiterhin dazu auf, ein Jahr lang in ihrer Reklame eindeutig das Publikum zu informieren, »daß

---

70 Vgl. Cox-Fellmeth-Schulz, a.a.O., S. 65 ff.; J. Tydings, S. 1980 – The Class Action Jurisdiction Act, New England Law Review 4 (1969), 83 ff. berichtet vom Verfahren gegen die Holland Furnace Co., die, wegen fehlender Kontrolle, ihre Werbepraktiken über mehrere Jahre fortsetzte.
71 Vgl. J. B. Williams Co. v. FTC, 381 F 2d 884 (1967).
72 Vgl. FTC proposed complaint Brown and Williamson Tobacco Co., 3 Trade Reg. Rep. § 19687 (1971).
73 Annual Report of the Federal Trade Commission 1972, S. 9.
74 Vgl. dazu auch Note, Corrective Advertising – The New Response to Consumer Deception, Col. L. R. 72 (1972), 415 ff; D. Anderson-J. Winer, Corrective Advertising: The FTC's new formula for effective relief, Texas Law Review 50 (1972), 312 ff.; Corrective advertising and the FTC in Mich. Law Review 70 (1971), 374 ff.; W. Grimes, Corrective Advertising – The Federal Trade Commission's New Remedy against Deceptive Advertising, in Gewerblicher Rechtsschutz-Urheberrecht-Wirtschaftsrecht, Mitarbeiterfestschrift für E. Ulmer, Köln, Berlin 1973, S. 359 ff.

nach den Untersuchungen der FTC die vorausgegangene Werbung für Chevron mit F-310 falsche, irreführende und täuschende Behauptungen enthält . . .; das Produkt trägt nämlich nicht dazu bei, die Luftverschutzung zu verringern«.[75] Der erste Fall, in dem eine Berichtigungsverfügung mit Zustimmung des Betroffenen, der ITT Continental Baking Co., erging, betraf die Werbung für das Markenbrot »Profile«.[76] Die Reklame des Herstellers erweckte hier den Eindruck, man könne bei Verzehr dieser Brotsorte schlanker werden. Nach Meinung der FTC unterschied sich jedoch diese Ware von anderen Brotsorten kaum, sondern war nur in dünnere Scheiben geschnitten. Der sich daraus ergebende Unterschied von 7 Kalorien pro Scheibe sei unbedeutend und könne nicht zur Senkung des Körpergewichts beitragen. ITT stimmte einer Verfügung zu, die nicht nur die übliche Unterlassungsverpflichtung enthielt, sondern auch vorschrieb, das 25% ihrer Werbung innerhalb eines Jahres zur Aufklärung des Publikums über diesen Sachverhalt verwendet werden müsse.

Die Frage, ob zur Berichtigung verpflichtende Verfügungen im Rahmen der der FTC zustehenden Befugnisse zulässig sind, ist umstritten. Die FTC selbst behauptet, jede Reklame sei eine Erklärung, die über die relevanten Eigenschaften eines Produkts informieren wolle. Würden bedeutsame Tatsachen verschwiegen, so sei dies eine Irreführung des Kunden, die ausgeräumt werden müsse.[77] Nach der dieser Argumentation zustimmenden Meinung wird in Fällen, in denen der Verbraucher nicht erfahre, daß die inzwischen eingestellte Werbung unzutreffend sei, die bereits einmal auf Grund der irreführenden Angaben gekaufte Ware für einen gewissen Zeitraum im Glauben an deren Richtigkeit weiterbezogen.[78] Es sei weiter nicht zu übersehen, daß jede weitere Werbung, die zwar die vorausgegangenen irreführenden Behauptungen nicht wiederhole, sie aber auch nicht widerrufe, zur Stärkung der Vorstellungen der Verbraucher über die angebotene Ware beitrage. Die Konsumenten nähmen eben auch weiterhin an, bestimmte Reifen seien sicherer, ein spezielles Brot sei besser usw., ohne daß

---

75 Standard Oil Co. of Calif. 3 Trade Reg. Rep. § 19352 (FTC 29. 9. 1970). Siehe auch Coca Cola Co. 3 Trade Reg. Rep. § 19351 (FTC 29. 9. 1970).
76 Vgl. ITT Continental Baking Co. Inc. 3 Trade Reg. Rep. § 19681 (FTC 2. 7. 1971).
77 Die Auffassung der FTC zur Rechtslage ist in der Entscheidung des leitenden Gremiums im Fall Firestone Tire and Rubber Co. enthalten. Vgl. Trade Reg. Rep. § 20112 (S. 22083) (FTC 1972).
78 In der Tat konnte die FTC feststellen, daß infolge einer Werbekampagne der ITT Continental Baking Co., nach der das von ihr verkaufte »Wonder-Bread« nahrhafter als andere Brotsorten sei, eine weit größere Anzahl von Verbrauchern das gepriesene Brot besser und als Kindernahrung geeigneter fand. In Wirklichkeit bestand jedoch kein solcher Unterschied.

sie diese Ansicht auf konkrete Eigenschaften zurückführen könnten. Jede Werbung also, die einer irreführenden Reklame nachfolge, sei daher ohne ausdrückliche Richtigstellung der Tatsachen ebenfalls irreführend. Die Gegenmeinung bestreitet das Recht der FTC, Berichtigungsverfügungen zu erlassen, mit der Behauptung, daß die Konsumenten sich von der Werbung »ausgewogene und wahrheitsgetreue Information wünschen«.[79]
Die Wirksamkeit von berichtigenden Verfügungen bei der Bekämpfung unlauterer Werbung ist jedoch nicht eindeutig geklärt. Zwar kann eine drohende Berichtigung große Gesellschaften, die regelmäßig Werbekampagnen durchführen, von übertriebenen Behauptungen abhalten. In den bisherigen Fällen hat man dabei jedoch allzusehr auf die Interessen der Betroffenen Rücksicht genommen. Die Verfügung im Fall der ITT Continental Baking z. B. forderte diese Gesellschaft nicht dazu auf, die vorausgegangene Werbung ausdrücklich als irreführend zu bezeichnen. Damit wurde dem Werbenden die Möglichkeit gegeben, die Berichtigung in den Deckmantel eines Wunsches nach ausführlicherer Information des Publikums zu kleiden und sich als Anwalt der Verbraucher hochzuspielen.
Der berichtigte Werbetext der ITT für das Fernsehen bietet dafür ein gutes Beispiel. Eine bekannte Schauspielerin trug dort folgendes vor: »Wie alle Mütter mache ich mir Sorgen um die Nahrung und um ausgewogene Mahlzeiten. Ich möchte daher eventuelle Mißverständnisse klären, die Sie über Profile Bread wegen seines Namens und der Werbung haben. Hat Profile weniger Kalorien als andere Brote? Nein, Profile hat ungefähr genausoviele wie andere Brote. Um genau zu sein, Profile hat sieben Kalorien weniger je Scheibe. Dies, weil Profile dünner geschnitten ist. Indem sie Profile essen, werden sie nicht schlanker. 7 Kalorien weniger sind unbedeutend. Was zählt, ist die Summe der Kalorien und ausgewogene Nahrung. Profile kann ihnen helfen, eine ausgewogene Nahrung zusammenzustellen, weil es Proteine, Vitamin B und andere Aufbaustoffe bietet. Wie denkt meine Familie über Profile? – Ja, mein Gatte mag Profile-toasts; die Kinder lieben Sandwiches mit Profile und ich ziehe Profile jedem anderen Brot vor. In unserem Haus ist Profile wegen seines köstlichen Geschmacks eine Familienangelegenheit«.
Offensichtlich haben zur Berichtigung verpflichtende Verfügungen bisher keinen nennenswerten Einfluß auf den Absatz gehabt. Die Hersteller von »Profile Bread« – um im Beispiel zu bleiben – erklärten, sie seien mit der berichtigenden Werbung zufrieden und bereit, noch mehr Reklame mit dem

---

79 Vgl. Anderson-Winer, a.a.O., S. 322.

geänderten Text zu machen als das von der Behörde geforderte Viertel.[80] Sollten jedoch die Verfügungen der FTC zu Verkaufseinbußen bei den Betroffenen führen, so würden nach Ansicht der Werbenden Tatsachenbehauptungen in die Werbetexte überhaupt nicht mehr aufgenommen, sondern nur noch inhaltsleere Sprüche.[81] <u>In der Rechtslehre sieht man jedoch in der neuesten Rechtsentwicklung ein Mittel, um die sich der Werbung Bedienenden zu zwingen, überprüfbare Informationen zu bieten.</u>[82] Ein begrüßenswertes Beispiel sei etwa die vorgeschlagene Regel (Trade Regulation Rule), nach der Mineralölgesellschaften verpflichtet werden sollen, in ihren Reklametexten den jeweiligen Oktangehalt des Benzins anzuführen. Allerdings sei zu bezweifeln, ob es der FTC gelingen werde, eine grundlegende Änderung in der Haltung der Unternehmen herbeizuführen. Es fehlten – so meint man – die finanziellen Mittel, um eine größere Anzahl von Prozessen durchzuführen. Die heutige Beweislastregelung, nach der die Behörde die Wirkung der Werbung auf das Publikum nachweisen muß, wirke sich hemmend aus, so daß die FTC sich darauf beschränken werde, nur gegen besonders rücksichtslos werbende Unternehmen vorzugehen.

Ein neben der »berichtigenden Verfügung« neuerdings zur Kontrolle der Werbung angewandtes Mittel ist die Aufforderung zur Substantiierung von Werbebehauptungen. In manchen Fällen hat die FTC einzelne Unternehmen aufgefordert, ihre Reklame zu unterlassen, weil sie unsachlich sei,[83] um sie damit zu deren Substantiierung zu zwingen. Dazu ein Beispiel: Die »Pfizer Inc.« vertrieb eine Salbe namens »Un-Burn« für kleinere Verbrennungen und Sonnenbrände und behauptete, dieses Mittel führe bei einem Sonnenbrand zur Anästhesie der Nerven und habe daher eine sofortige schmerzstillende Wirkung. Die Untersuchungsabteilung der FTC bestritt diese Behauptung und leitete ein Verfahren zum Erlaß einer Unterlassungsverfügung ein. Das »leitende Gremium« der Behörde gab zwar im Einzelfall dem betroffenen Unternehmen Recht,[84] betonte aber die grundsätzliche Verpflichtung der Produzenten, keine Werbebehauptungen aufzustellen, die

---

80 Vgl. Mich. L. Rev. 70 (1971), S. 396 Anm. 145. Der Leiter der Verbraucherschutzabteilung der FTC erklärte, er vermute, daß die berichtigende Werbung sich auf die Verkaufszahlen nicht nachteilig auswirken werde, sondern sogar umgekehrt zur Absatzsteigerung führen könne, Corrective advertising orders of the FTC, HLR 85 (1971), S. 506 Anm. 141.
81 Vgl. Time 14. 7. 1971 S. 60/61.
82 Vgl. jedoch Anderson-Winer, a.a.O., S. 326 ff., die eine Einschränkung der rechtmäßigen Funktionen der Werbung wie Information der Konsumenten und Förderung des Wettbewerbs befürchten.
83 Vgl. dazu die oben Fußn. 60 angegebene Literatur.
84 Zum Verfahren vgl. Text zu Fußn. 55.

nicht vorher in angemessener Weise auf ihren Wahrheitsgehalt überprüft worden seien. Der Konsument, so meinte die Behörde, erwarte vom Hersteller, daß er nur stichhaltige Behauptungen vorbringe. Der Erwerb der Ware dürfe kein Glücksspiel sein.[85]

Im Schrifttum ist zwar der Versuch der FTC begrüßt worden, die Produzenten auf diese Weise zum Wahrheitsbeweis für ihre Werbung zu zwingen. Diese neue Methode der Kontrolle führe zu einer besseren Information des Konsumenten und eröffne auch die Möglichkeit, die heute üblichen Formen der Werbung, die unmittelbar weder irreführend noch »wahr« seien, zu überprüfen. Übertriebene Hoffnungen seien jedoch nicht gerechtfertigt, da rechtsverbindliche Entscheidungen nur nach jahrelangen Prozessen ergingen. Es sei auch nicht zu erwarten, daß der Wissensstand der Verbraucher sich dadurch erheblich verbessern werde, da die vom Hersteller mitgeteilten Daten wegen ihres Umfanges und ihres technischen Charakters für den Konsumenten meistens unverständlich und daher vielfach wertlos seien.[86]

Die FTC hat auch versucht, unlauter handelnden Unternehmen die Bedingungen der von ihnen abzuschließenden Verträge vorzuschreiben. Die Arthur Murray Dance Studios z. B. überredeten ältere alleinstehende Frauen, Verträge über Tanzunterricht zu unterschreiben. Auf Grund angeblicher Tanz-Tests erweckten die »Studios« bei den Frauen den Eindruck, diese hätten große Fähigkeiten und könnten nach der Absolvierung von Tanzstunden am aufregenden gesellschaftlichen Leben teilnehmen. Der Wert der abgeschlossenen Verträge belief sich auf mehrere tausend Dollars. Die FTC erließ gegen vier Arthur Murray Studios eine Verfügung, die diese Tanzinstitute dazu verpflichtete, angebliche Tests, vorgetäuschte Wettbewerbe und irreführende Behauptungen über eine Begabung zum Tanzen zu unterlassen, weiterhin allen Kunden eine Frist von sieben Tagen zum Widerruf entsprechender Verträge zu gewähren und keine Verträge über Tanzunterricht und andere Dienstleistungen zu einem höheren Preis als 1 500 Dollar zu vereinbaren.[87] Schon früher hatte die FTC gelegentlich

---

85 Vgl. Pfizer Inc., 3 Trade Reg.Rep. § 20056 (FTC 11. 7. 1972). Siehe auch Firestone Tire & Rubber Co. 3 Trade Reg. Rep. § 20 112 (FTC 22. 9. 1972).
86 Die FTC konnte die ihr von den Autoherstellern 1971 übermittelten Daten selbst nicht auswerten. Sie übergab sie zu diesem Zweck einer spezialisierten Firma. Diese kam zu der Schlußfolgerung, daß $^2/_3$ der Angaben nicht ausreichend seien, um die Werbebehauptungen zu belegen. Die Daten der Autoproduzenten wurden veröffentlicht, das Gutachten der mit der Untersuchung beauftragten Firma dagegen nicht. Vgl. Note, Geo.W.L. Rev. 41 (1973), 896 f. Die FTC hat neuerdings erklärt, sie fordere die Produzenten auf, ihre Berichte in verständlicher Sprache abzufassen.
87 Vgl. Arthur Murray Studio of Washington Inc. v. FTC 458 F2d 622 (5th Cir. 1972).

Unternehmen positive Handlungspflichten auferlegt, etwa einen Verkäufer dazu angehalten, alle Käufer der letzten drei Jahre über ein bestehendes Rücktrittsrecht zu informieren oder in Zukunft eine Widerrufsfrist von drei Tagen einzuräumen. Die Begrenzung der Vertragssumme stellte einen neuartigen Versuch dar, die Vertragsfreiheit zum Schutze der Konsumenten zu beschränken. Die FTC berief sich zu ihrer Rechtfertigung auf die Auffassung in der Rechtslehre, nach der sie ihre Verfügungen so abfassen könne, wie es ihr am zweckmäßigsten erscheine, um einer Irreführung der Verbraucher vorzubeugen.[88] In der juristischen Literatur hob man jedoch andererseits ebenfalls hervor, das Gesetz habe der FTC nicht die Befugnis zur Bestimmung der Quantität der Güter und Dienstleistungen, über die ein Vertrag abgeschlossen werden könne, erteilt. Zwar sei die getroffene Maßnahme dem Inhalt nach gerechtfertigt, bedürfe aber einer – erst noch zu schaffenden – gesetzlichen Grundlage.[89]

Als unklar erwies sich die bestehende Ermächtigungsgrundlage auch beim Versuch, die Unternehmen zu verpflichten, den von ihnen getäuschten Kunden den entstandenen Schaden zu ersetzen.[90] Die Behörde hielt diese Kompetenz für gegeben, wenn die Rückerstattung erforderlich sei, um den wettbewerbsbeschränkenden Folgen eines rechtswidrigen Verhaltens entgegenzuwirken oder um eine fortdauernd irreführende Handlung zu beenden.[91] Ihre Ansicht hat jedoch in der Rechtslehre starken Widerspruch gefunden und ist bisher von der Rechtsprechung nicht überprüft worden.[92]

---

88 Das Gericht stimmte diesem Argument zu. Ebd. S. 624. Es führte weiter aus (S. 626): »It is clear from the recort that the $ 1500 line of demarcation was reasonable from the standpoint of alleviating the practices in question. This limitation is adjusted to the prices usually charged by petitioners and other dance studios for the number of lessons ordinarily needed to reach a basic stage of accomplishment«.
89 Vgl. C. Shoss Wall, Consumer Protection – Remedies of the Federal Trade Commission – Expansion to include limitations of contracts, Tulane Law Review 47 (1973), 436 ff.
90 Vgl. dazu J. Sebert, Obtaining monetary redress for consumers through action by the FTC, Minnesota Law Review 57 (1972), 225 ff.; Note, Georgetown Law Journal 61, 1427 ff. 1450 f. (1973).
91 Vgl. die Fälle Curtis Publishing Co., Trade Reg.Rep. § 19719 at 21755 (FTC 1972); Universal Credit Acceptance Corp., Trade Reg.Rep. § 19938 at 21951 (FTC 1972).
92 Der Senat hatte im November 1971 ein Gesetz verabschiedet, nach dem die FTC Klage vor den Zivilgerichten auf Zahlung von Schadenersatz an geschädigte Verbraucher erheben konnte. Das Gesetz erhielt jedoch nicht die Zustimmung des Repräsentantenhauses. Der Report of the ABA-Commission, a.a.O., S. 63, schlug vor: »We recommend the private rights of action for damages ... be created for and on behalf of consumers and other persons who are injured by deceptive practices ... This private right of recovery, particularly to the extent that it does not depend upon the utilization of FTC resources, would multiply the effectiveness of the enforcement mechanism and the seriousness of the sanction against violation«.

Berichtigende Verfügungen können solche Unternehmen nicht treffen, die eine nur einmalige Werbekampagne durchführen oder die lediglich gegründet wurden, um einen begrenzten Warenvorrat mit Hilfe täuschender Behauptungen abzusetzen. Hier kann nur eine sofortige Maßnahme in der Art einer einstweiligen Verfügung helfen. Die FTC erhielt erst 1973 die Möglichkeit, beim zuständigen Gericht den Erlaß einer vorläufigen Unterlassungsverfügung (temporary injunction) in Fällen unlauteren Wettbewerbsverhaltens (unfair trade practices) zu beantragen. Da allerdings nach amerikanischem Recht die Voraussetzungen für den Erlaß einer einstweiligen Verfügung sehr streng sind, kann man sich davon Abhilfe nur in Fällen von grober Täuschung, d. h. wo der Schaden der Verbraucher eindeutig ist, erhoffen. Der Schutz der Verbraucher und Mitbewerber bliebe jedoch in den sonstigen Fällen noch immer nicht sichergestellt.[93] Es ist deshalb vorgeschlagen worden, der Behörde die Befugnis einzuräumen, einstweilige Verfügungen selbst zu erlassen. Dieser Vorschlag ist aber auf Skepsis gestoßen, da er, wie man meint, die Gefahr eines Mißbrauchs mit sich bringt und zur Unterbindung von Werbekampagnen führen könnte, die sich im Nachverfahren als rechtmäßig erweisen würden.[94]

Wie bereits erwähnt, hat die Behörde zur Ordnung der Marktverhältnisse Regeln erlassen, an denen sich die Unternehmer bei der Gestaltung ihrer Werbung orientieren sollen.[95] Die Effektivität dieser Regeln ist bisher umstritten. Untersuchungen liegen weder über den Umfang der vor Erlaß dieser Regeln bestehenden täuschenden Werbung noch über den danach eingetretenen Zustand vor. Die Bereitschaft der Unternehmer, solche Regeln zu befolgen, hängt weitgehend von der Bereitschaft der Behörde ab, sich für ihre Beachtung einzusetzen, wozu die FTC jedoch bisher nicht in der Lage gewesen zu sein scheint. Dazu trug nicht nur bis vor kurzem die Frage nach dem rechtsverbindlichen Charakter solcher Regeln bei,[96] sondern vor allem das Fehlen rechtlicher Mittel, um Zuwiderhandlungen zu sanktionieren. Bei Verstoß gegen diese Regeln muß ja, das – wie dargelegt – umständliche und zeitraubende Verfahren der Unterlassungsverfügung in Gang gesetzt werden.

Bisher hat es die Behörde vermieden, gegen betrügerische Praktiken des Einzelhandels in Gegenden, in denen minderbemittelte und schwächere so-

---

93 Corrective advertising orders of the FTC, a.a.O. (Fußn. 49), S. 487.
94 Developments in the Law, Deceptive Advertising, a.a.O. (Fußn. 49), S. 1100.
95 Vgl. den Text zu Fußn. 63.
96 Erst nach der Entscheidung National Petroleum Refiners Assn. v. FTC 1973, Trade Cases § 74575 (U.S. Court of Appeals, District of Columbia Circuit v. 27. 6. 1973) stand fest, daß die FTC Wettbewerbsregeln erlassen kann.

ziale Gruppen wohnen, vorzugehen. Sie war der Ansicht, die meisten dieser Mißbräuche würden bereits von strafrechtlichen Bestimmungen erfaßt;[97] Unterlassungsverfügungen seien hiergegen kein wirksames Mittel, vielmehr obliege der Verbraucherschutz hier den Polizei- und Justizbehörden. Diese Zurückhaltung der FTC hatte zur Folge, daß den Verbrauchern in einem Bereich, wo ihre Ausbeutung am größten ist, überhaupt kein Schutz geboten wurde. Die Mängel der der Behörde zur Verfügung stehenden rechtlichen Mittel rechtfertigen jedoch nach Ansicht eines Untersuchungsausschusses des amerikanischen Anwaltsvereins diese Einstellung der FTC nicht.[98] Sie hätte etwa gegen die überregionalen Unternehmen, die den Einzelhändlern in den Ghettos Waren und Kredit geben und deren Absatzpraktiken mitbestimmen, einschreiten können.

Scharfe Kritik ist auch an der Ausgabenpolitik der Behörde geübt worden. Die FTC hatte im Jahre 1972 einen jährlichen Haushalt von ungefähr 25 Mill. Dollar und ca. 1 500 Angestellte. 1968 gab es in den USA 1 542 000 Wirtschaftsunternehmen in Form einer Handelsgesellschaft. Die Ausgaben für Werbung erreichten im Jahre 1964 die stattliche Summe von 12 Mrd. Dollar und erhöhen sich seitdem ständig. Die immer größere Palette des Warenangebots, die sich ändernden Werbetechniken und die Entwicklung der Massenmedien erweitern den Bereich, der beaufsichtigt werden muß. Die der Behörde hierfür zur Verfügung stehenden finanziellen und personellen Mittel sind im Vergleich zu ihrer Aufgabe lächerlich gering und nehmen nicht im gleichen Maße zu wie die Expansion der Wirtschaft und der Anstieg der Werbeausgaben.[99] Wie ein ehemaliger Angestellter der FTC erklärte, würde allein die Bekämpfung der irreführenden Werbung für Materialien, die der Renovierung von Wohnungen dienen, den gesamten Haushalt der Behörde in Anspruch nehmen.[100] Die Mittel genügen u. a. deshalb nicht, weil die Verfolgung irreführender Werbung nicht die einzige und auch nicht die wichtigste Aufgabe der Behörde ist. Ihr ist, wie bereits erwähnt, auch die Rolle einer Kartellbehörde übertragen. Angesichts dieser Lage kann es gar nicht Sache der FTC sein, jeden Fall täuschender Werbung in den Vereinigten Staaten zu verfolgen und somit die Rolle einer Werbepolizei zu übernehmen. Die Behörde schien sich

---

97 Vgl. M. Kirkpatrick, a.a.O., S. 338 ff.
98 Report of the ABA Commission, a.a.O., S. 51.
99 Die der Behörde zur Verfügung stehenden Mittel erhöhten sich im Zeitraum 1962–1971 um 25%, die Werbeausgaben dagegen um 66% und das Bruttosozialprodukt um 40%.
100 Cox-Fellmeth-Schulz, a.a.O., S. 87.

jedoch bis 1970 dessen nicht bewußt und über ihre Möglichkeiten und Arbeitsmethoden nicht im klaren gewesen zu sein.
Ein weiterer schwacher Punkt in der Arbeitsweise der Behörde war das bis Ende der sechziger Jahre zur Überwachung der Werbung angewandte Verfahren. Da sich die Behörde zur Ermittlung eines Verstoßes vor allem auf Anzeigen von Konsumenten verließ, wurde sie zusammenhanglos auf einzelne Mißstände aufmerksam, die vielfach nur unbedeutende Aspekte der von den Unternehmen angewandten Geschäftspraktiken betrafen. In der Gesamteinschätzung läßt sich daher sagen, daß die fünfzigjährige Arbeit der FTC keine Schwerpunkte, keine einheitliche Zielsetzung aufzuweisen hat.
In mehr als der Hälfte der Fälle, in denen nach 1960 förmliche Verfügungen (orders) erlassen wurden, ging es entweder um falsche Angaben hinsichtlich des Herkunftslandes von Waren oder um die falsche Kennzeichnung von Textilien. Diese Formen unlauteren Geschäftsverhaltens sind jedoch hinsichtlich des Schadens für den Konsumenten wenig bedeutsam. Das besondere Interesse der FTC an ihnen ist daraus zu erklären, daß beim Kongreß, der die Aufsicht über die FTC führt, ein positiver Eindruck viel leichter erweckt werden konnte, wenn man vor allem gegen ausländische Importeure vorging, die die Gesetze nicht beachteten, und sich so als Hüter der amerikanischen Industrie profilierte.[101]
Aus der Statistik der erlassenen Verfügungen ergibt sich weiter, daß von 1964 bis 1968 12% Unternehmen mit Sitz in Washington D.C. betrafen, jener Stadt also, in der sich die Hauptverwaltungsstelle der FTC befindet. Die Schlußfolgerung drängt sich auf, daß keine systematische Kontrolle auf Bundesebene stattfand, sondern die Arbeit der Behörde an den zufälligen Beobachtungen des eigenen Personals oder den Beschwerden des Publikums ausgerichtet war. Es überrascht deshalb nicht, daß gegen die Behörde immer wieder der Vorwurf erhoben wurde, sie befasse sich mit Trivialitäten.[102]
Die bisherige Arbeitsweise der Behörde war Folge ihrer kooperativen Einstellung gegenüber der Wirtschaft, vor allem gegenüber den Großunternehmen.[103] Diese vorherrschende Einstellung zeigt die Bemerkung eines ihrer ehemaligen Vorsitzenden gegenüber Vertretern der Wirtschaft: Bei der FTC handele es sich nicht um ein »sozialistisches, bürokrati-

---

101 Vgl. Cox-Fellmeth-Schulz, a.a.O., S. 43 ff.
102 Kohlmeier, a.a.O., S. 256.
103 Zu den bis 1969 von der FTC praktizierten Entscheidungsverfahren vgl. Report of the ABA Commission, a.a.O., S. 12 ff.

sches Werkzeug des Teufels« sondern um einen »echten Freund« der Wirtschaft.[104] Von den im ersten Quartal des Jahres 1968 durchgeführten 33 Gerichtsverfahren wegen irreführender Werbung betrafen allein 29 kleinere Firmen mit einem Gesamtvermögen von je weniger als 500 000 Dollar. Dies ist kein reiner Zufall: Bei der Werbung von Großunternehmen legte sich die Behörde äußerste Zurückhaltung auf. Dazu einige Beispiele: Die Firma Firestone warb seit Ende 1967 für einen bestimmten Reifentyp mit der Behauptung, er habe eine um 25% höhere Bremswirkung als andere Reifenarten. Diese Werbung war unwahr und verstieß außerdem gegen die von der Behörde aufgestellten Erfordernisse für die Zulässigkeit vergleichender Werbung. Trotz erfolgter Anzeigen nahm sich die FTC mehr als sechs Monate Zeit, um ein Verfahren zu eröffnen. Vier Jahre dauerte es gar, bis sie eine Voruntersuchung über die Werbung durch Lotteriespiele, wie sie unter anderem von den großen Mineralölfirmen Esso Oil und Texas Company betrieben wurde, abschloß. Als im Fall Geritol[105] festgestellt wurde, die Fa. J. B. Williams Co. halte sich an die gegen sie ergangene Unterlassungsverfügung trotz entgegengesetzter Beteuerungen nicht, forderte die FTC lediglich einen zweiten Bericht (compliance report) an, statt die strafrechtliche Verfolgung in Gang zu setzen. Weitere Maßnahmen wurden nicht getroffen, obwohl die irreführende Werbung bereits 10 Jahre andauerte. Insgesamt ist die Tätigkeit der Kommission vor allem etablierten Unternehmen zugute gekommen, die sich ihrer bedient haben, um dem Wettbewerb von Außenseitern oder Importeuren zu begegnen. Anzeigen an die FTC waren ein wirksames Mittel, um unliebsame Konkurrenten in Prozesse zu verwickeln und mit zusätzlichen Kosten zu belasten.

Die FTC selbst hat bisher den Schwerpunkt ihrer Aufgaben in der Unterrichtung der Unternehmen über als unlauter anzusehende Verhaltensweisen und in der Aufstellung von Verhaltensregeln, die den Rahmen der lauteren geschäftlichen Tätigkeit abstecken sollen, gesehen. Sie sei – so meint sie – nicht dazu da, Prozesse gegen die Wirtschaft zu führen. Die Zahl der Fälle, in denen sie gegen unlauteres Geschäftsgebaren vorgegangen ist, nahm daher in den sechziger Jahren erheblich ab.[106] Von 1964 bis 1968 wurden insgesamt nur 562 förmliche Verfügungen (orders) erlassen und nur 188 davon betrafen Geschäftspraktiken von größerer Bedeutung für den Verbraucher. Von den eingegangenen Anzeigen waren 1966 nur 14%, 1967

---

104 Zitiert bei Cox-Fellmeth-Schulz, a.a.O., S. 38.
105 Siehe oben Text zu Fußn. 70.
106 Vgl. die Statistiken im Report of the ABA Commission, a.a.O., S. 16 ff. und Cox-Fellmeth-Schulz, a.a.O., S. 221 f.

nur 11% untersucht worden. In diesen beiden Jahren ist überhaupt nur in einem einzigen Fall Strafanzeige, und zwar wegen eines Verstoßes gegen die Textilkennzeichnungsvorschriften, erstattet worden.

Folge dieser industriefreundlichen Einstellung der Behörde war ihre Weigerung, die Öffentlichkeit über ihre Verhandlungen mit den jeweils betroffenen Unternehmen und die Hintergründe ihrer Entscheidungen zu informieren. Namen von Unternehmen, die sich freiwillig bereit erklärt hatten, die Verfügungen der Behörde zu befolgen, wurden in der Regel nicht bekanntgegeben. Zur Begründung führte die FTC an, die Publizität würde den Unternehmen schaden und sie in Zukunft davon abhalten, mit der Behörde zu kooperieren. Ein Untersuchungsausschuß des amerikanischen Anwaltsvereins bemerkte dazu mit Recht, es sei nicht zu ersehen, wie das Kontrollsystem über die Wirtschaft in seiner ursprünglichen Konzeption funktionieren solle, wenn die FTC sich einerseits zur Erfüllung der ihr gesetzlich vorgeschriebenen Überwachungsaufgaben auf die Beschwerden des Publikums verlasse, andererseits die Öffentlichkeit nicht informieren wolle, auf welche Unternehmen und Praktiken sie besonders achten solle.[107]

Weder gegenüber dem Kongreß noch gegenüber der Öffentlichkeit hat die FTC in den sechziger Jahren für erweiterte Befugnisse plädiert, die es ihr erlauben würden, schneller und wirksamer gegen Werbende vorzugehen. Sie war vielmehr der Auffassung, informelle Maßnahmen, wie etwa die Verbreitung von Informationsmaterial und der Erlaß von Richtlinien, trügen viel wirksamer zur Lösung der Probleme der Verbraucher bei als förmliche Verfahren gegen Unternehmer. Diese Ansicht ist auf scharfe Kritik gestoßen.[108] Aber selbst diejenigen, die eine differenziertere Haltung einnehmen,[109] bestreiten den Mißerfolg der FTC nicht. Der Bericht der bereits mehrfach erwähnten Untersuchungskommission des amerikanischen Anwaltsvereins stellte dazu fest: »Wenn die Leistung an den Möglichkeiten gemessen wird, über die die FTC trotz allem verfügt, so muß sie aus zahlreichen Gründen als Versagen angesehen werden«.[110] Diese Feststellung widerspricht nicht der bereits erwähnten positiven Beurteilung der Tätigkeit der FTC in der juristischen Literatur. In der Rechtslehre ist nur die juristische Arbeit der Behörde und nicht das Ergebnis ihrer Aktivität insgesamt gewertet worden.

---

107 Report of the ABA Commission, a.a.O., S. 76.
108 Vgl. etwa Cox-Fellmeth-Schulz, a.a.O., S. 70.
109 Report of the ABA Commission, a.a.O., S. 34: »We believe that FTC must avoid excessive reliance on formal case-by-case enforcement, but ... the trend toward voluntary compliance has gone too far!«
110 Ebd. S. 36.

Anfang der siebziger Jahre hat die FTC ihre Organisation umgestaltet, um die ihr vorgeworfenen Mißstände auszuräumen. Es wurde ein Planungsbüro eingerichtet, das Empfehlungen ausarbeiten soll, »wie die Mittel der Behörde am besten zum Schutz des Konsumenten und zur Aufrechterhaltung des Wettbewerbs eingesetzt werden sollen«.[111] Um die dazu notwendigen Informationen zu sammeln, werden entscheidungserhebliche Marktdaten, etwa die demographischen Merkmale der durch eine Werbemaßnahme betroffenen Konsumenten oder der Umfang und die Bedeutung eines bestimmten Marktes, mit Hilfe von elektronischen Rechenanlagen verarbeitet. Auf Grund dieser umfassenden Datenbasis will man den Einsatz finanzieller Mittel in Verfahren gegen einzelne Unternehmer oder Werbungsformen nach folgenden Kriterien beurteilen: a) dem Betrag, der von Konsumenten in einem Teilmarkt insgesamt ausgegeben wird, b) der Zahl der von den Verbrauchern mit dem jeweiligen Unternehmen getätigten Geschäfte, c) den Ausgaben bestimmter Gruppen von Konsumenten, d) der Anzahl eingegangener Beschwerden, e) der Bedeutung des Falles für Gesundheit und Sicherheit und schließlich, f) der Rolle, die die Werbung oder der Konsumentenkredit in einem bestimmten Bereich spielen.[112] Es wird weiter überlegt, der FTC die Befugnis zuzuerkennen, verbindliche materielle Regeln zu erlassen und gegen diejenigen, die diese Bestimmungen mißachten, selbst vorzugehen. Das Fehlen einer fühlbaren Sanktion untergrabe jeden Versuch einer wirksamen Kontrolle. Als mögliche Sanktionen werden Geldstrafen, Schadenersatz für irregeführte Verbraucher und »schnelle, wirksame und weitverbreitete Publizität über das mißbilligte Verhalten« vorgeschlagen.[113]

Das Versagen der FTC ist aus ihrer Abhängigkeit gegenüber der Regierung und der Legislative zu erklären. Sie ist als unabhängige Behörde gegründet worden, die auf Grund ihres besonderen Fachwissens auf dem Gebiet der Wettbewerbsbeschränkungen die staatliche Antitrustpolitik verwirklichen sollte. Sie sollte zugleich Beratungs- und Ausführungsorgan von

---

111 Annual Report 1972 S. 69.
112 Ebd. S. 70 f.
113 Die Behörde berichtet in ihren Pressemitteilungen über die jeweils ergangenen Verfügungen. Die Kosten, um diesen Verfügungen die gleiche Publizität wie der entsprechenden Werbung zu verschaffen, übersteigen jedoch bei weitem die wirtschaftlichen Möglichkeiten der FTC. Zusätzliche Schwierigkeiten für ihre Tätigkeit ergeben sich auch aus der föderalistischen Struktur der Vereinigten Staaten: Die Behörde hat sich bisher nur mit Werbung auf nationaler Ebene befaßt, es aber vermieden, gegen Unternehmen vorzugehen, die hauptsächlich im Rahmen eines Einzelstaates tätig sind. Nur wenige der Einzelstaaten verfolgen jedoch von sich aus täuschende Werbung. Zu dieser Problematik vgl. Milstein, a.a.O., S. 455 ff., Developments in the law, Deceptive advertising, a.a.O., S. 1134 ff.

Legislative und Exekutive sein, hoheitliche Gewalt ausüben, ohne in das politische Geschehen einbezogen zu werden. Diese Wunschvorstellung hat sich als nicht realisierbar erwiesen. Die Tätigkeit der Behörde ist bisher vielmehr stark vom Präsidenten, dem Kongreß und der Industrie bestimmt worden.

Der Präsident der Vereinigten Staaten hat die Befugnis, den Vorsitzenden der Behörde (Chairman) sowie die Mitglieder des leitenden Gremiums (Commission) zu bestellen, der Vorsitzende wiederum kann die wichtigsten Mitarbeiter auswählen. Demzufolge ist bei jedem Präsidentenwechsel, – vor allem, wenn der neue Präsident einer anderen Partei angehörte, – das leitende Personal ausgewechselt worden. Zwar wird dieses grundsätzlich für einen festen Zeitraum angestellt; das Prinzip, daß man dem Präsidenten bei der Besetzung der FTC freie Hand lassen müsse, hat sich jedoch durchgesetzt. Demgemäß reichen die Mitglieder des leitenden Gremiums ihren Rücktritt ein, wenn der Präsident eine Umbesetzung vornehmen möchte. Insgesamt ist also die Behörde Teil der Exekutive und muß sich den Wünschen des Präsidenten als oberstem Vorgesetzten dieser Exekutive fügen. Die Unabhängigkeit der Behörde leidet weiter dadurch, daß ihre Personalpolitik den Wünschen der Parteien unterworfen ist. Will nämlich ein Mitglied des leitenden Gremiums nach Beendigung seines Angestelltenverhältnisses weiter beschäftigt werden, so muß es auf die Wünsche der Regierungspartei achten, da der Präsident ja kaum solche wichtigen Stellen in der staatlichen Bürokratie mit Oppositionsanhängern besetzen wird. Diese Abhängigkeit von den Apparaten der Parteien hat in den sechziger Jahren zu einer starken Abnahme der fachlichen Qualifikation des Personals der FTC geführt.[114] An der Behörde waren nur wenige Experten tätig, und die dort Tätigen blieben für einen viel zu kurzen Zeitraum, um ausreichende Kenntnisse zu erwerben. Da die Posten bei der FTC auch hinsichtlich des Gehalts und des sozialen Status nicht attraktiv genug sind, gelten sie lediglich als Durchgangsstationen in der Karriere. Man arbeitet bei der FTC, um sich später eine gute Stellung bei der Industrie zu sichern.

Die Regierung hat auf die Tätigkeit der Behörde immer geachtet und versucht, ihre eigenen Vorstellungen durchzusetzen. War der Präsident industriefreundlich und staatlicher Einmischung in die Wirtschaft abgeneigt, so hat er Versuche der Behörde, Kontrollmaßnahmen zu erweitern, gebremst. Da er auf die Höhe der Etatmittel der Behörde einen entscheidenden Einfluß hat, verfügt er über ein äußerst wirksames Druckmittel, um

---

114 Nach Cox-Fellmeth-Schulz, a.a.O., S. 129 ff. wurde das Personal nur auf Grund parteipolitischer Überlegungen angestellt und befördert.

seine Vorstellungen durchzusetzen. Die FTC war daher nur selten bereit, von sich aus, d. h. bevor sie die Wünsche der Regierung geklärt hatte, Initiativen zu ergreifen. Ihre Leiter fürchteten nämlich, sie würden sonst, d. h. falls die getroffenen Maßnahmen auf harte Reaktionen stoßen würden, von der Regierung nicht gedeckt und allein auf sich gestellt bleiben.[115]
Die Einmischungen der Regierung betreffen über die generelle politische Ausrichtung der FTC hinaus auch Einzelfragen. So hat sich etwa der Assistent des Präsidenten Eisenhower, Sherman Adams, für eine gütliche Beilegung des von der FTC gegen einen seiner Bekannten wegen irreführender Textilkennzeichnung eingeleiteten Verfahrens eingesetzt.
Eingriffe in die Tätigkeit der Behörde erfolgen auch seitens des Kongresses: Die FTC untersteht formell dem Kongreß. Sie wird als Amt des Kongresses betrachtet, handelt für seine Rechnung und ist ihm gegenüber verantwortlich. Er verabschiedet ihren vom Präsidenten vorgeschlagenen Haushalt und kann daher weitgehend den Umfang und die Art ihrer Tätigkeit bestimmen. Von der Legislative hängt es weiter ab, ob die von der Behörde erwünschten Gesetzesergänzungen verwirklicht werden können. Eine sich für die Erfüllung ihrer Aufgabe einsetzende Behörde muß daher stets auf ein gutes Verhältnis zum Kongreß bedacht sein. Die Mitglieder des Kongresses haben die Möglichkeit, über die zuständigen Ausschüsse aber auch direkt auf die Behörde Einfluß zu nehmen, indem sie etwa Untersuchungsausschüsse einsetzen oder öffentliche Anhörungen veranstalten. Schließlich kann der Kongreß von sich aus die Initiative zum Erlaß von Gesetzen ergreifen, wenn er der von der FTC verfolgten Politik nicht zustimmt.
Ein Beispiel dafür bietet die Zigarettenwerbung. Eine Beraterkommission des Gesundheitsministeriums veröffentlichte 1964 ein Gutachten über das Zigarettenrauchen, welches das Rauchen als gesundheitliche Gefahr bezeichnete und Maßnahmen dagegen empfahl. Auf der Grundlage dieses Gutachtens erließ die FTC eine Regel, die die Zigarettenhersteller verpflichtete, »in eindeutiger und auffallender Weise in jeder Werbung sowie auf jeder Packung darauf hinzuweisen, daß Zigarettenrauchen schädlich für die Gesundheit sei und den Tod durch Krebs oder andere Krankheiten verursachen könne«. Die Zigarettenindustrie wandte sich sofort an die Handelsausschüsse des Senats und des Repräsentantenhauses. Der Handelsausschuß des Repräsentantenhauses bat die Behörde, diese Regel nicht vor Mai 1965 in Kraft zu setzen, was auch geschah. In der Zwischenzeit erging jedoch ein Gesetz, nach dem zwar die Packungen die Erklärung tragen

---

115 Vgl. J. Dolgen, L. Korman, M. Beigel, Consumer Credit Law, in Annual Survey of American Law 1968/69 S. 187 ff., 191 f.

müssen: »Vorsicht: Zigarettenrauchen kann gefährlich für Ihre Gesundheit sein«,116 eine Warnung in der Werbung aber nicht aufgenommen zu werden brauchte. Dies entsprach dem Wunsch der Industrie.117 In der Presse ist das Gesetz als ein Beispiel für die Durchsetzungskraft der Industrielobbies angesehen worden. Die »Integrität und Unabhängigkeit der Federal Trade Commission ist den Interessen der Wirtschaft geopfert worden«,118 meinte die New York Times in einem Kommentar.

Die Wirtschaft hat bei den Entscheidungen der Behörde ein starkes Mitspracherecht, das zwar nicht gesetzlich verankert ist, aber dem politischen und wirtschaftlichen System der USA entspricht. Der Präsident wird, bevor er die Mitglieder des leitenden Gremiums der FTC bestellt, die Meinung der interessierten Wirtschaftskreise einholen. Sprechen sich diese ausdrücklich gegen eine Person aus, weil diese etwa wirtschaftspolitische Ansichten vertritt, denen sie nicht zustimmen können, so ist es unwahrscheinlich, daß der Präsident auf der Ernennung bestehen wird. Sollte er dennoch versuchen, seinen Kandidaten vom Senat bestätigen zu lassen, so dürfte er dort auf ernstlichen Widerstand stoßen. Die Einwirkung der Wirtschaftskreise auf die Entscheidungsbildung der FTC erfolgt meistens mittelbar, nämlich durch ständige informelle Kontakte. Die leitenden Mitglieder der Behörde werden zu Sitzungen und Tagungen verschiedener Industriegremien eingeladen, besichtigen Unternehmen, nehmen an zahlreichen gesellschaftlichen Veranstaltungen teil, die die Unternehmensvertreter organisieren. Bei solchen Gelegenheiten wird nur selten über konkrete Probleme, die zur Entscheidung anstehen, gesprochen. Man unterhält sich vielmehr über generelle wirtschaftspolitische Fragen, die im Augenblick aktuell sind, und versucht, Wohlwollen und Verständnis für den Industriestandpunkt zu wecken. Alle größeren Industriezweige haben in Washington besondere Vertretungen mit hohen Repräsentationsfonds, die sich ständig darum bemühen, die Ansicht der Wirtschaft insgesamt oder ihres Unternehmens zu verbreiten, Verbindungen anzuknüpfen, Informationen zu sammeln und

---

116 Federal Cigarette Labeling und Advertising Act 1965, sec. 4. Dieses Gesetz wurde durch den Public Health Cigarette Smoking Act of 1969 abgelöst. Nach dessen Sec. 4 müssen die Zigarettenpackungen folgenden Hinweis tragen: »Warning: The Surgeon General has determined that Cigarette Smoking is dangerous to your health«.
117 Die Industrie zeigte sich dafür auch erkenntlich. Leitende Angestellte der Reynolds Tobacco Company sammelten mindestens 10 490 Dollar, die für die Wiederwahl bestimmter Abgeordneter gespendet werden sollten. Der Vorsitzende des Tobacco-Institute, einer von der Industrie getragenen Vereinigung, sollte über die Verteilung entscheiden, die schließlich vor allem unter den Mitgliedern der Handelsausschüsse des Repräsentantenhauses erfolgte.
118 New York Times vom 9. Juli 1965, zitiert bei Cary, a.a.O. (Fußn. 49), S. 54 f.

Sympathie für die von ihnen vertretenen Interessen zu wecken. Um dieses Ziel zu erreichen, werden vielfach den besonders fähigen Mitarbeitern der Behörde lukrative Stellen angeboten, damit sie ihre Kenntnisse und Beziehungen im Interesse der Wirtschaft einsetzen können.[119] Es ist daher, wie ein scheidender Präsident der Federal Power Commission[120] bemerkte, für die Mitglieder der staatlichen Kontrollbehörden (regulatory agencies) schwer, sich für das öffentliche Interesse einzusetzen, wenn es eindeutig sei, daß für bestimmte Wirtschaftskreise nachteilige Entscheidungen auch eine nachteilige Auswirkung auf ihre Berufsaussichten haben könnten.[121] Die »unabhängigen« Behörden wie die FTC haben nach Meinung eines Beobachters den industriellen Protektionismus institutionalisiert. »Sie sind nicht Schiedsrichter der widerstreitenden Interessen von Verbrauchern und Industrie, sondern konkurrierender Wirtschaftsinteressen«.[122] Die FTC sei nicht wie beabsichtigt Träger einer auf Wettbewerb beruhenden Wirtschaftspolitik geworden; sie habe wenig getan, um die wirklichen Probleme aufzuklären und Maßnahmen zu ihrer Abhilfe vorzuschlagen.[123]

Das Versagen der FTC ist zwar seit Jahrzehnten erkannt worden, trotzdem haben die unternommenen Reformversuche sie nicht in ein schlagkräftiges Instrument staatlicher Wirtschaftspolitik umgestaltet.[124] Dieser Mißerfolg wird verschieden interpretiert. Je nach dem politischen Standort sieht man in ihm entweder den Nachweis, daß eine Verwaltungsbehörde nicht schnell und effektiv genug arbeiten könne und es daher zweckmäßig sei, die Kon-

---

119 Kohlmeier, a.a.O., S. 73 erwähnt das Beispiel von Frederick W. Ford, der bei der Federal Communications Commission seit 1957 mit einem Gehalt von ungefähr 20 000 Dollar jährlich tätig war, 1964 zurücktrat und Präsident der National Community Antenna Television Association mit einem Gehalt von 50 000 Dollar pro Jahr wurde.
120 Einer Behörde, die sich mit Energiefragen befaßt und nach dem gleichen Muster wie die FTC errichtet wurde.
121 Kohlmeier, a.a.O., S. 82.
122 Kohlmeier, a.a.O., S. 94/95.
123 Die Behörde propagiert von sich selbst allerdings ein anderes Bild. Sie stellt sich als Streiter für die Interessen der Armen sowie als Aufpasser über die Großunternehmen der Vereinigten Staaten dar.
124 Der 1969 erstattete Bericht der American Bar Association über die Federal Trade Commission stellte fest (a.a.O., S. 3): »Diese Kommission glaubt, sie sollte eigentlich die letzte einer langen Reihe von Komitees und Ausschüssen sein, die nachdrücklich betont haben, drastische Änderungen seien erforderlich, um eine FTC zu schaffen, die der ursprünglichen Absicht entspricht. Die Gründe für eine Reform sind offensichtlich. Es ist erforderlich, daß sie jetzt und in einschneidender Weise vorgenommen wird. Eine weitere Verspätung ist nicht vertretbar. Das Fortbestehen der FTC ist trotz ihrer Möglichkeiten auf dem Gebiet der Wettbewerbsbeschränkungen und des Verbraucherschutzes durch keinen sachlichen Grund mehr zu rechtfertigen, wenn kein Wandel eintritt. Die notwendige Arbeit könnte dann von anderen staatlichen Institutionen erfüllt werden«.

trolle der Werbung den Mitbewerbern und den Gerichten zu überlassen[125] oder umgekehrt ein zusätzliches Argument für eine intensivere staatliche Tätigkeit auf diesem Gebiet. Über die zukünftige Entwicklung gehen dementsprechend die Meinungen weit auseinander. Die Vorschläge reichen von einer Förderung des Wettbewerbs[126] und der Initiative des einzelnen Verbrauchers über den Ausbau der Behörde bis zu ihrer völligen Abschaffung.[127]

Eine Konsequenz ist aus der Kritik an der Arbeit der FTC immerhin gezogen worden: Die Behörde ist, wie bereits erwähnt, im Jahre 1971 auf Grund von Empfehlungen einer Kommission des amerikanischen Anwaltsvereins reorganisiert worden. So wurden lokale Vertretungen in mehreren größeren Städten eröffnet und ein besonderes Planungsbüro errichtet;[128] die Unternehmen wurden aufgefordert, in verstärktem Maß ihre Werbebehauptungen zu substantiieren sowie mehr »corrective advertising« zu betreiben; auch wurden mehr »affirmative disclosure orders« erlassen.[129] Der Erfolg dieser Bemühungen ist noch nicht abzuschätzen. Nach wie vor treffen die Verfügungen der Behörde nur einen verschwindend geringen Teil von unlauteren Geschäftspraktiken.[130] Einer Erweiterung der administrativen Kontrolle steht jedoch die in den USA herrschende wirtschaftspolitische Konzeption entgegen, nach der die Behörde erst dort, wo der Marktmechanismus und privatrechtliche Behelfe nicht in der Lage sind, gefährliche oder schädliche Geschäftspraktiken einzuschränken, eingreifen soll. Die FTC solle zwar Mißbräuchen vorbeugen, Auswüchse unter Kontrolle bringen, den Rahmen der lauteren Werbung, wie sie von allen Betroffenen, d. h. Unternehmern, Werbegesellschaften, Regierung und Verbrauchern verstanden wird, abstecken. Sie solle die Information der Konsumenten sicherstellen und auf diese Weise die Voraussetzungen für ein reibungsloses Funktionieren des Wettbewerbssystems schaffen,[131] nicht

---

125 So etwa Grimes, GRUR Int. 1973, 649.
126 Alexanders (a.a.O.) Kritik an der FTC hebt vor allem hervor, daß die Behörde bei ihren Verfügungen die Bedeutung der einzelnen Werbung für den Wettbewerb außer acht gelassen hat. Sie habe alle Werbemaßnahmen unterschiedslos gleich behandelt und durch ihre Verfügungen nicht zur Förderung des Wettbewerbs beigetragen. Vgl. S. 226, 86 f.
127 Kohlmeier, a.a.O., S. 304. Posner (in seiner vom Bericht der American Bar Association Commission abweichenden Meinung) schlug vor: »a policy of (a) freezing the Commission's appropriations at their present level and (b) withholding from it any new responsibilities« (S. 119).
128 Siehe oben Text zu Fußn. 109.
129 Vgl. Annual Report 1972, S. 72 f.
130 1971 wurden 199 und 1972 273 Unterlassungsverfügungen auf dem Gebiet des Verbraucherschutzes erlassen; vgl. Annual Report 1972, S. 1.
131 Pitofsky in Federal Consumer Legislation, a.a.O., S. 293.

aber eine eigene Konzeption über Maß und Inhalt der Werbung entwikkeln, »Werbepolitik« also betreiben. Sie sei nicht eingesetzt worden, um bestimmte soziale Werte zu schützen und andere zu bekämpfen.[132]

5. Die systemintegrative Aufgabe staatlicher Verbraucherpolitik

Die Vorteile, welche die staatliche Intervention zum Schutze der Verbraucher bietet, Sachmittel und Personal, Know-how, Amtshilfe, werden durch die Nachteile aufgehoben, die sich aus der Einordnung in das administrative System ergeben. Wie die Beispiele aus dem deutschen Recht aber auch die Geschichte der Federal Trade Commission zeigen, wird die Tätigkeit des Staates oder »unabhängiger« Behörden, den Imperativen der politischen und ökonomischen Situation untergeordnet. Der Verbraucherschutz muß sich letztlich nach Richtlinien entwickeln, die sich nach den jeweiligen Zielen des Staatsapparates bestimmen. Damit wird gewährleistet, daß die Verbraucherproblematik nicht zu offenen Konflikten führt und Anlaß für unerwünschte Machtverschiebungen wird. Der Staat und die staatlichen Behörden übernehmen, indem sie sich dem Verbraucherschutz verpflichten, gleichzeitig eine Steuerungsfunktion. Durch Selektion bestimmter Probleme und Verdrängung kontroverser Themen, durch Institutionalisierung von Verfahren, die Änderungen weitgehend an die Zustimmung der Hersteller binden, durch Bestimmung der Prämissen, an die sich Diskussionen und Reformvorschläge halten müssen, werden der Spielraum der Entscheidungen begrenzt und die initiierten Wandlungen auf ein Minimum beschränkt. Der Mechanismus der Staatsintervention wirkt nicht nur systemintegrativ, sondern stabilisierend auf ausgearbeitete Interessenkompromisse und eingespielte Kräfteverhältnisse.[133]

---

132 Milstein, a.a.O., S. 445, 448 f.
133 Biervert, a.a.O. (Kapitel III Fußn. 23), S. 220: »Das Übergewicht der Anbieterseite kann nicht durch die bislang existierenden, eher bescheiden zu nennenden gesetzgeberischen und wirtschaftspolitischen Maßnahmen des Staates gemildert oder gar aufgehoben werden, die als unzureichend und obendrein durch unterschiedliche Interessen einzelner Ressorts in ihrer Wirkung als gefährdet angesehen werden müssen; man benötigt eine Verbraucherpolitik, die einzig und allein an den Interessen der Verbraucher ausgerichtet ist«.

VIII. Kapitel

Verbraucherschutz durch Verbraucherverbände

Der Verbraucherverband ist eine von den Betroffenen initiierte Form der Selbsthilfe.[1] Die erste Verbraucherorganisation wurde Ende der zwanziger Jahre dieses Jahrhunderts in den Vereinigten Staaten gegründet. Seitdem bestehen Konsumvereine in fast allen industriell entwickelten Ländern. An Hand ihrer Aktivität lassen sich gewisse generelle Tendenzen feststellen und vor allem die Frage beantworten, ob diese Konsumentenorganisationen in der Lage sind, Entscheidungen der Produzenten wirksam zu kontrollieren.

Die derzeit existierenden Verbraucherverbände verfügen nur über eine geringe Zahl von Mitgliedern, obwohl aus ihrer Perspektive die gesamte Bevölkerung zu den Verbrauchern zählt. Im Jahre 1966 hatte die Consumers Union in den Vereinigten Staaten ungefähr 850 000 Mitglieder bei einer Bevölkerung von 170 Millionen, konnte also nur 0,5 Prozent der Bevölkerung erfassen. In Großbritannien betrug zur gleichen Zeit der Prozentsatz der organisierten Konsumenten an der gesamten Einwohnerzahl nur 0,8.[2]

In der Bundesrepublik gilt die »Arbeitsgemeinschaft der Verbraucher« (AGV) als die von den Konsumenten legitimierte Organisation zur Vertretung ihrer Interessen. Sie hat jedoch keine eigene Basis von Mitgliedern, sondern faßt als Dachverband 33 andere Verbände zusammen. Diese vertreten keineswegs immer spezielle Verbraucherinteressen; als Beispiele seien »die Innere Mission und Hilfswerk der Evangelischen Kirchen« oder der »Zentralverband der Fliegergeschädigten« genannt. Einige der Mit-

---

1 Zum Nachfolgenden vgl. B. Biervert, Wirtschaftspolitische, sozialpolitische und sozialpädagogische Aspekte einer verstärkten Verbraucheraufklärung, Forschungsbericht im Auftrage des Ministerpräsidenten des Landes Nordrhein-Westfalen, Köln 1972; Ch. von Braunschweig, Der Konsument und seine Vertretung, Heidelberg 1965; Marzen W., Preiswettbewerb und Verbraucherpolitik, Saarbrücken 1964; Guth E., Kollektive Verbrauchervertretungen in den USA, Band 6 der Schriftenreihe Marktwirtschaft und Verbrauch, herausgegeben von der Gesellschaft für Konsumforschung e. V., Nürnberg 1957; Verbraucherrundschau H. 2, Februar 1975 (Verbraucher 75, Organisationen, Institutionen, AGV: Struktur, Aufgabenstellung).
2 E. Roberts, Consumers, London 1966, S. 194. Zu der Tätigkeit der Consumers' Association in England siehe auch die von der Consumers' Association herausgegebene Broschüre, Which? and Consumers' Association, 4. Aufl. 1972.

gliedsorganisationen sind selbst ihrerseits Dachverbände, etwa die Verbraucherzentralen. Die Arbeitsgemeinschaft hat nie versucht, natürliche Personen organisatorisch zu erfassen.[3]
Der geringe Anklang der Verbraucherverbände ist nicht nur auf mangelnde Aufklärung und fehlende Bewußtseinsbildung zurückzuführen, sondern auch auf die Tatsache, daß Verbraucher nur in geringem Maße verbandsförmig erfaßt und repräsentiert werden. Damit nämlich Interessen durch einen Verband wirksam vertreten werden können, müssen sie sowohl organisations- als auch konfliktsfähig sein.[4] Organisationsfähig sind spezifische Bedürfnisse dann, wenn eine deutlich abgrenzbare Gruppe von Personen gewillt ist, für ihre Realisierung politisch tätig zu werden. Konfliktsfähig sind Interessen, wenn sie in konkret gefaßten Ansprüchen artikuliert und durch unmittelbaren sozialen Druck, etwa durch Streiks und Boykott, durchgesetzt werden können.
Das »Verbraucherinteresse« ist weder eindeutig noch wichtig genug, um eine große und relativ homogene Gruppe der Bevölkerung zu mobilisieren. Die Probleme, denen die Bürger ausgesetzt sind, etwa Fragen der Nahrungsmittelqualität, des Transports, der Gesundheit, der Erholung, der Wohnung usw. treffen sie in unterschiedlichem Ausmaß, zu verschiedenen Zeiten und unter anderen Voraussetzungen. Das Verbraucherinteresse ist erheblich differenziert und läßt sich aus verschiedenen Perspektiven sehen. Der Wunsch der Bewohner von Vororten einer Großstadt nach Verbesserung des städtischen Nahverkehrs kann etwa den Interessen der im Stadtkern Wohnenden an der Entwicklung eines Erholungsgebiets direkt widersprechen, falls nicht die Mittel für die Realisierung beider Vorhaben vorhanden sind. Der Einzelne neigt daher dazu, diese Probleme als individuelle Schwierigkeiten aufzufassen und dementsprechend ihre Lösung individuell und nicht durch kollektive Aktionen anzustreben.[5]

---

3 Eine Verbraucherorganisation mit Verbrauchern als Mitgliedern ist der »Deutsche Verbraucherbund«, Bonn. 1973 betrug die Zahl der Mitglieder etwa 50 000. Seinen Erfolg verdankt er nach Zeitungsberichten den billigen Transatlantikflügen, die er seinen Mitgliedern bietet; vgl. W. Hoffmann, Die Zeit Nr. 13, 26. 3. 1971, S. 29.
4 Vgl. Offe, Politische Herrschaft und Klassenstrukturen. Zur Analyse spätkapitalistischer Gesellschaftssysteme, in Politikwissenschaft, Eine Einführung in ihre Probleme, Frankfurt 1969, S. 155 ff., S. 167 ff.; G. Wiswede, Soziologie des Verbraucherverhaltens, Stuttgart 1972, S. 319 f.
5 Biervert, a.a.O., S. 209 f. stellt an Hand der von ihm durchgeführten Erhebungen einen Umschwung in der Organisationswilligkeit der Verbraucher fest. 66% der Gesamtbevölkerung hielten es 1972 für sinnvoll, eine Konsumentenorganisation zu unterstützen. 46% waren bereit, einem Verbraucherverein beizutreten und hierfür monatlich einen kleinen Beitrag zu zahlen. Er bemerkt jedoch gleichzeitig, S. 208, daß ein Verband mit möglichst konkreten Zielsetzungen werben muß, die für den

Das Verbraucherinteresse ist nur begrenzt »konfliktsfähig«. Zwar kann es in spezifischen Forderungen konkretisiert werden, diese betreffen jedoch eine solche Vielzahl von Themen, daß ihre Geschlossenheit eine gesamtgesellschaftliche Konzeption voraussetzen würde, zu der ein Verband, der verschiedene soziale Gruppen mobilisieren möchte, nicht gelangen kann. Die Meinungen über landwirtschaftliche Produktion, Städtebau, Wohnungsbau, Reklame, Preispolitik, Wettbewerb etc. können je nach Einkommen und Beruf verschieden sein und lassen sich nicht unter Berufung auf ein nicht näher präzisiertes »Verbraucherinteresse« vereinheitlichen.

Den Verbraucherverbänden fehlt auch der Gegenspieler, an dessen Handeln der Interessengegensatz immer neu formuliert werden, der aber auch Adressat möglicher Kampfmaßnahmen sein könnte. Handel und Dienstleistungsbetriebe sind genauso wie die Hersteller für die Probleme der Verbraucher verantwortlich. Eine einzige dieser Gruppen als Gegenpartner auszusondern, wäre unzweckmäßig. Eine Mobilisierung gegen die Gesamtheit der Wirtschaftsträger würde dem Verbraucherverband politische Farbe geben. Der entpolitisierte und neutrale Charakter, der wesensnotwendig ist, weil er eine Abgrenzung zu politischen Gruppierungen und Gewerkschaften erlaubt, würde allerdings dann hinfällig.

Begnügt sich eine Konsumentenorganisation mit der Wahrnehmung lediglich einiger weniger aus der Fülle möglicher Aufgaben, so besteht die Wahrscheinlichkeit, daß Agitation und soziale Druckmittel auf einer Ebene ansetzen, auf der die meisten der bekämpften Erscheinungen nicht veränderbar sind. Der Käuferstreik etwa trifft nur die Fleischproduzenten einer bestimmten Gegend. Die Preispolitik, die ihn auslöst, wird jedoch auf einer viel höheren Ebene, von der Regierung oder supranationalen Gremien entschieden. Die den Verbraucherverbänden verfügbaren Druckmittel haben schließlich nur eine geringe Durchsetzungskraft: der Käuferstreik, in den meisten Fällen das einzige Kampfmittel, das den Verbrauchern zur Verfügung steht, hat sich bisher als eine wenig wirksame Sanktion erwiesen. Die Leistungsverweigerung der Konsumenten war weder umfassend noch dauerhaft.[6]

Verbraucher unmittelbare Vorteile versprechen. Die Verbraucherzentrale NRW bemerkt zu den Schlußfolgerungen von Biervert, daß die Meinungsäußerungen dem tatsächlichen Handeln nicht entsprechen. Die rund 150 000 Einzelberatungen erbrachten 1972 auf den VZ-Konten nur knapp 100 Einzelspenden zwischen 1 DM und 100 DM, Mitteilungsdienst VZ NRW Heft 1/2, 1973. S. 8/9.
6 Roberts a.a.O., S. 6: »... they have not the power to do so because, unlike a trade union, which consists of nearly all the workers in a factory or industry, consumer associations consist of only a small part of all the consumers in the nation or in one locality«.

Die Verbraucherverbände haben aus diesen Gründen ihre Tätigkeit vor allem auf die Information der Verbraucher beschränkt. So ist es Aufgabe der Consumers Union der Vereinigten Staaten gemäß ihrer Satzung, »Konsumenten Informationen zu liefern und Ratschläge über Konsumgüter und Leistungen zu erteilen, Informationen und Hilfe für die Verwendung des Familieneinkommens zu leisten, sich für die Verbesserung des Lebensstandards einzusetzen und mit Gruppen und Individuen zu diesem Zweck zusammenzuarbeiten«. Das Interesse der Führung der Organisation hat sich diesem Ziel entsprechend darauf konzentriert, miteinander konkurrierende Produkte zu vergleichen und zu testen, die Relation zwischen Qualität und Preis festzustellen und Ratschläge für den günstigsten Kauf zu erteilen.[7] Die Consumers Association in England hat sich ebenfalls auf vergleichende Tests beschränkt sowie auf die Herausgabe der Zeitschrift »Which?«, in der Testergebnisse, Informationen und Ratschläge für die Verbraucher veröffentlicht werden. Sie sieht ihre Aufgabe vor allem darin, dem Konsumenten Kaufinformationen zu vermitteln, die er von keiner anderen Stelle erhalten kann. Auch in der Bundesrepublik liegt das Schwergewicht der Tätigkeit der Verbände auf dem Gebiete der Beratung. So haben z. B. die Verbraucherzentralen Beratungsstellen geschaffen, sie veröffentlichen Einkaufswegweiser und organisieren Vorträge über warenkundliche und juristische Themen.[8] Die Arbeitsgemeinschaft Hauswirtschaft e. V.[9] schreibt in einer Broschüre unter dem Titel »Was wir wollen«: »Unsere besondere Aufgabe sehen wir darin, die Frauen über eine bessere Haushaltsführung durch ... Vertiefung der Kenntnis über die angebotenen Konsumgüter aller Art zu unterrichten ... Wir wollen die Ergebnisse der angewandten Hauswirtschaftsforschung ... weiten Kreisen der Bevölkerung zugänglich machen«. Dementsprechend hat sie in mehreren Städten hauswirtschaftliche Beratungsstellen errichtet.

Diese Informationsaktivität entspricht weitgehend den Belangen des Mittelstandes.[10] Das Interesse an Information über das günstigste Verhältnis

---

7 Vgl. Roberts, a.a.O., S. 27; C. E. Warne, The Impact of Consumerism on the market, San Diego Law Review 8 (1970), 30 ff.
8 Vgl. von Braunschweig, a.a.O., S. 141 f.; Bluth, a.a.O. (Kapitel IV Fußn. 1) S. 54 ff.; oben Kapitel IV Abschnitt V 2.
9 Ein freiwilliger Zusammenschluß von Frauenverbänden und Frauengruppen, der als Verbraucherorganisation von der Bundesregierung 1970 mit 367 000 DM unterstützt wurde, vgl. Biervert, a.a.O., S. 91 ff.
10 Nach Biervert, a.a.O. (Kapitel V Fußn. 75), S. 90 zeigt die Leserschaftsanalyse der Testzeitschriften, daß sie »nur einen äußerst geringen Teil der Bevölkerung erreichen und hiervon fast ausschließlich Angehörige der oberen sozialen Schichten«.

von Preis und Qualität ist besonders bei den mittleren Einkommensschichten groß. Sie verfügen zwar über genügend Geld, um sich wertvolle Konsumgüter zu leisten, können aber andererseits die gewünschten Anschaffungen nur tätigen, wenn sie ihre Haushaltsausgaben genau berechnen. Hinzu kommt, daß ihr Bildungsniveau es ihnen erlaubt, die angebotenen Informationen zu verwerten, Vergleiche anzustellen und zu planen. Bei den unteren Einkommensschichten besteht dagegen das gleiche Interesse an Ratschlägen nicht. Man kauft sowieso das billigste oder hat nur eine äußerst geringe Auswahl. Der Kauf der einen oder anderen hochwertigen Ware erfolgt nach Prestigegesichtspunkten. Mit den Tests und Informationen können diese Bevölkerungsgruppen wegen eines zu geringen Bildungsstands nichts anfangen.[11]

Diese Tatsache hat zur Konsequenz, daß sich die Mitglieder der Verbraucherverbände vornehmlich aus den mittleren Einkommensschichten mit höherer Bildung rekrutieren. In Großbritannien zählen etwa die Mitglieder der Consumers Association zu der Gruppe der Bevölkerung, die als höhere Mittelklasse bezeichnet wird.[12] Gleiches gilt für die Vereinigten Staaten: Obwohl die Consumers Union seit über dreißig Jahren besteht, ist es ihr nicht gelungen, die Arbeiter und die Bezieher geringer Einkommen für ihre Tätigkeit zu interessieren.[13] In der Bundesrepublik haben statistische Erhebungen nachgewiesen, daß die bestehenden Verbraucherorganisationen umso bekannter waren, je höher das Einkommen und die Schulbildung des Befragten waren.[14] Die sozial schwachen Schichten kannten dagegen die Einrichtungen, die ihnen bei der Konsumplanung behilflich sein könnten, am wenigsten.

Entsprechend dieser soziologischen Zusammensetzung haben die Verbraucherverbände im Streit um die grundlegende Konzeption für den Verbrau-

---

11 Nach den Erhebungen von Biervert, a.a.O., S. 116 f., 151, 154, handelt es sich bei den Personen, die die Beratungsstellen der Verbraucherzentralen aufsuchen, überdurchschnittlich häufig um Angehörige der höheren Bildungs- und Einkommensschichten.
12 Haushalte, in denen der Vater Arzt, Leitender Angestellter, höherer Beamter, Anwalt usw. ist vgl. Fulop, Consumers in the Market, London 1967, S. 29 f.
13 »Consumers Union has undoubtedly been the vehicle of the middle class«. So der Gründer und Präsident des Verbandes C. Warne. Siehe seinen Aufsatz, The impact of consumerism on the market, San Diego Law Review 8 (1970), 30 ff., 35. Das durchschnittliche Jahreseinkommen der Bezieher der Zeitschrift »Consumer Report« betrug 1964 10 000 Dollar. In der Regel verfügen die Abonnenten über ein College-Diplom. Vgl. Translating sympathy for deceived consumers into effective programs for protection, University of Pennsylvania Law Review 114 (1966), 394 ff., 448.
14 Biervert, a.a.O., S. 206.

cherschutz das Informationsmodell konsequent vertreten. So sind nach der Secretary der englischen Consumer Association »Verbraucherverbände Organisationen von Konsumenten, die Mitgliedsbeiträge bezahlen, damit Fakten ermittelt werden, die diese selbst aus Geld- oder Zeitmangel nicht herausfinden können... Sie handeln innerhalb des Rahmens der kapitalistischen Gesellschaft... helfen jedoch ihren Mitgliedern, innerhalb des Systems die möglichen Vorteile für sich zu realisieren«.[15] Die Arbeitsgemeinschaft der Verbraucher wiederum bezeichnet sich als »Minister des Königs Verbraucher«.[16] Ihre Aufgabe sei es, die Verbraucherberatung und -information zu fördern.[17] Ihre Bemühungen beträfen »in erster Linie« den Bereich der Einkommensverwendung. »Ein wichtiges Betätigungsfeld stellen dabei die Initiativen dar, die auf eine Verbesserung der Markttransparenz abzielen«.[18] Denn »nur wenn der Verbraucher über jedes Produkt und seinen Markt genau Bescheid weiß, kann er durch seine Kaufentscheidung die Produktion und die Verteilung von Waren und Dienstleistungen so steuern, daß er und die Allgemeinheit den größtmöglichen Nutzen davon haben.«[19]

Die Verbraucherverbände sehen deshalb insgesamt ihre politische Aufgabe darin, das vorhandene marktwirtschaftliche System zu verbessern und zu stabilisieren. Für die Gründer der Konsumentenbewegung in den Vereinigten Staaten war der Verbraucherverband ein Mittel, um das kapitalistische System von einer gefährlichen Krankheit zu heilen. Nach ihrer Ansicht bevorteilte es nämlich die Hersteller und benachteiligte die Konsumenten, die nicht mehr in der Lage waren, am Markt rationale Entscheidungen zu treffen. Dieses System würde nicht überleben, wenn es weiter in dieser Weise arbeite. Die dysfunktionalen Folgen könnten nur beseitigt werden, wenn man die Verbraucher besser informiere, damit sie ihre Kaufentscheidung sorgfältig planen und ihre Bedürfnisse besser befriedigen

---

15 Roberts, a.a.O., S. 6.
16 Arbeitsgemeinschaft der Verbraucherverbände, Minister für König Verbraucher, 1959, S. 16: »Ein guter Minister des Königs Verbraucher – das will die AGV sein. Sie sorgt dafür, daß die Verbraucher wirklich die Stellung einnehmen, die ihnen in der Marktwirtschaft zukommt«.
17 Art. 3 der Satzung lautet: »Die AGV verfolgt gemeinnützige Zwecke ... dadurch, daß sie ... b) durch Förderung und Koordination der Tätigkeit der verbraucherberatenden Mitgliedsorganisationen und -institutionen sowie durch eigene Einrichtungen zur Unterrichtung der Verbraucher beiträgt (Verbraucherberatung, Verbraucherinformation)«.
18 Aktionsprogramm der AGV, VPK Nr. 22/1973 (29. 5. 1973) S. 8.
19 Verbraucherrundschau H. 12, 1971, S. 3.

könnten.20 Die Arbeitsgemeinschaft der Verbraucher »ist nicht bereit, die These von der Konsumentensouveränität als Abbild der Wirklichkeit zu akzeptieren.«21 Sie geht jedoch »bei ihren verbraucherpolitischen Bemühungen von den Bedingungen einer prinzipiell marktwirtschaftlich ausgerichteten Wirtschaftsordnung aus«. Einem »funktionierenden Wettbewerbssystem auf der Basis einer gesetzlich verankerten Rahmenordnung« mißt sie größte Bedeutung bei.22 Heute sei die Steuerungsfunktion, »die die Summe der Kaufentscheide in unserer Marktwirtschaft wahrnehmen soll«, gestört. Um »das Gleichgewicht zwischen den Marktpartnern« zu erhalten, ist »das Informationsniveau dem tatsächlichen Informationsbedarf der Verbraucher« anzupassen. »Die Verbraucher sollten in die Lage versetzt werden, das Recht der freien Konsumwahl zu ihrem Vorteil wahrnehmen zu können«.23 In ähnlicher Weise definiert die Verbraucherzentrale Nordrhein-Westfalen das Ziel ihrer Arbeit als Herbeiführung eines gesunden Verhältnisses zwischen den Anbietern von Konsumgütern und den Verbrauchern; letztere will sie zu kritischen Käufern erziehen, die den leistungsfähigen Produzenten erkennen und durch ihren Kauf honorieren.24 Einem Amt für Verbraucherschutz steht sie ablehnend gegenüber.25

Die Schwierigkeiten, die sich bei der Organisierung und Aufklärung der Verbraucher auf der Basis des Informationsmodells ergeben, werden deutlich bei Betrachtung des Informationsmaterials, das die Verbraucherorganisationen herausgeben. Die von der Verbraucherzentrale Hamburg 1972 und 1973 in Form von Flugblättern und einer regelmäßig erscheinenden Zeitschrift herausgegebenen Mitteilungen enthalten Berichte über die Arbeit dieser Zentrale, Informationen über die neueste Gesetzgebung auf dem Gebiet des Verbraucherschutzes, praktische Ratschläge für den Einkauf, Warnungen vor verschiedenen Werbungsformen usw. Der Ton der Be-

---

20 S. Chase-F. J. Schlink, Your money's worth, A study in the waste of the consumer's dollar, New York 1927, S. 41 ff., 258 ff.; M. Thiele-Wittig, Verbraucherdienst, Heft Nov. 73, S. 242, schreibt über die consumerism-Bewegung in den USA: »Beurteilt man diese Bewegung vom Blickpunkt der Marktwirtschaft, so muß man feststellen, daß sie ausgesprochen systemkonform ist«.
21 Aktionsprogramm, a.a.O., S. 3.
22 Ebd. S. 5.
23 Ebd. S. 3. Obwohl die AGV selbst Preisvergleichsaktionen veranstaltet hat, äußerte sich ihr Vorsitzender nach einer Preisvergleichsaktion der Sozialdemokratischen Partei Deutschlands darüber besorgt, daß das Instrument des Preisvergleichs mißbraucht werden könnte, um »wichtige Strukturelemente der Wirtschaftsordnung niederzureißen«; vgl. Frankfurter Rundschau v. 26. 10. 73, S. 3.
24 Flugblatt 9/72.
25 Vgl. G. Huber, Grundzüge eines Programmes der Verbraucher-Zentrale NRW zur Stärkung der Stellung des Verbrauchers, Mitteilungsdienst VZ NRW Heft 3/4, Dezember 74, S. 11 ff., 13.

richte ist kritisch. Mißbräuche der Vertragsfreiheit, Übervorteilungen durch Mißachtung des Eichgesetzes oder die Verkaufspraktiken in Supermärkten werden angeprangert. Der Gesamteindruck ist jedoch optimistisch. Die These, daß der Verbraucher Macht und Einfluß habe, diese Mißstände abzustellen und daß die Verbraucherorganisationen mit Hilfe des Staates in der Lage seien, den Gefahren noch rechtzeitig vorzubeugen, klingt überall an.[26] Ähnliches gilt für die von der Arbeitsgemeinschaft der Verbraucher herausgegebene »Verbraucherpolitische Korrespondenz«. Kritische Stellungnahmen werden zwar nicht vermieden; auch vermitteln viele der Beiträge nützliche Informationen und tragen zu einer kritischen Verbrauchereinstellung bei. Das Gesamtbild ist jedoch das einer Situation, die dank intensiver Aufklärung, Aktivität der Verbraucherorganisationen und Eingriffen des Staates ohne weiteres bewältigt werden kann und wird. Immanente Strukturprobleme gibt es nicht.[27] Noch eindeutiger ist diese Tendenz beim Verbraucherdienst (Ausgabe B), der vom »Bundesausschuß für volkswirtschaftliche Aufklärung« herausgegeben wird. Die meisten Aufsätze in diesem Organ geben neutrale Auskünfte, Statistiken und Informationen über die Gesetzgebung und Behörden wieder; Mißstände werden nur am Rande erwähnt. Auf die Ursachen der Konflikte wird erst recht nicht eingegangen, vielmehr werden volkswirtschaftliche Zusammenhänge allenfalls beiläufig erläutert.[28] Ein militantes und kritisches Verbraucherbe-

26 Siehe etwa: »Verbraucherinformation«, Dezember 1972: »Was ist mit dem schlafenden Riesen (d. h. der Verbraucher)? Er schläft noch immer. Aber hin und wieder bewegt er sich schon im Schlaf ... Die Anstrengungen, ihn endlich zu wecken, mehren sich ständig ...«, »Verbraucherinformation«, April 1973: »Auch viele Politiker haben erkannt, welcher Mißbrauch der Vertragsfreiheit mit Hilfe der Geschäftsbedingungen möglich ist ... Dies soll sich nun zugunsten der Verbraucher ändern«.
27 Vgl. etwa VPK, Heft Nr. 32/1972 v. 8. 8. 1972, S. 6, über die Qualitätsnorm für Fußbodenbeläge: »Wie stets ist aber auch hier der Hinweis angebracht, daß es vor allem vom Verbraucher selbst abhängt, ob diese Normanforderungen eingehalten und diese Einhaltung vom Hersteller ausgewiesen wird«; aber auch den Beitrag auf S. 2 unter dem Titel »Schuhpreise werden doch hochgetrieben«. »Inzwischen hat das Bundeskartellamt – von der AGV aufgefordert, die Schuhbranche kritisch unter die Lupe zu nehmen – die AGV-Darstellung in wesentlichen Punkten bestätigt«. Heft 27/1973 v. 3. 7. 73 S. 9 unter dem Titel »Eine Entscheidung zugunsten der Verbraucher«: »Die jüngste DM-Aufwertung ist eine Entscheidung zugunsten der Verbraucher ...«
28 In den Heften von Januar 1975 bis April 1975 sind Aufsätze zu folgenden Themen veröffentlicht. »Getränke und Fettsucht«; »Der gemeinsame Apfelmarkt«; »Entlastungsmöglichkeiten für die berufstätige Hausfrau bei der Mahlzeitenzubereitung«; »Gesundheitsschäden durch natürliche Nahrungsmittel«; »Konsum und Sparverhalten der Bewohner der Bundesrepublik Deutschland«; »Wissenswertes über Wild«; »Umwelthygiene im Schulunterrichtsfach Haushaltslehre«. Im Vergleich dazu sind die Aufsätze, die Verbraucherprobleme im engeren Sinne behandeln (»Rechtsberatung durch Verbraucherverbände?«, »Schwerpunkte der internationalen Verbrau-

wußtsein kann sich mit solchem Material nicht entwickeln und ist offensichtlich auch nicht angestrebt.29
Verbraucherverbände lassen sich in Konflikte, wenn überhaupt, nur ungern ein. So konnte sich die Arbeitsgemeinschaft der Verbraucher mehrere Jahre lang nicht entschließen, Warentests durchzuführen und zu veröffentlichen. Ein 1961 publizierter Waschmitteltest blieb ein Jahr lang ohne Nachfolger, da man die Reaktionen der Hersteller fürchtete und die guten Beziehungen zu ihnen nicht verderben wollte. Die nächsten Tests wurden dann »in Zusammenarbeit mit dem Handel und in Erfahrungsaustausch mit der übrigen Wirtschaft« durchgeführt.30 Die Rolle der AGV sei es nicht, »sich in eigensinniger Selbsthilfe abzukapseln oder sich einseitiger Staatshilfe zu verschreiben, sondern vielmehr, sich als Partner an der Seite der Wirtschaft zu begreifen und zu bewähren«.31 Die AGV versteht sich nicht als »Kampforganisation« der Verbraucher, sondern als eine Interessenvertretung, die ähnlich anderen Lobbies für die Belange ihrer Mitglieder bei Gesetzgebung und Verwaltung eintritt.32 Ihre Aktivität in dieser Hinsicht

cheraufklärung«, »10 Jahre Stiftung Warentest«) weniger zahlreich und viel kürzer. Biervert, a.a.O., 90 f. betont dazu ebenfalls: »Primär geht es häufig um Interessen der Landwirtschaft und anderer Produzenten, verbraucherrelevante Aspekte tauchen zu selten auf und scheinen eine Alibifunktion zu haben«.

29 Vgl. auch AGV Jahresbericht 72/73 S. 50: Die Kampagne »Gemeinsam für vernünftige Preise«, die mit zwei doppelstöckigen Informationsbussen in 61 Städte getragen wird, zielt darauf ab, das Preisbewußtsein der Verbraucher zu stärken und ihnen aufzuzeigen, wie sie durch ein kritisches Konsumentenverhalten ihre Marktchancen besser nutzen können. Zudem ... soll ihnen vor Augen geführt werden, welche vielfältigen Vorschriften bereits zu ihrem Schutz geschaffen worden sind oder noch geschaffen werden sollen«.

30 Verbraucherpolitische Korrespondenz H. 14/1962. Vgl. dazu von Braunschweig, a.a.O., S. 128 f. Andresen, a.a.O., S. 18 f. führt die Inaktivität der AGV auf einen gegen sie geführten Prozeß des von Industrie- und Handelsverbänden gegründeten »Vereins gegen Unwesen in Handel und Gewerbe« zurück. Er hatte die AGV auf Unterlassung vergleichender Warentests verklagt. Die AGV ging aus diesem Rechtsstreit siegreich hervor.
Die Beratungsstellen der Verbraucherzentralen nennen im Rahmen ihrer Marktberichte nicht die von ihnen festgestellten günstigen Einkaufsquellen. »Nach dem Grund befragt ... antworteten fünf Beraterinnen, daß dies nicht statthaft sei, in vier weiteren Fällen wurden Schwierigkeiten mit dem Einzelhandel befürchtet« Biervert, a.a.O., S. 113. Die Verbraucherzentrale bemerkt dazu im Mitteilungsdienst VZ NRW H. 1/2, 1973, S. 11: »Daß über – oder ausgelastete Mitarbeiter sich durch Namensnennung von Anbietern nicht noch Ärger und Prozesse zuziehen möchten, sollte einleuchten«.

31 So der ehemalige Vorstandsvorsitzende C. Bock, Verbraucherbewegung am Wendepunkt, VPK 1965, H. 1, S. 2 ff., 4.

32 Vgl. Art. 3 der Satzung: Die AGV verfolgt gemeinnützige Zwecke dadurch, daß sie »sich bei den für Gesetzgebung und Verwaltung zuständigen Stellen sowie bei behördlichen und privaten Wirtschaftsorganisationen für die Interessen der Verbraucher einsetzt (Verbraucherpolitik, Verbrauchervertretung)«.

besteht vornehmlich in Beratung, Aufklärung und Unterrichtung des Parlaments und der Verwaltung über den Standpunkt der Verbraucher, also in einer sich hinter den Kulissen abspielenden Tätigkeit.[33]
Verbraucherstreiks, also nach außen gerichtete Aktionen, waren bis vor kurzem in der Bundesrepublik eine äußerst seltene und umstrittene Erscheinung. Sowohl die Verbraucherzentralen als auch die AGV standen ihnen ablehnend gegenüber. Die Verbraucherzentralen betonten etwa: »nur das Vorliegen übergeordneter Interessen oder eines Notstandes rechtfertigten derartige Maßnahmen«. In unserer Wirtschaftsordnung müßten die Konsumenteninteressen mit marktwirtschaftlichen Mitteln gesichert werden.[34] Käuferstreiks wurden erst 1973 zahlreicher, nachdem sie von der Bundesregierung mittelbar unterstützt wurden,[35] die sich davon eine Dämpfung des Preisauftriebs erhoffte. Allerdings wiesen sie, soweit sie erfolgreich waren, wie die Fleischboykotts in Düsseldorf, Dortmund und Stuttgart, Merkmale auf, die den Aktionen der Verbraucherverbände fehlen,[36] nämlich zunächst eine breite Massenbasis, sodann eine organisierte Gruppe, die die Aktionen anleitete, in diesen Fällen den Deutschen Gewerkschaftsbund, und die Bereitschaft sowohl seitens der Führung als auch der Basis, den Konflikt anzustreben und auszufechten.
Eine Politik, die vor Konflikten nicht zurückscheut und bewußt eine Gegenposition zu den Herstellern einzunehmen sucht, setzt finanzielle Unabhängigkeit voraus. In den Vereinigten Staaten und in England bilden die Beiträge der Mitglieder und die Erträge aus dem Verkauf der Testzeitschriften die Haupteinnahmequelle der Verbraucherverbände. Diese Beträge sind jedoch viel zu gering, um umfangreiche Aktivitäten zu finanzieren. Sie können die Unabhängigkeit der Organisation allenfalls nur im Rahmen der auf Information beschränkten Tätigkeit sicherstellen. Über die Einnahmen der AGV in der Bundesrepublik sind bisher keine ausführlichen Angaben veröffentlicht worden. Der Anteil der Mitgliedsbeiträge

---

33 In den Vereinigten Staaten greifen die Verbraucherverbände in das politische Tagesgeschehen zwar viel offener und häufiger ein, aber auch hier nur, um sich mit allem Nachdruck für Maßnahmen einzusetzen, von denen man sich ein besseres Funktionieren des marktwirtschaftlichen Systems erhofft. Vgl. Roberts, a.a.O., S. 199.
34 Mitteilungsdienst VZ NRW 1973, H. 3/4 S. 57.
35 Vgl. den Jahresbericht der AGV 1972/73 S. 11.
36 Vgl. von Wrangell, Bericht über den Düsseldorfer Fleischboykott der Verbraucherzentrale NRW im August 1973, Mitteilungsdienst VZ NRW 1973 H. 3/4 S. 55 f. v. Wrangell bemerkt: »Da die VZ/NRW aus grundsätzlichen und organisatorischen Gründen Boykottmaßnahmen im Kampf um die Fleischpreise anfänglich sehr reserviert gegenübergestanden hatte, wurde sie durch das starke positive Echo überrascht«.

am Gesamt-Etat betrug im Jahre 1968 2%. Vom Verkauf der Publikationen wurden ungefähr 50% der Ausgaben gedeckt. Der Rest wurde mit zweckgebundenen öffentlichen Fördermitteln bestritten.[37] Die AGV wird heute vor allem von der Bundesregierung unterstützt.[38] Spenden aus der Wirtschaft sind selten, aber sie werden angenommen.[39] Solche Finanzierungsmethoden eröffnen die Möglichkeit, auf die Tätigkeit des Verbraucherverbandes Einfluß zu nehmen und seine gesellschaftspolitische Ausrichtung zu bestimmen. Fragwürdig erscheint dabei nicht nur die Finanzierung durch Interessentengruppen, die kaum bereit wären, Gelder zur Verfügung zu stellen, wenn sie nicht mit Verständnis für ihre Auffassungen rechnen würden. Selbst die staatliche Unterstützung[40] stellt Probleme. Sie gestattet es, die Arbeit des Verbraucherverbandes der jeweiligen Wirtschaftspolitik unterzuordnen. So nannte die AGV bei den 1973 erstmals vorgenommenen Preisvergleichen diejenigen Firmen namentlich, die billigere Erzeugnisse anboten, nachdem sie zu diesem Zweck Sondermittel des Bundesministeriums für Wirtschaft erhalten hatte.[41][42] Davor hatte sie es jedoch vermieden, auf die Unternehmen mit teureren Produkten hinzuweisen. Dort, wo die Bundesregierung gegenüber den Herstellern eine kooperative Haltung für notwendig erachtet, zeigen sich auch die Verbraucherverbände konziliant. Das Informationsmaterial des von der Bundesregierung finanzierten »Bun-

---

37 Verbraucherrundschau Heft 3/1968. Vgl. auch Biervert, a.a.O., S. 59.
38 Nach dem Bericht zur Verbraucherpolitik, a.a.O., (Kapitel III Fußn. 40), S. 29 erhielt die AGV im Jahre 1970 440 700 DM an Bundesmitteln. Im Jahre 1973 wurde sie mit 1 887 200 DM gefördert, vgl. Antwort der Bundesregierung auf eine kleine Anfrage zur Verbraucherpolitik v. 7. 11. 1973, abgedruckt in v. Hippel, Verbraucherschutz S. 193 ff., 195.
39 Die AGV scheute in der Vergangenheit nicht davor zurück, Warentests auch durch den Handel finanzieren zu lassen. Für eine Testserie im Jahre 1962 z. B. wurden der damaligen »Arbeitsgemeinschaft der Verbraucherverbände« 250 000 DM vom »Handel« zur Verfügung gestellt. Vgl. v. Braunschweig, a.a.O., S. 128 f. Die Verbraucherzentrale Nordrhein-Westfalen erhielt im Jahre 1971 20 000 DM Spenden aus der Wirtschaft. Vgl. Biervert, a.a.O., S. 99, 119. Auf diese Hilfe will sie, solange die Eigenmittel und die staatlichen Zuschüsse nicht ausreichen, nicht verzichten. Eine Gefahr für ihre Neutralität besteht nach ihrer Ansicht nicht. Vgl. Mitteilungsdienst VZ NRW, Heft 1/2 1973, S. 18.
40 Auch andere Verbraucherorganisationen decken ihre Ausgaben mit Hilfe der von staatlichen Stellen zur Verfügung gestellten Mittel, etwa der Bundesausschuß für volkswirtschaftliche Aufklärung e. V., die Arbeitsgemeinschaft Hauswirtschaft e. V., die Verbraucherzentralen. Vgl. die in Fußn. 38 angebenen Fundstellen.
41 Vgl. Aktionsprogramm der AGV, VPK Nr. 22/1973 (29. 5. 1973), S. 9. Die Preisvergleiche im Jahre 1974 wurden mit ca. 325 000 DM unterstützt, vgl. VPK Nr. 40/1974 S. 8.
42 Im September 1973 waren Anzeigen der Bundesregierung in den Zeitungen erschienen, in denen die Verbraucher aufgefordert wurden, die Preise zu vergleichen.

desausschusses für volkswirtschaftliche Aufklärung« dient, wie bereits hervorgehoben, »kaum zur Vermittlung kritischen Verbraucherbewußtseins«.[43] Die Produzenteninteressen werden geschont, sogar in manchen Fällen unterstützt. So wurde die Fleischverordnung, die den Zusatz von Phosphaten gestattete, begrüßt, denn die Aufrechterhaltung des bestehenden Verbots »hätte eine Wettbewerbsverzerrung zuungunsten der deutschen Fleischwarenhersteller bedeutet«.
Die geringe Zahl der Mitglieder der Verbraucherverbände und deren Herkunft fast ausschließlich aus dem Mittelstand rechtfertigen den Schluß, daß die Konsumentenorganisationen nicht als Repräsentanten der gesamten Verbraucherschaft auftreten können; ihnen fehlt die Legitimation dazu, im Namen aller Verbraucher zu sprechen. Ihre Berechtigung ist noch fragwürdiger dort, wo die Verbandsleitung nicht von den Verbrauchern selbst gewählt wird, also keine unmittelbare Beziehung zwischen den Vertretenen und ihren Sprechern besteht. In Großbritannien bestimmt das leitende Gremium der Consumers' Association selbst seine personelle Zusammensetzung. Stimmrecht bei der Jahreshauptversammlung hatten im Jahre 1966 nur hundertsechzig Personen, obwohl als Mitglieder die 610 000 Abonnenten der Zeitschrift »Which?« angeführt wurden. Diese haben keine Möglichkeit, die Entscheidungen der Verbandsleitung zu beeinflussen. Ähnliches gilt für die Bundesrepublik. Auch die Tätigkeit der »Arbeitsgemeinschaft der Verbraucher« (AGV) im Namen der Verbraucher kann von ihnen nicht kontrolliert werden. Die Konstruktion eines Zusammenschlusses von Verbänden, die selbst keine Verbraucherorganisationen sind,[44] sichert der Leitung der Arbeitsgemeinschaft völlige Unabhängigkeit gegenüber dem Personenkreis, für dessen Interessen sie eintreten soll. Ein Beispiel soll dies verdeutlichen:
Ein Vertreter der »Arbeitsgemeinschaft der Verbraucher« nimmt an den Sitzungen des »Ausschusses für technische Arbeitsmittel« teil.[45] Er wird von ihren Organen bestimmt. Diese werden ihrerseits von den leitenden Gremien der Mitgliedsverbände gewählt. Der Vertreter der AGV ist z. B. Sprecher der Mitglieder des Deutschen Beamtenbundes, der Mitglied der Verbraucherzentrale Rheinland-Pfalz ist, die ihrerseits Mitgliedsverband der Arbeitsgemeinschaft der Verbraucher ist. Man kann aber sehr daran zweifeln, ob ein Mitglied des Deutschen Beamtenbundes bei Fragen, die aus

---

43 Biervert, a.a.O., S. 90.
44 Vgl. den Text zu Fußn. 3.
45 Dieser Ausschuß soll den Bundesminister für Arbeit bei der Durchführung des Maschinenschutzgesetzes beraten und erläßt z. B. die Untersagungsverfügungen für den Verkauf unsicherer Geräte. Vgl. AGV, Jahresbericht 1971, S. 21.

der Perspektive seiner Organisation nur von sekundärer Bedeutung sind, für die Konsumenten aber durchaus von primärem Interesse (etwa die Gefährlichkeit bestimmter Spielzeuge), sich auf das Gewicht dieser seiner Organisation stützen kann, um Kritik an der Tätigkeit der Verbandsführung und Forderungen an ihre Adresse zu formulieren. Die Vertretung der Verbraucherinteressen bleibt unter diesen Umständen eine Angelegenheit, die sich in einer dem Publikum unzugänglichen Sphäre zwischen den Verbandsbürokratien abspielt.

Die »Arbeitsgemeinschaft der Verbraucher« (AGV) leitet ihre Legitimation einfach daraus ab, daß sie für die Verbraucher eintrete. Hinter einer Organisation brauche nicht die Mehrheit der Repräsentierten zu stehen, es genüge, wenn sie sich für typische Belange des vertretenen Bevölkerungskreises einsetze.[46] Auch bei den Gewerkschaften sei nicht die Mehrheit der Arbeitnehmer des jeweiligen Industriezweiges organisiert. Legitimation setzt demokratische Organisation voraus, d. h. Kontrolle der Entscheidungen der Führung des Verbandes durch die Mitglieder. Indem die als repräsentativer Ausschnitt des vertretenen Bevölkerungskreises angesehenen Mitglieder die Möglichkeit haben, die Politik des Verbandes zu bestimmen, sichern sie auch, daß dieser für die Interessen aller eintritt. Ist, wie bei den Verbraucherorganisationen, eine demokratische Kontrolle nicht gegeben,[47] so fehlt der unmittelbare Zusammenhang mit der Basis und somit die Legitimation[48].

Es ist für die Stellung der Verbraucherverbände in der Bundesrepublik bezeichnend, daß ihr Bestehen weitgehend noch unbekannt ist. Weniger als die Hälfte der Verbraucher wissen, daß es derartige Verbände überhaupt gibt; der Prozentsatz derjenigen, die eine Verbraucherorganisation namentlich nennen können, ist noch geringer. Die bestehenden Beratungsstellen werden von weniger als 5 % der Gesamtbevölkerung aufgesucht.[49]

---

46 So etwa Biervert, a.a.O., S. 52 f., 58.
47 Vgl. zur Legitimation einer Repräsentanz von typischen Interessen K. Biedenkopf, Grenzen der Tarifautonomie, Karlsruhe 1964, S. 58 f.
48 Die Legitimation der Verbraucherverbände, Konsumentenvertreter zu sein, verneinen auch die Auffassungen, die die Gewerkschaften oder den Staat als einzig repräsentative Verbraucherorganisation sehen. Der Deutsche Gewerkschaftsbund erhebt etwa den Anspruch, die Interessen der Arbeitnehmer und ihrer Familien auch in ihrer Eigenschaft als Konsumenten zu vertreten. Vgl. v. Braunschweig, a.a.O., S. 166 f.; Biervert, a.a.O., S. 109. In der Tat spricht er für einen viel größeren und homogeneren Teil der Bevölkerung als die verschiedenen Verbraucherverbände. Eine im juristischen Schrifttum verfochtene Ansicht hält den Staat für den Vertreter der allgemeinen Verbraucherbelange. Er allein handele im Interesse aller Regierten. Vgl. E. Stein, Die Wirtschaftsaufsicht, Tübingen 1967, S. 258 f.
49 Vgl. Biervert, a.a.O., S. 204 ff., 211.

Wird aber die Tätigkeit dieser Institutionen so wenig bemerkt, so bedeutet das, daß ihnen nur ein geringer Teil der Wünsche, Reaktionen und Bestrebungen der Verbraucher übermittelt werden; d. h. eben, daß sie die typischen Interessen dieses Bevölkerungskreises nicht erschöpfend erfassen können.[50]
Die bisherigen Feststellungen führen zu einer negativen Antwort auf die Frage, ob die Verbraucherorganisationen in der Lage sind, die Entscheidungsmacht der Hersteller wirksam zu kontrollieren. Selbsthilfeorganisationen können nur in geringem Umfang die Sache der Verbraucher wirksam vertreten. Es fehlt ihnen, von der Legitimation abgesehen, eine Konzeption, die es ermöglicht, den Rahmen des Informationsmodells zu überwinden. Ein fühlbarer Druck auf die Produzenten, der eine Balance der gegenseitigen Interessen sichern würde, kann nur ausgeübt werden, wenn man bereit ist, nötigenfalls Konflikte in Kauf zu nehmen und politischen und sozialen Druck anzuwenden. Die Hersteller oder der Staat werden sich nicht beeilen, vorgeschlagene Lösungen zu akzeptieren, wenn sie nur mit hinreichender Überzeugungskraft präsentiert werden. Über die Stichhaltigkeit der Argumente hinaus bedarf es, wie im Arbeitskampf, einer kollektiven Mobilisierung, die der Gegenseite Nachteile androhen und nötigenfalls auch zufügen kann. Eine solche Konfliktstrategie setzt aber eine andere Mentalität voraus als die, die sich auf Information und Aufklärung beschränkt.
Die Rolle, die die offizielle Verbraucherpolitik den Verbraucherverbänden zuspricht, spiegelt eine pluralistische Konzeption wider. In einem System konkurrierender Gruppen führe, so meint man, die Inexistenz einer Interessenvertretung zur Benachteiligung der Verbraucher. Es sei daher Aufgabe des Staates, die Bildung einer Organisation der Konsumenten zu

---

50 Die »Stiftung Warentest« ist von ihren Vertretern als die größte deutsche Verbraucherorganisation bezeichnet worden (vgl. Kapitel IV Fußn. 71). Sie nehme die Interessen der Verbraucher auf überregionaler Ebene wahr. Der Verwaltungsrat der Stiftung wird jedoch vom Staat berufen, § 6 Abs. 4, § 7 Abs. 4 der Satzung vom 20. 12. 1971. Im Kuratorium der Stiftung, das aus fünfzehn Mitgliedern besteht und zur Aufgabe hat, den Verwaltungsrat zu beraten, sind die »anbietende Wirtschaft« und die Verbraucher mit der gleichen Zahl von Vertretern repräsentiert. Die Verbrauchervertreter werden auf Vorschlag der Arbeitsgemeinschaft Hauswirtschaft, des Deutschen Gewerkschaftsbundes und der Deutschen Angestelltengewerkschaft ernannt, § 8 Abs. II der Satzung vom 20. 12. 1971. Bei allen Tests müssen die Stiftung Fachbeiräte, in denen Fachleute der Industrie, des Handels und der Verbraucherschaft teilnehmen, anleiten. Die Endverbraucher haben somit keine Einflußmöglichkeit auf die Tätigkeit der Stiftung. Die gewählte Rechtsform der Stiftung soll geradezu gewährleisten, daß sich das Institut auf seine Testaufgaben beschränkt und nicht zum Interessenverband wird.

fördern, um ihnen die Möglichkeit zu geben, an der freien Auseinandersetzung der organisierten Gruppen teilzunehmen. Eine solche Argumentation übersieht freilich, daß wichtige Minimalbedingungen für das Funktionieren des pluralistisch organisierten Prozesses nicht gegeben sind.[51]
Die staatlich geförderten, vom Staat abhängigen, mitgliederlosen Verbraucherverbände bieten dem einzelnen überhaupt nicht die Möglichkeit, an Entscheidungsprozessen mitzuwirken oder Einfluß auszuüben. Grundvoraussetzung des Pluralismusmodells ist weiterhin ein ungefähres Machtgleichgewicht der Gruppierungen. Die Verbraucherverbände stützen sich jedoch, jedenfalls in der Bundesrepublik, auf den Staat und müssen dem Willen der jeweiligen Regierung weitgehend folgen. Über eine eigenständige Macht, die sie den Interessengruppen der Anbieter entgegensetzen könnten, verfügen sie überhaupt nicht. Schließlich bleibt auch die wesentlichste Bedingung dieses Modells, nämlich die Möglichkeit des Machtausgleiches, bei dem verfestigten Ungleichgewicht zugunsten der Hersteller rein theoretisch. Wie aufgezeigt, fehlen der Nachfrageseite die institutionellen und politischen Voraussetzungen, um Kompromisse zu erkämpfen.
Verbraucherverbände sind nicht die einzige Form der Vertretung von Konsumenteninteressen. Die wachsende Bedeutung des Verbraucherschutzes hat den Staat veranlaßt, Sprecher der Konsumenten in verschiedene Gremien zu berufen oder Ausschüsse und Verfahren zu schaffen, die die Wahrung dieser Interessen gewährleisten sollen. Die Mitbestimmung der Betroffenen wird institutionalisiert. So besteht etwa ein Sachverständigenbeirat beim Bundesaufsichtsamt für das Versicherungswesen zur Mitwirkung bei der Versicherungsaufsicht,[52] der sich aus sachkundigen Versicherungsnehmern u. a. aus den Kreisen des Handels, der Landwirtschaft, der Hausbesitzer, der freien Berufe und der Beamten zusammensetzt.[53] Die Marktordnungsgesetze auf dem Gebiete der Ernährungswirtschaft haben Einfuhr- und Vorratsstellen als Anstalten des öffentlichen Rechts errichtet, um die staatliche Kontrolle des Imports und der Vorratshaltung sicherzustellen. Im Verwaltungsrat dieser Stellen sitzen Vertreter der Verbraucher.[54] Weiterhin sind sie auch an den Landesvereinigungen

---

51 Zu diesen Bedingungen siehe E. Denninger, Staatsrecht, Hamburg 1973, S. 42 f.; F. Scharpf, Demokratietheorie zwischen Utopie und Anpassung, Konstanz 1970, S. 70 ff.
52 § 92 Abs. 1 VAG.
53 § 3 Abs. 2 der 3. DVO zum Gesetz über die Errichtung eines Bundesaufsichtsamtes.
54 Vgl. §§ 5, 7 Abs. 2 GetreideG, § 15 Milch- u. FettG, § 16 Vieh- u. FleischG, § 8 Zuckergesetz, §§ 9, 13 Abs. 1 Z. 11 WeinwirtschaftsG (Stabilisierungsfonds für Wein), § 5 FischG (Beirat für Stützungsmaßnahmen).

der Milchwirtschaft betreibenden Wirtschaftskreise zu beteiligen.55 Ein Verbraucherausschuß besteht seit 1951 beim Bundesministerium für Ernährung, Landwirtschaft und Forsten. Er soll einerseits das Ministerium über die Sicht der Konsumenten zu bestimmten Problemen und andererseits umgekehrt die Verbraucherschaft über Fragen der Agrar- und Wirtschaftspolitik informieren.56 Nach Art. 193 des EWG-Vertrages müssen im Wirtschafts- und Sozialausschuß der EWG die verschiedenen Gruppen des wirtschaftlichen und sozialen Lebens vertreten sein. Auch dort nehmen Repräsentanten der Verbraucher teil, die sich sogar zu einer besonderen »Fraktion« konstituiert haben.57 Beim Bundesministerium für Wirtschaft wurde 1972 ein Verbraucherbeirat errichtet, der die Bundesregierung über die Auffassung der Konsumenten in »grundsätzlichen verbraucherpolitischen Fragen« unterrichten soll.

Auch die AGV stellt eine institutionalisierte Vertretung der Konsumenten dar. Ihre Legitimation hierfür leitet sie nicht aus der Organisierung der Masse der Betroffenen ab, sondern von der staatlichen Anerkennung dieser ihrer Funktion.58 Der Staat hat sich selbst den Partner geschaffen, der ihm gegenüber als Kontrahent in Verbraucherfragen auftreten soll. Dies wird damit gerechtfertigt, daß es Aufgabe des Staates sei, »Hilfe zur Selbsthilfe« zu leisten und »zur Stärkung der verbraucherpolitischen Interessenvertretungen beizutragen«.59 Eine solche Situation beschränkt aber in erheblichem Maße die Selbständigkeit der Organisation und damit ihre Bereitschaft, Gegenpositionen zu den staatlichen Stellen zu vertreten.60

---

55 § 14 Milch- u. FettG.
56 Vgl. v. Braunschweig, a.a.O., S. 133; Verbraucherrundschau H. 9/September 74, S. 5.
57 Vgl. G. Zellentin, Der Wirtschafts- und Sozialausschuß der EWG und Euratom, Leiden 1962, S. 39, 79 ff.; R. Bittermann, Gemeinsamer Markt und Verbraucher, in Aus Politik und Zeitgeschichte, Beilage zur Wochenzeitung Das Parlament Nr. 42/71 v. 16. 10. 1971, S. 12 ff. Die EG-Kommission hat im September 1973 einen Verbraucherbeirat errichtet. Ihm gehören 15 Vertreter europäischer Verbraucherorganisationen und 10 Personen an, die über besondere Kenntnisse in Verbraucherfragen verfügen. Er soll die Interessen der Verbraucher bei der Kommission vertreten und sie auf dem Gebiet des Verbraucherschutzes beraten. Vgl. Beschluß der Kommission vom 25. 9. 73, KOM (73) 1608 end., Verbraucherdienst, November 1973, S. 257.
58 Bundesminister Frau Focke in: AGV 1953–1973, hrsg. von der Arbeitsgemeinschaft der Verbraucher, 1973, S. 22: »Die Bundesregierung sieht in der AGV das Sprachrohr für die Interessenvertretung der Verbraucher«.
59 Biervert, a.a.O., S. 51. Die AGV bemerkt selbst dazu: »Einen immer größer werdenden Schwerpunkt der gesamten AGV-Arbeit bildet die inzwischen meist institutionalisierte Mitarbeit in zahlreichen Gremien, die im vorparlamentarischen Raum die Gesetzgebung vorbereiten sowie in internationalen Organisationen«.
60 Die AGV übernimmt daher Aktionen, die als Öffentlichkeitsarbeit für die Re-

Als weiteres Beispiel einer institutionalisierten Verbraucherschutzvertretung läßt sich auch der »Bundesausschuß für volkswirtschaftliche Aufklärung« (BAVA) nennen. Seine Aufgabe ist es, »weiteste Bevölkerungskreise in allgemein verständlicher, unabhängiger ... Weise über wirtschaftliche Zusammenhänge zu informieren, das Marktverständnis des Letztverbrauchers zu fördern«. Um sie zu erfüllen, beliefert er andere Verbraucherorganisationen mit Schriften, Informationsunterlagen und Beratungsmitteln.[61] Die dazu notwendigen Mittel erhält er von der Bundesregierung, die demnach auch weitgehend den Inhalt der herausgegebenen Broschüren und Merkblätter bestimmt.

Die institutionalisierten Verbrauchervertretungen erfüllen vorwiegend Legitimationsfunktionen. Der Umstand, daß immer neue Lebensbereiche zum Gegenstand staatlicher Verwaltung werden, veranlaßt immer mehr davon betroffene Bürger, Beteiligung an den administrativen Entscheidungsprozessen zu fordern. Weigert sich die Verwaltung, diesem Wunsch zu entsprechen, so kann dies Proteste und Vertrauensschwund zur Folge haben. Gibt sie diesem Verlangen nach, so ist eine größere Zusammenarbeit seitens der Bevölkerung und Überwindung der bestehenden Widerstände wahrscheinlich. Die Partizipation der Verbraucher am Entscheidungsprozeß der Administration soll also die reibungslose Kooperation der Betroffenen sichern und damit das Vorgehen des Staates besser als bisher rechtfertigen.

Institutionalisierte Verbrauchervertretungen könnten eine effektive Gegenmacht der Betroffenen darstellen, wenn sie repräsentativ für die Konsumenten wären und die Möglichkeit einer inhaltlichen Kontrolle und Interessenbindung der Verwaltung hätten. Ihre Repräsentativität ist jedoch zweifelhaft. Ihre Mitglieder werden entweder vom Staat direkt als Vertreter des Allgemeininteresses berufen oder von Interessentengruppen delegiert, denen der Staat ein Entsendungsrecht eingeräumt hat.[62] In beiden Fällen handelt es sich also um Vertreter partikulärer Interessen, die zwar wegen der Zahl der Angehörigen ihrer Gruppe ein vielleicht sehr breites Segment der Verbraucherschaft umfassen, aber dennoch nicht für deren

---

gierung aufgefaßt werden können. So hat sie nach ihrem Jahresbericht 1971 über die von ihr herausgegebene Verbraucherrundschau den »Agrarbericht der Bundesregierung in allgemeinverständlicher Form verbreitet«.
61 Vgl. K. H. Backhaus, Warum Verbraucherberatung? Über die Arbeit des Bundesausschusses für volkswirtschaftliche Aufklärung e. V., Verbraucherdienst, Sonderdruck 1970.
62 Vgl. zum Nachfolgenden auch die Antwort der Bundesregierung auf eine Anfrage, die die Verbraucherorganisationen betraf, BT-Drucksache VII/1974 v. 2. 4. 74.

Gesamtheit sprechen können. Die Repräsentanten der Verbraucher in den Einfuhr- und Vorratsstellen sind z. B. von den Spitzenverbänden der Gewerkschaften und der Hausfrauen vorzuschlagen.63 Als Organisationen der Konsumenten, die an den Landesvereinigungen der Milchwirtschaft teilnehmen sollen, gelten nach langjähriger Übung ebenfalls die Gewerkschaften und die Hausfrauenverbände.64 Die Mitglieder des »Verbraucherbeirates« werden vom Bundesminister für Wirtschaft berufen. Sie sollen zwar aus »Verbraucherorganisationen oder verbraucherorientierten Verbänden ausgewählt werden oder sonst über besondere Erfahrungen in Verbraucherangelegenheiten verfügen«65, aber nicht Sprecher von Gruppen sein. Sie sollen »ausschließlich ihre persönlichen Überzeugungen« vertreten »und an Weisungen nicht gebunden sein«. Die »Vertreter der Allgemeinheit« im Wirtschafts- und Sozialausschuß der EWG werden von der Regierung nach Beratungen mit »maßgeblichen Verbänden und Abgeordneten vorgeschlagen«.66 Erwähnt sei schließlich noch der oben angeführte Fall der »Arbeitsgemeinschaft der Verbraucher«. Ihre Sprecher übermitteln zwar die Wünsche und Probleme der Konsumenten, aber sie sind gleichzeitig von den staatlichen Stellen abhängig, die die AGV finanzieren. Sie handeln daher als Vertreter eines ideellen »Verbrauchers«, dessen Interessen auch vom Staat bestimmt werden und nicht als Repräsentanten einer Gruppe, die einen eigenen Willen hat.

Hinzu kommt, daß die Verbrauchervertreter in den Gremien, in die sie berufen bzw. delegiert worden sind, keine echte Entscheidungsgewalt haben: entweder, weil die Gremien nur beratende Funktionen erfüllen oder, weil die »Konsumenten« nur eine Minderheit der Mitglieder stellen. Eine Kontrolle der Hersteller oder der Verwaltung ist somit nicht möglich; vielmehr stehen umgekehrt die Optionen und Prioritäten weitgehend fest und können kaum noch geändert werden. Es gilt allgemein die für die Verbraucherausschüsse bei den Bundesministerien getroffene Feststellung:

---

63 Vgl. § 8 Abs. 3 S. 1 i. V. m. § 7 Nr. 4 der Satzung der Einfuhr- und Vorratsstelle für Getreide und Futtermittel; Erste DVO zum GetreideG vom 3. 2. 1951 (BGBl. I S. 82, 209); § 8 Abs. 3 S. 1 i. V. m. § 7 Nr. 4 der Satzung der Einfuhr- und Vorratsstelle für Fette; Erste DVO zum Milch- und FettG vom 7. 3. 1951 (BGBl. I S. 202); § 8 Abs. 3 S. 1 i. V. m. § 7 Nr. 4 der Satzung der Einfuhrstelle für Zucker; Erste DVO zum ZuckerG vom 5. 4. 1951 (BGBl. I S. 256); § 8 Abs. 3 S. 1 i. V. m. § 7 Nr. 4 der Satzung der Einfuhr- und Vorratsstelle für Schlachtvieh, Fleisch und Fleischerzeugnisse; Erste DVO zum Vieh- und FleischG vom 2. 5. 1951 (BGBl. I S. 301, 354); § 9 Abs. 1 S. 1 i. V. m. § 8 Nr. 9 der Satzung der Mühlenstelle: Vierte DVO zum GetreideG vom 17. 12. 1951 (BGBl. I S. 972).
64 Kunze, Ernährungswirtschaft, Köln 1964, S. 890.
65 § 2 f. des Erlasses über die Errichtung eines Verbraucherbeirates v. 18. 5. 1972.
66 Zellentin, a.a.O., S. 35 ff.

»Der Hauptteil der Bedeutung der Ausschüsse ist darin zu sehen, daß von seiten der Ministerien immer darauf hingewiesen werden kann, man habe sich ein besonderes Forum geschaffen, um Kontakt zu den Verbrauchern zu haben«.67 Die Partizipation der Betroffenen bleibt beschränkt und wird gelenkt. Es ist daher wenig verwunderlich, daß die meisten, wenn nicht alle dieser Beiräte usw. eine von der Öffentlichkeit völlig unbemerkte Existenz führen. Selbst der »Verbraucherbeirat«, dessen Errichtung die Bundesregierung als besonders bedeutsam hervorhob, hat keine Aufmerksamkeit auf sich lenken können. Seine Empfehlungen68 stellen zumeist eine Zusammenfassung bereits bekannter Standpunkte oder Absichten der Bundesregierung und der bestehenden institutionalisierten Verbrauchervertretungen dar.69

Zu bedenken ist dabei außerdem, daß jede Entwicklung zu einer Institutionalisierung der Verbrauchervertretungen eine bedenkliche Schlagseite zu ständestaatlichen Konzeptionen aufweist.70 Die Assoziation mit korporativen Vorstellungen liegt auf der Hand. Die Gewichtsverschiebung zum Verbraucher hin bietet sich als Ideologie des von Gewerkschaften und Kapital ausgebeuteten kleinen Mannes an, dem eigentlich die Macht im Staate zustehen sollte.71 Aus der Idee der Verbraucherschaft als countervailing

---

67 Vgl. v. Braunschweig, a.a.O., S. 134.
68 Siehe Empfehlungen des Verbraucherbeirates vom 9. 3. 1973, Aktuelle Beiträge zur Wirtschafts- und Finanzpolitik Nr. 13, 14, 15/1973.
69 Die Politik der vom Staat verliehenen Legitimation sowie die Finanzierung der Verbandstätigkeit mit öffentlichen Mitteln hat dazu geführt, daß die zahlreichen zentralen Verbände und Interessengemeinschaften sich gegenseitig bekämpfen und neutralisieren. Da eine Beschränkung der Kompetenzen Entziehung von Legitimation und Geldmitteln bedeuten würde, ist die Bereitschaft zur Koordinierung der Ziele gering; vielmehr bemüht man sich umgekehrt, so viele Aufgaben wie möglich zu übernehmen. Vgl. D. Diel, Ein Elend ohne Ende?, Die Zeit, Nr. 33, 1971, S. 26; Biervert, a.a.O., S. 224; W. Hoffmann, Die Anwälte der Konsumenten, Viele Verbraucherverbände – wenig Erfolg, Die Zeit, Nr. 13, 1971, S. 29, der den 1971 bestehenden Zustand beschreibt.
70 Seit September 1973 gehört die »Arbeitsgemeinschaft der Verbraucher« der »Konzertierten Aktion« an. Ihr Jahresbericht 1972/73, S. 9 bemerkt dazu: »Neben Industrie, Handel, Handwerk, Gewerkschaften und Landwirtschaft werden nun auch die Verbraucher in diesem Gesprächskreis der Bundesregierung Sitz und Stimme haben«.
71 Dieser Gedanke wird von Mario Pei, The Consumer's Manifesto, New York 1960, vertreten. Vgl. etwa S. 52 ff.: »The truth of the matter is that the two great classes of Marx's day have so infiltrated and penetrated each other that they no longer exist... The true economic classes of the modern American system are two: producers and consumers... The producer class includes primarily the two segments that are reponsible for all our labor conflict: organized labor and organized management... The consumer class includes all people not presently gainfully employed who live on any sort of fixed income whatsoever... If the consumer wants to get anywhere as a class, he, too, must unite and organize.

power vermag sich auf diese Weise sehr leicht eine Tendenz zu entwickeln, die letztlich die von der Verfassung garantierte Form demokratischer Staatlichkeit in Frage stellt. Gesellschafts- und wirtschaftspolitische Entscheidungen lassen sich nicht ungestraft auf Verbände übertragen. Der Staat genügt in solchen Fällen nicht mehr seiner Aufgabe, für den Schutz und die Entfaltung des einzelnen unter den Bedingungen einer hochtechnisierten und industrialisierten Gesellschaft zu sorgen, mehr noch, er untergräbt sich selbst. Darum gilt es, alle Bestrebungen, die auf dem Weg über selbständige Verbraucherverbände Kontrollen gleich welcher Art einzuführen suchen, skeptisch zu betrachten. Ein so verstandener Konsumentenselbstschutz löst nicht nur die vorhandenen Probleme nicht, sondern schafft nur zusätzliche und viel gefährlichere.

Otherwise he will be forever at the mercy of the more aggressive producer groups«. S. 97: »In a democratic state, Big Government, Big Business, and Big Labor are here to stay... But let as add to them, as a corrective and counterweight, The Big Organized Consumer«. J. Martin-G. Smith, The consumer interest, London 1968, S. 263 ff. befürworten die Gründung einer Partei der Konsumenten.

IX. Kapitel

Maßnahmen des Verbraucherschutzes

I. *Ziele*

Will man Verbraucherschutz realisieren, so muß man in doppelter Richtung vorgehen. Kurzfristig kann ein Geflecht zwingender, an den Besonderheiten des Einzelfalles orientierter Maßnahmen entwickelt werden, die der Konfliktlage der jeweiligen Verbrauchersituation Rechnung tragen. Die Methode des Vorgehens ist nicht anders als beim Informationsmodell: der Erlaß von gesetzlichen Normen. Allerdings soll in der hier vertretenen Konzeption die rechtliche Regelung vor allem den Spielraum, in dem der Hersteller frei agieren kann, einengen und die Stellung des Nachfragers stärken. Die Rechtsordnung muß durch geeignete Steuerungs- und Kontrollvorkehrungen die mangelnde Einwirkungsmöglichkeit des Abnehmers durch ein differenziertes System von Normen kompensieren, die Bildung von Gegenmacht erleichtern. Was das genau bedeutet, läßt sich freilich nicht abstrakt und ein für allemal festlegen. Vielmehr gilt es, vor allem unter Berücksichtigung der Bedeutung der einzelnen Waren sowie der konkreten Form des Erwerbsvorgangs, spezialisierte Regeln zu entwickeln.

Reich hat den Versuch unternommen, Grundsätze eines Systems des Verbraucherschutzes zu entwickeln.[1] Im Zivilrecht gehe es vor allem darum, die geltenden Regelungsmechanismen daraufhin zu überprüfen, ob sie den persönlichen Rechtsgütern und Interessen der einzelnen einen ausreichenden Schutz im Rahmen des vorgegebenen Machtgefälles zwischen Unternehmer und Verbraucher gewährten. Garantierten sie eine ausgewogene Risikoverteilung nicht, etwa weil sie die einseitige Umstrukturierung der Rechtsverhältnisse durch die Unternehmer gestatten, so müßte ihr Inhalt neu bestimmt werden. Es seien etwa die Bedingungen verkehrstypischer Verträge, wie des Reiseveranstaltungsvertrages, festzulegen, die Gewährleistung des Unternehmers für Mängel zu erweitern, Kauf und Darlehensgeschäft beim finanzierten Abzahlungskauf eng zu verbinden, eine Ge-

---
1 Vgl. oben Kapitel III Fußn. 22.

fährdungshaftung für Ausreißer und Entwicklungsgefahren bei der Herstellung einzuführen. Die Reform des bürgerlichen Rechts würde ihr Ziel nicht erreichen können ohne gleichzeitige Änderungen in anderen Rechtsbereichen. Im Recht des unlauteren Wettbewerbs müßten Vorschriften, die die Information und die öffentliche Kritik an Waren- und Dienstleistungen behindern (Warentest, vergleichende Werbung) eingeschränkt, dagegen Mittel der Gegeninformation weitgehend gestattet werden. Um die Entscheidungsfreiheit zu sichern, sei die Werbung, vor allem die Suggestiv- oder die einen psychologischen Kaufzwang ausübende Werbung, viel strenger zu beurteilen. Die Interessen der Verbraucher sollten bei der Beurteilung der Lauterkeit einer Wettbewerbsmaßnahme als maßgebend angesehen werden. Im gewerblichen Rechtsschutz seien privilegierte Positionen (Recht am eingerichteten und ausgeübten Gewerbebetrieb, Schutz berühmter Marken[2]) abzubauen. Im Prozeßrecht schließlich sei es notwendig, schnelle, kostengünstige und einfache Verfahren einzuführen, damit sich die Verbraucherinteressen auch vor Gericht artikulieren könnten.

Langfristig reicht eine differenzierte Kombination von Standards, Prüfungen und gesetzlich fixierten Bedingungen für die Abwicklung von Rechtsgeschäften nicht aus. Es genügt nicht, bestimmte Voraussetzungen aufzustellen und im übrigen darauf zu vertrauen, daß der Interessierte selbst sich im Verletzungsfall um die gerichtliche Überprüfung bemühen wird. Schon die Hinwendung zu einer immer größeren Anzahl von Standards und Prüfungen impliziert eine Kontrolle, die nicht dem Einzelnen obliegen kann. Weder weist er die dafür notwendigen Kenntnisse auf, noch ist ihm zuzumuten, selbst den überaus kostspieligen und zeitraubenden Weg zum Gericht zu beschreiten. Die Konsequenz kann nur die Errichtung einer Kontrollbehörde sein. Ohne eine solche Institution sind Schutzmaßnahmen letztlich wirkungslos. Nur auf diesem Wege wird sich aber zugleich eine vorausschauende Politik ermöglichen lassen, die dazu führt, die rechtlichen Abwehrmaßnahmen flexibel zu halten und sie der sich verändernden Situation anzupassen. Ein System des Verbraucherschutzes wird nur dann optimale Wirksamkeit entfalten können, wenn sowohl für den Individualschutz Regelungen geschaffen werden als auch von einer zentralen Stelle ein integriertes öffentliches Schutzsystem angewandt wird. Nur dann kann es auch gelingen, die Rechtsordnung vor den fatalen Konsequenzen einer gefährlichen, weil inhaltslosen Ideologie zu bewahren und

---

[2] Vgl. dazu H. Kohl, Die »Verwässerung« berühmter Kennzeichen, Berlin 1975, S. 126 ff.

ihr die Chance zu geben, mit der Entwicklung der Gesellschaft Schritt zu halten.
Im Nachfolgenden soll an Hand der in den Vereinigten Staaten geführten Diskussion über einen wirksamen gerichtlichen Schutz des Konsumenten aufgezeigt werden, welche Vorkehrungen getroffen werden können, um dem Verbraucher die Durchsetzung seiner Ansprüche auch vor Gericht zu ermöglichen. Schließlich werden Aufbau und Aufgabe der öffentlichen Kontrollbehörde kurz skizziert.

II. *Die Reform des gerichtlichen Schutzes der Verbraucher in den Vereinigten Staaten*

Der Verbraucherschutz erfordert ein Verfahren, in dem die Konsumenten Ersatz des ihnen zugefügten Schadens fordern und ihre Rechte im Falle von Streitigkeiten geltend machen und durchsetzen können. Das Fehlen eines effektiven Mechanismus zur Prüfung von Beschwerden der Verbraucher wird in den Vereinigten Staaten als eine der schwächsten und unbefriedigendsten Seiten des Rechtssystems angesehen.[3] Die vorgetragenen Lösungen mögen durch die Besonderheiten des dort geltenden Rechts be-

---

3 Vgl. zum Nachfolgenden Translating sympathy for deceived consumers into effective programs for protection, University of Pennsylvania Law Review 114 (1966), 395 ff.; M. Gardner-Jones/B. Boyer, Improving the quality of justice in the marketplace: The need for better consumer remedies, Geo. W. L. R. 40 (1972), 357 ff.; Th. Eovaldi-J. Gestrin, Justice for consumers: The Mechanisms of redress, North Western University Law Review 66 (1971), 281 ff.; Th. Eovaldi, Private Consumer Substantive and Procedural Remedies under State law, The Antitrust Bulletin 15 (1970), 255 ff.; D. Rice, Remedies, enforcement procedures and the duality of consumer transaction problems, Boston University Law Review 48 (1968), 559 ff.; Note, State Consumer protection: a proposal, Iowa Law Review 53 (1967), 710 ff.; L. Eiger, Private consumer substantive and procedural remedies under the antitrust laws, The Antitrust Bulletin XV (1970), 313 ff.; L. G. Florescue-R. G. Klein, Consumer Protection, Annual Survey of American Law 1970/71, 287 ff.; D. Blank, N. Katz, L. Malman, Consumer Protection, Annual Survey of American Law 1969/70, 189 ff.; J. Wade-R. Kamenshine, Restitution for Defrauded Consumers: Making the Remedy Effective through suit by Governmental agency, Geo. W. L. R. 37 (1969), 1031 ff.; Ph. Schrag, Counsel for the Deceived, Case Studies in Consumer Fraud, New York 1972; Ph. Schrag, Bleak House 1968: A report on consumer test litigation, New York University Law Review 44 (1969), 115 ff.; Ph. Schrag, On her majesty's secret service: protecting the consumer in New York City, Y. L. J. 80 (1971), 1529 ff. Für die Probleme, die sich nach den einzelstaatlichen Regelungen stellen vgl. Comments, Consumer protection in Michigan Current Methods and some proposals for reform, Mich. L. R. 68 (1970) 926 ff.; J. Brady, Consumer Protection in Florida: Inadequate Legislative Treatment of Consumer Frauds, University of Florida Law Review 23 (1971), 528 ff.

dingt sein, haben jedoch weitreichendere Bedeutung, da sie die Mängel einer auf bloße Mißbrauchsbekämpfung ausgerichteten Rechtsordnung einerseits und die möglichen Alternativen andererseits besonders klar aufzeigen.4

1. *Die Dispositionsmaxime und ihre Folgen*

Das in den Vereinigten Staaten geltende Prozeßsystem beruht auf der Dispositionsmaxime. Die Parteien müssen die notwendigen Schritte für die Eröffnung und Fortführung eines Prozesses unternehmen. Ein solches System setzt voraus, daß die Parteien in der Lage sind, den komplizierten Gerichtsmechanismus in Gang zu setzen und sich jeweils auf die richtigen Normen für die Begründung ihres Vorbringens zu berufen. Dies kann ihnen nur gelingen, wenn sie sich auf den Rat von Experten stützen. Prozesse, für die keine Anwälte zu finden sind, können demnach wegen dieser Struktur des Rechtssystems nicht mit Erfolg geführt werden; die Streitigkeiten sind der Gerichtsbarkeit im Endeffekt entzogen.

Anwälte interessieren sich in der Regel nicht für Fälle, in denen es um Beschwerden von Verbrauchern geht. Ein Prozeß muß, um für sie attraktiv zu sein, einen so hohen Streitwert haben, daß das voraussichtliche Honorar lohnenswert erscheint. Da in den Vereinigten Staaten jede Partei ihre eigenen Kosten zu tragen hat, wird der Anwalt das Risiko von Prozessen nur übernehmen, wenn der eingeklagte Betrag sein Honorar übersteigt. Der obsiegenden Partei müssen nach vorliegenden Statistiken

---

4 Einen rechtsvergleichenden Überblick über die Reformbestrebungen auf dem Gebiete des Rechtsschutzes gibt v. Hippel, Besserer Rechtsschutz des Verbrauchers?, RabelsZ 1973, 268 ff.; Verbraucherschutz, S. 90 ff. Über die Probleme und die Diskussion in Großbritannien vgl. The Consumer Council, Justice out of Reach, A case for Small Claims Courts, A consumer Council Study, London 1970; Justice for all, Society of Labour Lawyers report, Fabian Research series 273, London 1968; T. Ison, Small Claims, The Modern Law Review 35 (1972), 18 ff.; K. Foster, The Manchester Arbitration Scheme, The Solicitor's Journal 116 (1972), 502 f. Über ähnliche Fragen und die Entwicklung in Kanada vgl. M. Trebilcock, Private Law Remedies for Misleading Advertising in University of Toronto Law Journal 22 (1972), 1 ff.; W. Merricks, Quebec's New Plan in the New Law Journal 1972, 853 ff.; Für Australien siehe K. Sutton, The Consumer Protection Act 1969 (N. S. W.) and comparable Legislation in other states and overseas, Adelaide Law Review 4 (1971), 69 ff. insbes. S. 101 ff.; W. B. Fisse, Consumer Protection and Corporate Criminal Responsibility, in Adelaide Law Review 4 (1971), 113 ff. Über die Bemühungen in Schweden vgl. F. Neumeyer, Der schwedische Verbraucher-Ombudsman und die schwedische Verbraucherschutzgesetzgebung in den letzten Jahren, GRUR Int. 1973, 686 ff.

mindestens 200 Dollar (ca. 500 DM) zugesprochen werden, damit sie die Kosten des Verfahrens decken kann. In der Regel übersteigen jedoch die Kosten auch bei einfach gelegenen Fällen die 1 000 Dollar-Grenze (ca. 2 500 DM), so daß ein Prozeß erst dann als wirtschaftlich zweckmäßig erscheint, wenn die Ansprüche höher als 5 000 Dollar (ca. 12 500 DM) sind. Das kommt aber bei einem Konsumenten höchst selten vor. Üblicherweise beläuft sich sein Schaden, wenn er getäuscht wurde oder ein defektes Produkt gekauft hat, höchstens auf ein paar hundert Dollar, im Durchschnitt sogar auf weniger als hundert Dollar. Für einen solchen Betrag ist kein Anwalt zur Übernahme eines Falles bereit.[5]

Die Unternehmer nützen diesen Zustand aus.[6] Sie wissen und rechnen damit, daß sie nicht verklagt werden, falls ihre unlauteren Geschäftspraktiken dem einzelnen Verbraucher einen nur geringen Schaden zufügen. Sie täuschen daher ihre Abnehmer systematisch, aber folgenlos, wobei sie bereit sind, dem einen oder anderen, der mit besonderem Nachdruck protestiert, den gezahlten Kaufpreis zurückzuerstatten und die Kosten für den selten vorkommenden Prozeß in Kauf nehmen. Für sie sind dies notwendige Kosten der Geschäftsführung, die letzten Endes wieder auf die Abnehmer abgewälzt oder von der Steuer abgesetzt werden. Der Verbraucher dagegen trägt das Kostenrisiko und muß darüber hinaus, was in der Praxis ein genau so großer Nachteil ist, für die Prozeßführung viel Zeit aufbringen; Zeit, die z. B. zu einer Verschlechterung des Klimas an seinem Arbeitsplatz führt, da er immer wieder von seinem Arbeitgeber für Verhandlungstermine und Zeugenvernehmungen freigestellt werden muß.

Auch braucht der beklagte Unternehmer nicht auf eine rasche Entscheidung des Falles zu dringen. Für ihn empfiehlt sich eine Taktik, die das Gerichtsverfahren nach Möglichkeit verschleppt. Der Verbraucher ist dagegen auf eine schnelle Entscheidung angewiesen, sei es, daß Zinsen zu seinen Lasten laufen oder Raten bezahlt werden müssen, sei es, daß er das defekte Produkt, etwa den Kühlschrank, braucht und sich den Kauf eines neuen

---

5 Translating Sympathy, a.a.O., S. 409: »The number of consumers having no redress because the amount lost is not commensurate with the attorney's fee constitutes the vast majority«.

6 Ein Beispiel bieten die Kaufläden in den Armenvierteln oder Ghettos nordamerikanischer Städte, die Personen Kredit gewähren, die sonst nicht auf Kredit kaufen können. Wie eine staatliche Kommission feststellte, war die durch den Mangel eines Verbraucherschutzsystems begünstigte systematische Ausbeutung der Ghetto-Einwohner eine der Hauptursachen, die Ende der 60er Jahre zu den Aufständen in den Ghettos führten. Die Zerstörungswut der Demonstranten richtete sich vor allem gegen die ausbeuterischen lokalen Geschäfte. Vgl. Report of the National Advisory Commission on civil disorders (Bantam Books ed. 1968), S. 144, 274 ff.

nicht leisten kann. Die Verzögerung des Urteils erzeugt bei ihm Frustrationsgefühle. Er gelangt zur Einsicht, daß die Gerichte nicht in der Lage seien, ihn zu schützen, worauf er dann bereit ist, den Prozeß aufzugeben oder sich zu vergleichen.

Dieses Gerichtssystem, das offensichtlich nicht fähig ist, Verbrauchern wirksamen Schutz zu gewähren, scheint dagegen in besonderem Maße geeignet, den Unternehmern eine schnelle Eintreibung ihrer Forderungen zu ermöglichen. Die unteren Gerichte sind hauptsächlich damit beschäftigt, Versäumnisurteile, Beschlüsse zur Lohnpfändung und Urteile zur Herausgabe der gekauften Sache gegen »zahlungsunwillige« Ratenkäufer zu erlassen. Diese Zahlungsunwilligkeit ist vielfach jedoch nur ein Protest gegen die Irreführung durch den Verkäufer oder die schlechte Qualität der gekauften Sache. Die Kunden könnten zahlen und sind auch grundsätzlich dazu bereit, weigern sich im konkreten Fall jedoch, ihre Verpflichtungen zu erfüllen, weil sie nicht in der Lage sind, ihre Beschwerden gegen den Verkäufer sonstwie geltend zu machen.[7] Ihre Rechte sind ja zumeist durch einseitige AGB wirksam ausgeschlossen. Wenn jedoch erst einmal ein für den Käufer nachteiliges Urteil ergangen ist, läuft das Eintreibungsverfahren reibungslos weiter. Die Folge davon ist eine weit verbreitete Apathie, das Gefühl nämlich, man könne nichts gegen die Verkäufer unternehmen, die Auffassung, die Gerichte seien nur zur Durchsetzung der Ansprüche der Unternehmer da. Minderbemittelte Verbraucher interessieren sich daher auch gar nicht zu erfahren, wie sie sich wehren können. Die Kenntnisse über die Institutionen und Verfahren, die ihnen helfen könnten, bleiben äußerst gering.

Die Schlußfolgerung, das derzeitige Rechtssystem sei nicht in der Lage, den Verbrauchern einen effektiven Schutz zu bieten, ist unbestritten. Eine eindeutige Antwort auf die Frage nach den möglichen Auswegen konnte man jedoch bisher nicht geben. Man hat lediglich versucht, durch die Verbesserung bereits bestehenderer Rechtsinstitute Abhilfe zu schaffen.

2. *Kostenlose Rechtsberatung*

Die Bundesregierung der Vereinigten Staaten hat in letzter Zeit Vorhaben von Gemeinden für eine kostenlose Rechtsberatung für mittellose Bürger mit finanziellen Mitteln stark unterstützt. Diese kostenlose Rechtsberatung durch besondere Ämter oder die Gemeindebehörden selbst

---

7 Vgl. etwa die detaillierten Angaben bei Eovaldi-Gestrin, a.a.O., S. 282 ff.

erwies sich jedoch bald als ein ungeeignetes Mittel für einen effektiveren Verbraucherschutz. Viele der getäuschten Konsumenten waren zwar zu arm, um sich einen Anwalt zu nehmen, hatten jedoch ein Einkommen, das über der Grenze für die Inanspruchnahme dieser Beratung lag.[8] Die zuständigen Ämter oder Gemeindestellen haben darüber hinaus nicht genügend Mittel zur Verfügung, um in befriedigender Weise auch nur einen Teil der Prozesse zu führen, deren Betreuung sie nach den geltenden Vorschriften übernehmen müssen. Sie sind daher in der Regel nicht bereit, Verfahren in Gang zu setzen, in denen es um geringe Beträge geht. Wenn sie es ausnahmsweise tun, versuchen sie dann einen Vergleich mit dem Unternehmer zu schließen; schlägt dieser Versuch fehl, so wird der Fall aufgegeben. Auf komplizierte Fälle, die ein langwieriges Verfahren erfordern würden, wird sowieso mit der Bemerkung reagiert, es sei nichts zu machen.[9] Aus diesem Grund hat sich in den Bevölkerungskreisen, denen die Ämter ja gerade helfen sollen, die Ansicht verbreitet, die kostenlose Rechtsberatung biete keinen Schutz, die Ämter seien ineffektiv.

3. *Die small claims courts*

Ansprüche in geringer Höhe können in den meisten US-Staaten vor besonderen Gerichten, den »small claims courts«, geltend gemacht werden, die sich in hohem Maße für die Entscheidung von Verbraucherklagen zu eignen scheinen. Die Dispositionsmaxime ist stark eingeschränkt. Der Richter kann von sich aus die nötigen Beweise erheben. Die Beauftragung eines Anwalts ist in der Regel nicht erforderlich, vielfach ist es sogar Anwälten nicht einmal gestattet, vor diesem Gericht aufzutreten. In manchen Staaten haben die Parteien die Möglichkeit, in einem Schiedsverfahren den Rechtsstreit schnell und kostenlos zu beenden. Die small claims courts sind jedoch, statt dem Schutz des Verbrauchers zu dienen, zu einem Instrument seiner Einschüchterung geworden. In vielen Städten werden sie zum überwiegenden Teil von Unternehmen benutzt, um Urteile gegen zahlungsunwillige Kunden zu erwirken. Um den Gerichten ihre ur-

---

8 Eine Familie von vier Personen mit einem jährlichen Einkommen von ungefähr 3 000 Dollar gilt als arm. Kostenlose Rechtsberatung kann jedoch in den meisten Fällen bei einem solchen Einkommen nicht in Anspruch genommen werden; vgl. Eovaldi-Gestrin, a.a.O., S. 288 Fußn. 38.
9 Vgl. etwa das Beispiel bei Starrs, The consumer class action – Part. I: Considerations of equity, Part II: Considerations of procedure, Boston University Law Review 1969, 211 ff., 407 ff., S. 509.

sprüngliche Funktion wiederzugeben, ist es daher in manchen Staaten solchen Unternehmen, die sich ausschließlich mit der Einziehung von Forderungen befassen, nicht erlaubt, vor den small claims courts zu klagen. Dennoch haben sich diese nicht zu einer Institution entwickelt, die getäuschten, geschädigten oder sonst bedrängten Verbrauchern wirkungsvoll helfen kann. Das Verfahren bleibt zu kompliziert, das Fehlen eines juristisch geschulten Beistands wirkt sich nachteilig aus, Prozesse über zu geringe Beträge werden als eine unerwünschte Belastung angesehen.

4. *Die Anwaltskosten*

Nach geltendem amerikanischen Recht hat jede Partei die Kosten ihres Anwalts zu tragen, ohne Rücksicht darauf, ob sie den Prozeß gewonnen oder verloren hat. Bei einer Änderung dieser Regel, so meinte man, könnten Verbraucher erheblich leichter Prozesse führen, da sie jedenfalls im Falle eines obsiegenden Urteils nicht mehr für das Honorar ihres Anwalts aufkommen müßten. Anwälte wären unter diesen Bedingungen bereit, Verbraucherprozesse zu übernehmen. Verschiedene in letzter Zeit in Kraft getretene Gesetze, wie etwa der Consumer Credit Protection Act, verpflichten daher die unterliegende Partei, die Anwaltskosten der obsiegenden zu tragen.[10]

Die Skepsis gegenüber der Wirksamkeit dieser Regelung ist weit verbreitet. Um dem Verbraucher die Furcht vor dem Prozeß zu nehmen, müsse die geltende Gesetzeslage einseitig zu seinen Gunsten abgeändert werden. Der Unternehmer solle nicht das Recht haben, die Kosten für seinen Anwalt von seinem Prozeßgegner zu fordern. Freilich heißt es zugleich, die Änderung der Kostenregelung könne das hauptsächliche Hindernis, nämlich das Fehlen eines materiellen Anreizes für die Anwälte, einen Fall zu übernehmen, nicht ausräumen, da der Streitwert im Regelfall geringer sein werde als die Anwaltskosten. Das Honorar müsse also einen vom Streitwert unabhängigen Mindestbetrag erreichen, um für den Anwalt überhaupt diskutabel zu sein. Selbst bei Einführung einer solchen Regelung erscheine es jedoch fraglich, ob sich genügend Anwälte finden würden, die zeitraubende Prozesse für ein solches Mindesthonorar führten.[11] Das

---

10 Vgl. die Beispiele bei Eovaldi-Gestrin, a.a.O., S. 289 Fußn. 42.
11 Im Falle Carlisle & Jacquelin v. Eisen (vgl. unten Text zu Fußn. 29) betrug der Anspruch des Klägers 70 Dollar. Das Anwaltshonorar würde angesichts der schwierigen rechtlichen Fragen 50 000 Dollar ausmachen.

Risiko, den Prozeß zu verlieren, werde sich schließlich auf die Bereitschaft der Anwälte negativ auswirken. Prozesse, bei denen es wahrscheinlich sei, daß sie im Falle eines ungünstigen Ausgangs von ihrem mittellosen Mandanten kein Honorar zu erwarten hätten, würden sie eben gar nicht erst übernehmen.[12]

5. *Exemplary damages*

Ein zusätzlicher Anreiz für Anwälte könnte deshalb dadurch geschaffen werden, daß der Betrag des in Verbraucherangelegenheiten zu ersetzenden Schadens eine festgelegte Mindestgrenze nicht unterschreitet; die Vereinbarung von Erfolgshonoraren würde sich dann für die Anwälte wirtschaftlich lohnen. Verschiedene Bundesgesetze, wie der Consumer Credit Protection Act, der Uniform Consumer Sales Practices Act und der Uniform Consumer Credit Code sehen in der Tat vor, daß dem Verbraucher ein Mindestbetrag von 100 Dollar als Schadensersatz zuzusprechen ist, auch wenn sein tatsächlicher Schaden geringer sein sollte.

Der Gedanke, eine Mindestsumme als Schadensersatz festzusetzen, greift auf ein seit langem im angloamerikanischen Recht bekanntes Prinzip zurück, nach dem der Schadensersatz auch privatrechtliche Strafe sein und daher auf das dreifache oder ein vielfaches des tatsächlichen Schadens erhöht werden kann.[13] Dieser als warnendes Beispiel zur Vermeidung ähnlicher Verstöße dienende exemplarische Schadensersatz (exemplary damages) kann in der Regel in Fällen von unerlaubten Handlungen (tort) gefordert werden. Der Kläger hat dann zu beweisen, daß der Beklagte in böswilliger oder rücksichtsloser Weise seine – des Klägers – Rechte oder Interessen mißachtet hat. Nach einer bereits feststehenden Rechtspraxis können beispielsweise die Käufer von Kraftwagen diesen erhöhten Schadenersatz fordern, wenn ihnen gebrauchte Wagen als neu verkauft wurden, indem etwa der Tachometer zurückgestellt war oder sie auf den Umstand, daß es sich um einen Gebrauchtwagen handelte, überhaupt nicht hingewiesen wurden. Der Betrag des exemplarischen Schadensersatzes (exemplary dama-

---

[12] Zu der Reform der Regelung über die Anwaltskosten vgl. auch Note, Awards of Attorney's fees to legal aid offices, H.L.R. 87 (1973/74), 411.
[13] Vgl. zum Nachfolgenden D. Rice, Exemplary damages in private consumer actions, Iowa Law Review 55 (1969), 307 ff.; J. Ladd, Consumers and Antitrust Treble Damages: Credit Furniture Tie-ins in the Low Income Market, Y.L.J. 79 (1969), 254 ff.; P. Norstrand, Treble Damage Actions for Victims of Unfair and Deceptive Trade Practices: A new approach, New England Law Review 4 (1969), 171 ff.

ges) hängt von den Umständen des Einzelfalles ab. Er reicht in den Fällen der Irreführung eines Autokäufers von 500 bis 20 000 Dollar, in der Regel beträgt er um die 2 000 Dollar. Zwar soll dabei ein bestimmtes Verhältnis zwischen tatsächlich erlittenem Schaden und zugesprochenem Schadensersatz bestehen; es kann jedoch je nach Art der unerlaubten Handlung und Schuld des Schädigers variieren.

Die Antitrust-Gesetze haben das Prinzip des exemplarischen Schadensersatzes übernommen. Nach dem Clayton Act kann jede Person, die durch nach den Antitrustgesetzen verbotene Handlungen geschädigt wurde, das Dreifache des erlittenen Schadens sowie die Gerichtskosten und das Honorar ihres Anwalts ersetzt erhalten. Diese Regelung hat man teilweise als richtungweisend für eine Lösung der Probleme des Verbraucherschutzes angesehen. Exemplary, treble oder punitive damages[14] sollten sowohl sicherstellen, daß der Verbraucher anwaltlichen Beistand finde, als auch, daß den Täuschungen seitens der Produzenten durch hartes Vorgehen ein Ende gesetzt werde. So sieht z. B. ein Gesetz, das der Staat Alaska zum Schutz der Konsumenten gegen unlauteres Verhalten im Geschäftsverkehr erlassen hat, vor, daß jeder Geschädigte entweder Ersatz des tatsächlich entstandenen Schadens oder einen Mindestbetrag von 200 Dollar fordern kann. Eine vorsätzliche Schädigung kann sogar zur Zahlung eines um das Dreifache erhöhten Schadensersatzes führen. Darüber hinaus kann das Gericht noch weitere Maßnahmen, die es zum Schutz des Verbrauchers für zweckmäßig erachtet,[15] anordnen.

Der exemplarische Schadensersatz ist keineswegs eine unangefochtene oder unproblematische Lösung. Stellt er eine Strafe dar und soll er Erziehungszwecken dienen, so gehört er dem Bereich des Strafrechts an und muß nach dessen Rechtsgrundsätzen beurteilt werden. Die Frage der Schuld des Beklagten darf dann bei der Bemessung des Schadensersatzes nicht übersehen werden. Sieht man jedoch die Zahlung einer Buße nur in den Fällen vor, in denen absichtliche Gesetzesverletzungen vorliegen, dann wird nur ein geringer Teil der den Verbraucher schädigenden Verstöße erfaßt. Vorsatz ist den Unternehmern meistens nicht nachzuweisen. Jede Lösung, die auf das Prinzip der privatrechtlichen Buße zurückgreifen will, befindet sich bald in dem Dilemma, wie man dem Kläger eine nennenswerte Entschädigung geben kann, ohne gleichzeitig den Beklagten unverhältnismäßig hart zu bestrafen.

---

14 Der exemplarische, der dreifache und der Straffunktionen erfüllende Schadensersatz.
15 Vgl. Florescue-Klein, a.a.O., S. 304.

Eine Lösung hierfür bietet möglicherweise der Consumer Protection Act von Massachusetts.[16] Der geschädigte Verbraucher hat danach zunächst den Hersteller von seinen Ansprüchen formell zu benachrichtigen. Unterbreitet dieser innerhalb von dreißig Tagen kein zufriedenstellendes Vergleichsangebot, so kann der Verbraucher das Doppelte oder Dreifache des erlittenen Schadens fordern, falls der Unternehmer wußte oder wissen mußte, daß seine Handlung rechtswidrig war. Ein solches Verfahren bietet beiden Parteien genügenden Schutz: Der Produzent hat dreißig Tage Zeit, um die rechtlichen und tatsächlichen Aspekte des Falles zu untersuchen. Da auf dem Gebiete des unlauteren Wettbewerbs Rechtsprechung und Federal Trade Commission zahlreiche Rechtsgrundsätze entwickelt haben, kann er sich leicht über die anzuwendenden Bestimmungen vergewissern. Selbst wenn er anfänglich gutgläubig war, so wird er sich nach dieser Frist kaum damit rechtfertigen können, daß er die Unlauterkeit seines Verhaltens nicht kannte oder nicht zu kennen brauchte.

Der exemplarische Schadensersatz scheint für sich allein noch keine Verbesserung des Verbraucherschutzes zu gewährleisten. Selbst bei Verdreifachung der Schadensersatzsumme bleibt noch immer der Streitwert zu gering, um einen wirksamen Anreiz für Anwälte zur Anstrengung eines Prozesses zu bieten. Als Ausweg hat man die Verbindung von privatrechtlicher Buße mit Klagen einer Vielzahl von Personen, die durch gleiche Interessen verbunden sind (class actions), vorgeschlagen.[17]

6. *Die class action*

Die class action[18] ist ein schon seit langem benutztes Verfahrensmittel, um eine einheitliche Verhandlung und Entscheidung über gleichartige An-

---

16 Vgl. Rice, a.a.O., (Fußn. 13), S. 340 ff.
17 Vgl. etwa Ladd, a.a.O., S. 278 ff.
18 Über die prozeßrechtlichen Aspekte der class action vgl. A. Homburger, State class action and the federal rule, C.L.R. 71 (1971), 609 ff.; Dole, The settlement of class actions for damages, C.L.R. 71 (1971), 971 ff.; über die consumer class action vgl. H. Spindler, Die amerikanische Institution der class action als Mittel des Konsumentenschutzes – Kuriosum oder Vorbild?, Gewerblicher Rechtsschutz-Urheberrecht-Wirtschaftsrecht, Mitarbeiterfestschrift für E. Ulmer (1973), 369 ff.; H. Newberg, Federal consumer class action legislation: making the system work, Harvard Journal on Legislation 9 (1971), 217 ff.; Comments, Manageability of notice and damage calculation in consumer class actions, Mich L R, 70 (1971) 338 ff.; Note, Managing the large class action: Eisen v. Carlisle & Jacquelin, HLR 87 (1973/74) 426 ff.; L. Eiger, Private consumer substantive and procedural remedies under the antitrust laws, The Antitrust Bulletin 15 (1970), 313 ff.; B. J. Baroni, The Class

sprüche zu ermöglichen. Mehrere Personen können für Rechnung aller, die am Streitgegenstand ein Interesse haben, einen Prozeß führen, ohne daß es notwendig wäre, alle Betroffenen am Verfahren zu beteiligen. Die den Prozeß betreibenden Parteien gelten als Vertreter der übrigen. Damit werden eine Vielzahl von Prozessen und sich widersprechende Entscheidungen vermieden. Die Rechtskraft des Urteils erstreckt sich auch auf die Nichterschienenen. Eine kartellrechtlich begründete Klage auf Schadenersatz kann etwa von einem oder mehreren Geschädigten im Namen aller Betroffenen erhoben werden. Als Schadensbetrag wird die Summe aller Teilschäden – auch der nicht prozessierenden Betroffenen – angegeben.

Die bundesgesetzliche Regelung sieht folgende Voraussetzungen für eine class action vor:[19] Es müssen (1) die am Streitgegenstand Interessierten (class) so zahlreich sein, daß eine Teilnahme aller am Verfahren nicht realisierbar ist; (2) die strittigen Rechts- und Tatfragen sich für alle Betroffenen in gleicher Weise stellen; (3) die Ansprüche der den konkreten Prozeß führenden Parteien für die Ansprüche aller anderen typisch sein; und (4) die prozeßführenden Parteien die Interessen der Nichtbeteiligten »fair und angemessen« vertreten. Die prozeßführenden Parteien

---

Action as a consumer protection device, American Business Law Journal 9 (1971), 141 ff.; J. Starrs, The consumer class action – Part I Considerations of equity – Part II Considerations of procedure, Boston University Law Review 1969, 211 ff., 407 ff.; M. Rosenberg, Class actions for consumer protection, civil rights, civil liberties Harvard Law Review 7 (1972), 601 ff.; J. Moewe, Consumer Class Actions and Costs: An economic perspective on deceptive advertising, UCLA Law Review 18 (1971), 592 ff.; Ch. Bisgaard, Expanding the impact of state court class action adjudications to provide an effective forum for consumers, UCLA Law Review 18 (1971), 1002 ff.; E. Kegan, Consumer Class Suits – Righting the Wrongs to consumers, 26 Food Drug Cosm. L. J. 26 (1971), 130 ff.; L. C. Kirkpatrick, Consumer Class Litigation, Oregon Law Review 50 (1970), 21 ff.; B. Smit, Are Class-actions for consumer fraud a fraud on the consumer?, The Business Lawyer 26 (1971), 1053 ff.; Travers u. Landers, The consumer class action, Kansas Law Review 18 (1970), 812 ff.; R. Confer, The state consumer antitrust class action, Nebraska Law Review 49 (1970), 840 ff.; G. Witsch, Class actions, JZ 1975, 277 ff.; M. J. Trebilcock a.a.O. (Fußn. 4) S. 20 ff. Über die Class-action im Rahmen des Uniform Consumer Credit Code vgl. R. Dole, Consumer Class Actions under recent consumer credit legislation, New York University Law Review 44 (1969), 80 ff.; über die bundesstaatlichen Gesetzesvorschläge vgl. J. Tydings, 5–1980, The Class action jurisdiction act, New England Law Review 1969 (4), 83 ff.; Newberg, a.a.O.; Florescue-Klein, a.a.O. (Fußn. 3), S. 308 ff.; An overview of consumer legislation enacted and pending from the point of view of its impact on the corporation, A panel discussion, The Business Lawyer 27 (1971), 93 ff. Über die Gesetzgebung in Kalifornien vgl. J. Reed, Legislating for the consumers: An Insider's analysis of the consumers legal remedies act, Pacific Law Journal 2 (1971), 1 ff.

19 Rule 23 der Federal Rules of Civil Procedure i. d. F. vom 1. 7. 1966. Rule 23 ist bei Witsch, JZ 1975, 278 Fußn. 4 auszugsweise übersetzt.

müssen weiterhin nachweisen, entweder (1) daß getrenntes Vorgehen einzelner Betroffener zu Entscheidungen führen könnte, die nachteilig für die Interessen der nicht Beteiligten wären oder (2) daß die Gegenpartei sich bisher geweigert habe, einheitlich gegenüber allen Betroffenen zu verfahren, so daß es zweckmäßig erscheine, eine endgültige Entscheidung für alle zu erzielen oder (3) daß schließlich gemeinsame Rechts- und Tatfragen überwögen und die class action daher gegenüber allen anderen zur Verfügung stehenden Verfahren ein überlegenes prozessuales Mittel zur befriedigenden und wirksamen Lösung des Konflikts sei. Über die Statthaftigkeit einer class action entscheidet das Gericht unter Abwägung aller Umstände. Es hat dabei u. a. die Schwierigkeiten, die sich durch ein so gestaltetes Verfahren ergeben werden, in Betracht zu ziehen.

Die class action, so wie sie von der bundesgesetzlichen Regelung ausgestaltet wurde, ist nach einer weit verbreiteten Auffassung geeignet, den Rechtsschutz der Verbraucher wirksam zu verbessern. Sie gestatte es jedem Verbraucher, mit geringem Kostenrisiko Schadenersatz zu fordern. Die Kosten des Verfahrens könnten auf alle Betroffenen verteilt werden, so daß jeder wegen der Vielzahl der Beteiligten nur einen durchaus tragbaren Betrag zu erstatten habe. Prozeßkosten würden damit ihre prohibitive Wirkung verlieren. Es sei auch wahrscheinlich, daß sich Anwälte unter diesen Bedingungen bereit finden würden, mit oder ohne Erfolgshonorar den Prozeß zu führen. Zwar werde jede einzelne Forderung weiterhin gering sein, die Gesamtheit aller Beträge aber eine beträchtliche, für Anwälte durchaus interessante Summe ausmachen.[20] Die class action erlaube es weiterhin, daß ein an einer größeren Personengruppe begangenes Unrecht durch private Initiative ohne Einschaltung staatlicher Stellen wiedergutgemacht werde. Ein schließlich nicht zu unterschätzender Vorteil sei der Abschreckungseffekt eines solchen Verfahrens. Jedes Unternehmen werde sein Geschäftsgebaren besonders sorgfältig überprüfen, wenn es wisse, daß rechtswidriges Vorgehen zu besonders hohen Schadensersatzansprüchen, hohen Gerichtskosten und breiter nachteiliger Publizität führen könne. Illegales Verhalten werde unrentabel.

Die Möglichkeiten, die diese Klageart eröffnet, können am besten an Hand von zwei Beispielen dargestellt werden. Im Fall City of Philadelphia v. American Oil Co.[20a] waren vier class actions gegen acht Mineralölge-

---

20 Im unten (Text zu Fußn. 24) erwähnten Fall Daar v. Yellow Cab. Co. erhielt der Anwalt der Kläger ein Honorar von 250 000 Dollar. Witsch, a.a.O., S. 279, bemerkt dazu: »Daher verwundert es nicht, daß amerikanische Anwälte ständig auf der Suche nach neuen class action verdächtigen Rechtsstreitigkeiten sind«.
20a 53 F. R. D. 45 (D. N. J. 1971).

sellschaften erhoben worden. Die Kläger forderten Schadensersatz wegen Verstoßes gegen die Kartellgesetzgebung. Gegen die Beklagten war 1965 von den zuständigen staatlichen Stellen ein Kartellverfahren eingeleitet worden, weil sie sich darüber verständigt hatten, sowohl die Endverkaufspreise für Benzin an den Tanksäulen als auch die Preise für die Lieferung größerer Mengen zu binden und die an die privaten Tankstelleninhaber in drei Staaten gelieferten Benzinmengen zu beschränken. Der gleiche Sachverhalt lag auch den class actions zu Grunde. Der Staat von New Jersey und die Stadt Philadelphia erhoben eine Klage in Vertretung der Staaten und Gemeinden, staatlichen Stellen und Behörden; außerdem eine weitere für die Letztverbraucher mit Wohnsitz in den Staaten Pennsylvania, New Jersey und Delaware, die zwischen den Jahren 1955 und 1965 Benzin für den Eigenbedarf erworben hatten. Die dritte class action wurde von einer großen Baufirma in Vertretung derjenigen Privatpersonen und Gesellschaften angestrengt, die Benzin zu Mengenpreisen für den eigenen Verbrauch gekauft hatten. Das Gericht, das über die Klagen zu entscheiden hatte, nahm an, daß dieser Gruppe ungefähr 10 000 Betroffene angehörten. Die vierte class action schließlich kam von einem Taxiunternehmen in Vertretung von mehr als 500 anderen Taxiunternehmen und Autoverleihfirmen.

Das Gericht entschied, daß mit Ausnahme der Letztverbraucher alle genannten Gruppen von Betroffenen klagebefugt seien. Es sei anzunehmen, daß die Mitglieder dieser Gruppen ausreichende Unterlagen über die gekaufte Menge bzw. Sorte und über den Preis hätten, so daß eine genaue Feststellung des Schadens möglich sei. Dagegen könnten die Letztverbraucher, diejenigen also, die Benzin an den Tanksäulen gekauft hätten, deshalb keine klagebefugte Gruppe bilden, weil angesichts der komplizierten Preisstruktur auf dem Mineralölmarkt Anhaltspunkte zur Feststellung des individuellen Schadens fehlten. Der Kreis der Betroffenen sei demnach zu weit. Die class action stelle kein angemessenes Mittel zur Lösung des Konflikts dar.

In dem nach kalifornischem Recht zu beurteilenden Fall Vasquez v. San Joaquin County Superior Court[21] erhoben 37 Kläger eine class action auf Schadensersatz und auf Aufhebung von Verträgen, die sie jeweils zum Kauf einer Tiefkühltruhe und zum Bezug von tiefgekühlten Lebensmitteln für sieben Monate verpflichteten. Sie behaupteten, alle Betroffenen seien von der Beklagten in gleicher Weise betrogen worden. Diese habe nämlich ihre Verkäufer angehalten, eine Verkaufsdiskussion, die in einem Anlei-

---

21 Vgl. 39 United States Law Week 2667 (5. 10. 1971).

tungsbuch enthalten war, auswendig zu lernen und mit den angesprochenen Verbrauchern zu führen. Die in diesem Gespräch aufgestellten Behauptungen seien falsch und irreführend und hätten die Kläger zum Abschluß der Verträge veranlaßt. Somit gehe es um gemeinsame Rechts- und Tatfragen; eine class action sei demnach das angemessene Mittel zur Lösung des Konflikts. Das höchste kalifornische Gericht stimmte dem zu. Es stützte sich vor allem auf den Präzedenzfall Daar v. Yellow Cab. Co.[22], wo ein Fahrgast gegen ein Taxiunternehmen eine class action für sich selbst und alle anderen Benutzer erhoben hatte. Er verlangte Ersatz des Schadens, den er und alle anderen Kunden über einen Zeitraum von vier Jahren dadurch erlitten hatten, daß die Gesellschaft höhere Tarife berechnet hatte als nach den geltenden Vorschriften zulässig war. Sein eigener Schaden belief sich auf weniger als hundert Dollar. Das Gericht nahm an, daß eine ausreichend abgrenzbare Gruppe gegeben sei, weil alle Benutzer von Taxen ein gemeinsames Interesse an der ordnungsmäßigen Berechnung der Gebühren hätten.[23]

Die class action in ihrer Ausgestaltung durch die bundesgesetzliche Regelung konnte bisher als Mittel des Verbraucherschutzes keine nennenswerte Rolle spielen. Das Oberste Bundesgericht entschied im Jahre 1969, daß es nicht zulässig sei, die einzelnen Ansprüche der Kläger zu addieren, um damit den für eine Klage vor dem Bundesgericht erforderlichen Mindeststreitwert von 10 000 Dollar zu erreichen. Die sachliche Zuständigkeit der Bundesgerichte sei nur gegeben, wenn jeder einzelne Anspruch höher als 10 000 Dollar sei.[24] Das Gericht wollte damit einer Überlastung der Bundesgerichte durch class actions zuvorkommen. Class actions von Verbrauchern können somit nach dem augenblicklichen Rechtszustand vor den Bundesgerichten praktisch nur in solchen Fällen erhoben werden, in denen das Gesetz eine Zuständigkeit der Bundesgerichte ohne Ansehung des Streitwertes vorsieht, z. B. in Kartellrechtsfällen.[25] Class actions von Verbrauchern vor den Gerichten der Einzelstaaten sind nur in Ausnahmefällen

---

22 433 Pacific Reporter 2 d 732 (1967).
23 Ebd. S. 746 f.
24 Snyder v. Harris 394 U. S. 332 (1969). Nach Ansicht der Rechtslehre widerspricht diese Entscheidung Sinn und Wortlaut der Rule 23. Vgl. dazu auch die Entscheidung Zahn v. International Paper Co. 469 F 2 d 1033 (2 d Cir. 1972) und die Anmerkung in C.L.R. 73, 359 ff. (1973).
25 Verbraucher, die von irreführenden Werbemaßnahmen betroffen sind, können auf Grund der Vorschriften des Gesetzes über die Federal Trade Commission, die die irreführende Werbung verbieten, keine class action auf Ersatz ihres Schadens erheben. Vgl. Holloway v. Bristol Myers Co., Court of Appeals District of Columbia v. 26. 7. 1973, GRUR Int. 1974, 259 ff.

zulässig, da die meisten einzelstaatlichen Gesetzgebungen an die Entwicklung des Bundesrechts nicht angepaßt worden sind; sie sind dort, wenn überhaupt, nur unter schwer erfüllbaren Voraussetzungen gestattet.[26] Dem Kongreß liegen daher verschiedene Gesetzesentwürfe vor, die die Voraussetzungen der class action abändern wollen, um sie zu einem umfassenderen Mittel des Verbraucherschutzes auszubauen.

Gegen die class actions sind sowohl rechtliche als auch politische Argumente vorgebracht worden. Voraussetzung für die Erhebung einer solchen Klage ist das Vorhandensein einer ein gemeinsames Rechtsschutzinteresse aufweisenden Personengruppe. Eine solche ist nach der bundesgesetzlichen Regelung (Rule 23) dann gegeben, wenn die gemeinsamen Rechts- und Tatfragen gegenüber den sich im Einzelfall stellenden Problemen überwiegen. Nach diesen Bestimmungen bleibt damit offen, ob die Zahl der Mitglieder einer Gruppe von Betroffenen feststellbar oder zumindest abgrenzbar sein muß. Die Bundesgerichte haben bisher zu dieser Frage keine eindeutige Stellung bezogen. Der bereits erwähnte Fall City of Philadelphia v. American Oil Co. könnte dafür sprechen, daß sie auf die zahlenmäßige Begrenzung Wert legen. Die klare Abgrenzung der Gruppe erlaubt es nämlich, die anstehenden Probleme genauer zu übersehen. Sie kann sich andererseits aber auch als ein Mittel erweisen, um die class action nur in wenigen Fällen zuzulassen und damit die Unternehmen gegen Ansprüche der Verbraucher abzusichern.

Die class action soll die Rechtslage hinsichtlich aller Personen, die Mitglieder der betroffenen Gruppe sind, klären, mögen sie am Prozeß teilnehmen oder nicht. Das Verfahren muß daher auf den Schutz derjenigen, die am Prozeß nicht selbst beteiligt sind, besonders achten. Rule 23 sieht deshalb vor, daß alle Mitglieder der Gruppe über den Prozeßbeginn zu benachrichtigen sind, wobei diese Benachrichtigung an die Personen, die namentlich festgestellt werden können, persönlich zu richten ist, sonst nach dem den Umständen entsprechend angemessensten Verfahren erfolgen soll. Jeder Nichtbeteiligte soll davon informiert werden, daß: a) das Urteil für und gegen alle Mitglieder der betroffenen Gruppe wirken wird, b) jedes Mitglied an das Gericht den Antrag stellen kann, aus der prozeßführenden Gruppe entlassen zu werden und c) jeder Betroffene in den Prozeß eintreten kann.

Diese Benachrichtigung der nicht unmittelbar Prozeßbeteiligten ist nicht problemlos, wenn diese, wie das in der Regel der Fall ist, sehr zahlreich

---

26 Vgl. Tydings, a.a.O., S. 85.

sind. Im Fall Eisen v. Carlisle & Jaquelin[27], wo es um Ansprüche von Käufern von Wertpapieren an der New Yorker Börse ging, wurde die betroffene Gruppe auf ungefähr sechs Millionen Mitglieder geschätzt, zwei Millionen davon waren namentlich zu ermitteln. Der Richter des erstinstanzlichen Gerichts entschied sich für folgenden Benachrichtigungsplan, um den gesetzlichen Erfordernissen zu entsprechen: (1) Eine Mitteilung sollte an alle Makler der New Yorker Börse und alle Banken mit größeren Wertpapierabteilungen geschickt werden, um damit auf einem wenn auch mittelbaren Weg so viele Angehörige des betroffenen Personenkreises wie möglich zu erreichen; (2) 2 000 namentlich bekannte Käufer, die mehr als zehn Käufe von Wertpapieren getätigt hatten, und 5 000 weitere nach dem Zufallsprinzip ausgesuchte Mitglieder der betroffenen Gruppe sollten persönlich informiert werden; (3) schließlich sollte im Wallstreet-Journal und in fünf großen Tageszeitungen aus den Gebieten, in denen die meisten Käufer wohnten, eine entsprechende Anzeige erscheinen. Die beklagte Gesellschaft hatte darauf bestanden, daß ausnahmslos alle mit Namen und Anschrift bekannten Betroffenen individuell benachrichtigt würden, allerdings ohne Erfolg. Offensichtlich hatte sie gehofft, die Kläger wegen der zu erwartenden Höhe der Verfahrenskosten zu einer Rücknahme der Klage zu zwingen. Allein die Kosten der Benachrichtigungsaktion hätten sich bei Abwicklung nach dem Vorschlag der Beklagten auf ungefähr 200 000 Dollar belaufen, während sie nach dem Plan des Gerichts nur 21 720 Dollar[28] betrugen. Das Berufungsgericht stimmte jedoch der erstinstanzlichen Entscheidung nicht zu. Sie widerspreche dem Wortlaut des Gesetzes, das eine persönliche Mitteilung an alle Betroffenen vorschreibe. Eine class action stelle daher in einem Falle wie dem vorliegenden die Gerichte vor unlösbare organisatorische Aufgaben und sei nicht zulässig.[29] Die Benachrichtigungspflicht kann also, wie dieses Beispiel zeigt, ein unüberwindbares Hindernis für die Kläger darstellen.

Der durch eine class action angestrengte Prozeß zielt darauf ab, allen Mitgliedern der betroffenen Gruppe von Konsumenten Ersatz des ihnen

---

27 54 F. R. D. 565 (S. D. N. Y. 1972); 52 F. R. D. 253 (S. D. N. Y. 1971); 50 F. R. D. 471 (S. D. N. Y. 1970). Vgl. dazu Note, Managing the large class action, a.a.O. (Fußn. 18); Comments, Manageability of Notice, a.a.O. (Fußn. 18).

28 Dem Richter stellt sich weiter die Frage, wer die Benachrichtigungskosten tragen muß. Im Eisen-Fall entschied das erstinstanzliche Gericht, die Kosten seien anteilsmäßig von den Parteien zu tragen; 90% hätte die Beklagte zu bezahlen, da die Klage gerechtfertigt erscheine; der Kläger müsse, da ihn das Risiko des Prozesses auch belasten solle, die restlichen 10% entrichten; vgl. 54 F. R. D. 565, 567, 573 (S. D. N. Y. 1972).

29 Vgl. 479 F. 2d 1005, 1015 (2d Circ. 1973).

entstandenen Schadens zu gewährleisten. Das Verfahren kann daher nicht mit der Entscheidung über die gemeinsamen Rechts- und Tatfragen beendet werden, vielmehr müssen auch die Einzelansprüche überprüft und jedem der ihm gebührende Betrag zugesprochen werden. Nachdem die Haftung des Beklagten dem Grunde nach festgestellt worden ist, sind daher die Mitglieder der Gruppe aufzufordern, ihre Forderungen anzumelden. Besitzt der Beklagte Urkunden, die die Überprüfung der Ansprüche und die Berechnung des Schadensersatzes ermöglichen, so ist die Festsetzung der im Einzelfall zu zahlenden Beträge unproblematisch. Ist das nicht der Fall oder stimmen die Behauptungen der Anspruchssteller mit den Unterlagen des Beklagten nicht überein, so entscheiden die am Prozeß beteiligten Parteien über Bestand und Höhe der Forderungen oder, wenn sich diese nicht einigen können, das Gericht. Steht schließlich nach dieser Überprüfung der einzelnen Ansprüche der Gesamtbetrag des zu ersetzenden Schadens fest, sind vor dessen Verteilung die Prozeßkosten und die Anwaltshonorare von jeder Forderung anteilsmäßig abzuziehen.

Das hier geschilderte Verfahren, das sich am Vorbild des normalen Prozesses orientiert, verursacht erhebliche Schwierigkeiten. Die Verbraucher verfügen nämlich im Regelfall nicht über die Belege, die zum Nachweis ihres Anspruchs erforderlich sind. Unterlagen über geringe Beträge, wie sie der einzelne Verbraucher geltend machen kann, werden meistens weggeworfen, vor allem dann, wenn zwischen Rechtsgeschäft und Benachrichtigung über die Erhebung der Klage ein längerer Zeitraum liegt, der sich eventuell sogar über Jahre erstrecken kann. Der Grundsatz getrennter Überprüfung jeder Forderung eröffnet dem Beklagten die Möglichkeit, sich gegen jeden Anspruch gesondert mit verschiedenen Einwänden zu wehren, so daß dessen Feststellung angesichts der notwendigen Beweiserhebungen Kosten verursachen kann, die den ggf. zugesprochenen Betrag erheblich schmälern oder sogar übersteigen. Schließlich wirkt sich die Verpflichtung des betroffenen Verbrauchers, seine Forderung gesondert anzumelden und zu beweisen, noch aus einem weiteren Grund zugunsten des beklagten Unternehmers aus: Der Konsument bekommt dadurch in der Regel Hemmungen wegen des Prozeßrisikos und kann sich nicht entschließen, seine Rechte prozessual geltend zu machen. Diese psychologische Barriere sollte aber gerade durch die Regelung überwunden werden, nach der jeder Betroffene am Prozeß beteiligt ist, der nicht ausdrücklich das Gegenteil erklärt hat. Diesem Zweck der gesetzlichen Regelung würde jedoch die automatische Einbeziehung jedes Geschädigten bei der Verteilung der Schadensersatzsumme eher entsprechen.

Die hier aufgezeigten Schwierigkeiten der class action könnten vielleicht durch ein Verteilungssystem überwunden werden, das auf dem Prinzip der »fluid class recovery« (Ersatz an eine nicht abgrenzbare Personengruppe) beruht. Nach diesem Grundsatz hat das Gericht, nachdem die Haftung des Beklagten dem Grunde nach bejaht worden ist, den Schaden festzustellen, den die Gruppe der betroffenen Verbraucher in ihrer Gesamtheit erlitten hat (gross damages). Diese Berechnung ist sicher, etwa bei häufigen Preisänderungen, nicht leicht durchzuführen, dennoch aber möglich. Der Beklagte müsse, so meint man, die Schadensersatzsumme insgesamt auszahlen. Dieser Betrag sei wie ein Sondervermögen zu behandeln und nach Abzug der Prozeßkosten den Mitgliedern der Gruppe zur Verfügung zu stellen. Zwar müßten diese wie auch bisher ihre Forderungen anmelden und nachweisen; da jedoch der Betrag, für den der Beklagte hafte, bereits feststehe, habe dieser kein Interesse mehr, Ansprüche zu bestreiten oder ihre Überprüfung zu verschleppen. Falls ein Teilbetrag nicht in Anspruch genommen werde, etwa weil sich nicht alle Geschädigten melden würden, sei er zu Gunsten der Verbraucher zu verwenden, z. B. dazu, bei bestimmten Produkten eine Preissenkung für eine gewisse Zeitspanne zu erreichen, oder wohltätigen Zwecken zuzuführen. Über die Art dieser Verwendung müsse das Gericht entscheiden.

Ein Beispiel für die Anwendung des Prinzips der »fluid class recovery« bietet der Fall State of West Virginia v. Chas. Pfizer & Co.[30] Die wegen eines Verstoßes gegen die Kartellgesetzgebung verklagten pharmazeutischen Unternehmen schlossen einen Vergleich mit den Klägern, mehreren Einzelstaaten und Grossisten, worin sie sich verpflichteten, 100 Millionen Dollar an die Kläger zu zahlen. Die Entscheidung betraf u. a. die Frage, wie diese Summe zwischen den betroffenen Gruppen und ihren Mitgliedern zu verteilen sei. Nach dem vom Gericht akzeptierten Schlüssel war der Vergleichsbetrag zwischen den klagenden Staaten als Träger der Sozialversicherung oder als Inhaber von Krankenhäusern, den Grossisten und den einzelnen Konsumenten zu verteilen, wobei 32 000 Einzelverbraucher Ansprüche in Höhe von mehr als 16,5 Millionen Dollar angemeldet hatten. Das Gericht sprach den Verbrauchern ca. 37 Mill. Dollar zu. Die Verteilung des den Einzelkonsumenten zustehenden Teilbetrages sollte nach besonderen Plänen erfolgen, die von jedem Staat für die auf seinem Territorium lebenden Betroffenen erstellt werden sollten. In ihnen sollte entweder die sofortige Verwendung der überschüssigen Gelder für das öffentliche Gesundheitswesen oder nach einer erneuten Aufforderung an geschädigte Verbraucher zur Abgeltung ihrer Forderungen ausgezahlt

---

30 314 F Supp 710 (S. D. N. Y. 1970), 440 F. 2d 1079 (2d Cir. 1971).

werden. Das Gericht behielt sich das Kontrollrecht über die endgültige Verwendung der Beträge vor.[31] In dem verwandten Fall Coordinated Pretrial Proceedings in Antibiotic Antitrust Actions[32] wandten die Beklagten ein, das Prinzip der »fluid class recovery« sei rechtswidrig, da es sie zur Zahlung des Gesamtschadens verpflichte, ohne daß Forderungen, die den gesamten Betrag ausmachten, im einzelnen erhoben und unter Beweis gestellt worden seien. Nach Auffassung des Gerichts hatten jedoch die Beklagten im Falle des Nachweises einer unerlaubten Handlung ganz sicher kein Recht auf den »goldenen Schatz«, den sie mit diesem ihrem rechtswidrigen Verhalten erworben hätten.[33]

Das Prinzip der »fluid class recovery« ist nach wie vor noch stark umstritten und nur in einzelnen Gerichtsentscheidungen zu finden. In dem erwähnten Fall City of Philadelphia v. American Oil Co. hielt das Gericht seine Anwendung hinsichtlich der Ansprüche derjenigen Verbraucher, die Treibstoff nicht direkt von der Beklagten, sondern an Tankstellen gekauft hatten, für nicht zulässig. Zur Begründung führte es an, daß im Fall der Verwendung des verbleibenden Betrags für die Herabsetzung der Benzinpreise auch solche Verbraucher Nutzen aus dem Prozeß ziehen könnten, und zwar unter Umständen sogar an Stelle der Ersatzberechtigten, die selbst keinen Schaden erlitten hätten. Im Eisen-Fall[34] meinte das Berufungsgericht, ein Verfahren, das den Beklagten dazu zwinge, Schadensersatz an Personen zu leisten, die selbst gar keine Ansprüche geltend gemacht hätten, widerspreche sowohl dem Gesetz, das eine solche fluid class recovery nicht vorsehe, als auch der Verfassung.[35]

Gegner der class action heben hervor, ihr kompliziertes Verfahren, vor allem der derzeit praktizierte Verteilungsmodus, sei so kostspielig, daß der Verbraucher bestenfalls auf die Erstattung eines Minimalbetrages hoffen könne, im Regelfall jedoch nichts erhalten werde. Die class action könne so den Verbraucherschutz kaum fördern, sei aber ein Mittel zur Bereicherung der Anwälte der klagenden Partei.

---

31 314 F Supp. S. 726 ff., 734 ff., Das Gericht sprach den Einzelstaaten ca. 60 Mill. und den Grossisten ca. 3 Mill. Dollar zu.
32 Trade Reg. Rep. § 73, 482 (S. D. N. Y 1971).
33 Ebd. S. 89, 962. Vgl. auch S. 89, 960: »It is far simpler to prove the amount of damage to the members of the class by establishing their total damages than by collecting and aggregating individual damage claims as a sum to be assessed against the defendants«.
34 Vgl. oben Fußn. 29.
35 Gegen jede erweiternde Auslegung der prozessualen Bestimmungen mit Hilfe von Prinzipien wie dem der fluid-class recovery, wendet sich M. Handler, Twenty-fourth annual antitrust review, C. L. R. 72 (1972), 1 ff., 34 ff.

Die bisher gerichtlich anhängig gewordenen Fälle beweisen jedoch eher das Gegenteil. Im erwähnten Prozeß gegen die Arzneimittelhersteller[36] stellte das Gericht fest, die Kosten der Verteilung würden zwischen 1,40 und 1,90 Dollar je Anspruch variieren. Bei dieser Berechnung aber hätte im Falle der Bejahung der Haftung des Beklagten jedes Mitglied der Gruppe der Geschädigten einen erheblichen Betrag zu vergleichsweise geringen Kosten zurückerstattet erhalten. Das Kostenargument kann nach Ansicht der Verfechter der class action die Zweckmäßigkeit dieser Verfahrensform nicht in Frage stellen, sondern zeige vielmehr die Unzulänglichkeiten eines Verfahrens, das auf den Ersatz des individuellen Schadens ausgerichtet sei. Die »fluid class recovery« müsse dementsprechend weiter ausgebaut werden, wobei sich die Frage stelle, ob nicht ein Teil des gerichtlich zugesprochenen Betrags nur mittelbar zum Nutzen der Geschädigten verwendet werden solle, etwa um Verbraucherschutzprogramme zu finanzieren.

Die Prozeßhandlungen der klagenden Mitglieder einer Gruppe binden bei einer class action in der Regel auch die am Prozeß nicht Beteiligten. Es ist durchaus denkbar, daß der Kläger, wenn er aus dem Verfahren ein Geschäft machen will, gegen Zahlung eines bestimmten Betrages durch den Beklagten die Klage zurücknimmt oder sich zu Lasten der Abwesenden vergleicht. Rule 23 sieht daher vor, daß eine Klagerücknahme oder ein Vergleich der Genehmigung des Gerichts bedürfen;[37] die übrigen Mitglieder der Gruppe sind davon zu benachrichtigen. Damit erhalten diese die Möglichkeit, das Gericht über die Aspekte des Falles, die aus ihrer Sicht zu beachten sind, zu unterrichten. Im Schrifttum wird die Frage gestellt, ob über diese Regelung hinaus dem Gericht nicht die Befugnis gewährt werden sollte, von sich aus den Mitgliedern der Gruppe ein »vernünftiges« (reasonable) Vergleichsangebot zuzuleiten und sie darüber entscheiden zu lassen, selbst wenn die am Rechtsstreit unmittelbar teilnehmenden Vertreter der Gruppe damit nicht einverstanden wären. Damit könne eine schnelle Bereinigung der anhängigen Streitigkeiten erleichtert werden.

Der auf Grund einer class action durchgeführte Prozeß verlangt eine aktive Teilnahme des Gerichts an der Verfahrensleitung. Es muß bereit sein, die Initiative zu ergreifen, um eine konstruktive Lösung der besonderen

---

36 Coordinated Pretrial Proceedings in Antibiotic Antitrust Actions, 1971 Trade Cases § 73699 S. 90915.
37 Ein Beispiel bietet der erwähnte Fall State of West Virginia v. Chas. Pfizer & Co., a.a.O. (Fußn. 30).

Probleme, die jede class action stellt, zu finden. Die derart erhöhte Verantwortung des Gerichts fügt sich jedoch schlecht in ein System ein, das auf der Passivität der Richter beruht und es allein den Parteien überläßt, ihren Standpunkt vorzutragen und zu verfolgen. Class actions erfordern daher eine neue Einstellung zur Rolle des Gerichts und der Parteien, d. h. eine Fortentwicklung des Prozeßsystems.

Nach den am häufigsten vorgetragenen Bedenken gegen eine Verbraucher-class action würde ihre unbeschränkte Einführung eine untragbare Arbeitsbelastung der sowieso schon überlasteten Gerichte zur Folge haben,[38] weil zahlreiche Ansprüche in geringer Höhe, die derzeit nicht einklagbar seien, dann gerichtlich verfolgt werden könnten. Es dürfe auch nicht übersehen werden, daß die Entscheidung über eine class action vom Gericht eine viel intensivere Beschäftigung mit dem Fall verlange als eine normale Klage. So sei es kein Zufall, daß seit Einführung der bundesgesetzlichen Regelung im Jahre 1966 bis zum Jahre 1971 nicht eine einzige rechtskräftige Entscheidung über eine class action vorlag.

Für die Befürworter der class action bedeutet dagegen das Argument, ihre erweiterte Zulassung würde zu einer bedenklichen Vermehrung der Prozesse führen, eine Anerkennung der Tatsache, daß im bestehenden System gerichtlichen Rechtsschutzes zahlreiche widerrechtliche Handlungen nicht verfolgt werden; Unrecht dürfe aber nicht legalisiert werden. Im übrigen sei die Wahrscheinlichkeit einer Prozeßlawine gering, da sich die Unternehmer wegen drohender Schadensersatzansprüche veranlaßt sehen würden, ihre Geschäftspraktiken zu überprüfen. Schließlich seien zwar zugegebenermaßen die Fragen der Prozeßführung viel komplizierter als bei einer normalen Klage, die Sachfragen dagegen dürften bei solchen Verbraucherklagen meistens viel einfacher sein und daher keine langwierige Arbeit seitens des Gerichts erfordern.

Nach einem weiteren gegen die class actions vorgebrachten Argument könnten diese einen Anreiz für bösgläubige Anwälte und Kläger bilden, ungerechtfertigte Klagen zu erheben und damit Unternehmen zu erpressen. Gegen solche Klagen, die nur erpresserischen Zwecken dienen, bietet nach Ansicht der Verfechter der Verbraucher-class action die vorgesehene Einschaltung des Gerichts bei Klagerücknahme und Vergleich einen weitgehenden Schutz. Die Gefahr eines mißbräuchlichen Vorgehens von Anwälten müsse hingenommen werden: Wenn die Geltendmachung von Rechten ohne Einschaltung von Anwälten nicht möglich sei, müsse diesen auch

---

38 Vgl. zum Nachfolgenden auch W. Derenberg, Konsumentenschutzbewegung und »altmodischer kaufmännischer Anstand«, GRUR Int. 1972, 1 ff., 2 f.

der nötige finanzielle Anreiz geboten werden, damit sie sich für den Verbraucherschutz engagierten.

Kritiker der class action heben weiterhin die Gefahr hervor, daß solche Klagen nur gegen große wohlhabende Unternehmen gerichtet würden, da man nur bei diesen erhebliche Summen herausschlagen könne. Class actions würden dagegen z. B. nicht den kleinen Händler treffen, der sich nach einer Reihe von Betrügereien absetze. Gerade die Verfolgung dieser meist vermögenslosen Betrüger stelle jedoch das eigentliche Problem des Verbraucherschutzes dar.

Dem halten die Befürworter der class action entgegen, die Untersuchungen über Ursachen und Umfang der Täuschung von Verbrauchern widersprächen diesen Argumenten. Der Schaden, der dem Verbraucher durch irreführende Werbung und unlautere Verkaufspraktiken großer Unternehmen zugefügt werde, sei viel größer als der, den kleine Betrüger durch einmalige Verkaufsaktionen verursachten. Von den 100 Milliarden Dollar, die von Konsumenten jährlich auf Grund falscher Angaben oder Irreführung ausgegeben würden, komme der größte Teil den größeren Unternehmen zugute. Als Beispiel dient hierfür der Fleischhandel: Das auf der Verpackung von Fleisch angegebene entspreche dem tatsächlichen Gewicht im Staate Michigan in 15%, im Staate New York in 28% und in der Stadt Los Angeles in 32% der untersuchten Fälle nicht. Fleisch werde aber nicht von kleinen Betrügern vertrieben. Der Versuch, größere Unternehmen zu schützen, würde nach dieser Auffassung, falls erfolgreich, die class action zur Bedeutungslosigkeit verurteilen. Da derjenige, der eine rechtswidrige Handlung begehe, im Falle einer Einzelklage dafür einzustehen habe, sei nicht einzusehen, warum sein rechtswidriges Verhalten dann nicht mehr rechtlich relevant sein solle, wenn mehrere Geschädigte gemeinsam gegen ihn vorgehen wollten.

Die vorliegenden Gesetzesentwürfe über eine class action für Verbraucher weichen erheblich voneinander ab. Der 1970 von der Regierung unterstützte Entwurf[39] enthielt eine abschließende Aufzählung derjenigen unlauteren Verhaltensweisen gegenüber Konsumenten (unfair consumer practices), bei denen eine class action zulässig sein sollte. Klagevoraussetzung war allerdings nach diesem Entwurf, daß die Bundesregierung oder die zuständigen Justizbehörden wegen der gleichen Verfehlung gegen den oder

---

[39] H. R. 14931 91st Cong. 1st Session (1970). Dem jetzigen 94. Kongreß liegen ebenfalls mehrere Gesetzentwürfe zu diesem Thema vor. Sie richten sich weitgehend nach den in den vergangenen Legislaturperioden eingebrachten Vorlagen. Vgl. H. R. 2079.

die gleichen Beklagten ein administratives oder strafrechtliches Verfahren eingeleitet hatten und dieses zuungunsten des Unternehmens abgeschlossen war. Mit der Aufzählung der Fälle, in denen eine class action zulässig sein sollte, sollte nach Ansicht der Regierung die Rechtslage eindeutig festgelegt werden, um die Unternehmen vor Handlungen zu warnen, die zu Schadensersatzansprüchen führen könnten. Der erfolgreiche Abschluß eines erst vom Staat zu führenden Prozesses bzw. Verwaltungsverfahrens solle gewährleisten, daß nicht leichtfertig von Verbrauchern Klagen erhoben werden könnten; außerdem würde dadurch die Prozeßführung bei der class action erleichtert, da die Fakten dann weitgehend unstreitig seien.

Für Kritiker dieses von der Exekutive unterstützten Vorschlags gestattet die abschließende Aufzählung der rechtswidrigen und damit schadensersatzpflichtigen Handlungen den Unternehmen, auf Geschäftspraktiken auszuweichen, die durch den Gesetzeswortlaut zwar nicht gedeckt, aber dennoch unlauter seien. Der Verbraucherschutz werde dadurch illusorisch. Noch nachteiliger wirkt sich nach Auffassung dieser Kritiker die Voraussetzung des vorherigen Abschlusses eines staatlichen Verfahrens aus. Da der Staat weder die Mittel noch das Personal habe, um die überwiegende Mehrzahl der unlauteren Handlungen zu verfolgen, werde eine class action von Verbrauchern nur in den seltenen Fällen erhoben werden können, in denen man von staatlicher Seite eingegriffen habe, um ein Exempel zu statuieren. Letzten Endes entscheide die Regierung, ob, von wem, aus welchem Anlaß und wieviel Schadensersatz gefordert werden könne.

Andere Entwürfe sehen daher von den Beschränkungen dieses von der Regierung unterstützten Entwurfs ab. Entweder wird auf eine Aufzählung der Fälle, in denen eine class action erhoben werden kann, ganz verzichtet,[40] oder eine Reihe von unlauteren Geschäftspraktiken zwar erwähnt, aber nur, um als Beispiele für eine Generalklausel zu dienen.[41] Die Voraussetzung eines vorherigen staatlichen Verfahrens wird überhaupt fallen gelassen bzw. durch andere Voraussetzungen, die einem eventuellen Mißbrauch dieser Klageart vorbeugen sollen, ersetzt. Der Ent-

---

[40] Vgl. Tydings, a.a.O., S. 87.
[41] Nach einem von einer Kommission des Repräsentantenhauses verabschiedeten Entwurf (House bill H. R. 14! 31, 91st Cong. 1st Sess. § 201 (a) (1970)) sollte eine class action in den in der einzelstaatlichen Gesetzgebung vorgesehenen Fällen unlauterer Geschäftspraktiken zulässig sein und dabei sowohl vor den Bundesgerichten als auch den Gerichten der Einzelstaaten erhoben werden können. Man erhoffte sich damit einerseits, die Fälle zulässiger class actions zu vermehren, da die einzelstaatlichen Gesetzgebungen mehr Haftungstatbestände vorsahen, andererseits, die Bundesgerichte zu entlasten.

wurf von Senator Magnuson[42] beispielsweise verpflichtet diejenigen, die eine class action erheben wollen, die Federal Trade Commission von ihrem beabsichtigten Vorgehen zu benachrichtigen. Die Klage soll erst neunzig Tage nach dieser Benachrichtigung eingereicht werden können. Damit soll der FTC die Möglichkeit gegeben werden, den Fall zu überprüfen und zu entscheiden, ob sie nicht selbst gegen das angezeigte Unternehmen vorgehen möchte.[43] Eine ähnliche Regelung ist im Verbraucherschutzgesetz des Staates Alaska enthalten. Dort kann eine class action nur erhoben werden, nachdem die Justizbehörde des Staates ihre Zustimmung gegeben hat.

Der Legal Remedies Act von Kalifornien bestimmt, daß 30 Tage vor Klageerhebung das betroffene Unternehmen von dem Vorwurf der Rechtsverletzung zu unterrichten ist. Wenn dieses innerhalb von weiteren dreißig Tagen gegenüber allen Käufern, die namentlich ermittelt werden können, seine Bereitschaft zur Wiedergutmachung des Schadens innerhalb einer vernünftigen Frist erklärt oder den verkauften Gegenstand unverzüglich repariert oder zu viel verlangtes Geld zurückerstattet, ist eine Klage unstatthaft.[44] Die Unternehmer können also noch vor Beginn des Prozesses den Streit durch Wiedergutmachung beenden. Kritiker[45] meinen jedoch, diese Regelung verschaffe dem Unternehmer nur zusätzliche Möglichkeiten zur Verzögerung des Verfahrens, da ausgeschlossen sei, daß innerhalb von dreißig Tagen allen Mitgliedern der jeweiligen Gruppe von Geschädigten ein vernünftiges Vergleichsangebot unterbreitet werden könne; solche Angebote würden vielmehr meistens nicht ernst gemeint sein und zusätzlichen Streit entfachen. Die gesamte Regelung könnte sich schließlich zu Lasten des betroffenen Unternehmers auswirken, da unklar bleibe, inwieweit einzelne Mitglieder der Gruppe weiterhin Individualklagen erheben könnten. Vernünftiger sei es daher, ein Vergleichsverfahren unter Aufsicht des Gerichts vorzusehen, dessen Ergebnis sowohl für alle Mitglieder der Gruppe als auch für den Unternehmer bindend sei.

Ein Teil der Gesetzentwürfe sieht vor, daß jeder an einer class action teilnehmende Verbraucher einen Anspruch von mindestens 10 Dollar geltend

---

42 S. 3201 91st Cong. 1st Sess. (1969).
43 Nach dem ursprünglichen Entwurf von Senator Magnuson – vgl. Newberg, a.a.O., S. 242, Baroni, a.a.O., S. 144 f. – sollte, falls die FTC gegen die angezeigten Unternehmer vorging, eine class action nur nach Abschluß des staatlichen Verfahrens möglich sein.
44 Ähnlich auch der Entwurf H. R. 2079 (94th Congress).
45 Vgl. Dole, Col.L.R. 71 (1971), 1000 ff.; Newberg, a.a.O., S. 245 ff.

machen muß. Damit machen sie sich ein Argument der Industrie zu eigen, nach dem der Ersatz eines Schadens wenig sinnvoll sei, wenn er sich auf Minimalbeträge, etwa auf Pfennige, belaufe. Dieser Einschränkung ist mit der Begründung heftig widersprochen worden, daß auch dann, wenn mehrere Millionen Menschen nur um 10 Pfennige geprellt werden, der sich für das Unternehmen ergebende Gewinn erheblich sei. Eine Regelung, die geringfügige Schäden von der Ersatzmöglichkeit ausschließe, könne Anlaß dazu bieten, die Verbraucher straffrei, wenn auch im Einzelfall nur um geringe Beträge, zu betrügen. Zwar erscheine in solchen Fällen in der Tat der individuelle Schadensersatz wenig sinnvoll, aber der »kollektive Schadensersatz«, wie er durch die »fluid class recovery« praktiziert werden könne, führe zu greifbaren Vorteilen für die Konsumenten.[46]

Die class action ist nach allgemein vorherrschender Ansicht kein Allheilmittel des Verbraucherschutzes. In der Gesamtbeurteilung werden zusammenfassend folgende Nachteile genannt: Mit der class action könnten die kleinen Unternehmer ohne großes Vermögen, die eine einmalige betrügerische Verkaufsaktion durchführen, nicht getroffen werden. Das Verfahren sei außerdem zu kompliziert, langwierig und kostspielig. Auch lasse sich die Frage, unter welchen Voraussetzungen Verbraucher sich zu einer klagebefugten Gruppe zusammenschließen können, nicht eindeutig klären. Damit bleibe auch offen, in welchem Umfang Verbraucherschutz mit Hilfe dieser Klageart realisiert werden könne. Dennoch ist man bereit, die class action als die einzige Verfahrensform zu akzeptieren, die es dem Verbraucher gestatte, in Fällen, in denen er individuell nicht zu klagen in der Lage sei, trotzdem vor Gericht Schadensersatz zu verlangen. Sie könne darüber hinaus zur Organisierung der Verbraucher beitragen. Als Beispiel für diese These dienen einige class actions, die von rassisch diskriminierten Negern erhoben wurden und dann zur Bildung von Gruppen führten, die später eine rege Organisationstätigkeit entfalteten. Ähnlich könne sich der Kern der Verbraucher, der sich für eine class action zusammenfindet, später zu einer stabileren und beständigeren Organisation entwickeln. Dies erscheine umso zweckmäßiger als verschiedene Schwierigkeiten der Führung von class actions leichter überwunden werden könn-

---

46 Da die Antitrustgesetze die Leistung von Schadensersatz in dreifacher Höhe des erlittenen Schadens vorsehen, stellte sich die Frage, ob nicht die class action auch an einen erhöhten oder aber einen Mindestschadensersatz von etwa 200 Dollar geknüpft werden sollte. Die durch die class actions geforderten Beträge sind in der Regel sehr hoch. Das Gesetz von Alaska schreibt daher vor, daß nur Ersatz des tatsächlich erlittenen Schadens gefordert werden kann. Sonst würden dem Betroffenen Zahlungsverpflichtungen auferlegt, die zu seinem wirtschaftlichen Ruin führen könnten.

ten, wenn der Prozeß von einer organisierten Gruppe mit einer gewissen Repräsentativität geführt werde.

7. *Klageerhebung durch eine Behörde*

Im Staate New York hat die ablehnende Haltung der Gerichte gegenüber der class action die Stadt New York veranlaßt, ein Gesetz zum Schutze der Konsumenten zu erlassen,[47] das »irreführende oder gewissenlose« Geschäftspraktiken verbietet. Es enthält neben einer Generalklausel eine Aufzählung von Verhaltensweisen im Geschäftsverkehr, die als unlauter anzusehen sind. Das Kernstück des Gesetzes sind die prozessualen Vorschriften: Sie geben der zuständigen städtischen Behörde im Falle von »wiederholten, zahlreichen oder beharrlichen Verletzungen« des Gesetzes das Recht, Klage auf Rückerstattung des durch das unlautere Verhalten eingenommenen Betrages zu erheben. Diese Summe wird nach erfolgreichem Abschluß des Prozesses an die geschädigten Verbraucher verteilt. Diese haben ihre Ansprüche nach einem von der Behörde und dem Gericht zu bestimmenden Verfahren anzumelden und nachzuweisen. Wenn sich nicht alle Geschädigten gemeldet haben, ist der verbleibende Betrag der Stadt zu übergeben, die ihn zu Zwecken des Verbraucherschutzes verwenden soll.
Mit diesem Verfahren soll den Verbrauchern ein im Verhältnis zur class action wirksamerer Schutz geboten werden. Es setzt nämlich nicht das Bestehen einer abgrenzbaren Gruppe von Betroffenen voraus, sondern kann auch dann eingeleitet werden, wenn verschiedene Tatbestände unlauteren Verhaltens vorliegen, auf die verschiedene rechtliche Normen Anwendung finden. Der vom Beklagten zu fordernde Gesamtbetrag ergibt sich nicht aus dem bloßen Schaden, den die Betroffenen erlitten haben, sondern stellt die Summe der von ihnen erbrachten Gegenleistungen dar, ohne daß der Unternehmer die von ihm erbrachte Leistung zurückfordern kann. Die auf Grund des verwerflichen Handelns abgeschlossenen Verträge sind nichtig. Damit soll nicht nur eine Strafwirkung erzielt, sondern auch die Feststellung und Verteilung des einzuklagenden Betrages erleichtert werden. Das Gesetz der Stadt New York verzichtet auch auf die bei class

---

47 Consumer Protection Law of 1969. Vgl. dazu A. Jongersen, New York City's Alternative to the consumer class action: the Government as a Robin Hood, Harvard Journal on Legislation 9 (1972), 301 ff.; Ph. Schrag, Counsel for the Deceived, a.a.O., (Fußn. 3) S. 184 ff. stellt fest, daß das Gesetz keine entscheidenden Wirkungen auf den Umfang der betrügerischen Absatzpraktiken in New York hatte.

actions vor der Verhandlung notwendige Feststellung und Benachrichtigung der Gruppe der Betroffenen; diese erfolgt erst nach Abschluß des Verfahrens zum Zeitpunkt der Anmeldung der Ansprüche bei der Gemeindeverwaltung. Die Anerkennung dieser Ansprüche und die Auszahlung des entsprechenden Betrages werden ohne übermäßige Formalitäten vorgenommen. Beweisfragen sind ohne Beachtung förmlicher prozessualer Vorschriften zu erledigen, was zur erheblichen Verminderung der Verfahrenskosten beiträgt. Auch über die Verwendung des von den Betroffenen nicht in Anspruch genommenen Teilbetrages kann kein Streit entstehen, da das Gesetz eindeutig vorschreibt, er müsse zu Gunsten aller Verbraucher eingesetzt werden. Die bei den class actions bestehende Ungewißheit über Zulässigkeit und Realisierbarkeit der »fluid class recovery« wird dadurch vermieden. Da die Gemeindebehörde die Kosten des Prozesses vorschießt und bei Unterliegen auch endgültig trägt, ist die Kostenfrage kein Hindernis für die Klageerhebung. Nicht zu unterschätzen ist schließlich der Umstand, daß die Stadt über Rechtsberater verfügt, die im Regelfall erfahrener sind als die Anwälte, die sich sonst dazu bereit finden, die Verbraucher zu vertreten. Der Unternehmer kann somit auch keinen Vorteil lediglich aus der Möglichkeit ziehen, bessere Anwälte einzusetzen.

Trotz dieser Vorteile haben die Verfasser des Gesetzes die Klage von Amts wegen nur als eine Ergänzung der durch die class action gebotenen Möglichkeiten des Rechtsschutzes für den Verbraucher gesehen. Vielmehr sei die Initiative der Konsumenten unbedingt erforderlich, um die Einhaltung der Gesetze seitens der Unternehmer sicherzustellen.[48]

8. *Administrative und strafrechtliche Maßnahmen*

Das Unvermögen, den Verbrauchern wirksamen Schutz im Rahmen des überkommenen Gerichts- und Rechtssystems zu gewähren, hat viele Ein-

---

48 Eine staatliche Klage für Rechnung der Verbraucher in Kartellfällen schlägt Confer, The state-consumer antitrust class action, Nebraska Law Review 49 (1970) 840 ff., vor. Der Entwurf eines Verbraucherschutzgesetzes, der von einer Kommission aus den Einzelstaaten vorgelegt wurde, sieht folgende Regelung vor: Das Gericht, das auf Antrag des Staatsanwalts die Unterlassung bestimmter Geschäftspraktiken anordnet, kann gleichzeitig die Rückerstattung aller Beträge, die durch die unlautere Handlung erworben wurden, anordnen. Weiterhin kann es einen Verwalter für den Empfang der Gelder und ihre Auszahlung an die Verbraucher bestimmen. Ein ähnliches Verfahren sieht auch der von der Conference of Commissioners on Uniform State Laws vorgelegte Entwurf eines Verbraucherschutzgesetzes vor. Vgl. dazu Comments, Consumer Protection in Michigan, Michigan Law Review 68 (1970), 978.

zelstaaten veranlaßt, Abhilfe auf administrativem Wege zu suchen. Entweder wurden besondere Behörden für Verbraucherfragen oder zusätzliche Ämter bei den Strafverfolgungsbehörden errichtet.[49] [50]

Die staatlichen Stellen jedoch, die die Täuschung zu Lasten der Konsumenten verfolgen und ahnden sollen, beschränken sich meistens darauf, zwischen den protestierenden Verbrauchern und den Unternehmern zu vermitteln.[51] Nur in seltenen Fällen wird gerichtlich gegen Kaufleute vorgegangen, um eine Unterlassungsverfügung oder eine Bestrafung zu erwirken. Die Mittel, die diesen Behörden zur Verfügung stehen, sind viel zu gering, um ihnen umfangreiche Aktivitäten zu gestatten. In Michigan beispielsweise gingen bei dem für Verbraucherschutzfragen zuständigen Amt der Staatsanwaltschaft im Jahre 1970 ungefähr 1 500 Beschwerden ein,[52] für deren Erledigung nur zwei Personen tätig waren. Diesen gelang es, in sechzig Prozent der Fälle zu vermitteln. Die anderen Anzeigen wurden nicht weiter verfolgt oder an andere Ämter überwiesen. Hätte man sich bemüht, Strafen oder Unterlassungsverfügungen zu erwirken, so hätte, wenn überhaupt, nur ein geringer Teil der erfolgreich vermittelten Fälle vor Gericht gebracht werden können. Die Sammlung und Vorbereitung des hierfür benötigten Materials hätte nämlich die gesamte Zeit der bei dem Amt beschäftigten Angestellten in Anspruch genommen. Daher erscheint es den Ämtern viel zweckmäßiger, von vornherein auf jede gerichtliche Verfolgung zu verzichten und sich auf die Vermittlertätigkeit

---

49 In der Stadt New York wurde im September 1968 das New York City Department of Consumer Affairs, in Nassau County im Staat New York im Jahre 1967 das Office of Commissioner on Consumer Affairs errichtet. Vgl. zu der Regelung in Nassau County J. Occhiogrosso, Consumer Protection, Information and Education: A County's View, New England Law Review 4 (1969), 165 ff.; J. Occhiogrosso in San Diego Law Journal 8 (1970), 38 ff.
50 In Massachusetts wurde eine Consumer Protection Division von den Justizbehörden eingerichtet; vgl. dazu R. Quinn, Consumer Protection comes of Age in Massachusetts in New England Law Review 4 (1969), 71 ff. In Detroit, Michigan, besteht bei der Staatsanwaltschaft eine besondere Fraud Section, die sich mit Verbraucherschutzfragen befaßt; vgl. Consumer Protection in Michigan: Comments, Current Methods and Some Proposals for Reform, Michigan L. R. 68 (1970), 926 ff., 953 ff., 966 ff. Ähnliches gilt in Illinois; vgl. R. Atkins, The Illinois Attorney General's Role in Consumer Protection. – Illinois Antitrust Act, Consumer Fraud Act and other available remedies, The Antitrust Bulletin 15 (1970), 367 ff.; in Ohio, vgl. dazu J. Carpenter, Consumer Protection in Ohio against false advertising and deceptive practices, Ohio State Law Journal 32 (1971) 1 ff., 13; in San Diego Kalifornien, vgl. dazu J. Lorenz, Consumer Fraud and the San Diego District Attorney's Office, San Diego Law Review 8 (1970) 47 ff.
51 Vgl. zum Nachfolgenden auch Developments in the Law, Deceptive Advertising, a.a.O. (Kapitel VII Fußn. 49), S. 1122 ff.; State Consumer Protection, a.a.O (Fußn. 3), S. 718 ff.
52 In Chicago waren es im Jahre 1969 6 560 Beschwerden.

zu konzentrieren. Die eingegangenen Beschwerden sind übrigens nicht etwa auf eine besondere Werbetätigkeit der Ämter zurückzuführen: Hätten diese sich bemüht, die Mitarbeit der Bevölkerung zu gewinnen, so wären sie nach ihrer Darstellung durch die dann sicherlich noch höhere Zahl an Beschwerden bei weitem überfordert.

Um den Erfolg ihrer Tätigkeit nachzuweisen, führen die Ämter beeindruckende Zahlen über die von Unternehmen an Verbraucher zurückerstatteten Beträge auf. So sollen in Chicago im Jahre 1969 500 000 Dollar an Konsumenten zurückbezahlt worden sein, in New York im Jahre 1965 sogar 1,2 Millionen Dollar.[53]

Trotzdem kann das Vermittlungsverfahren nicht befriedigen. Es ist nur am Einzelfall ausgerichtet und daher schlecht geeignet, einen umfassenderen Schutz durch präventive Kontrolle der Geschäftspraktiken vor allem überregionaler und großer Unternehmen zu gewährleisten. Die Tätigkeit betrügerischer Unternehmer wird nicht dadurch unterbunden, daß sie hin und wieder aufgefordert werden, kleinere Beträge zurückzuerstatten und sonst frei bleiben, andere Verbraucher mit Hilfe der gleichen Tricks zu täuschen. Nicht einmal im Einzelfall gewährleistet die Vermittlungstätigkeit eine gerechte Lösung, vielmehr sind für die Behörden Zweckmäßigkeitserwägungen bei der Beurteilung der durchzuführenden Maßnahmen entscheidend. Einige Ämter vermitteln nur in solchen Fällen, in denen die Rechts- und Tatfragen unstreitig sind. Sie treffen damit sicher eine Vorauswahl, die vor allem zu Lasten derjenigen geht, die durch neue Verkaufstechniken geschädigt wurden, für die eindeutige Regeln nicht bestehen.

In den USA sehen zwar verschiedene Gesetze, vor allem auf dem Gebiete der Werbung, Geld- und Gefängnisstrafen für betrügerisches Verhalten vor.[54] Diese Sanktionen haben sich jedoch nach einschlägigen Untersuchungen als wenig wirksam erwiesen. Die meisten gesetzlichen Vorschriften schreiben eine Bestrafung nur im Falle absichtlichen oder vorsätzlichen Handelns vor. Die Absicht oder der Vorsatz könne jedoch, wie im Schrifttum bemerkt wird, nur in seltenen Fällen nachgewiesen werden. Übermäßiges Lob der eigenen Leistung sei eine weit verbreitete Erscheinung und reiche zur Bejahung eines Täuschungsvorsatzes nicht aus. Es sei daher nur in eklatanten Fällen gelungen, eine Verurteilung der Ange-

---

[53] Diese Beträge stellen jedoch nur einen kleinen Prozentsatz der Summe dar, die jährlich den Verbrauchern durch Täuschung verlorengeht. In Ohio wird der jährliche Gesamtschaden durch unlautere Geschäftspraktiken auf 300 Millionen Dollar geschätzt.
[54] Vgl. zum Nachfolgenden Translating Sympathy, a.a.O. (Fußn. 3), S. 424 ff.; State consumer protection, a.a.O. (Fußn. 3), S. 716 ff.

klagten zu erreichen, selbst dann jedoch nur zu geringen Geld- oder Haftstrafen, die meistens zur Bewährung ausgesetzt worden seien. Denn Richter, Schöffen und selbst Staatsanwälte zögerten, Strafgesetze gegen Kaufleute anzuwenden. Dabei spielten außer einer gewissen Sympathie gegenüber dem aus der gleichen Bevölkerungsschicht stammenden Angeklagten noch eine Reihe weiterer Überlegungen eine Rolle, so z. B. die, daß Strafgesetze nach Ansicht der Gerichte nicht dazu benutzt werden sollten, zivilrechtliche Auseinandersetzungen beizulegen oder Unachtsamkeit bei Geschäftsabschlüssen wiedergutzumachen. Richter und Staatsanwälte meinten, nur Zeit zu verlieren, wenn sie ihre Aufmerksamkeit kleineren Betrügereien widmeten, obwohl zahlreiche schwere Verbrechen nicht aufgeklärt oder nicht verfolgt würden. Sie sähen sich – wie diese Untersuchungen weiter ergeben haben – auch meistens nur einem einzelnen Fall gegenübergestellt und könnten das Ausmaß und die Bedeutung des Betrugs nicht entsprechend einschätzen. Strafgesetze eigneten sich auch schlecht für eine erweiterte oder analoge Anwendung. Diejenigen Unternehmer, die sich des Bestehens einer einschlägigen Strafvorschrift bewußt seien, verhielten sich so, daß die meist engen und genau bestimmten Tatbestandsvoraussetzungen nicht erfüllt seien. Ein gewichtiger Grund für den Mißerfolg der Kriminalisierung des unlauteren Verhaltens im Geschäftsverkehr sei schließlich der Mangel an geeigneten Kräften und finanziellen Mitteln zu seiner Verfolgung. Ein Beispiel dafür biete die Polizei der Stadt Detroit, wo im Jahre 1969 vier Untersuchungsbeamte ungefähr 1 200 Fälle monatlich bearbeiten mußten, wobei nur einer dieser Beamten über eine juristische Ausbildung verfügte. Die Polizei habe sich daher in den meisten Fällen damit begnügt, zwischen dem Betroffenen und dem Unternehmer zu vermitteln, und damit dem Wunsch der Verbraucher entsprochen, die an der Bestrafung eines skrupellosen Händlers kaum interessiert seien, vielmehr nur die möglichst schnelle Rückgabe ihres Geldes wollten. Bei einer strafrechtlichen Verfolgung sei aber ein schneller Erfolg nicht möglich. Die Höhe der Kosten und der Zeitverlust verwandelten darüber hinaus das Verfahren in eine Belästigung.
Die Ineffektivität administrativer und strafrechtlicher Maßnahmen für den Verbraucherschutz wird durch die Vielzahl der hierfür zuständigen Instanzen, die zahlreichen Spezialvorschriften und das Fehlen umfassender und eindeutiger Richtlinien erhöht. Im Staate Michigan z. B. muß eine ungeklärte Anzahl von Ämtern, die vom Landwirtschafts- über das Handelsministerium bis zu einer Friedhofsbehörde reicht, über die Einhaltung der Verbraucherschutzbestimmungen wachen. Diese sehen zwar Strafen z. B. für den Verkauf von gebrauchten Fernsehröhren und von Kellern mit

angeblicher Schutzwirkung gegen radioaktiven Abfall oder für die Werbung mit Hilfe von Schneeballsystemen vor, enthalten aber keine generellen Vorschriften, die es erlauben würden, gegen jede irreführende und täuschende Werbung vorzugehen. Man hat daher die Zentralisierung der Verfolgung und die umfassende Regelung der irreführenden Geschäftspraktiken als notwendig angesehen, um den Verbraucherschutz effektiver zu gestalten.55 Die Verfolgung unlauteren Verhaltens im Geschäftsverkehr solle in jedem Staat einer einzigen Behörde übertragen werden, der weite Vollmachten gegeben werden müßten. Sie solle nicht nur Beschwerden von Verbrauchern untersuchen, sondern auch das Marktgeschehen generell überwachen, die Öffentlichkeit informieren und für die Erziehung der Verbraucher zu kritischem Kaufverhalten sorgen. Sie müsse sich an die Gerichte wenden können, damit diese bestimmte unlautere Geschäftspraktiken verbieten, Strafen verhängen, die Zahlung von Schadenersatz oder die Rückgabe der in rechtswidriger Weise erlangten Beträge anordnen könnten. Zusätzlich zu diesem förmlichen Gerichtsverfahren solle auch ein Vermittlungsverfahren zwischen den Parteien unter behördlicher Aufsicht und ein informelles Verfahren zwischen Behörde und Unternehmen zur Einstellung einer beanstandeten Werbemaßnahme möglich sein. Gleichzeitig seien aber auch den Verbrauchern selbst wirksame prozessuale Mittel zur Verfügung zu stellen, damit sie Wiedergutmachung ohne Einschaltung der staatlichen Behörde fordern könnten. Grundlage für die Verfolgung irreführender Geschäftspraktiken solle schließlich nur ein einziges Gesetz sein, das genügend weit gefaßt sein müsse, um sich den ständigen Wandlungen der Absatzpraktiken problemlos anpassen zu können.56

9. *Kontrollorgane der Wirtschaft und der Verbraucher*

Versuche zur Vermeidung der Komplikationen eines Gerichtsverfahrens für einen wirksamen Verbraucherschutz sind in den USA bereits unternommen worden.57 In verschiedenen Städten bestehen von Unternehmern

---

55 Vgl. etwa Comments, Consumer Protection in Michigan, a.a.O., S. 968 ff.; Developments in the Law, a.a.O., S. 1134; State Consumer Protection, a.a.O., S. 734 ff.
56 Modellentwürfe für ein solches Gesetz sind bereits erarbeitet worden. Einige Staaten haben Gesetze erlassen, die sich nach diesen Entwürfen richten. Vgl. Comments Consumer Protection in Michigan, a.a.O., S. 971 Fußn. 287; R. Meade, The Consumer Protection Act of Massachusetts, New England Law Review 4 (1969), 121 ff.
57 Vgl. zum Nachfolgenden Translating sympathy, a.a.O., S. 404 ff.; M. Gardner-Jones/ B. Boyer, a.a.O. (Fußn. 3); Th. Eovaldi-J. Gestrin, a.a.O., S. 303 ff.; M. Gardner Jones, Wanted a new system for solving consumer grievances, Arbitration Jour-

gegründete »Better Business Bureaus« (Büros für lauteres Geschäftsverhalten), die Beschwerden von Verbrauchern untersuchen und zwischen den streitenden Parteien zu vermitteln versuchen. Die Möglichkeiten dieser Stellen sind jedoch beschränkt, da ihnen jede Macht fehlt, einen Unternehmer dazu zu zwingen, Beschwerden zu beantworten oder eine von ihnen vorgeschlagene Lösung zu akzeptieren. In besonders krassen Fällen wird versucht, durch Benachrichtigung von Zeitungen und Werbemedien die Abstellung des beanstandeten Verhaltens zu erzwingen. Die Flucht in die Öffentlichkeit wird jedoch nur mit größter Vorsicht als Druckmittel benutzt. Die Better Business Bureaus nützen dem Verbraucher zumeist nur in Fällen, in denen ein Mißverständnis vorliegt oder der Unternehmer von sich aus bereit ist, sich mit seinem Geschäftspartner zu einigen. Sie sind gegenüber skrupellosen und uneinsichtigen Händlern, die gerade in ärmeren Stadtbezirken vermehrt tätig sind, wirkungslos. Untersuchungen im Bezirk von Washington ergaben, daß nur 26% derjenigen, die sich an das dortige Better Business Bureau gewandt hatten, mit seiner Tätigkeit zufrieden waren; 70% dagegen hielten die eingeleiteten Maßnahmen für nicht genügend.

Eine weitere von der Wirtschaft ins Leben gerufene Beschwerdeinstanz ist das »Major Appliance Consumer Action Panel« (MACAP). Es wurde von drei Verbänden, die Hersteller und Händler von größeren Haushaltsgütern vertreten, gegründet und setzt sich aus Vertretern dieser Verbände, der Verbraucher und aus »unabhängigen Spezialisten« zusammen. Das MACAP verfügt über keinen eigenen Apparat, sondern wird von der Verwaltung der Gründerverbände in seiner Tätigkeit unterstützt. Die eingehenden Beschwerden werden demjenigen Verband zugeleitet, dem das Unternehmen angehört, gegen das sich die jeweilige Beschwerde richtet. Ob überhaupt und wenn ja, welche Maßnahmen ergriffen werden, hängt vom Ermessen des Verbandes und des betroffenen Unternehmens ab. MACAP benachrichtigt den beschwerdeführenden Verbraucher vom Standpunkt des Herstellers und äußert die Hoffnung, daß in den eventuell stattfindenden direkten Verhandlungen der Kontrahenten der Streit in befriedigender Weise ausgeräumt werden wird. Der Erfolg dieser Stelle hängt somit allein vom Willen der sie tragenden Wirtschaftsorganisationen ab.

Better Business Bureaus und MACAP sind kein Ersatz für ein Verbrauchergericht, sondern im Interesse der Wirtschaft tätige Vermittlungsinstitutionen. Wie in den Vereinigten Staaten dazu festgestellt wird, kommt

---

nal 25 (1970), 234 ff.; J. McGonagle, Arbitration of Consumer Disputes, Arbitration Journal 27 (1972), 65 ff.

ihnen die Funktion zu, für ein gutes Image der Wirtschaft zu sorgen. Insofern stellten sie ein Hindernis für eine langfristige Lösung des Verbraucherschutzproblems dar, da sie den Anschein erweckten, als ob die Wirtschaft sich über den heutigen Zustand Sorgen mache, obwohl in Wirklichkeit ein brauchbarer Ausweg nicht geboten werde.[58]
Gruppen von Verbrauchern und an Verbraucherfragen interessierte Institutionen haben versucht, wirksame Einrichtungen zur Lösung von Streitigkeiten ins Leben zu rufen. Eines der bekanntesten Experimente ist das »Neighborhood Consumer Information Center« (NCIC – Nachbarschafts-Verbraucherinformationszentrum), das von Studenten und Dozenten der Juristischen Fakultät der Howard Universität gegründet wurde, um minderbemittelten Einwohnern im Bezirk Columbia zu helfen. Die Untersuchungsabteilung dieses Zentrums beschäftigt sich vor allem mit Beschwerden von Verbrauchern und überwacht die Geschäftspraktiken der Unternehmer im Bezirk. Stellt sie nach einer Beschwerde fest, daß ein Kaufmann in unlauterer Weise gehandelt hat, so versucht sie, zwischen ihm und dem Beschwerdeführer zu vermitteln. Wird dadurch ein befriedigendes Ergebnis nicht erzielt, so leitet sie den Fall an das »Neighborhood Legal Services Office« weiter. Aufgabe dieser auf freiwilliger Mitarbeit von Juristen beruhenden Institution ist es, Rechtsberatung und Rechtshilfe zu erteilen. Sie führt auch, wenn die Voraussetzungen eines Gerichtsverfahrens gegeben sind, den Prozeß für den Konsumenten. Nach den eigenen Angaben des Zentrums hat sich seine Tätigkeit als sehr erfolgreich erwiesen. Nur in einem geringen Prozentsatz aller Fälle sei es nötig gewesen, sich an die Gerichte zu wenden, meistens jedoch sei ein für die Verbraucher befriedigendes Ergebnis schon im Verhandlungsstadium erzielt worden.[59]
Dieser Erfolg sollte aber nicht darüber hinwegtäuschen, daß eine auf der freiwilligen Mitarbeit von Studenten und Anwälten beruhende Institution eine bedeutsame Zahl von Beschwerden nicht bewältigen und deshalb keine allgemeingültige Lösung darstellen kann. Sie kann nur selektiv vorgehen und in groben Fällen Abhilfe suchen. Auch dann hängt jedoch letzten Endes die Wirksamkeit eines solchen Verfahrens von der Effektivität des Gerichtssystems ab. Insofern bewegen sich alle auf Freiwilligkeit und Vermittlertätigkeit beruhenden Anstrengungen in einem Zirkel: Sie haben ihre

---

58 Vgl. Developments in the Law – Deceptive Advertising, a.a.O., S. 1159, Fußn. 198.
59 Zu den Versuchen, dieses Modell weiterzuentwickeln und die Vereinigten Staaten mit einem Netz von »Neighborhood Consumer Centers« zu überziehen vgl. Mussehl, The Neighborhood Consumer Center – Relief for the Consumer at the Grass-Roots Level, Notre Dame Lawyer 47 (1972), 1093 ff.

Ursache in der unbefriedigenden Leistung des Gerichtssystems, wollen es ersetzen, müssen sich aber am Ende dennoch auf dieses verlassen.

10. *Schiedsgerichte. Verbrauchergerichte*

Das System gerichtlichen Rechtsschutzes wollen auch Experimente ersetzen, die Streitigkeiten zwischen Produzenten bzw. Händlern und Verbrauchern mit Hilfe von Schiedsgerichten zu bereinigen versuchen. Die American Arbitration Association (Amerikanische Vereinigung für das Schiedswesen) errichtete mit Hilfe von Zuwendungen privater Stiftungen in der Stadt Washington das National Center for Dispute Settlement (NCDS – Nationales Zentrum zur Entscheidung von Streitigkeiten), um neue Möglichkeiten der Schiedsgerichtsbarkeit zu erforschen. Dieses schlug Unternehmerverbänden und größeren Gesellschaften vor, sich zu verpflichten, ihre Streitigkeiten mit Verbrauchern einem Schiedsgericht zu unterbreiten. Da die Unternehmen sich jedoch dazu nicht bereit fanden, schlug der Versuch fehl. Die Vereinigung verzichtete daher auf eine generelle Regelung und eröffnete in mehreren Großstädten Schiedszentren, die durch ihre Tätigkeit sowohl der Wirtschaft als auch den Verbrauchern die Vorteile des Schiedsverfahrens vor Augen führen sollten. Das erste derartige Zentrum wurde 1969 in Philadelphia gegründet. Der erwartete Erfolg blieb jedoch aus: In den ersten neun Monaten seiner Tätigkeit konnte es nicht einen einzigen Fall mittels eines Schiedsverfahrens lösen! Ein ähnlicher Mißerfolg war auch dem Zentrum in der Bundeshauptstadt beschieden. Die Kaufleute nahmen an einer Vereinbarung Anstoß, die die Schiedsstelle dort mit dem bereits erwähnten Neighborhood Consumer Information Center abgeschlossen hatte.[60] Sie erachteten das Zentrum wegen dieser Zusammenarbeit für parteiisch und weigerten sich, Schiedsverfahren zuzustimmen.[61]

---

60 Nach dieser Vereinbarung sollten Fälle, in denen das NCIC keinen Vergleich erzielen konnte, dem Schiedszentrum zur Entscheidung überwiesen werden.
61 In England ist von der Manchester Law Society 1971 versuchsweise ein Schiedsverfahren geschaffen worden, um Streitigkeiten schnell, informell und ohne hohe Kosten zu regeln. Vgl. dazu K. Foster, The Manchester Arbitration Scheme, The Solicitors' Journal 116 (1972), 502 f. Foster bemerkt zum Erfolg des Experiments, S. 502 f.: »(The arbitration scheme) acts both as an easier and cheaper method of legal settlement and also as a provider of legal and or consumer advice and assistance ... The percentage of respondent refusals has been lower than many people expected, but the failure rate is nevertheless high enough to indicate that a major obstacle is the schemes' voluntary nature ... If some kind of small claims court is required on a national compulsory basis, then the actual procedure and

Diese Beispiele zeigen nach Ansicht der amerikanischen Rechtslehre, daß das Schiedsverfahren nur dann zur Entscheidung von Verbraucherstreitigkeiten in einem nennenswerten Umfang beitragen kann, wenn die betroffenen Parteien, vor allem die Unternehmer, gezwungen werden können, sich dieser Prozedur zu unterwerfen. Freiwillig würden Produzenten bzw. Händler auf die Vorteile, die ihnen der heutige Rechtszustand gewähre, nicht verzichten. Die Verbraucher und Verbraucherverbände hätten nicht die wirtschaftliche Macht, Vertragsklauseln durchzusetzen, die ein Schiedsverfahren vorsähen. Eine gesetzliche Regelung, die den Verkäufer verpflichte, im Streitfall ein Schiedsgericht entscheiden zu lassen, sei daher die einzig sinnvolle Lösung. Der Verbraucher habe dann die Wahlmöglichkeit, entweder vor Gericht oder im Schiedsverfahren seine Forderungen geltend zu machen.62

Mit der Unterwerfung der Unternehmer unter ein Schiedsverfahren seien bei weitem nicht alle Probleme gelöst, die ein leicht zugängliches und den Problemen der Verbraucher angepaßtes Verfahren stelle. Nicht nur blieben eine Reihe von rechtlichen Fragen offen, – etwa in welchem Umfang die Zuständigkeit der Schiedsgerichte begründet werden solle, welche Voraussetzungen gegeben sein müßten, damit die Streitigkeit als »Verbraucherstreitigkeit« gelten könne oder inwieweit die ordentliche Gerichtsbarkeit einzuschalten sei, insbesondere um das Urteil für vollstreckbar zu erklären –, sondern es seien auch zahlreiche praktische Probleme zu lösen. Es müßten Schiedsgerichte in der Nachbarschaft der Betroffenen errichtet werden, wenn man diesen eine reelle Möglichkeit geben wolle, vor dem Schiedsrichter zu erscheinen und ihren Standpunkt vorzutragen. Den Interessen der Bevölkerung widersprächen sowohl Gerichtsstandsklauseln, die ein vom Wohnort des Käufers bzw. Bestellers weit entferntes Gericht für zuständig erklärten, als auch zentrale Gerichte in der Mitte der Stadt, die nur nach einem langen Anfahrtsweg erreicht werden könnten und in einer den niedrigeren Einkommensgruppen völlig fremden Umgebung tätig seien. So könnten sie etwa in Kirchen und Schulen untergebracht werden; die Richter könnten an jedem Tag der Woche in einem ver-

---

method of hearing used by the scheme seems excellently suited to an informal process of litigation«. Zu der neuesten Entwicklung in England vgl. Small Claims Arbitration, Int. Comp.L.Q. 23 (1974), 203 f.
62 Ph. Schrag, Counsel for the deceived, a.a.O. (Fußn. 3), S. 199, schlägt die Gründung neuer Gerichte vor, die statt der heutigen »low-level civil courts« für Verbraucherstreitigkeiten zuständig sein sollten.

schiedenen Stadtviertel Sitzungstage abhalten und müßten auch nach Abschluß der regulären Arbeitszeit erreichbar sein.
Solle sich der Verbraucher ohne die Hilfe von Anwälten am Verfahren beteiligen können, so müsse es möglichst einfach ausgestaltet werden. Alle Beobachter stimmen darin überein, daß das heutige Verfahren den juristisch nicht vorgebildeten Laien erheblich benachteiligt und daher abgeändert werden muß. Dies stoße insofern auf keine Schwierigkeiten, als Schiedsrichter üblicherweise an Vorschriften des Prozeßrechts nicht gebunden seien. Daher könnten sie in weit größerem Maße als heute der Richter die Parteien anleiten und von Amts wegen für die Feststellung des entscheidungserheblichen Sachverhalts sorgen. Der Versuch, das Verfahren informell zu gestalten, dürfe allerdings nicht zu einer erneuten Benachteiligung derjenigen sozialen Schichten führen, die, weil weniger gebildet und weniger vermögend, ihre Interessen auch weniger überzeugend vertreten könnten. Verbraucher sollten das Recht haben, auf Wunsch Anwälte oder »spezialisierte Laien« zu Hilfe zu ziehen.
Die Anrufung des Schiedsgerichts müsse für den Verbraucher kostenlos oder jedenfalls zu geringen Kosten möglich sein. Die Kosten des Verfahrens dürften daher nicht dem Rechtsschutz suchenden Verbraucher auferlegt werden, sondern es sei zweckmäßiger, die Unternehmen damit zu belasten. Zwar würden die Unternehmer die zusätzlichen Ausgaben in ihren Preisen berücksichtigen, über diesen Umweg erreiche man jedoch eine Verteilung der Kosten auf einen viel größeren Personenkreis, womit zusätzlich vermieden würde, von den Verbrauchern Vorschüsse zur Führung des Prozesses zu fordern. Dieser Zwang, die Prozeßkosten zu übernehmen, könne schließlich die Wirtschaft dazu veranlassen, im Umgang mit ihren Kunden vorsichtiger zu sein und Beschwerden mit größerer Bereitwilligkeit zu überprüfen. Wenn man nicht der Wirtschaft die Finanzierung solcher Verfahren aufbürden wolle, bleibe nur die Lösung, den Staat, d. h. im konkreten Fall der USA vor allem den Bundesstaat, damit zu belasten.
Was die personellen Voraussetzungen des Schiedswesens angeht, so wird gefordert, die Schiedsrichter müßten mit den Problemen des Verbraucherschutzes vertraut sein. Es sei zweckmäßig, daß die Einwohner der jeweiligen Gerichtsbezirke bei der Rechtsprechung mitwirkten.
Wie sich an diesen wenigen Fragen zeige, könne die Errichtung eines allgemeinen Schiedswesens für Verbraucherfragen nicht ohne Schwierigkeiten vor sich gehen. Es sei zweckmäßig, zunächst mit verschiedenen Organisationsformen zu experimentieren, um schließlich das Beschwerdeverfahren den vorhandenen, nach Wirtschaftszweig oder geographischer Lage möglicherweise verschiedenen Bedürfnissen anzupassen. Das Schieds-

wesen müsse jedoch, um eine verwirrende Vielzahl von Verfahrensarten zu vermeiden, früher oder später zentral überwacht und nach generellen Richtlinien ausgestaltet werden.[63]
Die Einführung eines Schiedswesens erfordere auch auf dem Gebiete der Gerichtsverfassung und der Verwaltung Reformen. Da Schiedsurteile weiterhin von den ordentlichen Gerichten für vollstreckbar erklärt werden müßten, sei es notwendig, deren Verfahrensordnung in dem Umfang, in dem der Prozeß erneut vor ihnen verhandelt werde, der des Schiedsgerichts anzupassen.

---

[63] Das Consumer Council in England hat in seiner Studie »Justice out of Reach«, a.a.O. (Fußn. 4), S. 30 ff. ein vereinfachtes Gerichtsverfahren für Ansprüche (aus Vertrag und Delikt) bis zu einer bestimmten Wertgrenze (100 Pfund) vorgeschlagen. Zuständig sollten die bei den county courts (Zivilgerichte erster Instanz) tätigen registrars (Sekretäre des Gerichts) sein. Gesellschaften und Zessionare sollten nicht berechtigt sein, vor diesem Gericht zu klagen, damit das vereinfachte Verfahren nicht von den Wirtschaftsunternehmen zur Eintreibung von Forderungen benutzt werde und sich ihren Wünschen anpasse, statt vor allem den Interessen der Verbraucher zu dienen (»It should be a genuine people's court«). Nach dem Vorschlag des Consumer Council sollte die Vertretung durch Anwälte nicht erlaubt sein. Der Richter selbst müsse das Verfahren leiten, er solle dabei nur an einige wenige prozessuale Vorschriften gebunden sein und so verfahren, wie es von einer »vernünftigen« (reasonable) Person, die einen Streit zu entscheiden hätte, zu erwarten sei. Jede Partei trage ihre Beschwerde mündlich vor. Ein Gerichtsbeamter werde auf Grund dieses mündlichen Vorbringens eine Klageschrift verfassen und diese zusammen mit einer Ladung zum nächstmöglichen Termin der Gegenpartei zustellen. Beide Parteien seien über die Beweismittel, die zu der Sitzung mitgebracht werden sollten, zu unterrichten. Die Sitzung würde nicht im Gerichtssaal, sondern im Büro des Richters stattfinden, um einen möglichst informellen Umgang mit den Parteien zu ermöglichen. Auf Wunsch einer Partei müsse auch außerhalb der üblichen Dienststunden Termin bestimmt werden können. Der Richter solle zunächst eine gütliche Einigung zwischen den Parteien anstreben. Bei deren Mißlingen hätte er erst alle zur Entscheidung notwendigen Tatsachen zu ermitteln, wobei er die Parteien um weitere Informationen bitten, den umstrittenen Gegenstand selbst in Augenschein nehmen und mit Zeugen informell sprechen könnte. Ein rein schriftliches Verfahren sei nur dann zulässig, wenn eine Partei nicht in der Lage sein sollte, vor Gericht persönlich zu erscheinen, etwa wenn der Streit um einen Kauf geht, der außerhalb des Wohnsitzes des Klägers getätigt wurde. Rechtsmittel sollten nur ausnahmsweise und jedenfalls nicht wegen Verstoßes gegen prozessuale Regelungen zugelassen sein. Die Kosten des Rechtsstreits für die Parteien seien auf eine niedrige Gebühr (Klagegebühr bis höchstens 2 Pfund) zu beschränken, wobei die obsiegende Partei deren Erstattung verlangen können sollte. Die sonstigen Kosten des Verfahrens (etwa für Beweismittel, die von den Parteien nicht ohne beträchtliche Ausgaben beschafft werden könnten) müßten vom Staat getragen werden. Der Richter solle jedoch die Befugnis haben, diese ganz oder zum Teil einer Partei aufzuerlegen, falls er dies für angemessen erachte.
Die von der Beratenden Versammlung des Europarates verabschiedete Charta zum Schutze der Verbraucher (Resolution 543 (1973)) sieht die Errichtung eines »offiziellen Schiedswesens« für Ansprüche der Verbraucher vor.

Die hier geschilderte Auffassung hält auch ein »paralleles System« neben dem Schiedswesen zur Unterstützung der Verbraucher für zweckmäßig. So könnten z. B. vom Staate oder von den Gemeinden organisierte Ämter vor Eröffnung eines Verfahrens den Verbraucher beraten und die Möglichkeiten der gütlichen Beilegung der Streitigkeit überprüfen, um die Belastung des Gerichts mit Fällen, in denen eine Übereinkunft der Parteien erzielt werden könne, zu vermeiden. Sie könnten weiter die Sammlung der entscheidungsrelevanten Fakten auf Antrag entweder des Schiedsrichters oder des Verbrauchers vornehmen. Sollte der Verbraucher den Beistand eines Anwaltes wünschen, so wäre es eventuell ihre Aufgabe, einen Anwalt oder einschlägig vorgebildeten Laien mit seiner Vertretung zu beauftragen. Vor allem sollten sie das Schiedswesen und alle anderen Institutionen, die den Verbraucherschutz zur Aufgabe hätten, in der Öffentlichkeit populär machen. Die Rechtslehre in den USA verkennt nicht, daß ein System administrativer Hilfe den Staat vor zahlreiche Organisationsfragen stellt. Solche Probleme sollten aber kein Grund sein, die notwendige Reform abzulehnen oder zu vertagen. Der Rechtsstaat erfordere wirksamen Rechtsschutz für alle Bürger. Anderenfalls wird nach Ansicht der amerikanischen Rechtslehre eine ernsthafte soziale Krise heraufbeschworen.

III. *Die Verbraucherschutzbehörde*

Der Präformation von Ideen und Zielen durch die Inhaber wirtschaftlicher Macht kann dadurch, daß man dem Einzelnen hilft, sich einseitiger Beeinflussung und Manipulierung zu widersetzen, entgegengewirkt werden. In der Verwaltung nehmen Mitwirkung und Mitsprachemöglichkeiten der Bürger ständig zu.[64] Durch die Erweiterung der Partizipation soll dort dem Umstand Rechnung getragen werden, daß der Mensch in der Industriegesellschaft einen Teil seiner wichtigen Lebensbedürfnisse nicht über private Eigenleistungen, »sondern über Leistungen der öffentlichen Daseinssicherung und -vorsorge« befriedigt und »die eigenen Lebensprobleme zunehmend als Folgeprobleme öffentlicher Kon-

---

64 Vgl. P. Dienel, Partizipation an Planungsprozessen als Aufgabe der Verwaltung, Die Verwaltung 1971, 151 ff.; E. Feindt, Aspekte der Demokratisierung, Mitbestimmung und Partizipation, Zeitschrift für Beamtenrecht 1973, 353 ff., 364 f.

stellationen« erfährt.65 Eine ähnliche Situation ist im Falle des Verbrauchers gegeben. Seine Lebenswelt wird ihm von der Gesellschaft vermittelt. Sie ist durch die Teilnahme an Leistungszusammenhängen gekennzeichnet, die nicht seiner individuellen Bestimmung unterliegen, nicht mehr dem Privatbereich zugerechnet werden können, sondern zu Subsystemen der gesamtgesellschaftlichen Organisation gehören. Die »spezifische Betroffenheit durch öffentliche Verhältnisse« liegt auch vor. Die für die Lebenssituation des Konsumenten relevanten Bedingungen werden vom Gesamtsystem, von der »gesellschaftlichen Daseinsvorsorge« gesetzt. Es ist demnach nur folgerichtig, auch hier den Anspruch zu erheben, der Verbraucher müsse auf die Steuerung der ihn betreffenden gesellschaftlichen Verhältnisse partizipativ Einfluß nehmen können.

Demokratisch-liberale Verfassungen sehen zwar Verfahren vor, welche die Mitwirkung des Einzelnen bei der Gestaltung seiner Lebensverhältnisse sicherstellen sollen. Die Möglichkeiten politischer Beteiligung erschöpfen sich jedoch in wenigen Aufgaben, die weitgehend durch bloße Stimmabgabe und nicht unter aktiver Selbstbeteiligung der Betroffenen erfüllt werden. Die Prozesse, die die Gestaltung der Lebenswelt bestimmen, sind darüber hinaus so komplex, daß der Verbraucher deren Wirkungszusammenhänge durch die ihm bei der Wahl zugestandene bloße Akklamationsmöglichkeit nicht kontrollieren kann. Einflußnahme erfordert über die von der politischen Verfassung gewährten Chancen hinaus besondere Verfahren, die die Übersicht über und die Einwirkung auf diejenigen Prozesse erlauben, die den Interessenkreis einer bestimmten Bevölkerungsgruppe betreffen.

Dies gilt um so mehr für die Verbraucher. Ihre Interessen, obwohl gesellschaftlich relevant, weisen einen geringen ökonomischen Intensitätsgrad auf, motivieren nicht zur Aktionsbereitschaft und können schwer in einer ihrer gesellschaftlichen Bedeutung adäquaten Weise vorgebracht werden. Die reduzierte Durchschlagskraft dieser Interessen und ihr somit nur geringes politisches Gewicht erfordern eine kollektive Mobilisierung, die jedoch nur durch eine Beteiligung der Betroffenen bei der Entscheidung über die sie betreffenden Leistungen der Wirtschaft erzielt werden kann. Die Mitbestimmung der Konsumenten vermag das Interesse am eigenen Schicksal zu wecken und dazu beizutragen, ihre heutige Teilnahmslosigkeit zu überwinden. Der Bürger, dessen Rolle auf akklamative Funktionen reduziert worden ist, muß die Möglichkeit erhalten, auf den Her-

---

65 E. Pankoke, Kommunale Beteiligung als Problem der Verwaltungsorganisation, in: Die Verwaltung 1971, 395 ff., 396.

stellungsprozeß und dessen Träger einzuwirken, um die Bedingungen des Konsums seinen – allmählich neu zu definierenden – Bedürfnissen anzupassen. Nur eine solche aktive Beteiligung des Einzelnen kann zur Wiederherstellung der individuellen Autonomie führen und die beschriebenen dysfunktionalen Folgen des Marktmechanismus beschränken.[66]

Diese Beteiligung der Verbraucher könnte, wenn man den Staat als »Offizialverteidiger der nicht zusammengeschlossenen und vertretenen Konsumenten«[67] betrachtet, die Form einer den Produktionsprozeß kontrollierenden, mit der staatlichen Bürokratie mehr oder weniger eng verbundenen Behörde[68] in der Art eines »Verbraucherbeauftragten« oder »ombudsman«[69] annehmen[70]. Eine solche Behörde,[71] organisiert nach den

---

66 Vgl. auch Bahr, Gesellschaftliche Bedingungen des Friedens, S. 10 ff., 22 f., Gronemeyer, Individuelle und institutionelle Bedingungen der Beteiligung, S. 164 ff., in: H.-E. Bahr (Hrsg.), Politisierung des Alltags, Gesellschaftliche Bedingungen des Friedens, Darmstadt und Neuwied 1972.
67 Küng zitiert bei Bierwirth, a.a.O. (Kapitel V Fußn. 77), S. 109.
68 E. Günter-H. Petry, Verbraucherpolitik, Ziele, Mittel, Träger, Marktwirtschaft 1973, Heft 2, S. 4 ff., 35 ff., 40 f., schlagen die Errichtung einer zentralen Behörde für Kartell-, Monopol- und Verbraucherfragen vor. Zu den Kompetenzen dieser Behörde müßten gehören: Gesetzgebungsinitiativen und Durchführung bereits vorhandener Gesetze in Kartell-, Monopol- und anderen Verbraucherschutzfragen; Erlaß von Wettbewerbsregeln gegen irreführende oder exzessive Werbung, mißbräuchliche Gestaltung von Geschäftsbedingungen und geplanten Verschleiß; systematische Verbraucherinformation und Verwaltung der hierfür zur Verfügung stehenden Mittel auch für andere Informationsträger; Beratung bei Gesetzgebungsvorhaben. Vgl. auch v. Hippel, Verbraucherschutz, S. 157 f. Gegen die Pläne, das Kartellamt in eine Verbraucherschutzbehörde umzuwandeln, wendet sich M. Kisseler, vgl. WRP 72, 517.
69 Nach der von der Beratenden Versammlung des Europarates verabschiedeten »Charta zum Schutz der Verbraucher« (Resolution 543/1973) soll jeder Mitgliedsstaat eine starke, unabhängige und effiziente Behörde errichten. Deren Aufgabe soll es sein: »to advise legislatures and governments on all aspects of consumer protection, and to ensure that at national and local level there is full compliance with consumer laws and regulations, and that adequate information and advisory services are provided« (Appendix E II)
70 Der zweite Teilbericht der Arbeitsgruppe beim Bundesminister der Justiz über Vorschläge zur Verbesserung des Schutzes der Verbraucher gegenüber Allgemeinen Geschäftsbedingungen, März 1975, schlägt die Errichtung eines Bundesamtes für Verbraucherschutz vor. Es soll insbesondere an dem abstrakten Prüfungsverfahren für Geschäftsbedingungen und dem Verfahren zur Aufstellung von Muster-AGB mitwirken.
71 In den Vereinigten Staaten ist vielfach die Errichtung einer Verbraucherschutzbehörde vorgeschlagen worden, der die Befugnisse der verschiedenen heute auf diesem Gebiet zuständigen Ämter übertragen werden sollten und die darüber hinaus vor allem für den Schutz der Konsumenten vor irreführenden Absatzpraktiken verantwortlich wäre. Vgl. D. Rice, Remedies, enforcement procedures and the duality of consumer transaction problems, Boston University Law Review 48 (1968) 559 ff., 595 ff. Der Gesetzesentwurf S. 3970 92d Congress (Consumer Protection Organiza-

Grundsätzen hierarchischer Verwaltung, kann jedoch der Forderung nach Partizipation nicht gerecht werden. Sie wird sich nicht nur von ihrem Aufbau her gegen eine ständige Einwirkung der Öffentlichkeit abschirmen, sondern auch die Verbraucherinteressen den Imperativen des wirtschaftlichen und politischen Systems unterordnen.[72] Das Beispiel der regulatory agencies in den USA zeigt, daß die Unabhängigkeit von parallel zur Exekutive errichteten und unter Einfluß des Staatsapparates und der Regierung stehenden Behörden fragwürdig ist. Autonomie von den Zwängen, die die organisierten Gruppen der Gesellschaft und die politischen Ziele der Regierenden dem administrativen System auferlegen, kann nur dann erreicht werden, wenn die Betroffenen selbst beteiligt werden. »Bestimmte Bedürfnisse sind ohne ausreichende Mitwirkung der Betroffenen nicht zu erkennen, entsprechende Ziele nicht zu definieren«.[73] Denn die Fachleute, die diese staatlichen Behörden leiten, sind den Einflüssen, die sich aus der Zugehörigkeit zu einer bestimmten sozialen Schicht ergeben, ausgesetzt und neigen deshalb dazu, Probleme, Informationen und Lösungen nach den Erfordernissen des wirtschaftlichen und politischen Systems zu kanalisieren.

Die Einrichtung eines Verbraucherbeauftragten kann eine strukturelle Veränderung zu Gunsten der Konsumenten nicht herbeiführen: Der ombudsman geht nur punktuell vor; er deckt unliebsame Praktiken auf und weist auf Mißstände hin. Sein Erfolg ist demnach ebenfalls nur punktuell.[74] Seine Tätigkeit entspricht den Grundsätzen der vom Informationsmodell befürworteten Mißbrauchsbekämpfung. Um wirksamen Verbraucherschutz zu realisieren, ist jedoch ein Verfahren erforderlich, durch das die Ziele des Produktionsprozesses offengelegt und legitimiert werden. Diese Legitimation kann aber nur Folge der Einbeziehung der Betroffenen in das Ent-

---

tion Act of 1972) sah die Errichtung eines Rates für Konsumentenfragen zur Beratung des Präsidenten und einer unabhängigen Verbraucherschutzbehörde vor, außerdem die Gewährung von Zuschüssen an staatliche und Gemeindebehörden, um Verbraucherschutzprogramme zu entwickeln und zu realisieren. Vgl. dazu Report of the Committee on Government Operations on S. 3970, September 8, 1972 (92 d Congress, 2 d Session, Senate, Report No. 92–1100). Der Senat verabschiedete im Mai 1975 das Gesetz S. 200, das die Errichtung einer unabhängigen Verbraucherschutzbehörde (Agency for Consumer Advocacy) vorsieht (Consumer Protection Act 1975). Vgl. Congressional Record, Senate, May 15, 1975, S. 8422. Das Repräsentantenhaus hat dem Gesetz noch nicht zugestimmt.

72 Rice, a.a.O., S. 601 betont die Notwendigkeit von Verfahren, die sicherstellen, daß die Behörde vorhandene Gesetze zum Schutze der Verbraucher auch wirklich anwendet.
73 Dienel, a.a.O., S. 152.
74 Vgl. W. D. Narr-F. Naschold, Theorie der Demokratie, Stuttgart, Berlin 1971, S. 161.

scheidungsverfahren und ihrer Mitverantwortung für die festgelegten Ziele sein.
Der Verbraucherschutz muß Aufgabe einer öffentlichen, auf Partizipation der Beteiligten aufbauenden Behörde sein. Nur ein Amt, das sowohl über die Organisationsmittel und die Wirksamkeit des staatlichen Apparates verfügt als auch auf der Spontaneität der unmittelbar Interessierten beruht, ist in der Lage, die nötige Macht und Initiative zu entfalten[75]. Politisches Durchsetzungsvermögen erfordert staatliche Unterstützung. Die Mitarbeit der Bürger auf allen Ebenen, der offene Diskurs und vor allem die nach Möglichkeit »chancengleiche Teilnahme« von Publikum[76], organisierten Gruppen und ad hoc-Initiativen am Willensbildungsprozeß der Behörde soll gewährleisten, daß deren Ziele ständig überprüft und neu formuliert werden. Allein so wird das Amt eine Eigendynamik entfalten und bürokratischen Versuchen, unliebsame Ziele auszuklammern, zuvorkommen können. Nur wenn die Sachwalter des Verbraucherschutzes der ständigen unmittelbaren Kontrolle der Betroffenen unterliegen, wird es ihnen nicht möglich sein, sich bei Streitpunkten zwischen Verbrauchern und Produzenten auf die für die Hersteller konsensfähigen Lösungen zu beschränken[77].
Partizipation schließt ein System zentralistischer Organisation aus. Die Mobilisierung der Betroffenen muß auf lokaler Ebene an Hand der dort für sie greifbaren Konflikts- und Handlungsfelder erfolgen.[78] In erster Linie auf dieser unteren Ebene müssen ihre Bedürfnisse und Interessen festgestellt, ihre Probleme aufgegriffen und nach Möglichkeit gelöst werden. Die lokalen und regionalen Stellen müssen durch eine zentrale Instanz

---

75 Vgl. Wiethölter, Rechtswissenschaft in Kritik und als Kritik, Mainz 1973, S. 12.
76 Daß die Bürger unter Umständen dazu bereit sind, haben statistische Erhebungen gezeigt. Vgl. Kapitel VIII Fußn. 5.
77 D. Klein, Die Stellung der Konsumenten in der Marktwirtschaft, Gewerkschaftliche Monatshefte 1974, 123 ff., 133 schlägt vor, daß in allen öffentlichen und privaten Unternehmungen eine qualifizierte Mitbestimmung in Anlehnung an die Montanmitbestimmung eingeführt wird. Verbrauchervertreter sollen in den Mitbestimmungsorganen vertreten sein, wobei sie über die produzierten Güter, das Investitionsprogramm und die Absatzinstrumente mitentscheiden sollten.
78 Der »Report of the ABA Commission to study the Federal Trade Commission«, September 1969, stellte für die FTC fest, (S. 56): »Information as to consumer abuse would be developed through establishment of one or more ›consumer complaint‹ offices in each area, staffed by FTC personnel, which would make known throughout the community the willingness of the FTC to investigate alleged consumer frauds«. Die von der Beratenden Versammlung des Europarates beschlossene Charta zum Schutze des Verbrauchers (Resolution 543/1973) betont: »The enforcement of protective laws and administration of advisory services shall as far as possible be at local level« (Appendix E V).

ergänzt werden.[79] Diese hat u. a. Koordinationsaufgaben zu erfüllen, die übergreifenden Problemzusammenhänge zu untersuchen, die gesamtgesellschaftlichen Aspekte der erhobenen Forderungen zu überprüfen und die Umrisse der zu verfolgenden Verbraucherpolitik zu umschreiben.[80] Bei der Aufgabenverteilung zwischen den lokalen Stellen und dem überregionalen Zentrum[81] ist zu beachten, daß es nicht nur um die Aufteilung von Tätigkeitsgebieten an das möglicherweise kompetentere Organ geht. Vielmehr bleibt es vorrangig, die aktive Partizipation der Betroffenen sicherzustellen. Die Kompetenzabgrenzung darf also nicht den Informationsfluß zwischen Bürokratie und beteiligten Konsumenten hindern oder die Transparenz der Entscheidungsvorgänge aufheben.

Eine einheitliche Verbraucherschutzbehörde könnte die heute verschiedenen staatlichen Stellen übertragenen Aufgaben übernehmen und somit besser planen und ausführen. Umfassende Maßnahmen sind viel leichter von einer allein zuständigen Stelle zu entwickeln und durchzuführen als von mehreren voneinander unabhängigen Ämtern, deren Tätigkeit ständig aufeinander abgestimmt werden muß. Eine für den gesamten Verbraucherschutz verantwortliche Behörde kann bei ihrem Vorgehen, etwa bei der Kontrolle von Geschäftsbedingungen, allgemeinere Aspekte mit in Betracht ziehen,

---

79 Zur Frage: dezentrale Initiative oder zentrale Problemverarbeitung?, vgl. F. Scharpf, Komplexität als Schranke der politischen Planung, in: »Gesellschaftlicher Wandel und politische Innovation«, Sonderheft der Politischen Vierteljahresschrift 4/1972, S. 168 ff.

80 Scherhorn, Gesucht: der mündige Verbraucher, Düsseldorf 1973, S. 90 ff. schlägt für die Verbraucherpolitik ein dreistufiges System von Institutionen vor: »Auf lokaler Ebene Auskunfts- und Beratungsstellen in größtmöglicher Nähe zum Verbraucher, sowie ein Minimum an verbraucherkundlichem Unterricht an jeder Schule, – auf regionaler Ebene größerer Institutionen, die die Arbeit der Auskunfts- und Beratungsstellen koordinieren, Verbraucherschulung im Sinne der Erwachsenenbildung betreiben und die zentrale Gewinnung und Aussendung aktueller Informationen ergänzen, – auf nationaler Ebene zentrale Institutionen für Verbraucherforschung, für Verbraucherausbildung und -didaktik sowie für aktuelle Informationsarbeit, also die Gewinnung, Speicherung und Aussendung aktueller Informationen« (S. 116). Weiter muß es eine zentrale Institution für Verbandsarbeit geben und ein Gremium, das die Aktivitäten der zentralen Institutionen, insbes. die Öffentlichkeitsarbeit, koordiniert.

81 Die Labour Party ist schon in den fünfziger Jahren in England für die Errichtung einer »starken, öffentlich finanzierten Vertretung« der Verbraucher eingetreten. Vgl. The Labour Party, Fair deal for the shopper, 1961, S. 20 f., 24 f.; E. Burton, The Battle of the Consumer, London 1955, insb. S. 26 f.; Harbury, Efficiency and the consumer, Fabian Research Series 199, London 1958, S. 18 f.; J. F. Northcott, Value for Money, Fabian Research Series 1953, No. 157. Das im Molony Report vorgeschlagene »Consumer Council«, vgl. Final Report of the Committee on Consumer Protection, HMSO, London 1962, §§ 820 ff., Schlußfolgerungen, Kapitel 197, entsprach nicht den Vorstellungen der Labour Party, da es nur konsultative Funktionen haben sollte. Siehe unten Abschnitt IV.

die von einer spezialisierten, auf eine Tätigkeit konzentrierten Stelle, wie z. B. dem heute nur für die allgemeinen Geschäftsbedingungen der Versicherungswirtschaft zuständigen Aufsichtsamt, in der Regel nicht berücksichtigt werden. In den Vereinigten Staaten hat die Vermehrung solcher auf einzelne Aufgaben spezialisierten Ämter zu Kompetenzwirrwarr und Verschwendung von Mitteln geführt und sich vor allem auf den Schutz der schwächeren Bevölkerungsgruppen nachteilig ausgewirkt. Diese konnten sich wegen ihres niedrigeren Bildungsniveaus über die ihnen zur Verfügung stehenden Rechtsbehelfe nicht ausreichend informieren.[82]

Ein einziges für den Verbraucherschutz zuständiges Amt erscheint schließlich auch vom Standpunkt der Bürger aus wünschenswert: Die Suche nach der Stelle, die ihnen in ihrem konkreten Anliegen helfen könnte, wird dadurch erheblich erleichtert.

Gegen die »administrative« Wahrnehmung des Verbraucherschutzes hat man eine Reihe von Einwänden erhoben: Das auf der Initiative des einzelnen Bürgers beruhende Überwachungssystem sei viel wirksamer. Individualklage und Klagebefugnis der Verbraucherverbände könnten viel schneller zum Erfolg führen als jeder behördliche Apparat. »Die Bilanz der Federal Trade Commission wird schon vom durchschnittlichen Erledigungsvolumen eines einzigen großstädtischen Landgerichts in der Bundesrepublik in den Schatten gestellt«.[83]

Die Tätigkeit der Federal Trade Commission beweist jedoch nur, daß ein ausschließlich auf dem Informationsmodell basierendes administratives System erfolglos sein wird. Die Ursache des Mißerfolgs liegt im Glauben an die Kräfte des Wettbewerbs, in der Vorstellung, Verbraucherschutz führe zu systemwidriger Staatsintervention, sei Ausnahmeregelung und könne allein bei Mißbrauch der Unternehmerfreiheit gerechtfertigt sein. Das hier vorgeschlagene Überwachungssystem, das auf der Partizipation

---

[82] J. Dolgen, L. Korman, M. Beigel, Consumer Credit Law, Annual Survey of American Law 1968/69, S. 187 ff., S. 190: »Public enforcement of consumer legislation has been characterized, both in the federal and state governments, by a number of diverse, ineffective agencies, At the federal level, fractionalization of function and inadequate funding have insured poor results. Thirty-three out of the thirty-five principal federal governmental departments and agencies are charged with a duty to protect or promote consumer interests... Surrounding the President is a conglomeration of councils, committees, and special assistants mirroring the disorganization at the departmental level. A single agency charged with the specific task of consumer protection with the power, funds, and staff to achieve that goal is needed«.

[83] Schricker, GRUR Int. 1973, 698. Kritik an der »administrativen« Kontrolle übt auch M. Trebilcock, Private Law Remedies for misleading advertising, University of Toronto Law Journal 22 (1972), 1 ff.

der Konsumenten fußt, ist kein »administratives« System im herkömmlichen Sinne, weil es weder den Verbraucherschutz einem von den Konsumenten unabhängigen behördlichen Apparat überläßt noch lediglich reaktiv vorgeht. Vielmehr sollen die Verbraucher selbst auf die Ursachen der Mißstände gestaltend einwirken, um ihre gesamte Situation zu ändern. Jede Regelung, die ausschließlich eine Bekämpfung der »Auswüchse« mit Individual- oder Verbandsklagen anstrebt, kann Abhilfe nur in einzelnen Fällen schaffen. Der Verbraucher wird auch dann, wenn er eine Irreführung feststellen und sich darüber empören sollte,[84] nur selten vor Gericht gehen. Selbst wenn man den Gang zum Gericht erheblich erleichtern sollte, wäre es wenig realistisch zu erwarten, daß der Durchschnittskäufer bei der Alternative, anderswo zu kaufen, einen Prozeß anstrengen wird, damit ein Verkäufer sein Verhalten ändert. Der bereits geschädigte Verbraucher wird sich allenfalls um seine Interessen kümmern und Ausgleich des erlittenen Schadens fordern, nicht aber ein generelles Verbot unlauterer Praktiken gegen den Unternehmer anstreben, um andere Käufer zu schützen. Dem Unternehmer steht es schließlich frei, auch nach einem ungünstigen Urteil das beanstandete Verhalten fortzusetzen oder neue irreführende Absatzpraktiken anzuwenden. Trotz möglicher Schadensersatzverpflichtungen bleibt die Wahrscheinlichkeit eines Gewinns erheblich.

Die Argumentation, die sich auf die Wirksamkeit des auf Individualklagen beruhenden Schutzsystems beruft, läuft im Endergebnis darauf hinaus, den Unternehmen die Vorteile, die ihnen die derzeitige Organisation des gerichtlichen Rechtsschutzes bringt, zu wahren. Wie die Diskussion in den Vereinigten Staaten zeigt,[85] kann aber in der Regel nur derjenige das bestehende System optimal in Anspruch nehmen, der über spezialisierte juristische Fachkräfte verfügt und der die Zeit, die Mittel bzw. den Apparat hat, die rechtlich relevanten Fakten zu sammeln und eine günstige Rechtsposition auch durchzusetzen. Diese Voraussetzungen erfüllen aber nur Unternehmen. Das System funktioniert in befriedigender Weise nur zwischen ungefähr gleich starken Wirtschaftseinheiten. Will man den Verbraucher effektiv schützen, so muß man neue Verfahren finden, die die materielle Gerechtigkeit auch für den gewährleisten, der über die finanziellen und organisatorischen Möglichkeiten eines Unternehmens nicht verfügt.

---

84 Ph. Schrag, Counsel for the deceived, Case Studies in Consumer Fraud, New York 1972, S. 186: »However, whole classes of transactions in violation of the Consumer Protection Law never came to our attention because some frauds are so successful that they do not generate complaints«.
85 Vgl. Kapitel IX Abschnitt II.

Die Kritik am »administrativen« System hebt mit Recht hervor, daß die Zahl der rechtswidrigen Praktiken viel zu groß ist, als daß jeder Fall von einer Behörde aufgegriffen und bekämpft werden könnte. Das ausschließlich die Eigeninitiative der Verbraucher voraussetzende Schutzsystem ist jedoch nicht die einzige Alternative zu einer allzuständigen Verbraucherschutzbehörde. Die Errichtung einer solchen Behörde bedeutet ja nicht, daß Einzelne nicht mehr die Möglichkeit haben sollen, von sich aus Wiedergutmachung eines erlittenen Schadens oder Unterlassung eines rechtswidrigen Verhaltens zu fordern. Vielmehr müssen den Bürgern sowohl die bestehenden Möglichkeiten erhalten bleiben als auch neue eröffnet werden, damit sie selbst unabhängig von der Behörde für ihren wirksamen Schutz sorgen können. Auf diese Weise würde sowohl in Fällen, in denen die Behörde nicht vorgehen kann oder will – etwa weil diese im Vergleich zu anderen nicht wichtig genug erscheinen –, ein Weg zur Abhilfe gegeben sein als auch die Arbeitsbelastung der Behörde verringert werden. Der Verbraucherschutz kann am wirksamsten nur realisiert werden, wenn die Vorteile des individuellen privaten Vorgehens und der öffentlichen Bekämpfung gleichzeitig voll ausgeschöpft werden.[86][87]

Eine Behörde ist, selbst wenn sie über ausreichende Mittel und einen spezialisierten Apparat verfügt, nicht in der Lage, wirksam einzuschreiten, wenn sie an straff festgelegte Verfahren gebunden ist. Die Täuschungsfälle oder die Gefahren, die täglich dem Publikum drohen, sind viel zu verschiedenartig, um mit einer einzelnen Maßnahme, etwa der Verpflichtung des Werbenden zum Nachweis der Richtigkeit von aufgestellten Behauptungen, erfolgreich bekämpft zu werden. Jedes Mittel erweist sich nur gegen einen bestimmten Kreis von unlauteren Praktiken als wirksam. So kann die class action zwar Unternehmen, die vermögend sind, zur Beachtung der Verbraucherinteressen zwingen, ist aber unwirksam gegen Betrüger, die eine einmalige Verkaufsaktion durchführen. Der öffentliche Hinweis auf Firmen, deren Leistungen zu beanstanden sind, ist eine sehr erfolg-

---

[86] Schrag, a.a.O., S. 197: »In fact securities lawyers generally concede that the fear of class actions, rather than fear of government prosecution, is what keeps the stock market honest. The deterrent of potential class actions is more credible than the threat of suit by the Securities and Exchange Commission because there exists only one Commission, but potentially thousands of lawyers who could start class actions«.

[87] Eine solche Möglichkeit doppelten Vorgehens wirft zwar eine Reihe von Problemen auf. Es fragt sich etwa, wie verfahren werden soll, wenn Privatpersonen Klage gegen ein Unternehmen aus dem gleichen Grund wie die Behörde erheben. Diese Probleme könnten jedoch durch entsprechende prozessuale Regelungen, etwa im Bereich von Rechtshängigkeit und Rechtskraft, überwunden werden. Vgl. zu dieser Frage Rice, a.a.O., S. 607 ff.

reiche Waffe, wenn nur selten davon Gebrauch gemacht wird. Warnungen, die zu oft wiederholt werden, verlieren an Wirksamkeit, da der Konsument sich nur an eine begrenzte Zahl von Namen erinnern kann. Nun kann zwar Verbrauchererziehung die Konsumenten mißtrauisch machen und die Zahl der Täuschungsfälle beschränken. Viele Auswirkungen abgeschlossener Geschäfte sind jedoch erst nach längerer Zeit ersichtlich, so daß die Schulung zu einem kritischen Verhalten hier wenig Schutz bieten kann. Verbraucherschutz setzt daher eine Strategie voraus, die sich nicht ausschließlich an dem einen oder anderen Mittel orientiert, sondern je nach Sachlage das adäquateste wählt. Die für den Verbraucherschutz zuständige Instanz muß daher im Hinblick auf ihr Ziel ihre Aufgaben und ihre Verfahren immer neu durchdenken und abändern können.

Der nächstliegende Einwand gegen eine Verbraucherschutzbehörde ist der, daß sie viel zu kostspielig sei.[88] Es möge zwar bedrückend sein, wenn von jeweils hundert Autokäufern einer die Folgen einseitig aufgestellter Allgemeiner Geschäftsbedingungen tragen müsse, aber die sich daraus für die Gesamtheit der Konsumenten ergebende finanzielle Belastung sei geringer als die eines ausgebauten Überwachungs- und Schutzsystems, das die Übervorteilung auf einen Fall pro zehntausend Käufe reduzieren würde. Das Leben mit der Ungerechtigkeit sei billiger und sichere niedrigere Preise. Die Abhängigkeit der Verbraucher müsse ebenso hingenommen werden wie etwa die Umweltverschmutzung oder die Lärmbelästigung.[89]

In der Tat kann eine Verbraucherschutzbehörde in befriedigender Weise nur funktionieren, wenn erhebliche finanzielle Mittel bereitgestellt werden. Es ist jedoch falsch, diese Ausgaben als eine zusätzliche unproduktive Belastung der Wirtschaft anzusehen, solange nicht geklärt ist, ob ein solches Schutzsystem nicht dazu beitragen würde, Kapital produktiver einzusetzen. Sollte die hier vorgeschlagene Stelle mittelbar oder unmittelbar rationellere Investitionen begünstigen, so könnte sie sich wegen der dadurch bedingten Produktivitätssteigerung als im Vergleich zum heutigen Zustand viel billiger erweisen. So werden den Verbrauchern in den Vereinigten Staaten angeblich jährlich ungefähr 100 Milliarden Dollar auf unlautere Weise abgenommen. Dies stellt mindestens genauso eine wirtschaftliche Belastung der Allgemeinheit dar wie ein Schutzsystem. Um die Frage zu beantworten, welcher Zustand weniger kostet, wären zuerst die wirtschaftlichen Folgen

---

[88] Der Final Report of the Committee on Consumer Protection, HMSO, London 1962, S. 6 f. zog gerade im Hinblick auf die Kosten die Schlußfolgerung, zwingende Vorschriften seien »einer umfangreichen Schutzmaschinerie« vorzuziehen.
[89] Schrag, a.a.O., S. 189.

für den Fall festzustellen, daß die 100 Mrd. Dollar im lauteren Geschäftsverkehr ausgegeben würden.[90] Voreilig erscheint das Kostenargument auch deshalb, weil bis heute nie untersucht worden ist, welche Ausgaben die konsequente Durchsetzung schon des geltenden Rechts im Bereich des Verbraucherschutzes erfordern würde. Das sind sicherlich erhebliche Beträge, die jedoch nie bereitgestellt worden sind. Hätte aber der Staat die sich selbst gestellten Aufgaben voll erfüllt, könnte der Aufwand für einen wirksamen Verbraucherschutz entscheidend geringer sein.

Die Resignation wegen zu hoher Kosten impliziert die Hinnahme von zwei Folgen: (1) Die Auswirkungen unlauteren Verhaltens von Unternehmen muß der zufällig betroffene Kunde, der in den meisten Fällen den schwächeren sozialen Schichten angehört, nicht aber die Gesamtheit der Verbraucher tragen. (2) Die Unternehmer sollen allein, da unkontrolliert vom – nicht mehr funktionierenden – Markt, die Entscheidungen über Inhalt und Richtung der Produktion treffen. Ein Rechtssystem aber, das die Sozialstaatlichkeit als Prinzip anerkennt und soziale Gerechtigkeit anstrebt, muß für die Verteilung der Risiken und Lasten der Produktion sorgen. Eine Wirtschaftsordnung, die die Notwendigkeit von Kontrolle prinzipiell akzeptiert, muß bei Versagen der alten Kontrollverfahren neue entwerfen und bereit sein, den Preis für eine Verbraucherschutzbehörde zu zahlen.

Scharpf[91] hat auf die Schwierigkeiten hingewiesen, eine innovative kontroverse Politik unter den Bedingungen eines komplexen pluralistischen Systems durchzusetzen. »Innovative Politik mit hohem Konsensbedarf«, wie sie die Umgestaltung des Verbraucherschutzes erfordert, kann nicht schon dann realisiert werden, wenn das Problem identifiziert ist und Lösungsvorschläge erarbeitet sind. Die Lösungen werden erst dann durchsetzbar, wenn Prozesse der Politisierung und Konsensbildung oder Krisendruck den Widerstand der bestehenden institutionalisierten Interessen gegen die Veränderung gebrochen haben. Eine gesellschaftliche Strukturänderung, die sich schon deshalb, weil sie Gegenstand steuernder Planung sein kann, verwirklichen läßt, ist in der Tat »technokratische Illusion«. Insofern erfordert die Realisierung der hier vorgebrachten Vorschläge nicht so sehr deren Verfeinerung als die Politisierung des Problems, sie setzt also insbesondere ein Doppeltes voraus: a) Verbraucherpolitik und Verbraucherschutz müssen innerhalb einer organisationsfähigen gesellschaftlichen Gruppe, die

---

90 Schrag ebd.: »Nevertheless the cost of at least some solutions seems low compared to the cost of enduring the present level of consumer fraud«.
91 Planung als politischer Prozeß, Die Verwaltung 1971, 1 ff., 28 ff.

die bestehende Machtkonstellation beeinflussen kann, zur politischen Forderung werden. Diese Gruppe muß eine breite Konsensbildung über die Einschränkung der Entscheidungsfreiheit der Produzenten anstreben. b) Die Übernahme marktkompensierender Aufgaben auf dem Gebiet des Verbraucherschutzes durch eine Behörde muß von den Trägern des gesellschaftlichen Entscheidungsprozesses gutgeheißen werden, also zur Bedingung des Gruppenkompromisses werden.

Aufgabe der Verbraucherschutzbehörde[92] wird es vor allem sein, bei der Regierung und den zuständigen Verwaltungsstellen zu vermitteln. Sie soll dafür eintreten, daß sowohl die staatlichen Stellen (Parlament, Regierung, Verwaltung, Gerichte) als auch die Unternehmer die für den Verbraucherschutz nötigen Schritte vornehmen. Sie soll diejenigen juristischen, wirtschaftlichen und technischen Daten, die für eine fundierte Meinungsbildung erforderlich sind, dem für die Entscheidung Zuständigen vorlegen, nicht aber selbst das abschließende Urteil treffen. Nur in Ausnahmefällen sollte sie ermächtigt sein, selbst notwendige Maßnahmen zu treffen. Ihre Stellung soll somit eher die eines »Anwalts des Verbrauchers«[93] sein, der durch sozialen Druck die Erreichung der gesetzten Ziele anstrebt, als die einer Anstalt des öffentlichen Rechts, der Aufgaben der öffentlichen Daseinsvorsorge übertragen sind.[94] Eine solche rechtliche Ausgestaltung der Behörde kann zwar zu Frustrationen bei den Betroffenen führen, da sich Erfolge nicht unmittelbar erzielen lassen. Sie schirmt aber die Behörde von dem sonst unabwendbaren Druck der staatlichen Bürokratie und der betroffe-

---

92 Zur verfassungsrechtlichen Problematik siehe oben Kapitel V Text zu Fußn. 67. Zu der Frage, ob die Errichtung einer Verbraucherschutzbehörde eine Verfassungsänderung voraussetzt, da dadurch die Kompetenzen des Bundes über den von Art. 95 GG gesteckten Rahmen hinaus erweitert würden, vgl. W. Däubler, Konsumenten-Ombudsman und Verbraucherselbsthilfe?, in: Gerechtigkeit, S. 57 ff.; Schricker, GRUR Int. 1973, 698 f.
93 G. von Eynern, Ein Anwalt der Verbraucher, in: Gesellschaft, Recht und Politik, Wolfgang Abendroth zum 60. Geburtstag, Neuwied und Berlin 1968, S. 75 ff., hat für die »Repräsentation der Verbraucher im politischen Raum« vorgeschlagen, »eine neue Figur zu schaffen«: einen »Anwalt der Verbraucher«.
94 Ausschließlich auf die Funktion eines »Anwalts der Verbraucher« sollte die Verbraucherschutzbehörde in den USA nach dem Gesetzesentwurf S. 3970 (oben Fußn. 8) beschränkt sein. Der zuständige Ausschuß des Senats meinte dazu (vgl. Report of the Committee, a.a.O.): »The committee believes that it would be a major mistake to combine in one consumer agency the functions of regulator and advocate ... A consumer advocate ist not designed to be an impartial arbiter. In the same manner as a lawyer retained to represent the interests of a business before a regulatory agency, the CPA will represent the interests of consumers. The CPA is counsel for consumers, not a judge deciding cases. To give regulatory authority to such an agency would be clearly inappropriate«.

nen Wirtschaftsgruppen ab, indem sie die Entscheidungskompetenz den staatlichen Instanzen beläßt.

Die hier propagierte Behörde würde u. a. die Funktionen übernehmen, die heute von den institutionalisierten Verbauchervertretungen erfüllt werden, nämlich in staatlichen Organen, Ausschüssen, Beiräten, Anhörungsverfahren usw. die Interessen der Verbraucher zu vertreten. Allerdings wäre sie nicht als ausschließlicher Repräsentant der Verbraucherinteressen anzuerkennen; dazu sind die Verbraucherbelange zu vielfältig. Es wird weiterhin verschiedene, sich widersprechende Interessen geben, etwa zwischen den Angehörigen verschiedener Einkommensgruppen. Die Entscheidung der Behörde, einen bestimmten Standpunkt zu vertreten, sollte nicht dazu führen, daß entgegengesetzte Interessen übergangen werden, auch diese sollten nach wie vor die Möglichkeit haben, öffentlich vorgetragen zu werden.

Die Behörde könnte sich u. a. folgenden Aufgaben widmen:[95]

a) Autonomie der Konsumenten setzt, wie bereits erwähnt, Befreiung von aufgezwungenen Leitbildern voraus. Kritische Distanz zu den Versuchen der Hersteller, die öffentliche Meinung zu beeinflussen, können die Verbraucher aber nur gewinnen, wenn sie sich der Fremdbestimmung ihrer Bedürfnisse und deren Befriedigung bewußt werden. Die Verbraucherschutzbehörde müßte daher die Konsumenten auf den bestehenden Interessenkonflikt mit den Anbietern hinweisen und dabei mögliche Lösungswege, ihre Auswirkungen auf alle Betroffenen, ihre Kosten für die Allgemeinheit sowie ihre Konsequenzen für die Struktur des Wirtschaftssystems insgesamt erläutern. Zweck der Aufklärungs- und Erziehungsarbeit wäre es, die Verbraucher zu veranlassen, selbst darüber zu reflektieren, wie ihre Bedarfsstruktur entsteht, ob und in welchem Maße die Einflüsse anderer Interessengruppen dabei eine Rolle spielen, wie man diese Einflußnahme erkennen und sich dagegen wehren kann. Die Verbraucher müßten weiterhin in die Lage versetzt werden, einen eigenen

---

[95] Vgl. dazu W. Däubler, a.a.O. (Anm. 29); Ramm, Gerechtigkeit S. 77, 87; v. Eynern, a.a.O., S. 82 f.; vgl. auch die Diskussion in den Vereinigten Staaten über die verschiedenen Gesetzesentwürfe zur Errichtung einer Verbraucherschutzbehörde. Dazu Report of the Committee, a.a.O., (Fußn. 8); R. Leighton, The Consumer Protection Agency Bill-Ghosts of Consumerists, Past-Present and Future, Food, Drug Cosmetic Law Journal 1973, S. 21 ff.; R. Barber, Government and the consumer, Michigan Law Review 64 (1966), 1203 ff.; Kritik vom Standpunkt der Unternehmer aus übt an diesen Gesetzesentwürfen W. H. Smith, Consumer Protection Legislative Proposals, Food, Drug, Cosmetic Law Journal 1972, 506 ff.

Wertungsmaßstab zu bilden, um Entscheidungen über ihre Bedürfnisbefriedigung und Lebensführung bewußt zu treffen. Die Behörde könnte somit Sprachrohr für die heute teilweise überhaupt nicht artikulierten vielfältigen Bedarfswünsche der Bevölkerung werden, qualitative Konsumalternativen entwerfen und zur Entwicklung neuer Bedarfshierarchien beitragen.

Ein weiteres Ziel der Arbeit der Behörde wäre es, die Verbraucher zur Teilnahme an ihrer Tätigkeit zu mobilisieren. Die Konsumenten müßten erkennen, daß es von ihrer Partizipation abhängt, inwieweit ihre Bedarfsvorstellungen verwirklicht, aber auch ob Sachgüter und Dienstleistungen, die sie sich wünschen, angeboten werden und die Kollektivgüter in erforderlichem Maße vorhanden sind. Die Behörde sollte daher Aktivitäten im unmittelbaren Umkreis der Bürger planen und ohne zeitliche Verzögerungen in Gang setzen.[96]

Die Möglichkeiten, die die Massenmedien bieten, müßten voll ausgeschöpft werden. Die Behörde sollte Fernsehen, Rundfunk und Presse dazu anhalten, das Publikum über verbraucherpolitische Themen zu informieren, das nötige Material zur Aufklärung zu liefern und die entsprechenden Programme zu koordinieren.

b) Die Behörde sollte den einzelnen Verbraucher anspornen, die Art und Weise seiner Bedarfsdeckung immer wieder zu überprüfen. Er sollte lernen: aa) das Verhältnis zwischen den verfügbaren Mitteln und der erstrebten Bedarfsdeckung jederzeit festzustellen und den Einsatz seiner Mittel zu planen; bb) auf dem Markt die ihm zur Verfügung stehenden Informationen über die Qualität und den Preis der Waren sowie die jeweiligen Geschäftsbedingungen optimal auszunutzen.[97]

---

[96] Ein Beispiel für eine Aktion, die von einem konkreten Fall her auf größere Zusammenhänge hinweist, bietet die Rohrzuckeraktion der Niederländischen Shalom-Gruppe, Vgl. dazu R. Syring, Symbolische Aktionen am Beispiel der niederländischen Shalom-Gruppe, in: Bahr, a.a.O. (Fußn. 3), S. 177 ff. Zweck der Aktion war es, die Bevölkerung zum Kauf von Rohrzucker zu veranlassen, um die diese Zuckerart produzierenden armen Länder zu unterstützen. Von der Gruppe wurde dabei hervorgehoben, daß Rohrzucker nur 25 cent je Kilo, Rübenzucker dagegen 80 cent je Kilo koste. Den Verbrauchern biete man aus agrar- und handelspolitischen Gründen aber fast nur Rübenzucker an. Infolge dieser Kampagne versiebenfachte sich der Rohrzuckerverbrauch in den Niederlanden, Lebensmittelgeschäfte und Supermarktketten nahmen Rohrzucker in ihr Sortiment auf, in vielen Orten entstanden Gruppen, die die Aktion an Hand anderer Beispiele weiterführten.

[97] Scherhorn, a.a.O., S. 49 ff., 64, spricht von wirtschaftlichem Verhalten im Haushalt und beweglichem und kritischem Verhalten auf dem Markt.

c) Aufgabe der Behörde sollte weiterhin die Vermittlung von Informationen an die Verbraucher sein. Dazu zählt u. a.:

aa) Aktuelle und spezifische Einzelinformationen mitzuteilen, die den Verbraucher auf dem Markt in die Lage versetzen, eine rationale Entscheidung zu treffen, ihn etwa über das Angebot auf den einzelnen Teilmärkten, die Eigenschaften konkurrierender Produkte, die für die Ernährung und die Gesundheit wichtigen Gesichtspunkte, die neuentwickelten Produkte und deren Nutzen etc. unterrichten. Um solche Informationen zu gewinnen, müßte die Behörde, wie etwa heute die Stiftung Warentest, selbst Prüfungen und vergleichende Untersuchungen durchführen.[98] In der Bundesrepublik ist bereits erwogen worden, eine staatliche Informationsstelle für Arzneimittel zu errichten;[99] die hier vorgeschlagene Behörde könnte im Arzneimittelbereich die Aufgabe einer solchen Informationsstelle ebenfalls übernehmen.

bb) Festzustellen, welche Informationen jedem in Verkehr gebrachten Gut beigefügt werden müssen, damit der Verbraucher selbst darüber entscheiden kann, ob es seinen besonderen Wünschen entspricht. Nach den Untersuchungsergebnissen einer Forschungsgruppe der FTC sollten von den Produzenten all die Informationen über Qualitätsmerkmale mitgeteilt werden, die, falls bekannt, die Kaufentscheidung eines beachtlichen Teils der Nachfrager beeinflussen würden,[100] und zwar so, daß der Konsument

---

[98] In der von der Beratenden Versammlung des Europarates beschlossenen Charta zum Schutze der Verbraucher, (Resolution 543 (1973)), heißt es: »it shall be a duty on each government, directly or assigned to a national consumer authority, to conduct research and publish information on the composition and performance of products, on labelling and use of products, efficiency of services and all matters of interest to consumers, and where appropriate to provide for the establishing of local consumer advice centres where this information related to the services offered by local traders will be readily available« (Appendix E IV).

[99] Vgl. K.-E. Schmidt, Möglichkeiten und Ziele einer staatlichen Arzneimittelinformationsstelle im Rahmen einer wettbewerblichen Wirtschaftsordnung, WRP 1973, 68 ff.; Schmidt, S. 70, erwähnt das Beispiel der eidgenössischen Arzneimittelkommission, die Arzneispezialitäten vor ihrer Aufnahme in die sogenannte Spezialitäten-Liste unter therapeutischen und wirtschaftlichen Gesichtspunkten prüft. Diese Liste enthält die den Krankenkassen zur Kostenübernahme empfohlenen Heilmittel. Sie umfaßt etwa 2 400 von den 15 000 auf dem Markt angebotenen Arzneimitteln. Durch die Auswahl gelingt es, bei mehreren Medikamenten mit ähnlicher Wirkung das bessere, bei gleich guten das billigere zu bestimmen.

[100] Ferguson et al., a.a.O. (Kapitel IV Fußn. 104), S. 70 f. Nach dem ersten Programm der Kommission der Europäischen Gemeinschaften zur Unterrichtung und zum Schutz der Verbraucher vom 21. 5. 1974 (Dokument SEK (74) 1939) abgedruckt bei v. Hippel, Verbraucherschutz, S. 261 ff., hat »Detailinformation auf Etiketten, in

entscheiden kann, welches Produkt die gewünschten Qualitäts- und Leistungsmerkmale zum günstigsten Preis bietet. Diesem Zweck würde auch die Schaffung einheitlicher Größen-, Gewichts- und Qualitätsbezeichnungen dienen. Schließlich wäre festzustellen, welche Angaben für die optimale Benutzung der Waren notwendig sind.[101] Bei Lebensmitteln sind z. B. neben Mitteilungen über ihre Herkunft oder Zusammensetzung meistens auch Informationen über Aufbewahrung und Haltbarkeit erforderlich.

Der Verbraucher braucht hierzu mehr als nur Informationen, er benötigt im Dickicht des Angebots weitergehende Orientierungshilfen, die ihm die Behörde geben sollte. Sie könnte etwa zeitlich befristete Kennzeichen für bestimmte von ihr geprüfte und festgelegte Eigenschaften vergeben.

Eine Haftung der Behörde für das Vorhandensein der Qualitätsmerkmale sollte allerdings nicht vorgesehen werden. Die Verantwortung für die Gefährlichkeit des Produkts oder das Vorhandensein bestimmter Eigenschaften und Nebenwirkungen sollte der herstellende Unternehmer, solange er nicht an ihn gerichteten Weisungen folgt, allein tragen.

cc) Die Behörde sollte ein Informationssystem aufbauen, das den Nachteilen und der Einseitigkeit der Werbung entgegenwirkt.[102] Dabei sollte zulässig sein und zur Regel gemacht werden, daß jede Werbebehauptung mit einer Gegendarstellung beantwortet werden kann, die auch ihrerseits nicht mit genauen Daten belegt zu werden braucht.[103] Der Werbung von Waschmitteln z. B., die den Eindruck erweckt, ein Produkt sei besser als andere, könnte durch Anzeigen, die auf die Gleichheit aller Produkte hinweisen, widersprochen werden. Die Behörde könnte weiterhin auf unseriöse Unternehmen, irreführende Verkaufspraktiken und Produkte, die den Werbeparolen nicht entsprechen, aufmerksam machen. Der däni-

---

Geschäften oder in Anzeigen genau und angemessen zu sein. Das schließt ein Informationen über die Natur, die Zusammensetzung, die Menge, die Ergebnisse, den Vorrat, die Qualität, den Preis und die Herkunft von Waren oder Leistungen« (S. 267).
101 Vgl. das Programm der Europäischen Gemeinschaft, a.a.O., S. 270.
102 Scherhorn, a.a.O., S. 37, 76 f. spricht von »Gegeninformation«; Faber, a.a.O. (Kapitel V Fußn. 66), S. 195 von einem »Recht zur Kontrasuggestion«. Die FTC hat bereits Fernsehsendungen mit Gegenwerbung erwogen; diese soll vor allem in Fällen, in denen die Hersteller sachlich nicht gerechtfertigte Werbebehauptungen aufstellen, den Konsumenten über die wirklichen Produkteigenschaften aufklären. Vgl. Note, Duke Law Journal 1973, 563 ff., 589 ff.
103 Daß Gegeninformation wirksam sein kann, haben Erhebungen des Instituts für angewandte Verbraucherforschung nachgewiesen, Scherhorn, a.a.O., S. 76. Die Präferenzen der Hälfte der befragten Verbraucher hatten sich geändert, nachdem ihnen zwei Informationsbriefe, die sie über die Qualität der angebotenen Ware und vorhandene Preisunterschiede unterrichteten, zugesandt worden waren.

sche Verbraucherrat etwa hat das Publikum vor einem Reiseveranstalter gewarnt, dessen Leistungen immer wieder Anlaß zu Beschwerden gaben.[104]

dd) Voraussetzung einer effektiven Tätigkeit der Behörde ist es, daß die gesammelten Informationen dem Publikum auch zugänglich gemacht werden. Die aktuellen Daten über Produkte, Anbieter, Marktverhältnisse usw. müssen so aufbereitet dargeboten und auf dem neuesten Stand gehalten werden, »daß sie von Verbraucherberatungsstellen, von den Medien der Massenkommunikation und auch vom einzelnen Verbraucher je nach Bedarf leicht abgerufen und mit Nutzen verwendet werden können. Hier geht es im wesentlichen darum, Systeme zentral gesteuerter Zuspeicherung neuer und Abspeicherung entwerteter Informationen zu entwickeln und den Abruf der Informationen zu organisieren«.[105] Für die Aufklärung der Verbraucher und die Vermittlung von Information ist ein Netz von lokalen Stellen erforderlich, die sich bemühen müßten, dem Konsumenten am Ort des Einkaufs selbst (z. B. Einkaufsstraßen) die notwendigen Daten zur Verfügung zu stellen.[106]

d) Aufgabe der Behörde sollte die Gefahrenvorbeugung zum Schutze der Verbraucher sein.[107] Dazu müßte sie bestehende Gefahrenquellen untersuchen und Vorschläge zur Abhilfe unterbreiten, etwa die Wirkung chemischer Substanzen in Kosmetika oder von Pflanzenschutzmitteln in Lebensmitteln feststellen und für deren Verbot eintreten, falls diese sich als gefährlich oder gesundheitsschädlich erweisen sollten. Ein Verbraucheramt sollte z. B. auch eindeutige Positivlisten für die Benutzung von Fremdstoffen in Lebensmitteln aufstellen. Es hätte, um die von technischen Gebrauchsgegenständen ausgehenden Gefährdungen zu beschränken, Sicherheitsstandards zu entwickeln und vorzuschlagen, Sicherheitsvorschriften zu entwerfen oder bei der Ausarbeitung technischer Regelwerke (wie etwa der VDE-Vorschriften oder der DIN-Normen) mitzuarbeiten. Bei ansonsten unverzichtbaren Fremdstoffen mit schädlichen Nebenwirkungen müßte die Behörde prüfen, inwieweit und in welcher Form Warnungen oder

---

104 Vgl. Frankfurter Rundschau vom 2. 3. 1974, Reisemagazin.
105 Scherhorn, a.a.O. (Fußn. 80), S. 88.
106 Vgl. auch Th. Wenzel-U. Wenzel, Überlegungen zur Entwicklung eines Informationssystems für hauswirtschaftliche und Verbraucherberatung, Gutachten für die Arbeitsgemeinschaft Hauswirtschaft e. V. Bonn, März 1972 (hektographiert).
107 Vgl. dazu P. Raisch-E. von Olshausen, Gefahrenvorbeugung, in Gerechtigkeit, S. 97 ff.

Gebrauchsanweisungen erforderlich sind. Auch hätte sie die technische Entwicklung zu verfolgen, um immer dann vorbeugend Einspruch zu erheben, wenn die Gefahr bestünde, daß technische Innovationen bei der Herstellung von Produkten ohne genügende Vorprüfung bzw. ohne Kenntnis der möglichen Folgen angewandt werden.[108] Sie müßte Prototypen von Maschinen, Apparaten und Elektrogeräten, die an sich oder aufgrund ihrer Benutzung ein Sicherheitsrisiko darstellen, vor ihrer Freigabe zum »allgemeinen Gebrauch« überprüfen.[109]

e) Damit die Verbraucher wirksam und ohne großes Kostenrisiko Ersatz für die Schäden erhalten, die sie beim Kauf oder bei der Benutzung einer Ware oder Dienstleistung erlitten haben, sollte die Behörde neue Verfahren entwickeln, die einen effektiven Rechtsschutz gewährleisten. Die in den USA bestehenden oder vorgeschlagenen Rechtsinstitute wie etwa class actions, staatliche Klagen für Rechnung der Verbraucher, Schiedsgerichte auf lokaler Ebene usw. bieten hierfür gute Beispiele.

Die Behörde sollte weiterhin, wenn sie es aus prinzipiellen Gründen für notwendig erachtet, den Bürgern die Geltendmachung ihrer Ansprüche erleichtern und ihnen in Prozessen beistehen, etwa die Prozeßkosten tragen oder spezialisierte Anwälte mit der Prozeßführung beauftragen.[110] Kon-

---

[108] Auf Grund des »Consumer Product Safety Act« von 1972 hat man in den Vereinigten Staaten eine unabhängige Behörde (independent regulatory commission) errichtet, die »Consumer Product Safety Commission«. Diese Behörde kann nach sec. 5 (b): »(1) conduct research, studies and investigations on the safety of consumer products and on improving the safety of such products; (2) test consumer products and develop product safety test methods and testing devices; and (3) offer training in product safety investigation and test methods«. Sie kann Sicherheitsstandards bestimmen (sec. 7), die folgende Merkmale enthalten können: »(1) Requirements as to performance, composition, contents, design, construction, finish or packaging of a consumer product. (2) Requirements that a consumer product be marked with or accompanied by clear and adequate warnings or instructions...«. Die Behörde hat weiterhin die Befugnis, Bestimmungen zu erlassen, die den Vertrieb gefährlicher Waren verbieten (sec. 8). Sie ist verpflichtet, alle Informationen über Gefahren für Gesundheit und Leben, die von Produkten herrühren, zu sammeln. Zu den Überlegungen, die zur Verabschiedung des Gesetzes geführt haben, vgl. W. G. Magnuson, Righting a right, Trial 1972, Heft 1 S. 20; J. Turner, Corporate Responsibility and product safety, San Diego Law Review 8 (1970), 15 ff.; J. Henderson, Consumer Protection or Consumer Repression? A Critique of the National Commission on Product Safety, Boston University Law Review 51 (1971), 704 ff.

[109] Vgl. das Programm der Europäischen Gemeinschaft, a.a.O. (Fußn. 100), S. 266.

[110] Nach einem amerikanischen Senat verabschiedeten Gesetzesentwurf sollte die FTC für Rechnung der geschädigten Verbraucher klagen können auf Vornahme der Handlungen, die zur Wiedergutmachung des Schadens notwendig sind, etwa auf Zahlung von Schadensersatz oder Umgestaltung von Verträgen. Die entspre-

sumenten sollten an sie Beschwerden sowohl über öffentliche als auch über private Versorgungsunternehmen und Dienstleistungsbetriebe richten können, wobei es dann im Ermessen der Behörde liegen müßte, ob sie die Beschwerden selbst weiterverfolgt, an andere zuständige Stellen weiterleitet oder nichts weiter unternimmt.

f) Aufgabe der Behörde sollte es sein, die Anliegen der Verbraucher bei staatlichen Stellen zu vertreten, dem Gesetzgeber Maßnahmen zum Schutze der Konsumenten vorzuschlagen und sich zu geplanten Gesetzesvorhaben gutachtlich zu äußern. Staatliche Stellen müßten ihr umgekehrt über ihre Bemühungen für den Verbraucherschutz berichten, ihre Auffassung zu geplanten Vorhaben einholen und ihr Einblick in einschlägige Unterlagen gewähren.
Die Behörde hätte die Auswirkungen von Gesetzgebung und Rechtsprechung festzustellen und die Ergebnisse von Klagen und Beschwerden zu sammeln, um über die Reformbedürftigkeit des jeweils geltenden Rechts unterrichtet zu sein.[111] Sie sollte das Recht haben, an einem für die Verbraucherinteressen wichtigen Prozeß, der etwa das Verbot einer bestimmten Werbeform betrifft, selbst als Partei teilzunehmen. Da sie nicht alle laufenden Prozesse überwachen kann, sollte sie zumindest jederzeit in erster oder in zweiter Instanz intervenieren können, um ihren Standpunkt unabhängig von den Parteien vorzutragen. Ihr müßte schließlich die Möglichkeit gegeben werden, gegen Verwaltungsakte, die die Interessen der Verbraucher verletzen, gerichtlich vorzugehen.

g) Zur Schaffung von Überwachungs- und Eingriffsmöglichkeiten für die Behörde müßten zahlreiche gesetzliche Vorschriften abgeändert oder ergänzt werden. So wären die Vorschriften des Gesetzes gegen den unlau-

---

chende Bestimmung lautete: »After an order of the Commission to cease and desist from engaging in acts or practices which are unfair or deceptive to consumers and proscribed by section 5 (a) (1) of this Act has become final..., the Commission by any of its attorneys designated by it for such purpose, may institute civil actions in the district courts of the United States to obtain such relief as the court shall find necessary to redress injury to consumers caused by acts or practices which were the subject of the cease and desist order, including but not limited to, recision or reformation of contracts, the refund of money or the return of property, public notification of the violation and the payment of damages«. Vgl. dazu J. Sebert, a.a.O., (Kapitel VII Fußn. 88), S. 256 ff.
111 Nach dem zweiten Teilbericht der AGB-Arbeitsgruppe beim Bundesjustizministerium (a.a.O. Kapitel II, Fußn. 111) wären alle rechtskräftigen Entscheidungen über die Rechtmäßigkeit von AGB der zu errichtenden Bundesbehörde für Verbraucherschutz mitzuteilen und dort in ein Zentralregister einzutragen.

teren Wettbewerb so umzugestalten, daß das Verhältnis zwischen dem einzelnen Werbungtreibenden und den Konsumenten ausführlich geregelt wird. Ein Verstoß gegen die Interessen der Verbraucher wäre ausdrücklich als sittenwidriges Verhalten zu kennzeichnen. Der Begriff der Irreführung könnte auf solche Fälle erweitert werden, in denen der Verbraucher davon abgebracht werden soll, eine begründete Kaufentscheidung zu treffen. Die Behörde müßte das Recht erhalten, in allen Fällen unlauterer Geschäftspraktiken Unterlassungsklage zu erheben und gegebenenfalls den Wahrheitsbeweis für aufgestellte Behauptungen oder die Richtigstellung falscher oder irreführender Werbung zu fordern.

Die für die Reform des Rechts der AGB beim Bundesjustizministerium eingesetzte Arbeitsgruppe hat vorgeschlagen, eine noch zu errichtende Bundesbehörde für Verbraucherschutz mit der Kontrolle der Allgemeinen Geschäftsbedingungen zu beauftragen.[112] Diese soll neben den Verbraucher- und Wirtschaftsverbänden berechtigt sein, gegen unangemessene Allgemeine Geschäftsbedingungen vorzugehen und ihre Überprüfung unabhängig von einem konkreten Einzelfall in einem Verfahren nach Art einer abstrakten Normenkontrolle zu verlangen. An die in diesem Verfahren festgestellte Rechtswidrigkeit der AGB sollen auch alle übrigen mit ihnen befaßten Gerichte gebunden sein, d. h. in den Einzelprozessen zwischen dem Aufsteller der AGB und seinen Kunden hätten sie von der Unwirksamkeit der erfolgreich beanstandeten Klauseln auszugehen.

Einen entscheidenden Einfluß auf Planung und Dispositionen der Hersteller könnte die Behörde nur gewinnen, wenn sie nicht nur die Unterlassung widerrechtlichen Verhaltens verlangen, sondern auch Bußen verhängen könnte. Im bereits erwähnten Fall des OMO-Knotens[113] gab die Firma Lever Sunlicht der Forderung, die irreführende Werbung zu unterlassen, zwar nach, ihr Schaden war jedoch nur gering, da die bereits vorhandenen Packungen mit den alten unwahren Werbeaussagen bis zum Ablauf einer produktionsbedingten »Aufbrauchfrist« weiter vertrieben wurden und darüber hinaus die Kosten dieser Werbung von der Steuer abgesetzt werden konnten. Dieses Unternehmen wird daher auch in Zukunft kaum davor zurückschrecken, eine derartig täuschende Werbung wieder aufzunehmen. Das Eingreifen der Behörde soll daher – wie oben dargelegt – nicht nur der punktuellen Mißbrauchsabwendung, sondern marktkompensierenden Aufgaben dienen, d. h. sie muß Nachteile überall dort zufügen können, wo der Markt wegen des Fehlens eines wirksamen Wettbewerbs

---

112 Vgl. Kapitel II Fußn. 111.
113 Siehe oben Kapitel IV Fußn. 9.

die Hersteller nicht »strafen« kann. Zu diesem Zweck sind ihr Sanktionsbefugnisse zur Verfügung zu stellen, die das Verhalten der Produzenten wirksam »konditionieren« können. Warum sollte die Fa. Lever Sunlicht den Gewinn aus dem Vertrieb der mit irreführenden Werbeangaben versehenen Packung nicht an den Staat abführen müssen? So hat ja auch nach dem GWB das Kartellamt das Recht, gegenüber Unternehmen, die sich über die Nichtigkeit eines Vertrages hinwegsetzen, die dadurch begangene Ordnungswidrigkeit mit Geldbußen bis zur dreifachen Höhe des durch die Zuwiderhandlung erzielten Mehrerlöses zu ahnden.[114] Eine solche Befugnis der Behörde zur Auferlegung von Geldbußen könnte wirksam der Tendenz des Marktes entgegenwirken, Unternehmer um so mehr zu belohnen, je rücksichtsloser sie sich über die Verbraucherinteressen hinwegsetzen.

Die Behörde sollte darüber hinaus Wettbewerbsregeln im Interesse eines erhöhten Verbraucherschutzes, etwa für Werbeveranstaltungen, suggestive oder gefühlsbetonte Werbung usw., erarbeiten. Diese Regeln wären als Maßstäbe eines lauteren Wettbewerbs anzusehen und von den Gerichten bei der Anwendung der Generalklausel des § 1 UWG zu beachten. Die Behörde könnte z. B. zur Konkretisierung des § 17 LMG[115] Grundsätze über die im Verkehr maßgeblichen Qualitätseigenschaften von Lebensmitteln aufstellen und in ähnlicher Weise überall dort, wo sich das Verhalten der Unternehmer nach festzulegenden Standards richten soll, eine gestaltende Funktion übernehmen und dabei Maßstäbe zur Verbesserung der Qualität des Angebots bestimmen.

h) Auch Kontroll- und Überwachungsaufgaben sollten der Behörde obliegen, z. B. in den Gebieten, wo bereits heute staatliche Kontrollorgane tätig sind (wie etwa im Arzneimittel- und Lebensmittelverkehr). Hierzu bräuchte sie die Befugnis, mit Hilfe der Polizei oder anderer Behörden die Verantwortlichen für eine rechtswidrige Handlung zu ermitteln und die nowendigen Beweise sicherzustellen.

---

114 § 38 IV GWB. Nach § 17 IV OWiG soll die Geldbuße den wirtschaftlichen Vorteil, den der Täter aus der Ordnungswidrigkeit gezogen hat, übersteigen. Nach Rebmann-Roth-Hermann, Gesetz über Ordnungswidrigkeiten, Stuttgart, Stand Dezember 1974, sind auch solche wirtschaftlichen Vorteile in Betracht zu ziehen, die sich dadurch ergeben haben, daß der Betroffene »seine eigene Marktposition durch das Zurückdrängen eines Wettbewerbers verbessert hat« (§ 13 Anm. 13).
115 § 17 Abs. 1 Z. 2 b LMG verbietet den Vertrieb von Lebensmitteln, die hinsichtlich ihrer Beschaffenheit von der Verkehrsauffassung abweichen und dadurch in ihrem Wert gemindert sind.

i) Man sollte der Behörde auch das Recht einräumen, Boykotts zu organisieren, und zwar sowohl generell gegen gewisse Produkte (Fleischboykott) oder Unternehmer (Veranstalter von Kaffeefahrten oder mit Mondpreisen arbeitende Supermärkte) als auch gegen bestimmte Waren (ein besonders phosphathaltiges Waschmittel). Die rechtliche Zulässigkeit des Boykotts sollte durch Gesetz ausdrücklich klargestellt und nicht erst im Einzelfall auf Grund einer Interessenabwägung festgestellt werden;[116] der Boykott sollte rechtmäßig sein, sofern er nicht die vorsätzliche sittenwidrige Schädigung des Betroffenen bezweckt.[117]

j) Ein solches Verbraucherschutzamt sollte[118] untersuchen, inwieweit das Angebot von Waren und Dienstleistungen verbessert werden kann, und entsprechende Vorschläge unterbreiten, etwa die Herstellung nicht vorhandener Güter, eine Sortenbeschränkung, die Vereinheitlichung von Produktformen oder die Anwendung von Rationalisierungsmaßnahmen anregen. Verbraucherfeindliche Praktiken, wie die bewußt angestrebte Verringerung der Lebensdauer von Gebrauchsgütern, sollten aufgezeigt und durch Aufstellung von Qualitätsnormen bekämpft werden.

Um derartige eigene Vorstellungen über die Gestaltung von Gütern und Dienstleistungen zu entwickeln, müßte die Behörde einerseits selbst Informationen über Produktion und Bedarf sammeln, andererseits das Recht haben, Auskünfte von den betroffenen Unternehmen einzuholen und Einblick in dort vorhandene Unterlagen zu erhalten,[119] und zwar selbst über

---

[116] Der Boykott wird sowohl nach § 826 BGB als auch nach § 823 I BGB beurteilt. Er greift, so der BGH, in die Interessen des Geschäftsinhabers ein, die unter dem Schutz des »Rechts am eingerichteten und ausgeübten Gewerbebetrieb« stehen. Vgl. BGH, GRUR 1965, 440 ff. – »Milchboykott« –; BGHZ 24, 200, 206 – »Spätheimkehrer«. Die Zulässigkeit eines Boykottaufrufs muß daher auf Grund einer Güter- und Pflichtenabwägung nach den besonderen Umständen des Einzelfalles entschieden werden. Stellt man jedoch »auf die nachteiligen Folgen ab, die zu schwersten wirtschaftlichen Schäden und womöglich zur Vernichtung der Existenz führen, so wird nur selten eine Boykottmaßnahme aus dem Gesichtspunkt der Wahrnehmung berechtigter Interessen zulässig sein« (Baumbach-Hefermehl, a.a.O. (Kapitel II Fußn. 13), § 1 UWG Anm. 228. Vgl. auch OLG Frankfurt, NJW 1969, 2095 ff. – »Seehundfelle« –; Soergel-Siebert-Zeuner, BGB, 10. Aufl. 1970, § 823 Anm. 84, Baumbach-Hefermehl, a.a.O., § 1 UWG Anm. 211 ff.
[117] Zu den Problemen eines Boykotts nach dem Recht der Vereinigten Staaten vgl. Extrajudicial consumer pressure: an effective impediment to unethical business practices, Duke Law Journal 1969, 1011 ff., 1039 ff.
[118] Entsprechend den Vorschlägen von Scherhorn, a.a.O., S. 13 f.
[119] Der Commissioner für Consumer Affairs im australischen Staat Queensland hat »wide powers to obtain information, and a person who fails to furnish information or answer a question when required to do so or who gives information which is false, commits an offence under the Act... One safeguard in the Act is the

Herstellungsverfahren, Preiskalkulationen, technische und wirtschaftliche Geschäftsgeheimnisse usw. Diese Daten dürften allerdings nicht in Gerichts- oder Verwaltungsverfahren zu Lasten des Auskunftgebenden verwendet werden. Der breiten Öffentlichkeit könnten sie mitgeteilt werden, soweit dies zum Schutz von Leben und Gesundheit erforderlich wäre.

k) Aufgabe der Behörde wäre es schließlich, die für den Verbraucherschutz notwendigen Forschungen durchzuführen und die ökonomischen und sozialen Daten, die man für überzeugende Lösungen braucht, zusammenzustellen. Man kann weder gesetzliche Maßnahmen vorbereiten noch konkrete Aktionen veranlassen, wenn nicht die Ursachen und Wirkungen des Unternehmer- und Verbraucherverhaltens sowie die wirtschaftlichen Folgen eventueller Gegenmaßnahmen untersucht werden.[120]

IV. *Das Consumer Council*

Die Schwierigkeiten, auf die eine Verbraucherpolitik stößt, die eine autonome Behörde mit Aufgaben des Verbraucherschutzes beauftragt, werden

provision that any answer given .. is inadmissible in evidence in civil or criminal proceedings other than proceedings for an offence under the Act«. Vgl. K. C. J. Sutton, The Consumer Protection Act 1969 (N. S. W.) and Comparable Legislation in other states and overseas, Adelaide Law Review 4 (1971), 43 ff., 49.
120 In Kanada besteht ein Ministerium auf Bundesebene, das sich mit Verbraucherangelegenheiten befaßt (Department of Consumer and Corporate Affairs). Vgl. dazu OECD, Consumer Policy in member countries, Report by the Committee on Consumer Policy, Paris 1972 (abgedruckt bei v. Hippel, Verbraucherschutz S. 222 ff.) S. 27; Consumer and Corporate Affairs, Who we are and what we do; Consumer and Corporate Affairs, Federal Legislation and programs relating to consumer protection, March 1973. Ihm sind unter anderem folgende Aufgaben übertragen a) Forschung auf dem Gebiete des Verbraucherschutzes und der Konsumenteninformation und Entwicklung von Maßnahmen zur Förderung der Interessen der Verbraucher; b) Entwicklung von neuen Sicherheitsstandards und Überwachung der Anwendung geltender Sicherheitsvorschriften; c) Kontrolle des Einzelhandels auf Einhaltung von Verbraucherschutzbestimmungen; d) Überprüfung von Verbraucherbeschwerden; e) Schutz der Verbraucher gegen Unfälle und Gesundheitsgefährdungen, gegen Täuschungen und irreführende Angaben am Markt; f) Aufklärung und Information der Konsumenten, damit sie sich zwischen konkurrierenden Produkten bewußt entscheiden können; g) Vertretung der Verbraucher in den verschiedenen einschlägigen Gremien der Regierung. Zu der Diskussion über den Verbraucherschutz in Kanada vgl. J. Ison (ed.), Conference on the responsibility for consumer protection, Vancouver 1968.
Über die verschiedenen Institutionen, die in den OECD-Ländern Aufgaben des Verbraucherschutzes wahrnehmen, vgl. OECD, a.a.O., S. 25 ff.

am Beispiel des Consumer Council in Großbritannien deutlich.[121] Der Molony Report hatte 1962 die Gründung eines Verbraucherrats (Consumer Council) vorgeschlagen, der sich über die Probleme der Verbraucher laufend informieren und die erforderlichen Lösungen konzipieren sollte. Dieser Empfehlung entsprechend wurde 1963 das Consumer Council als autonome Kommission mit konsultativen Funktionen gegründet. Seine Tätigkeit wurde auf die Untersuchung von Verbraucherangelegenheiten, fachkundige Beratung der Regierung und die Verbraucheraufklärung beschränkt. Dagegen wurden ihm vergleichende Warentests, die Überprüfung von Beschwerden einzelner Konsumenten und die Einleitung gerichtlicher Schritte ausdrücklich untersagt. Die für seine Arbeit nötige Information sammelte es mit Hilfe schon bestehender Verbraucherorganisationen. Die notwendigen finanziellen Mittel wurden von der Regierung zur Verfügung gestellt, ansonsten aber war es von jeder staatlichen Beaufsichtigung völlig frei. Das Consumer Council bestand aus zwölf berufenen Mitgliedern und verfügte über einen eigenen Stab von ungefähr dreißig Mitarbeitern; eine Mitgliedschaft einzelner Verbraucher oder Organisationen war jedoch nicht möglich.

Die Wirksamkeit der Tätigkeit dieser neuen Institution hing nach der Vorstellung des Gesetzgebers weitgehend von ihrer Fähigkeit ab, für bestehende Probleme unter Mitarbeit aller Interessenten rechtliche Regelungen zu erarbeiten und vorzuschlagen. Das Consumer Council legte in der Tat besonderen Wert auf gute Beziehungen zum Parlament und den zuständigen Regierungsstellen. Es nahm den Charakter einer seriösen Lobby an, die die staatliche Verwaltung für die Interessen der Konsumenten zu gewinnen suchte. Dies entsprach auch dem Konzept des Molony-Reports, der betont hatte, der zu schaffende Rat »müsse die autorisierte Stimme der Konsumenten sein, die deren Standpunkt bei den höchsten Entscheidungsgremien zu Gehör bringe«.

Im Laufe seiner mehrjährigen Tätigkeit hat das Consumer Council das Parlament, die Presse und die Öffentlichkeit für Fragen des Konsumentenschutzes sensibilisiert. Verschiedene Gesetze, etwa das Gesetz über Immobilienmakler, sind unter seiner maßgeblichen Mitarbeit entworfen worden. Seine Untersuchungen z. B. auf dem Gebiet des gerichtlichen Rechtsschutzes haben Mißstände aufgedeckt und die Notwendigkeit von Reformen ins allgemeine Bewußtsein gerückt. In zahlreichen Fällen hat es bestimmte Geschäftspraktiken untersucht und Wege zur Verbesserung der

---

121 Vgl. zum Nachfolgenden, Final Report of the Comitee on Consumer Protection (Molony Report) London, HMSO, 1962, §§ 847 ff., The Consumer Council, Annual Reports, 1963-64, 1964-65, 1965-66, 1966-67, 1967-68, 1968-69, 1969-70, 1970.

angebotenen Leistungen, vielfach in Zusammenarbeit mit den Herstellern, aufgezeigt. So wurde beispielsweise eine freiwillige Selbstkontrolle der Geschäfte, die Hörgeräte verkaufen, initiiert, die Verbesserung der Sicherheitsvorschriften bei elektrischen Geräten betrieben oder ein Kennzeichnungsschema für Waren entwickelt und in der Praxis versuchsweise angewandt. Insgesamt ist seine Tätigkeit angesichts der ihm zugeteilten beschränkten Sach- und Personalmittel als erfolgreich beurteilt worden. Das Council bemerkte jedoch selbst, ein Markt, bei dem dem Anbieter ein gleich starker Käufer entgegentreten könne, bleibe ein fernliegendes Ziel.[122] Seine Aktivitäten glichen in Anbetracht der Vielzahl der Probleme dem berühmten Tropfen auf den heißen Stein.

Die Tätigkeit des Consumer Council hat sich von vornherein im Rahmen des Informationsmodells gehalten. Wie es selbst betonte, hat es immer die Ansicht vertreten, der Wettbewerb komme auch den Verbrauchern zugute, und daher versucht, »den Wettbewerb wirksam zu fördern«.[123] Gemäß den Empfehlungen des Molony-Report hat es sich Mäßigung auferlegt und vermieden, »Maßnahmen vorzuschlagen, die einschneidender waren als es die jeweilige Situation erforderte oder die nicht durchführbar waren«. Es hat seine Ratschläge nur erteilt, nachdem es seine Intention allen möglichen Betroffenen bekanntgemacht und ihnen Gelegenheit gegeben hatte, ihre Gegenargumente vorzubringen. Seine Schlußfolgerungen entsprachen somit der Forderung nach einem »ausgewogenen Urteil, das die Schwierigkeiten der Produktion, des Handels und der Praxis berücksichtigt.« Dennoch wurde das Council im Oktober 1970 von der damaligen Regierung der Konservativen Partei aufgelöst. Zur Rechtfertigung gab man an, inzwischen seien private Organisationen, die sich der Interessen der Verbraucher annähmen, viel stärker geworden und damit erübrige sich die Tätigkeit des Consumer Council. In Wirklichkeit jedoch wollte man sich einer Institution entledigen, die Interessenkonflikte offenlegte, den Anbietern Schwierigkeiten bereitete, und schon durch ihr bloßes Bestehen der Ideologie widersprach, daß das private Unternehmertum das Angebot an den Interessen der Konsumenten ausrichtet. Selbst das so bescheidene und vorsichtige Vorgehen des Consumer Council hat sein Überleben nicht gewährleisten können.

Die Abschaffung des Consumer Council hat die Lage der Verbraucher nicht gebessert. Denn zwei Jahre danach hat dieselbe Regierung nach ihren eigenen Worten das umfassendste Gesetz, das je zum Schutz des Ver-

---

122 Final annual Report 1970, London 1971, S. 3.
123 Ebd. S. 1.

brauchers entworfen wurde, vorgelegt und verabschieden lassen.[124] Allerdings wurden diesmal die Aufgaben nicht einem autonomen Rat, sondern einer der staatlichen Bürokratie unmittelbar zugeordneten Behörde übertragen.[125] Diese Lösung ermöglicht es in Zukunft, die Konsumentenschutzaktivitäten unter ständiger Kontrolle der Regierung zu halten.

V. *Der schwedische Verbraucherombudsman. Rezeption des schwedischen Rechts?*

Das bekannteste Beispiel einer Verbraucherschutzbehörde ist der schwedische Verbraucherombudsman.[126] Obwohl erst seit 1971 tätig, wurde er bald viel mehr beachtet als ältere Institutionen wie etwa das britische Consumer Council.[127] In der Bundesrepublik wurde im Rahmen der Diskus-

---

124 Vgl. Survey of Current Affairs, July 1973, S. 292.
125 Vgl. Fair Trading Act 1973. Dazu W. R. Cornisch, Unlauterer Wettbewerb und Verbraucherschutz in England, GRUR Int 1973, 679 ff., 683 f.
126 Die Gesetze über ungebührliches Marktverhalten und über den Marktgerichtshof v. 29. 6. 1970, die die rechtliche Grundlage für die Tätigkeit des Ombudsman bilden, sind in GRUR Int. 1974, 368 ff. in deutscher Übersetzung abgedruckt. Vgl. zum Nachfolgenden U. Bernitz, Der Verbraucherschutz in Schweden, ZHR 138 (1974), 336 ff.; F. Neumeyer, Der schwedische Verbraucherombudsman und die schwedische Verbraucherschutzgesetzgebung in den letzten Jahren, GRUR Int 1973, 686 ff.; G. Carsten, Marktgerichtshof und Verbraucherombudsman, WuW 1973, 667 ff.; J. Sheldon, Consumer Protection and Standard Contracts: The Swedish Experiment in administrative Control, American Journal of Comparative Law, Bd. 22, 16 ff. (1974); R. Graetz, Deux institutions nouvelles veillent sur le consommateur suédois, Annales de la Faculté de Droit de Liège 1972, 281 ff.; F. Korkisch, Verbraucherschutz in Schweden, RabelsZ 1973, 755 ff.; H. Lange-Fuchs, Stärkung des Konsumenten im schwedischen Wirtschaftsleben, NJW 1971, 1494 f.; Ministry of Commerce, Institutional means of implementing consumer policy in Sweden 1973/10/04 (hektographiert); Ministry of Commerce, Annual Report on Consumer Policy 1973; Annual Report on Consumer Policy 1972, Sweden, 1973/03/08 (hektographiert); Konsumentenombudsmannen, Some main features of Swedish consumer policy, November 16, 1972 (hektographiert); Konsumentenombudsmannen, Speech made by Mr. Sven Heurgren in France on 14 Juni 1973 (hektographiert); Konsumentenombudsmannen, Speech made by Mr. Sven Heurgren in the Hague on 29 March 1972; Konsumentenombudsmannen, H. Sternberg, Ein Anwalt der Verbraucher – aus der Arbeit des schwedischen Ombudsmannes. Vortrag, gehalten vor dem Coop-Verbraucherparlament 1971 in Bonn am 25. 10. 1971 (hektographiert). Zu der Institution des Ombudsman allgemein vgl. J. Hansen, Die Institution des Ombudsman, Frankfurt 1972.
127 Die schwedische Regelung diente als Vorbild für die norwegische Gesetzgebung, vgl. dazu den Bericht in International Comparative Law Quarterly, 1973, 175 f.; Bernitz, a.a.O., S. 355 f. Über die Verbraucherpolitik in Norwegen vgl. I. L. Valle, The Consumer in Government, in: International Consumer 1972, Heft 3, S. 11 ff.

sion über die Kontrolle der Werbung die Frage nach der Rezeption des schwedischen Rechts bereits aufgeworfen.[128]

Der Ombudsman ist nur eine der Institutionen, die in Schweden den Verbraucherschutz wahrnehmen. Die wichtigste Behörde hierfür ist der »Nationale Rat für Verbraucherpolitik«. Dieser soll nach der ihm vom Gesetz gestellten Aufgabe für die Verbesserung der Stellung der Verbraucher sorgen. Um diese Aufgabe zu erfüllen, hat er einerseits den privaten Haushalten bei der Planung ihrer Aktivitäten zu helfen, indem er Informationen über das Angebot auf dem Markt vermittelt, andererseits für einen besseren Informationsfluß zwischen Konsumenten und Herstellern zu sorgen, damit die Produktion sich besser dem Bedarf anpassen kann. Die Einwirkung auf den Entscheidungsprozeß der Produzenten ist nach schwedischer Vorstellung ein viel wirksameres Mittel des Verbraucherschutzes als die bloße Aufklärung der Verbraucher. Die Produzenten sollen vor allem durch ständige Konsultationen, die auf einer freiwilligen und informellen Basis erfolgen, beeinflußt werden.

Der »Rat für Verbraucherpolitik« hat u. a. allgemeine Verbraucherprobleme zu untersuchen, Aktivitäten der lokalen Behörden zum Schutz der Konsumenten zu fördern, die auf dem Markt angebotenen Güter und Dienstleistungen zu überprüfen sowie auf die Produktion und den Handel im Sinne der Beachtung der Verbraucherbelange einzuwirken. Er soll Informationen, die für den Konsumenten von Bedeutung sind, verbreiten, Tests sowie Untersuchungen für Rechnung staatlicher Behörden durchführen und die Aufklärung der Verbraucher betreiben. Für die Jahre 1973/74 hatte er sich u. a. zum Ziel gesetzt, sich mit den Problemen zu befassen, die sich beim Kauf eines Hauses bzw. dem Kauf, der Reparatur und dem Service von Kraftwagen stellen, neue Spielgeräte für Kindergärten zu entwickeln und die wirtschaftlichen Aspekte der Haushaltsführung zu untersuchen. Auch ist der Rat bereits dafür eingetreten, gefährliche Produkte vom Markt zu entfernen. So wurde in Übereinstimmung mit dem Importeur die Einfuhr eines Kindergitters aus der Bundesrepublik gestoppt, weil es selbst von Kleinstkindern beseitigt werden konnte und daher kaum Schutz bot.

Dem Rat ist der »allgemeine Reklamationsausschuß« unterstellt, an den die Verbraucher Beschwerden über schlechte Beschaffenheit von Waren und unbefriedigend ausgeführte Dienstleistungen richten können. Der Ausschuß bemüht sich zunächst um die gütliche Beilegung des Falles; ge-

---

128 Vgl. etwa W. Däubler, Konsumenten-Ombudsman und Verbraucherselbsthilfe?, in: Gleichheit S. 57 ff.; v. Hippel, Kontrolle der Werbung?, in: ZRP 1973, 177 ff., 181.

lingt ihm dies nicht, so gibt er eine Empfehlung an die Parteien, die auf eine gerechte Entscheidung des Streits hinweist.[129]

Neben dieser zentralen Institution gibt es eine Reihe weiterer Ämter, die in speziellen Bereichen des Verbraucherschutzes tätig sind. So hat z. B. das Lebensmittelamt über die Beachtung der Lebensmittelgesetze zu wachen und Beschaffenheit und Nährwert von Lebensmitteln zu untersuchen. Der »Rat zur Kontrolle von Waren« ist mit der Durchführung des Gesetzes über gesundheits- und umweltschädliche Waren beauftragt. Auf dem Gebiete der Werbung und der allgemeinen Geschäftsbedingungen schließlich sind zwei Institutionen zuständig, das Marktgericht und der bereits erwähnte Verbraucherombudsman.

Das Marktgericht ist ein Gericht mit speziellem Aufgabenbereich und gesetzlich genau umschriebenen Befugnissen: Es ist zuständig für die Anwendung der in drei verschiedenen Gesetzen enthaltenen Generalklauseln, genauer, im Gesetz über ungebührliches Marktverhalten, im Vertragsbedingungsgesetz[130] und im Gesetz gegen Wettbewerbsbeschränkungen. Nach der Generalklausel des »Gesetzes über ungebührliches Marktverhalten« kann das Marktgericht Unternehmern, die beim Vertrieb von Waren oder Dienstleistungen eine Werbung betreiben oder Handlungen vornehmen, die gegen guten Geschäftsbrauch verstoßen oder gegenüber den Verbrauchern oder Gewerbetreibenden ungebührlich sind, verbieten, ihr Verhalten fortzusetzen. Dieses Verbot ist mit einer Bußgelddrohung für den Fall der Zuwiderhandlung zu verbinden.[131] In dem Verfahren vor dem Marktgericht trägt der Unternehmer die Beweislast; d. h. er hat die Richtigkeit der über seine Waren oder Dienstleistungen aufgestellten Behauptungen zu beweisen. Nach dem »Vertragsbedingungsgesetz« ist das Marktgericht berechtigt, einem Gewerbetreibenden, der Waren oder Dienstleistungen dem Letztverbraucher anbietet, die Verwendung solcher Geschäftsbedingungen zu verbieten, die unter Berücksichtigung aller Umstände als unbillig anzusehen sind, wenn ein solches Verbot im Interesse der Allgemeinheit erforderlich ist. Auch in diesem Fall ist das Unterlassungsgebot mit einer Strafandrohung zu verbinden. Das Marktgericht

---

[129] Im Zeitraum 1972/73 hat der Reklamationsausschuß 4536 schriftliche Beschwerden erhalten, wobei in etwa 20% der Fälle die Unternehmer den Empfehlungen des Rates nicht folgten.

[130] Vom 30. 4. 1971, in Kraft getreten am 1. 7. 1971. Vgl. dazu Bernitz, Consumer Protection and Standard Contracts, Scandinavian Studies in Law 17 (1973), 13 ff. Das Vertragsbedingungsgesetz wird ergänzt durch das Verbraucherkaufgesetz von 1973, das zwingende Vorschriften für das Gebiet des Kaufrechts enthält.

[131] Das Bußgeld wird so bemessen, daß sich eine Zuwiderhandlung nicht lohnt: Es beträgt in der Regel 100 000 Kronen (ca. 50 000 DM).

ist schließlich für alle Angelegenheiten, die sich aus der Anwendung des Kartellgesetzes ergeben, zuständig. In allen drei Fällen ist es die einzige Instanz.

An der Besetzung des Gerichts sind beide betroffenen Gruppen beteiligt, die Unternehmer einerseits und die Lohnempfänger bzw. Verbraucher andererseits, wobei jede Gruppe drei Mitglieder stellt.[132] Das Gericht ist beschlußfähig, wenn der Vorsitzende oder sein Stellvertreter, die beide Juristen mit Gerichtserfahrung sind, und von beiden Interessengruppen gleichviele Mitglieder anwesend sind.

Die Fälle ungebührlichen Marktverhaltens oder unangemessener Vertragsklauseln werden dem Gericht auf Initiative des Verbraucherombudsmans unterbreitet. Er hat dafür zu sorgen, daß die gesetzlichen Bestimmungen zum Schutze der Konsumenten gegen unlautere Absatzpraktiken und unbillige Vertragsbedingungen eingehalten werden. Um derartige unlautere Werbungs- und Vertriebsmethoden festzustellen, überwacht er ständig die Reklame der Anbieter, z. B. in der Tagespresse, und nimmt bei Außenwerbung, Zeitschriftenanzeigen und Postwurfsendungen Stichproben vor. In den ersten Jahren der Tätigkeit dieses Amtes wurde die Werbung auf dem Gebiete der Heilmittel sowie der Körper- und Gesundheitspflege untersucht, wobei die Aufmerksamkeit vor allem Reklamen für Schlankheitsmittel, Schönheitspräparate, Zahnpflege- und Haarpflegeprodukte galt. An den Ombudsman kann sich jeder Verbraucher wenden und Werbemaßnahmen, die er für unzulässig hält, anzeigen.[133] Der Ombudsman ist zwar berechtigt, jedoch nicht verpflichtet, solchen Anzeigen nachzugehen.

Eine weitere Funktion der Behörde liegt in der Ausarbeitung von Richtlinien, die für das Verhalten auf einem bestimmten Markt maßgebend sein sollen. Damit soll eine verbraucherfreundliche Regelung ohne Konflikte und auf breiter Front eingeführt werden können. Solche Richtlinien sind bisher u. a. für die Werbung von Charter-Fluggesellschaften, die Vertriebsmethoden von Versandhäusern und die Preisauszeichnung bei Ra-

---

[132] Das Marktgericht besteht aus einem Vorsitzenden, einem stellvertretenden Vorsitzenden sowie acht weiteren Mitgliedern. Zwei von ihnen tragen die Bezeichnung »besondere Mitglieder«; wobei eines über besondere Erfahrungen auf dem Gebiete des Verbraucherschutzes, das andere in Kartellsachen verfügen muß. Sie nehmen nur an den Beratungen teil, die in ihren Zuständigkeitsbereich fallen, der Sachverständige über Verbraucherschutz bei der Entscheidung von Fällen ungebührlichen Marktverhaltens, der Sachverständige für Wettbewerbsfragen bei Fällen, die nach dem Kartellgesetz zu beurteilen sind. Von den übrigen Mitgliedern werden drei als Vertreter der Unternehmer und drei als Vertreter der Verbraucher und Arbeitnehmer bestellt.

[133] Im Jahre 1971 gab es 2 949, 1972 4 486 und 1973 4 200 Beschwerden.

batt erlassen worden. Dem Verbraucherombudsman obliegt es weiter, die Klauseln von Verträgen, die besonders häufig abgeschlossen werden, zu überprüfen. So hat er sich seit 1971 den in zwanzig Branchen vorkommenden Standardverträgen gewidmet, etwa Verträgen über den Verkauf von Kraftwagen, Motorbooten und Holzwohnhäusern. Er hat dabei Gewährleistungsausschluß- und Freizeichnungsklauseln beanstandet oder bei Haustürgeschäften die Bestimmung, nach der mündliche Vereinbarungen unverbindlich seien, für unangemessen erachtet.

Schließlich muß die Behörde eine Aufklärungs- und Informationstätigkeit entfalten, um die Bevölkerung zur Mitarbeit auffordern zu können.[134] Bei dieser Aufgabe kommt ihr besonders der Umstand zugute, daß auch auf ihre Tätigkeit das in Schweden für die Verwaltung geltende Öffentlichkeitsprinzip angewandt wird. Alle Unterlagen sind auf Ersuchen frei zugänglich. Namen und Vorgänge können und müssen veröffentlicht werden. Hat der Verbraucherombudsman einen Mißstand festgestellt, so muß er in erster Linie versuchen, das verantwortliche Unternehmen zu veranlassen, sein unlauteres Verhalten freiwillig einzustellen.[135] Oft verhandelt er mit den Vertretern einer ganzen Branche, damit diese ihre Werbe- und Vertriebsmethoden aufgeben bzw. ändern. In den meisten Fällen wird in der Tat eine Einigung erzielt. So ist es dem Ombudsman in einer Vielzahl von Fällen z. B. gelungen, die weitere Verwendung irreführender Abbildungen auf Verpackungen zu verhindern,[136] den Gebrauch des Wortes »frisch« in Verbindung mit vorher tiefgekühlten oder konzentrierten Säften zu unterbinden oder die Verpackung von Schokoladenerzeugnissen ihrem tatsächlichen Inhalt anzupassen.[137] Auf dem Gebiet der Allgemeinen Geschäftsbedingungen sind z. B. die Bedingungen des schwedischen Reisebüroverbands für Charterreisen und die vom Verband der Autoverkäufer und Kfz-Werkstätten für Reparaturen aufgestellten Bedingungen in beiderseitigem Einvernehmen abgeändert worden.

---

134 Der Verbraucherombudsman gibt eine Zeitschrift (»Konsumentenombudsmannen«) heraus, in der über die behandelten Fälle berichtet wird.
135 »Der Grundgedanke, auf dem das Gesetz beruht, ist der, daß Konflikte durch Verhandlungen gelöst werden müssen«, Konsumentenombudsmannen, a.a.O., v. 16. 11. 1972.
136 Carsten, a.a.O., S. 675: »Die Krabben auf den Tiefkühlverpackungen sind nicht mehr größer und schöner als in Wirklichkeit«.
137 Im ersten Jahr (1971) sind die meisten Mißstände in Übereinstimmung mit den Unternehmern beseitigt worden. Nur etwa 10% der Gewerbetreibenden, an die sich der Verbraucherombudsman gewandt hat, haben sich geweigert, mit ihm Kontakt aufzunehmen.

Kommt eine Einigung nicht zustande, so stehen dem Verbraucherombudsman zwei Möglichkeiten offen: Handelt es sich um einen Fall von geringerer Bedeutung, so kann er selbst eine Verbotsverfügung erlassen.[138] So hat er z. B. die vornehmlich an ältere Personen gerichtete Werbung für eine »Gesundheitsmatratze«, die jedoch nur eine gewöhnliche heizbare Matratze war, oder die Anzeigen einer Werkstatt, die – bei einer zulässigen Höchstgeschwindigkeit von 30 km/h – das »Frisieren« von Mopeds auf eine Geschwindigkeit von 70 km/h versprach, verboten.[139] Geht es jedoch um eine Angelegenheit von prinzipieller Tragweite, so ist der Fall dem Marktgericht vorzulegen,[140] wo der Verbraucherombudsman die Konsumenteninteressen vertritt. Verbietet das Marktgericht das beanstandete Verhalten, so hat er nunmehr auf die Einhaltung des Verbots zu achten und im Falle einer Zuwiderhandlung das betroffene Unternehmen anzuzeigen. Die weitere Verfolgung ist dann Sache des Staatsanwalts. Die Frage, ob die vom Ombudsman erlassene Verfügung nicht beachtet und somit die vom Marktgericht angedrohte Buße fällig geworden ist, wird von den ordentlichen Gerichten entschieden.

Der Verbraucherombudsman ist nicht verpflichtet, auf alle ihm unterbreiteten Beschwerden einzugehen. Will er sich mit einer Angelegenheit nicht befassen, so kann den Antrag auf Entscheidung beim Marktgericht auch jeder von diesem unlauteren Verhalten betroffene Gewerbetreibende oder eine Vereinigung von Unternehmern, Verbrauchern oder Arbeitnehmern stellen. Der Ombudsman ist nicht berechtigt, selbst Gegenwerbung zu treiben oder vorzuschreiben, welche Absatzmethoden beim Vertrieb eines Produkts eingehalten werden müssen.

In mehreren Testfällen hat er sich bemüht, die Grenzen zulässiger Werbung zu bestimmen. Bei der Werbung für die Zigarettenmarken »Kent«, »Marlboro« und »Minden« hat er die Unterlassung der Verwendung jugendlicher Raucher als Bildmotiv beantragt. In den Anzeigen dieser Marken wurden ein sportlicher, sonnengebräunter junger Mann im Wintersportmilieu, Männer und Frauen lachend im Gespräch bzw. ein Mann und eine Frau gegen den dominierenden Hintergrund eines Sees gezeigt.

---

138 Sie ist allerdings nur verbindlich, wenn der Betroffene ihr zustimmt.
139 Von der Errichtung des Amtes im Jahre 1971 bis zum Oktober 1973 hat der Ombudsman 250 Verbotsverfügungen erlassen.
140 Von 1971 bis Oktober 1973 wurden 83 Fälle an das Marktgericht verwiesen. Bei vorsätzlicher irreführender Werbung, unerlaubten Zugaben und Kopplungsangeboten, alles Fälle, die in den Art. 2–4 des Gesetzes über ungebührliches Marktverhalten geregelt sind, hat der Verbraucherombudsman Anzeige beim Staatsanwalt zu erstatten. Über diese Fälle entscheiden dann die ordentlichen Gerichte.

Das Marktgericht schloß sich der Argumentation des Verbraucherombudsmans an und meinte, bei der Zigarettenwerbung dürften Symbole für Fortschritt, Sicherheit und Gesundheit nicht benutzt werden, es sei darüber hinaus sogar unzulässig, dort überhaupt Menschen abzubilden. Im Falle »Nordman« forderte der Ombudsman, der Generalagent für amerikanische L & M Zigaretten solle die Verpackungen mit einem warnenden Hinweis auf die gesundheitsschädlichen Folgen des Rauchens versehen. Das Marktgericht lehnte diese Forderung ab, da es hierfür keine rechtliche Verpflichtung für gegeben hielt. In Falle »Tre Kök« entschied das Marktgericht, daß eine Verpackung keinen größeren Umfang haben dürfe, als dies nach ihrem Inhalt erforderlich sei. Sollte aus technischen Gründen die Verpackung unverhältnismäßig groß sein, so müsse sie klare Hinweise tragen, die einen Rückschluß auf den wahren Inhalt erlauben. In Anwendung dieser Grundsätze verbot es der Firma Tre Kök, 11,5 cm lange Würstchen in einer Schachtel von 19 cm Länge zu verbreiten.

Die Tätigkeit des Konsumentenombudsmans wird in Schweden als erfolgreich gewertet. Sie hat nach dort vorherrschender Ansicht zu einer Besserung der in der Werbung üblichen Sitten, vor allem auf dem Gebiet der Heilmittelwerbung und des Versandhandels, erheblich beigetragen. Eine ähnliche Wirkung erwartet man für den Bereich der Vertragsbedingungen nach dem Ablauf einer ersten Arbeitsperiode, in der die wichtigsten der in Gebrauch befindlichen Standardverträge überprüft werden sollen.

Die Institution des Ombudsman bildet den Kernpunkt eines viel umfasseneren Systems des Konsumentenschutzes, dessen Zweck es ist, der von den Leistungen der Anbieter abhängigen Bevölkerung einen verstärkten Rechtsschutz zu bieten, so daß Marktverhältnisse hergestellt werden, die »Zugang zu guten und zweckmäßigen Waren und Dienstleistungen zu günstigen Bedingungen ermöglichen«.[141] Wollte man in der Bundesrepublik die Institution eines Verbraucherbeauftragten rezipieren, ohne gleichzeitig sowohl den Grundgedanken der gesetzlichen Regelung als auch die weiteren Institutionen und Bestimmungen des schwedischen Modells zu übernehmen, würde man nur einen wenig brauchbaren Torso einführen. Im deutschen Recht besteht außerdem im Gegensatz zu Schweden ein entwickeltes und verfestigtes Wettbewerbsrecht, so daß viele der Fragen, die dort vom Verbraucherombudsman durch Richtlinien und vom Marktgericht durch seine Entscheidungen gelöst werden, hier bereits Gegen-

---

[141] Zum Schutz der Verbraucher sind in Schweden neben den bereits erwähnten noch zahlreiche weitere Gesetze erlassen worden oder geplant, etwa auf dem Gebiet des Kaufrechts, des gerichtlichen Rechtsschutzes, der Kennzeichnung von Waren, des Schutzes gegen gesundheitsschädliche Waren usw.

stand einer rechtlichen Regelung sind; dem Ombudsman würde daher in der Bundesrepublik nur ein beschränkter Aufgabenbereich zukommen. Seine Möglichkeiten, die Werbung zu kontrollieren, wären minimal. Das Bestehen einer solchen Einrichtung hätte vielmehr umgekehrt negative Wirkungen: Es würde nämlich die Behauptung belegen, eine Reform des Verbraucherschutzes habe stattgefunden, obwohl in Wirklichkeit alles beim alten bleiben würde.

Bei der Diskussion um die Rezeption der schwedischen Verbraucherschutzgesetzgebung sind die dortigen politischen und wirtschaftlichen Voraussetzungen zu beachten. Einerseits sind die politischen Kräfte, die für eine verstärkte Verbraucherschutzgesetzgebung eintreten, dort viel stärker als in der Bundesrepublik, andererseits sind die Machtpositionen der Anbieter und die Konzentration und die Verflechtung der Unternehmen mit den internationalen Wirtschaftsinteressen in Schweden nicht so weit entwickelt. Eine solche Lage bedingt eine viel größere Bereitschaft zum Kompromiß. Es ist daher nicht zufällig, daß es den Verbraucherschutzbehörden in den meisten Fällen gelingt, eine gütliche Einigung mit den Anbietern zu erreichen.[142] Aktionen, die radikale Konflikte auslösen könnten, werden auch dadurch vermieden, daß die Bevölkerung relativ klein ist, die Aktivitäten der Wirtschaft übersichtlich bleiben und selbst kleine Behörden die Probleme wirksam anpacken können.[143] Die schwedische Reformgesetzgebung konnte daher die übermäßige Ausnutzung der Anbietermacht bekämpfen, ohne sich mit der prinzipiellen Frage auseinandersetzen zu müssen, ob die Wiederherstellung des Gleichgewichts zwischen Verbraucher- und Herstellerinteressen nicht einen viel einschneidenderen Eingriff in die Entscheidungsmacht der Produzenten erfordert, als es das Vorgehen gegen einzelne Mißbräuche darstellt. Sie konnte sich bisher damit begnügen, mittelbar, d. h. vornehmlich durch die Reglementierung der Absatzbedingungen, auf die Entscheidungen der Anbieter einzuwirken.[144]

---

142 Carsten, a.a.O., S. 672: »Nicht nur die Unterstützung durch die Verbraucher, sondern auch die Kooperationswilligkeit der schwedischen Wirtschaft verdienen somit besonders hervorgehoben zu werden. Ohne diese Mithilfe von beiden Seiten wäre die Aufgabe des Verbraucherombudsmannes angesichts der bescheidenen personellen und finanziellen Ausstattung dieses Amtes kaum durchführbar«.
143 Im Amt des Verbraucherombudsman sind außer ihm selbst lediglich ein Stellvertreter und ca. 25 weitere Mitarbeiter tätig. Der staatliche Zuschuß beträgt ungefähr 2,06 Mill. Kronen (ca 1,2 Mill. DM) jährlich. Der Nationale Rat für Verbraucherpolitik hat ca. 170 Angestellte.
144 Ministry of Commerce 1973/10/04, a.a.O., S. 4: »The consumer agencies implement a consumer policy that has been worked out against the background of a market economy in which the decisions on products, prices and consumption choice are taken by a large number of individuals under widely divergent circumstances«.

Die schwedische Regelung legt die Verantwortung der politischen Instanzen für Art und Ausmaß der Unternehmeraktivität am Markt eindeutig fest;[145] insbesondere gibt sie diesen die Möglichkeit, in die Gestaltung des Angebots einzugreifen. Sie weist somit auf den im juristisch-technischen Sinne richtigen Weg, um das Problem eines umfassenden Schutzes der Verbraucher zu lösen. Wollte man in der Bundesrepublik die Anbietermacht einer Kontrolle unterwerfen, um die Freiheit der Konsumentscheidung zu gewährleisten, so müßte man, wie bereits dargelegt, eine autonome Behörde errichten, die zur Aufgabe hätte, die Macht der Produzenten in dem von Parlament und Regierung unter Partizipation der Verbraucher festgelegten Rahmen zu halten. Damit wäre allerdings nur die technische Ausgestaltung einer solchen Kontrolle aufgezeigt, inhaltlich setzt diese ein Konzept voraus, das die Interessen der Konsumenten in den Mittelpunkt entsprechender rechtlicher Regelungen stellt. Die »individualschutzrechtliche Konzeption«, nach der das Recht als eine reaktive Ordnung den Einzelnen mit Hilfe fest umrissener Tatbestände gegen Mißbräuche des frei agierenden Herstellers zu schützen hat, muß fallengelassen werden. Verbraucherschutz setzt vielmehr eine Konzeption voraus, die Herstellerentscheidungen nach ihrer sozialen Bedeutung und Funktion beurteilt und sie zur Beachtung gesellschaftlich relevanter Gesichtspunkte verpflichtet.

---

145 Ministry of Commerce 1973/10/04, a.a.O., S. 4: »A fundamental principle adopted in the work of reforming the consumer sector is that laws embodying consumer policy are to be administered by powerful governmental agencies that take their stand on the side of the consumer . . . Experience has shown that without such agencies much legislation has little effect in practice«.

Sachregister

Abzahlungsgeschäfte, -recht 55 ff., 79, 85
Abzahlungskauf, finanzierter ... 56 ff.
»Affirmative disclosure order« der FTC 192
AGB, siehe Geschäftsbedingungen
Angebot, Transparenz des ... 98 ff. 109 f.
Anschaffungsdarlehen 58 f.
Anwälte, Anwaltskosten 234 f., 238 f.
Arbeitsgemeinschaft Hauswirtschaft e. V. 214
Arbeitsgemeinschaft der Verbraucher (AGV) 17, 121, 211 f., 216 ff., 226, 228, 229 Fußn. 70
Arzneimittel, -recht 69 ff., 80, 90, 283
Arzneimittel als Zusätze im Tierfutter 98, 108, 178 f.
Arzneimittelwerbung 166
Aufklärung der Verbraucher, siehe Verbrauchererziehung

Beratung der Verbraucher 85, 86, 95, 283 ff.
Beratungsstellen 115, 128 ff., 214, 223, 274 Fußn. 80, 285
Berichtigende Werbung (corrective advertising) 192 ff.
Beschaffungsoptimum 111, 112, 113
Better Business Bureaus 263
Bevormundung der Verbraucher 158 ff.
Boykott 213, 220, 290
Bundesausschuß für volkswirtschaftliche Aufklärung 218, 221 f., 227
Bundesregierung, Verbraucherpolitik der ... 14, 93 ff., 220 f., 225 ff.

Chemische Stoffe 97 f., 99, 123 f.
Class action 241 ff.
Consumer Council 268 Fußn. 63, 291 ff.
Consumerism 92 Fußn. 39
Consumer Product Safety Act 286 Fußn. 108
Corrective advertising 192 ff.

Deutsche Automobil-Treuhand GmbH. (DAT) 165

England, englisches Recht 16, 152 Fußn. 40, 211, 214 ff., 220, 222, 274 Fußn. 81, 291 ff.

Europäische Gemeinschaft 17, 95 Fußn. 51, 148, 149, 180 ff., 226, 286 Fußn. 109
Europarat 17, 95 Fußn. 52, 268 Fußn. 63, 271 Fußn. 69, 283 Fußn. 98
Exemplary damages 239 ff.

Federal Trade Commission (FTC) 182 ff., 275, 286 Fußn. 110
Food and Drug Administration (FDA) 184
Freiheit der Konsumwahl 88, 109 ff., 136, 147 f., 149, 161

Gefahrenvorbeugung zum Schutze der Verbraucher 285
Gegenwerbung 125, 284 f.
Geldbuße 239 ff., 288 f.
Gerichtlicher Schutz der Verbraucher 233 ff., 276
Geschäftsbedingungen, Kontrolle allgemeiner ... 16, 39 ff., 85, 146, 271 Fußn. 70, 287 f., 296, 298
Gesundheit der Verbraucher, Schutz der ... 64, 68, 69, 85, 96
Gewerbebetrieb, Eingriff in den ... 33, 36 f., 90
Gewerkschaften 146, 220, 223, 228
Grundgesetz s. Verfassungsrecht
Gütezeichen 171 ff.

Handelsklassen 63, 90
Herstellerinteressen s. Verbraucherinteressen

Information 85, 89, 90, 121 f., 122 f., 123 f., 283 f.
 Objektivität der ... 111 f.
Informationsaktivität der Verbraucher 112 f.
Informationskapazität der Verbraucher 112
Informationsmodell 95 f., 107 ff., 116 ff., 127 f., 129, 130, 133, 135 f., 144 ff., 150 ff., 216
Informationspflicht der Anbieter 85, 116
Informationsstelle für Arzneimittel 73 f., 283
Informationssystem für die Verbraucher 130 Fußn. 89, 283 f.

Interessen der Allgemeinheit im UWG 15, 27 f., 79
Irreführung der Verbraucher, Schutz vor ... 64, 69, 85, 90, 96, 116, 189
in den Vereinigten Staaten 187 ff., 258 ff.

Kaffeefahrten 15
Kanada 291 Fußn. 120
Kartellrecht 13, 21 ff., 41, 46, 80, 86, 108, 271 Fußn. 68, 289
Käuferstreik 213, 220, 290
Kennzeichnung 90, 283 f.
Konditionenkartelle 41, 46
Konsumentensouveränität 88, 109 ff., 136
Konzentration 108
Konzentration und Werbung 135
Kritik an gewerblichen Leistungen 33 ff., 148

Lebensmittel, -recht 13, 64 ff., 77 f., 79, 90, 151, 160, 166 f., 284, 285, 289
Lebensmittelbuch 175 ff.
Lebensversicherung 42, 43

Markenware 15
Markenverband 169 Fußn. 19
Marktordnungsrecht 77 f.
Markttransparenz 41 ff., 60 f., 63, 64, 73, 74, 80, 89 f., 94, 100, 119 ff., 128, 133 ff.
Marktwirtschaft und Verbraucherschutz 87 ff., 108, 137 f., 159 f., 161
Maschinenschutzgesetz 126 Fußn. 72
Mess- und Eichwesen 60 ff., 79, 85, 90, 149, 152, 153 f.
Mittelstand 214 ff.
Mitwirkung der Verbraucher 225 ff., 270 ff.

Nader 92 Fußn. 39, 142
Neighborhood Consumer Centers 264
Norwegen 294 Fußn. 127

Orientierungshilfen 63, 111 f., 121 ff., 284
Ombudsman, s. Verbraucherombudsman

Parteien, Haltung der 93 f.
Pluralismus und Verbraucherschutz 146, 224 f.
Präferenzstruktur des Verbrauchers 109
Preise, politische 108, 139

Preisauszeichnung 29, 59 f., 85, 90, 120 f.
Preisempfehlung 22 f.
Preisvergleich 60, 121 f., 132 f., 133, 221
Produktdifferenzierung 100, 134, 138
Produzentenhaftung 50 ff., 81, 85

Qualitätsmindestnormen 290

Rabattkartell 13
Rationalität des Verbrauchers 112 f.
Rechtsangleichung 180 ff.
Rechtsberatung 236 f., 286 f.
Rechtssicherheit 154
Regelwerke, technische 174 f., 285
Rezeption des schwedischen Rechts? 300 ff.
Richtlinien der EG 181 f.

Schadensersatz, Klage der Verbraucherschutzbehörde auf ... 197, 286
Schiedsverfahren 167 f., 265 ff.
Schiedsstellen für das Kraftfahrzeughandwerk 167 f.
– des Chemischreiniger Gewerbes 168
Schweden 17, 142 f., 294 ff.
Selbstkontrolle der Anbieter 165 ff., 171 ff.
in den Vereinigten Staaten 262 ff.
Sicherheitsvorschriften, -standards 231, 285 f.
Small claims courts 237 f.
Sozialstaatsprinzip 81, 84, 162
SPD 132 f., 158 Fußn. 54
Staatliche Kontrolle 161, 171 ff., 175 ff., 209, 272, 275 ff.
in den Vereinigten Staaten 181 ff., 258 ff.
ständestaatliche Konzeptionen 229 f.
Stiftung Warentest 94, 125 ff., 224 Fußn. 50
Strafrecht 260 f.
Suggestivwerbung 30, 102 f., 154, 161

Täuschung, siehe Irreführung
Textilkennzeichnung 62 f., 85

Überwachung, staatliche 177 ff., 289
UWG 14 ff., 24 ff., 85, 86, 116 ff., 155, 232, 287 f., 289

Verbandsklage 14, 25 ff.
Verbraucher, Begriff 54 f., 80 f., 83 f., 88, 147
– als homo oeconomicus 109 ff., 133

Verbraucherbeauftragter 95, 271 f.
Verbraucherbeirat 226, 228 f.
Verbrauchererziehung 91, 96, 163, 281 f.
Verbrauchergerichte 265 ff.
Verbraucherinteressen 82
- im GWB 21 ff.
- und Herstellerinteressen, Gegensatz von 84, 88, 94, 144 f.
- im UWG 14 ff., 24 ff., 27 ff., 31, 32
Verbraucherombudsman (Schweden) 294 ff.
Verbraucherrecht 78 ff., 82, 150 ff.
Verbraucherschutz
Aufgabe des 18, 78 f., 82, 87 Fußn. 22, 150 ff., 155 ff., 221 ff.
Auffassung der Bundesregierung 14, 93 ff.
der liberalen Wirtschaftstheorie 87 ff.
der Rechtslehre 83 ff.
Folge gesellschaftlicher Konfliktsituationen 137 ff.
polizeiliche Funktion 150
Verbraucherschutzbehörde 152, 217, 232, 269 ff.
als Anwalt der Verbraucher 280 f.
Aufbau 273 ff.
Aufgaben 86, 281 ff.
FTC 182 ff.
Kosten 278 f.
Partizipation der Verbraucher 160, 270 ff.
Schweden 294 ff.
Vereinigte Staaten 271 Fußn. 71, 280 Fußn. 94
Voraussetzungen der Errichtung 279 ff.
Verbraucherselbsthilfe 86, 91 f., 211 ff.
Verbraucherverbände 17, 25, 86, 91 f., 211 ff.

Verbrauchervertretungen 225 ff.
Verbraucherzentralen 128, 214, 217 f., 219 Fußn. 30
Verfassungsrecht 81 f., 161 f.
Vergleichende Werbung 24, 31
Vereinigte Staaten 92 Fußn. 39
FTC 182 ff.
Reform des Gerichtssystems 233 ff.
Verbraucherverbände 211, 214 ff., 220
Verschleiß, geplanter 101
Verschuldensprinzip 52 ff.
Versicherungsaufsicht 74 ff., 79, 151
Versicherungsbedingungen 39 f., 41 ff., 146
Vertragsgestaltung durch die FTC 196 f.
Verwaltungskontrolle, siehe Überwachung, staatliche Kontrolle

Warentest 33 ff., 85, 90, 94, 122, 123, 124 f., 219
Werberat 168
Werbebehauptungen, Wahrheitsbeweis für ... 187 f., 195 f.
Werbung 30 ff., 89 f., 98 f., 102 ff., 116 f., 125, 138, 144, 152, 154, 161, 162, 193 ff.
Gegendarstellung bei irreführender ... 125, 192 ff., 284 ff.
Kontrolle in Schweden 297 ff.
in den Vereinigten Staaten 182 ff.
Wettbewerb 87 f., 89 f., 94, 107 f., 163
Widerrufsrecht 96
Wirtschafts- und Sozialausschuß der EG 17, 226, 228
Wissen des Verbrauchers 111

Zigarettenwerbung 169 Fußn. 20, 205 f., 299.